北京大学法学院
北京大学国际法学院 编

PEKING UNIVERSITY LEGAL EDUCATION REVIEW

第一辑
2024
01

北大法学小课堂

法律出版社
LAW PRESS·CHINA

—— 北京 ——

图书在版编目（CIP）数据

北大法学小课堂. 第一辑 / 北京大学法学院，北京大学国际法学院编. -- 北京 ：法律出版社，2024.

ISBN 978 -7 -5197 -9704 -1

Ⅰ. D90

中国国家版本馆 CIP 数据核字第 2024E5R201 号

北大法学小课堂 · 第一辑
BEIDA FAXUE XIAOKETANG · DI - YI JI

北京大学法学院
北京大学国际法学院 编

责任编辑 赵明霞 宋佳欣
装帧设计 孙 杨

出版发行 法律出版社
编辑统筹 法商出版分社
责任校对 王 丰 郭艳萍
责任印制 胡晓雅
经　　销 新华书店

开本 710 毫米 × 1000 毫米 1/16
印张 20.75 **字数** 362 千
版本 2024 年 12 月第 1 版
印次 2024 年 12 月第 1 次印刷
印刷 北京中科印刷有限公司

地址：北京市丰台区莲花池西里 7 号（100073）
网址：www. lawpress. com. cn
投稿邮箱：info@ lawpress. com. cn
举报盗版邮箱：jbwq@ lawpress. com. cn

销售电话：010 - 83938349
客服电话：010 - 83938350
咨询电话：010 - 63939796

书号：ISBN 978 - 7 - 5197 - 9704 - 1
定价：58. 00 元

凡购买本社图书，如有印装错误，我社负责退换。电话：010 - 83938349

小课堂有大学问

[卷首语]

毫无疑问，在当下的中国法学界，发表专业学术论文是最能体现一位学者研究能力的“硬通货”。从维护学术规范性、提升同行交流效率的角度出发，我们赞成将学术论文作为一个学者最具代表性的标签。从一定意义上看，北京大学法学院也是这一制度的参与者和受益者。

然而，当学术论文不断强调专业性和规范性，这一文献载体的阅读受众也就急剧萎缩。很多学术论文由于过于精深专业，以至于除了专门从事该领域研究的同行专家，其他读者读后往往都只能发出“不明觉厉”的兴叹。最近，连中国刑法学研究会会长都感叹，“自己看不懂现在的有些刑法学论文了”。而更多的法学论文写作者，早就深谙论文重在发表而不在传播的道理，将责任编辑、匿评专家和主编、副主编们作为法学论文写作的预设读者。

与之对照的是，大量法律初学者——无论是法学院校的本科生乃至研究生，还是刚刚走上工作岗位的法官、检察官、律师们的助理——极度缺乏探寻中国法律世界的辅助工具。专业论文过于精深，而法学教材又往往失之于宽泛。于是，这些小“法师”们就像没有地图的航海者，必须自己在法学知识的汪洋大海中苦苦摸索。

如果将时间往前推二三十年，彼时“幼稚”的法学各学科尚未发展成熟，诸多学术论文尚显稚嫩，学术的规范性也多有欠缺，但却产生了极大的学术辐射力。当时的法学学术爱好者，无论是深耕该领域的资深学者，还是其他学科的研究者，抑或刚刚涉足法学的初学者，都会通过浏览法学期刊的论文来获取新知。在那样一个学术野蛮生长的时代，呈现出的却是万物竞发勃勃生机的样态。

我们怀念那个时代！近年来也有越来越多的老师乐于通过微信公众号等方式，分享自己的教学材料和教学心得，通过不那么机械的表达方式，自由而真诚地阐释自己的学术观点。这让我们更加坚信，法学知识绝不能仅仅依靠森严的学科壁垒和晦涩的学术表达来生产。在面向法学初学者的每一堂法学课堂上，在提供给法科学生和一般研究者的各种讲义、答疑、案例分析中，一样有着法学的大学问。相较于核心期刊上的学术论文，这些载体灵活的教学材料至少有三个方面的优势，可以推进知识的生产和传播。

首先是强基固本。从改革开放算起，中国法学教育和法学研究的重建只有四十余年的时间，但由于中国社会经济生活的巨大变迁，很多法律制度和法学理论的基本问题尚未展开，就已经变成了“老问题”。尤其是在追求引用率等 KPI 考核的当下，法学期刊并无太大的意愿去刊发讨论基础问题的“陈词滥调”，而更希望对时下的热点问题展开讨论。这就导致对法学基本问题的讨论和澄清成为一个真空地带。而大量法学教育的材料正是围绕这些基础问题展开，成为夯实中国法学基础理论、基本概念和基本技能的钢筋水泥。

其次是自由创新。学术论文当然应当追求创新，但当下法学论文在注释体例、字数篇幅、论证方法等形式规范性方面的要求，实际上已经对学术创新产生了一定的限制乃至抑制。而学术刊物在版面、排期、发表流程等方面的限制，更导致很多学术创新只存在于作者的头脑和硬盘之中。相反，在一些研讨课、小班课上，这些知识却能够自由地在师生之间交流传递，以灵光一现的方式让人感受到法律思维的奥妙以及“像法律人一样思考”的意义。

最后是清晰可读。法学学术论文想要发表，先必须取悦编辑、匿评等同行专家。选题不妨新奇险怪，论证务必旁征博引，否则难以吸引见多识广的专家们的兴趣，但也因此导致专业人士以外的其他读者难以理解。而教学材料的受众首先是学生，是天然的“读者友好型”文献。而就法学而言，无论是真正的学问之道，还是踏实的致用之学，只有通过广泛的传播，方能扩大其影响力。

北京大学是中国法学教育的滥觞之地，是中国法学教育改革的先行者和探路者。近年来，北大法学院大力推进教学供给侧改革，增加教学产品，改善教学结构，提升课程质量，创新教学活动，引领中国法学界教学改革风潮。北京大学国际法学院则是全世界范围内唯一将美国职业法学教育（Juris Doctor）和中国法律硕士两种培养模式和内容相结合的法学院，在案例教学方法、专业法学教育的课程设计、涉外法律人才培养等方面也做出了很多有益的探索。

2024 年是北大法学学科创建 120 周年。北京大学法学院和国际法学院南北联动，联合创办《北大法学小课堂》这本连续出版物，旨在将法学教师们平日在北京大学和全国其他法学课堂中给学生们传授的学问之道收集汇编，给初学者们提供一本可亲的读物。因此，本连续出版物不设篇幅限制，不数脚注个数，不求进入各类索引……我们希望用清新简明的文风，把道理讲清楚，帮读者搞明白。我们也深知这些文章对于老师们晋升职称、申请头衔不会有直接助益，但依然不揣冒昧，希望全国有志于法学教育和纯粹研究的同仁能够将你们在课堂上反复讲授但因为种种原因而无法在核心期刊上发表的教学辅助资料投递给我们。北京大学愿意以这本《北大法学小课堂》来承载诸位的“大学问”。

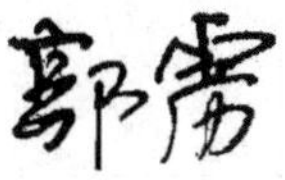

二〇二四年八月一日

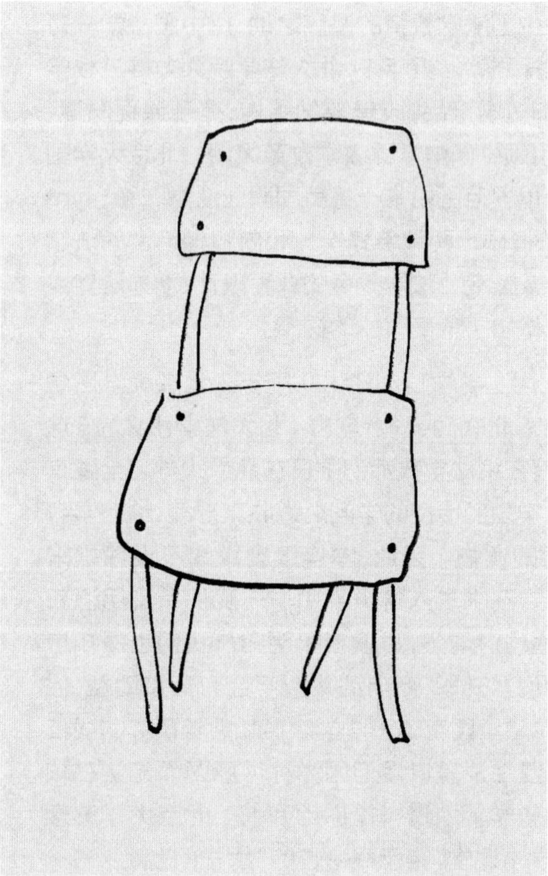

目录

答疑解题

课堂札记

域外课堂

征稿启事

特别呈现

以求真务实的态度，脚踏实地地办好法学教育

——谈谈对法学教育的认识和课程教学中的若干关系*

潘剑锋**

引　言

继承优良的法学教育传统，自 1978 年始，北京大学法学院在中国法学教育的历次重大改革中，都发挥着先锋作用。无论是招收硕士研究生和博士研究生、开办法律硕士项目，抑或开设法律诊所课程，还是近些年来，在课程开设和法律人才培养方面，比如开设案例研习教学课程、法律实务课程、比较法系列课程、法学阶梯系列课程以及组织、引导学生参加高质量的法律辩论赛、聘请全球讲席教授讲课（讲座）、推动法学教育国际化等，北京大学法学院都敢存远志，敢为人先，始终抱着对历史负责，对国家负责，对学生负责的态度，始终把法学教育和人才培养作为学院工作的核心。

传统上，我们的工作作风之一是“批评与自我批评”相结合，但近些年，在运行过程中，开玩笑地说，工作作风有点转向为“表扬与自我表扬”相结合了。所以，我想将两者结合起来，即把“批评与自我批评”跟“表扬与自我表扬”相结合，就自己四十年的执教经验，以及最近十几年来参与北京大学法学院法学教育改革过程中的经验和与国内外其他法学院进行交流的感受，谈些对法学教育基本认识与法学课程教学的真实体会，如果这些体会能为年轻老师以及将来有可能加入教职队伍的同学加深对法学教育的认识和提供法学课程教学的思路，我的讲座目的就达到了。

---

* 本文根据北京大学法学院教学沙龙 2024 年第 2 期“谈谈课程教学中的若干关系——从民事诉讼法课程教学说开去”讲座整理。

** 北京大学法学院教授、博士生导师。

关于法学教育，我主要想谈宏观和微观两个维度的内容。宏观上，是我对高校教育的四个方面的基本认识，即高校的主要功能、人才培养的主要渠道、教学效果的保障因素和北京大学法学院为什么重视教学；微观上，则是教师在课堂讲授中，应当处理好的十类关系，包括：课程内容与教学对象的关系、教学内容与教学进度的关系、科研与教学的关系、课程整体与部分的关系、知识的讲授与理解的关系、制度（部门法）的运用与问题的解决的关系、专业与思政（教书育人）的关系、讲授与讨论的关系、基础与前沿的关系，以及态度与激情的关系。

一、对高校教育的四个方面的基本认识

（一）高校的主要功能

关于高校或者说高等教育的主要功能，此前已有专家学者发表过相关的意见，也有不同的一些认识，概括起来，主要有四项功能，即科学研究、人才培养、服务社会和传授知识。在这些功能中，前两项功能被探讨较多，至于哪项是最基本的功能，则有不同的看法。我的认识是，人才培养应该是高等教育的最主要、最核心的一项功能。为此，近年来，北京大学法学院的一切工作，都以培养人才为核心，各项具体的工作都服务于人才培养。同时，基于国家的需求和北京大学的生源等因素，我们把人才层次定位为优秀的法律人才，这里的“优秀”，是指我们希望将学生们培养成为自强为基础，兼具自知、自觉、自控、自信的品性的人，秉持强大的内心，做对社会发展有意义的事情。要实现这样一个目标，我们曾担心我们学院对这样的认识能否达成一致，以及在工作实践中能否真正地落实。实践证明，北京大学法学院全体成员达成了一致的共识，近十几年的法律人才培养目标也在这样的认识基础上，通过采取比较有效的措施得以基本实现。

（二）人才培养的主要渠道

培养人才渠道多元，但着眼于高校，则以科研训练和课程教学这两个渠道为主。我个人认为相较于科研训练，课程教学应该是基础渠道，其涉及的方面比科研训练更广，是更具有普遍性、一般性的渠道。因此，在高校，通过提高教学的质量来提升人才培养的质量，应该说是最有效、最实际也是受众范围最广的途径。问题是，如何通过具体的措施来实现？在我看来，总结起来就是四个字：真抓实干。展开来讲，就是要做对学生培养有意义的事，以务实的态度把工作落到实处，这也是取得真正的教学效果的必由之路。

具体而言，一方面，要明确实现人才培养这一具体目标；另一方面，要始终秉持“为了学生”的纯正动机。既不能搞形式主义，更不可以弄虚作假。不可以只谈理念、只设计路径，更要经过落地的调查研究，并详尽地分析，采取具有必要性

和可行性的具体措施，从而有计划地把工作落到实处，比如北京大学法学院在课程设置上，规划和开设了案例研习课程、比较法系列课程、法学阶梯课程等。此外，还应有配套的、有效的机制来解决开设课程过程中可能出现的问题或困难，防止形式主义，坚决杜绝弄虚作假。

（三）教学效果的保障因素

课程教学作为人才培养的基础渠道，对其效果的保障尤为重要。而教学效果的保障因素可以总结为三点：教师队伍是基础，课程设置是抓手，课堂讲授是关键。

首先，关于教师队伍这一基础因素，在我看来，世界上所有的事要做得成功、做得好，最核心的就是人。教师队伍是由教师个体组成的，因此，教师个体的优秀很重要，培养和引进优秀的人才自然也就很重要。多年前，一位院内在职老师听申请入职老师讲课并认真逐项打分的场景，给我留下很深的印象。我询问他为何那么认真，引进人才主要考虑什么因素，他说："我要看看这个老师适不适合做我的同事。"这体现了北京大学法学院的各位老师对人才引进的关心。这些年，北京大学法学院作为优秀集体与所引进的优秀人才的双向奔赴，使我感到发自内心的喜悦，我也为此感到自豪与幸福。

其次，在课程设置方面，近年来，北京大学法学院在教学改革中将课程设置作为抓手，下力气梳理出了科学的课程体系。自 2011 年起，学院对课程库进行了细致的整理，对所开设的课程进行调整，同时对每学期新设置的课程数量进行控制，以提升课程的整体质量。之所以要进行课程设置的改革，是因为经过四十余年的发展，我国法学教育的招生规模和招生类别有了长足的发展和显著的变化。以北京大学法学院为例，我们的学生分属于法学博士研究生、法学硕士研究生、本科法学专业的法律硕士研究生（法本法硕）和本科非法学专业的法律硕士研究生（非法本法硕）和本科生等不同的类别，在招考方式、知识背景、职业规划等方面都有明显的差异，因此在培养目标上也必然有所不同。例如，对于法学博士研究生和法学硕士研究生，我们希望将其培养为具备独立研究能力和深厚学术素养的科研生力军和科研后备队；对于法本法硕，旨在将其培养为厚基础、高层次的学术型或实践型法律人才；而对于非法本法硕，则将其培养为跨学科背景的复合型、实践型法律人才。总之，在人才培养上，既要有相同的总目标，即为国家培养卓越的法律人才，也要针对不同的学生类别，根据社会的需求和学生的兴趣，进行差异化的培养，设置有针对性的课程。据此，北京大学法学院从本科生课程到博士生课程的课程库，从原来的 430 门课程，减到 260 多门课程。

最后，关于课堂讲授，之所以说是关键，是因为它会直接影响教学效果，因此，教师们应当对讲授的内容和讲授技巧都给予充分的重视。

(四)北京大学法学院为什么重视教学

北京大学法学院之所以重视教学,有四个方面的原因。其一,正如前面所提及的高校最主要的功能是人才培养,教学是培养学生成长的关键,想要获得好的效果,就必须保证法学教学的质量,因此,教学需要适应社会发展的需要,内容和形式都要跟上时代的步伐。其二,重教爱生是北京大学法学院的传统,应当发扬光大。从第一任法律系主任陈守一老师开始,北京大学法学院历任主任(院长)逐渐形成重教爱生的传统,北京大学法学院最好的软实力就是法学院团结向上、热爱集体的氛围、老师们的敬业和学院及老师对学生成长的关爱。这种良好的氛围虽然看不见、摸不着,却又是实实在在存在的,它也是北京大学法学院十几年的教学改革得以推进的基本保障。在一个院系中,仅靠两三个人的认识,教学改革是无法顺利启动的,而仅靠三五个人的热情,教学改革也是无法持续推进的,只有整个法学院全体老师共同努力,教学改革才有可能得以坚持并作出成效,要代代相传、形成传统,尽管教学改革不同阶段的侧重点和内容不同,但精神是可以传承的。其三,有意义的、有价值的事情发现不易,做有些事情,虽然短期内收不到什么名利,但坚持去做,历史的价值是不可估量的,意义就在那里。其四,不图功名地去坚守一些东西,是且应该是北京大学的传统,也是北大之所以是北大的原因,以及北大存在的意义之一,因此北京大学法学院也自然应当传承北大的优秀传统。这些年我一直在思考一个问题,那就是我们应当如何持续传承北大的优秀传统。在名利面前,有些有价值的事,可能形式上“无利可图”,有些人不愿意去做,但我们应该去做。这种传承的意义,有些人可能意识不到,但北京大学正是基于其自身的历史地位,就应该意识到这种意义并付诸实践,作出北京大学应有的历史的贡献。

二、课堂讲授中要处理好的十类关系

(一)课程内容与教学对象的关系

如前所述,北京大学法学院的招生范围广泛,包括本科生、硕士生、博士生,因此,对于不同的教学对象,应当因材施教。比如对于本科生,要更多地强调基础知识以及知识的系统性。对于法本法硕,重点更多放在介绍理论、专题、制度立法层面,具体落脚于民事诉讼法这一部门法,还要兼顾司法的相关问题;而对于非法本法硕,重点则落脚于基础与专题的兼顾,以及制度在实践中的运行情况。至于博士生,课程内容则主要着眼于学术理论、研究方法以及学科前沿问题。

具体而言,北京大学法学院将所有法学专业课程划分为基础类、专题类、实务类、国际类四种类型,体现课程的不同功能层级。基础类课程包括传统的必修课程和新开设的案例研习课、法律写作课,重在帮助学生搭建理论知识框架、夯实基础理论、掌握基础知识、养成良好的法律思维;专题类课程属于各个学科的高阶课程,旨在带领学生建构某一专业领域知识图谱,了解该领域热点、前沿发展状况,并掌握相关专业知识及相应法律技能;实务类课程希望引领学生接触实务,并在实践层面学会运用所学法律知识、原理,进一步锻炼其法律逻辑思维能力;国际类课程的宗旨是拓展学生的国际视野,强化专业知识、技能与语言表达的结合,培养学生在全球化环境下理解、运用法律的能力。

尤其需要注意的是,法学方法论对于无论处在何种阶段的法学生而言都很重要,都需要讲授,比如理论联系实践的方法、比较的方法、历史研究方法、实证研究方法等。而作为任课教师,不仅要教授方法本身,还要对方法的运用进行举例,避免学生出现应用方法不当的情况。比如,在运用比较的方法时,就应该对进行比较的相对应的内容都比较熟悉。再如,关于实证研究方法的运用,要注意该方法运用的基本要求。之前有一个法律硕士研究生,他在写论文时本打算以再审为方向入手,主标题是“我国民事诉讼再审制度的完善”,而副标题则为“从××基层法院的实践出发”,这样的文章就没有真正地运用好实证研究方法,道理很简单,仅一个基层法院是无法很好反映我们整个国家的再审制度的问题的。

(二)教学内容与教学进度的关系

现在大家都做很多科研,教学内容也都相当丰富,正因如此,老师们常常会感觉到,学校所规划的课程教学的时间往往不够。我认为,当丰富的教学内容与有限的教学时间发生冲突,课程讲授时间不足以容纳全部内容传授的情况下,对教学内容体系性、基础性的讲授就显得尤为重要。一方面,应提炼重点、难点问题,并多花时间进行讲授。以“民事诉讼法”课程教授为例,其重点问题包括法院、当事人、案件(证据)、一审、二审、再审;而难点问题则涉及诉讼理论,包括诉讼标的理论、证明责任理论、既判力理论。另一方面,对于次要内容,则应提纲挈领,并注意对体系性的提示。此外,还应提前对课程总体进程做好学期内的规划,切忌先慢后快。有些老师习惯于将重难点内容花过多的时间进行讲授,以至于出现学期进行过半,才讲到类似于“民事诉讼法”课程中的“基本原则”相关的知识点,这样的情况下,在后半学期的讲授中,其他内容就会被大幅压缩,这就是欠缺课程规划、对教学进度把控不当的体现。

(三)科研与教学的关系

在这一组关系中,二者均不可偏废。其中,科学研究是基础,其对于丰富教学内容,从问题的发现、分析与解决等方面把问题的讨论引向深入都很有意义;

而教学则更多侧重于知识的传授，应准确明了，教师应将原理和知识的运用交代清楚，而切忌只依自身的研究兴趣进行教学。关于科学研究，这里想举一个“基本与其他”的例子，这其实也是我自身2021年参加《民事诉讼法》修改的体会并形成的一篇小文章。[①] 当时那次修改主要想解决的其中一个问题，就是案多人少，但在修改法律的过程中，强调了如何提高诉讼效率，而在一定意义上忽略了对当事人权利的保护。面对这种情况，我们根据诉讼的基本原理，分析诉讼程序中基本制度、基本程序与其他制度、其他程序的关系，说明在提高诉讼效率的同时，不应忽略当事人在程序上的正当权利，而应对公正与效率进行平衡。在立法上，案件审理更多地适用诸如简易程序、独任制、电子送达、线上审判这些更简便的方式时，应考虑对当事人利益的保护，在一定情形下，使用这些简便的程序或制度时，需要征得当事人同意。

（四）课程整体与部分的关系

从知识掌握上来讲，单一的制度相对是容易掌握的，而体系性的内容掌握相对要难些。因此在学科教学过程中，对于部分的内容，比如单一制度，教师首先应讲授清楚，让同学们有个正确的理解。同时，由于将两个甚至更多的制度进行比较、取舍或平衡关系时，学生对内容理解的难度会明显加大，一旦这些相关联的制度综合性地来运用，正确的理解和把握对学生来讲是个更大的挑战。因此教师在讲解完若干种制度后，还应把有一定关联性的制度相互间的关系向同学们讲授清楚，强调各部分间的联系、衔接与界分。以公告送达为例，这个制度本身其实是个很小的问题，但在现在的司法实践当中，有扩大适用的倾向，那么在授课过程中，就可以从公告送达的效果（当事人实际接收到的可能性很小）出发，启发学生这一结果对当事人行使辩论权带来的影响。如果公告送达违法（本不应该以公告送达的方式送达却以该方式送达了），就可能导致未经质证的证据作为判决的根据的结果，而这个结果的出现，有可能成为再审的理由。从而使学生了解违法的公告送达可能产生的后果。再如，我在总结民事诉讼的基本问题时，一直强调，民事诉讼制度的设立，实际上主要就是解决两大类核心问题：一个是诉权与审判权的分配问题，制度设立时主要考虑诉讼中的哪些问题主要依靠当事人的诉权的形式来解决，哪些问题主要借助审判权的发挥来解决；另一个是程序过程的安排问题，制度设立时主要考虑诉讼中需要处置的问题安排在哪个阶段来解决。通过对这些基本问题的逐一讲授，让同学们把握具体单一的制度与民事诉讼整体之间的关系。

---

① 潘剑锋：《“基本”与“其他”：对〈民事诉讼法〉相关制度和程序修订的体系化思考》，载《法学评论》2022年第2期。

(五)知识的讲授与理解的关系

作为老师,都希望学生在听完讲授之后,对知识的把握能够精准。但是,有时我们不容易知道学生会在哪些知识点上出问题,所以我们要充分地了解学生把握知识的状况。通过了解学生掌握知识的状况,知道学生对哪些知识点存在漏洞或不理解的地方,进而在讲授时提示学生对相关知识点予以特别注意。同时,作为老师,我们在向学生们评析制度时,不仅要告诉学生制度的好与不好,还应释明其中的原因与道理。在这里我想举生活中的三个例子,说明事物性质的变化对事物概念的影响、社会经济的变化对事物功能的影响以及观念的变化对行为价值的影响。第一,隔夜的甲鱼由于变质,不再具有滋补的功能,因此虽然在外形上还是甲鱼,但在属性上更符合垃圾的属性;第二,物质生活的富足,使得大家的饮食习惯发生了变化,传统上"菜"下饭的功能减弱,美味的功能加强;第三,到一个新的生活环境,是为节省几块钱去买吃过的点心,还是多花几元钱买没有吃过的点心,形式上都是为了吃,实质上涉及价值的选择:买没吃过的点心,有个新的生活体验,价值或许超过节省几元钱。作为老师,我们在讲到相关的问题时,可以根据自己对生活的观察来举例,来说明对制度的理解,包括制度的概念、制度建立的基础、制度的功能、制度运用中需要注意的问题等,从而帮助学生们更容易地理解专业知识,构建知识的体系性。

(六)制度(部门法)的运用与问题的解决的关系

关于这一关系,我认为对于教授部门法的老师而言,尤其值得考虑。比如在单一制度的运用中,以共同管辖的管辖法院的确定为例,我在日常讲授中,会提出一个问题:"遇有共同管辖的情形,如何确定管辖法院",由此通过对涉及同一个案子有两个以上的法院有管辖权时如何确定管辖法院的问题的拆解,层层递进,从而向同学们说明民事诉讼法作为程序法,当面对需要解决的问题时,需要有个终了方案。而在相关问题的解决上,我以开庭时,一方当事人没有到庭为例,提出问题:一方当事人没有到庭,法院应当如何处理。该问题的提出,会启发同学们对缺席审理、拘传、延期审理、按撤诉处理这四个形式上没有什么联系的制度的思考,发现它们在一方当事人没有出庭这一情形下产生了交集。从而让同学们认识到想要解决问题,在选择所需要适用的制度时,应先判断问题形成的原因和所处的状态。形成的原因不同、所处的状态不同,所需适用的制度可能也就不一样,进而法律结果也会有所区别。

(七)专业与思政(教书育人)的关系

在这一层关系上,我更多想谈谈我对于思政的认识。对于专业课任课老师而言,专业的教育是应有之义。而思政,有的老师会认为那不是专业老师的事情。但实质上,思政,是教书育人的要求。思政教育的重点在于让学生知道作为一个人、作为一名北京大学的学生、作为一个将来有可能从事法律职业工作的人,应该形成一种什么样的世界观、价值观。在讲授专业课时,我常常会结合专业内容,结合自己生活和工作的体会,跟同学们交流如何愉快地生活、认真地工作。比如,讲解程序法的安定性和有序性时,会跟同学们讲通过程序法的学习,可以将程序法中的有序性、安定性应用到生活和工作安排当中,学会控制时间、维护秩序、提高效率。讲授法治思维,会跟同学们强调在生活和工作中,应理性对待各种问题,平等、友善地处理好人际关系,遇到令人生气的事情,应注意情绪管理,不能意气用事。在为人和社会责任方面,也常常会结合专业的讲授,强调应做到家国情怀、知行合一,践行北大学子的爱国与进步的责任与使命,热爱自己的国家,推动社会的进步,做正直的人、健康的人、符合社会发展要求的人。我觉得,教书讲做人做事的道理,这就是思政。它与我们教授专业知识并不冲突,结合好了,就是一体的。

(八)讲授与讨论的关系

讲课过程中,讲授是基本,讨论是补充,而这个补充是很有必要的。但不能仅仅将讨论变成形式主义,教师提出的问题应当有探讨的空间、能够激发学生思考。比如,我常在课堂上举"一元钱官司该不该打"的经典例子,启发同学们意识到进行诉讼应当考虑公正、效率、成本等因素,同时启发学生发现从不同的角度看问题,有时会得出不同的结论。再就是关于诉讼费用的负担的例子,我会重点讲当案件涉及争议时由败诉方承担全部诉讼费的例外情况,从而说明探讨依照原则时不应忽略对纠纷产生的原因的考虑。此外,结合前述提到的制度的发展趋势与社会的现实之间的矛盾,问题解决的思路不能脱离"情、理、法"的融合。有时我会通过介绍不同国家法律专业人士对同一或类似问题的处理,启发同学去发现,不同国家的法律制度具体的内容不同,运作的方式也有差别,但最终的效果竟然大致相同,以此体会法律共同价值对人类的影响。

(九)基础与前沿的关系

基本的东西无论如何都要交代清楚,作为教师,应当认识到学生掌握的专业知识远远不如专业老师,有时候老师们三五分钟可以讲清楚的问题,学生自学可能需要三五个小时;而如果学生的经历从未涉及过相关方面的知识,想要靠自己悟透,则可能需要更久的时间。至于前沿的问题,则同样很有必要提出,同时,根据不同的对象,可以概括地提,也可以谈自己研究的问题,跟同学进行学习心得的交流。对基础知识的把握,有助于学生将来运用这方面的知识,而对前沿问题的了解,有利于同学们开阔视野,培养他们对学术的兴趣和热爱,两者都不可以偏废。

(十)态度与激情的关系

在我看来,好教师首先必须是好的教书匠。作为老师,首先,态度必须端正,言传身教很重要。其次,教学要有激情,这又进一步分为以下几个维度:第一,情感上应热爱,因为只有爱了,才有可能做得好,要将自己对课程的喜爱传递给学生;第二,要进行情绪调动,因为情绪是会相互感染的,要以饱满的情绪投入课堂中;第三,要调整授课时状态,比如认真备课、提早到教室进入准备讲课的状态、授课时筛选合适的案例来帮助学生理解枯燥的内容。最后,要在精神和体力上做好准备,疲惫不堪时肯定无法把课讲好。此外,现在有很多的奖励和评比,这对教学工作的开展肯定是有引导和激励作用的。但作为老师,应当在锐意进取的同时,保持淡泊名利的心境,要有定力,要充分认识到学生的成长才是对教学成果的最真实的肯定。

结　语

我们深切地感受到,法学教育何其艰难,又何其光荣。言其艰难,是因为教育自身的规律决定了它是一件需要厚积薄发的长效事业,既容不得半分虚假,又难以立竿见影产出成绩,因而无论是教师还是学院、学校都需要以功成不必在我的奉献精神去无私投入,方能集腋成裘。言其光荣,是因为我们正在经历着伟大的新时代,我们的确肩负着为中华民族的伟大复兴培养卓越法律人才的责任,让学生多成长一寸,则法治中国距离实现就接近一分。正是抱着这样的使命感和责任感,北京大学法学院的全体教师方才会夙兴夜寐,兢兢业业,将人才培养作为一切工作的出发点。

我一直有个朴素的认识:其他人不真正关心和热爱法学教育,不足为奇;致力于法学教育的人,不真正关心和热爱法学教育,才是诞谩不经。正如白建军老师曾在课堂上打过的比方,学生们就是老师们眼中“明天的太阳”,而老师们就是太阳的播种者,老师应努力使作为“明天的太阳”的学生们在其“升起”(成长)时能够照亮社会、温暖人间。作为教师,成就他人就是成就自己,教师是我们的职业,教书是我们的工作,把课讲好是教师的立身之本,教书育人是教师的职责、事业和使命,我们应该保有这样的使命感和责任感,求真务实、脚踏实地,不负伟大的时代,无愧光荣的使命。

作者简介及代表性研究成果

潘剑锋，北京大学法学院教授，博士生导师。中国法学会民事诉讼法学研究会常务副会长。北京大学法学院原院长、党委书记。2023年北京大学“教学成就奖”获得者。主要研究领域包括民事诉讼法学、证据学、司法制度、仲裁制度等。

潘剑锋教授著有《民事诉讼原理》（北京大学出版社2001年出版），主编或副主编民事诉讼法学、法院与检察院组织制度等教材10余部，在《法学研究》《中外法学》《政法论坛》等核心刊物及日本《法政理论》《法商研究》等法学刊物上发表学术论文50余篇，在《工人日报》《法制日报》《人民法院报》等报纸上发表文章若干篇，另与他人合著著作和编写教材若干部。

潘剑锋教授代表性论文：《论司法确认》，载《中国法学》2011年第3期；《论民事司法与调解关系的定位》，载《中外法学》2013年第1期；《民诉法修改背景下对“诉调对接”机制的思考》，载《当代法学》2013年第3期；《论建构民事程序权利救济机制的基本原则》，载《中国法学》2015年第2期；《论以法律职业精英化为目标的法律职业资格考试》，载《现代法学》2019年第5期；《行政公益诉讼证明责任分配的理论阐释与规则构建》，载《北京大学学报（哲学社会科学版）》2022年第1期；《“基本”与“其他”：对〈民事诉讼法〉相关制度和程序修订的体系化思考》，载《法学评论》2022年第2期；《案外人执行救济机制的体系化反思》，载《国家检察官学院学报》2024年第4期；《公益诉讼中检察谦抑性原则的理论与应用》，载《现代法学》2024年第4期；《论〈检察公益诉讼法〉基本原则中的特有原则》，载《法学杂志》2024年第5期。

北大法学教育改革札记（2018—2023）

车　浩*

今年是北大法学院建院120周年。刘哲玮老师准备办一本教学方面的刊物并向我邀稿，这也给了我一个静下心来回顾的机会，将过去几年分管学院教学工作的思考总结成文字。在燕园学习过的每一个法律人，都曾受惠于这个园子和这所学院，也都愿意尽力去回报它。而在此间工作，生活于其中，也就有了更多的机会。自2010年回到北大任教以来，迄今已有14年的时间。且不论个人的学术研究工作，仅就较为密切地参与学院的服务事务这部分而言，确实在教学领域中投入了较多的时间和精力。从2014年开始，作为院长助理，我开始接触一些学院的教学管理服务工作；从2018年开始，在院长、书记的信任以及全院老师的支持下，我担任分管本科生和研究生教学工作的副院长，直至2023年3月从教学管理岗上卸任，转而分管科研工作。

在担任教学院长近5年的时间中，所做工作可以分为两大类，一类是作为在管理岗位上接到的任务去完成的工作；另一类则是主动设想并去努力推进的教学改革工作。在前一类工作中，我本人印象深刻的主要有三件事。

一是从2020到2022年的疫情3年，常规性的教学管理工作都变成了挑战和压力。这期间各种招生考试、上课、答辩等，因为疫情都要改成线上进行，相应地带来了方方面面的重大改变，各种风险压力随之而来。本来属于日常性、常规性的各种教学管理服务工作，因为向来稳定的师生利益诉求均发生了变化，一下子都成了具有挑战性和风险性的新课题。北大的招生工作，特别是以公正为价值追求的法学院的考试，向来都是社会各界关注的焦点。但是，线上举办的招生考试的机制设计，属于没有经验可借鉴和保障的全新事物，只能一点点“摸着石头过河”，经常担心会出现事前未考虑周详的瑕疵漏洞，甚至引发舆情事件，影响北大和法学院的声誉及招生工作的公正性。那3年提心吊胆，我度过了一段之前从未有过、之后也没有出现的焦虑期。在教学团队的共同努力下，直至疫情

* 北京大学法学院教授，博士生导师。

结束，法学院的招生考试和日常教学工作都没有出现什么大的纰漏，法学院在疫情期间的教学工作得到了学校的认可，还作为典型去向其他院系介绍经验。回头去看，平稳度过疫情 3 年，这是最令我感到欣慰的。

至于说到压力最大的具体任务，则是准备第五轮学科评估材料。法学院在之前的几轮学科评估中被评为 A，虽然全院师生整体上心态比较淡然，但学校还是希望法学院能更上层楼，提出了冲“A+”的任务，时任院长的潘剑锋老师也在全校大会上立下了军令状，作了表态。我之前做院长助理的时候，就参与过第四轮学科评估工作的材料整理，体会过其麻烦程度以及冲“A+”的困难。所以当院长在办公会让我牵头负责准备第五轮学科评估工作的材料时，我第一反应就是退却。一方面当时正被各种疫情期间的教学管理工作搞得焦头烂额，确实无力分心；另一方面也觉得任务艰巨，前几轮学科评估中法学“A+”格局已经形成，再去冲击几乎是不可能完成的任务，最后实现不了突破还得承担责任。但是，作为班子的一员，又难以抗拒领导布置的任务和期待的炙热目光，职责所在，只能咬牙努力去做。

回想当时，为此组了一个专班，包括刘哲玮、阎天、彭錞、戴昕、陈一峰和史诗等老师，大家专门找了一处僻静的酒店住下，利用周末前后几天时间，逐字逐句打磨评估材料。最后法学院的评估报告获得了学校的好评，在各个院系之间作为样板流传。第五轮学科评估，北大法学院获评“A+”，这里面当然有各种因素的综合作用，但是，我们合力撰写的评估材料作为因素之一，至少没有在评估工作上为学院拉后腿。

第三件印象深刻的工作，是北大—港大本科双学位项目的设立。当时学校领导非常重视与香港大学在本科教学方面的深度合作，希望能够在一些专业上实现两校本科阶段联合办学并授予双学位的突破。在学校寄予厚望的几所院系中，法学院的工作困难尤其大。因为北大与港大的法学教育分属不同法系，差异巨大，两院在学生招录培养、课程学分设置、奖学金设置、学生管理服务等事宜上存在很多机制与思维上的差异，双方都有自己的办学理念，也都对自己的本科生项目极其重视，要跨越和弥补这些鸿沟，达成共识极其困难。我在 2018 年 9 月刚接手教学院长工作不久，学校层面就下达了希望法学院推进项目实质性进展的任务指令。但是由于上述困难，也缺乏可供参照其他院系的项目建设经验，与港大法学院的沟通一直进展缓慢。

突破性的进展出现在 2018 年年底，我陪同夏红卫、蒋晓涛、惠济州等几位国合部、教务部的领导老师专程前往深圳，与傅华伶、赵云两位港大法学院的领导面谈，经过近 3 个小时磋商交流，终于就一些关键问题达成共识。特别是记得当时灵光一现，援引刑法上的管辖理论，我提出从属人管辖转换到属地管辖，来解决双方一直争议不决的学生管理问题，获得了港大法学院两位领导的认同。在确立了基本原则的方向之后,课程、学分、论文、奖学金等各种具体问题都有了一个顺流而下的管道,当场就达成了诸多共识。随着两地关系发展进入新阶段,“一国两制”的行稳致远,香港长期繁荣稳定,尤其需要精通两地法律框架和治理体系、具有全球视野的高端法律人才。作为北大与域外高校合办的首个本科双学位联合培养项目,法学双学士学位项目开历史之先河,受到各方好评和瞩目。以上这些工作的共同特点,是努力完成交办或者环境压力下的任务。相对而言,过去5年的教学改革工作,无论是在基本思路还是具体举措上,更多是基于法学教育的理想,基于北大应当成为中国法学教育改革的先行者和探路者的使命感,而主动自发地进行规划和探索。

一、教改思路的确立:“一个中心 两种模式 三个课堂”

(一)以供给侧改革为中心

2018年9月我分管教学工作之后,边干边思考,逐渐形成了一些关于教学改革的想法。经过半年时间,在2019年4月的全校本科教育大会上,我代表法学院作了主题为“一个中心、两种改革模式”的汇报发言。这里的“一个中心”,是指以教学供给侧改革为中心。之所以提出这个概念,是因为在我看来,大学中的教学关系,可以理解为一种围绕着教学产品的“供给—需求”的关系,老师以及法学院是教学产品的供给方,学生是需求方。按此框架来理解和观察,其实各个学校各个时期的各种教改措施,有些是体现了需求侧改革的因素,也有一些属于供给侧改革。

有些学校或者有些时期,主要问题可能是需求不足。比如,学生的学习态度不端正,学习热情不高,缺乏主动学习的积极性,或被外界各种诱惑吸引,不能安心在学校上课,或认为学校传授的知识无用,到学校的第一天就想着实习、创业、找工作等。这些情形都属于教学产品的需求不足。学生作为需求一方,积极消费教学产品(爱学习)有两个前提条件,一是想消费,二是能消费。简言之,就是学习意愿和学习能力。因而改革就必须对症下药,围绕着这两者展开,包括刺激学生“消费”教学产品(增强对学科的热爱,带动学习热情),提高“消费能力”(提高专业学习的能力),提振“消费信心”(相信通过打牢专业基础有助于未来就业)等。因此,凡是改革措施有助于提升学生的学习意愿和学习能力,进而刺激学生投入更多时间、精力和热情去学习的,就属于是在教学领域中的需求侧改革。

北大法学院当然也存在需要从需求侧调整和完善的地方,但是整体而言,学生的学习热情较高,学习能力较强,学习态度端正,这是北大法学院从高考的选拔制度中获得的福利,即不必花特别多的心思去刺激需求,很少为学生不爱学习或学习能力欠缺而操心叹气。就此而言,北大法学院的教学改革,包括一些头部高校热门专业的教改,相对于其他很多高校和专业而言,已经占了很大的便宜和先机,减少了很多刺激需求不足的困难障碍,省掉了很多在需求侧决策和执行的改革成本。应对此有清醒的认识,不能把先天福利当作改革成绩。相应地,有志于教学改革的管理者,面对教学中出现的问题,应该更多地从自身的供给能力找原因、找不足,在供给侧改革投入更多的时间和精力,提升教学产品质量,为学生提供更多更好的教学产品。

(二)增量改革与存量改革的并进

针对教学产品的生产和改善,存在两种改革模式:一种是增量改革,即在现有的教学产品的基础上,再增加一些新的产品种类,突出新产品的优势特色和竞争力,吸引学生有更强烈的意愿消费新产品,从中获取老产品未能提供的消费体验,实现法学教育人才培养的目的。

通常来说,在当下高校的评估体系中,相对于科研发表的指标,教师在教学方面的投入缺乏明确的显示度证据,与教师的职称晋升等切实利益挂钩程度不强甚至较弱。基于这种现实,如果在现有教学产品体系的基础上,希望所有教师都增开有创意的新课并投放到选课市场去吸引学生,这就意味着在无法提升教师收益的情况下,又增加其时间精力的投入,是难以实现的。因此,增量改革难以成为一个面向所有集体成员的普遍性要求,而只能主要依靠集体中少数人的理想情怀去推进。首先通过少数老师基于法学教育的理想,肯去付出精力增设一些特色课程,有个别老师冲锋在前,才可能不断感染带动其他老师。近年来法学院增设了一批案例课、实务课、写作课,这方面的课程增量改革能获得成功,就在于发现并鼓励了这样一批有情怀的教师,从而带动了整个课程体系的不断更新。

另一种改革模式是存量改革。相较于增量改革,存量改革难度更大也更加重要。任何一家法学院的课程体系,都有将近数百门课程,其中不可能每一门都达到精品课程的程度。正如上面所说,在现今高校体制里面,不仅优秀的教学难有明确指标来显示和表彰,平庸的教学也是如此。换言之,奖励性的正向激励和淘汰性的反向激励都是相对缺乏的。在几十位教师所上的数百门课程当中,如果只有少数人的几门课程成为亮点,那对于整体课程质量的提升,进而对于提高整个学院的育人水平,还是远远不够的。完全可能的后果是,必须选够学分的学生,在少数的认真负责、有质量的课程中的收获,又被其他一些“水课”给抵消了。因此,不仅是要做课程增量,而且也不能回避现有课程中的问题,甚至是,只有直面和普遍性地解决现存大多数课程中的问题,才可能在整体上提升教学水平。

(三)三个课堂的建设

供给侧改革需要提供更好的产品,进而拉动消费。教学领域的供给侧改革也是如此。只有提供优质的教学产品,进一步带动学生的学习热情,才能实现教学改革的目标。北大法学院的供给侧改革,在教学产品的类型创新和质量提升上,主要体现为"三个课堂"的建设。

首先,"第一课堂"立足正式学分制课程,即高校教务部课程体系中正式登记在册的课程,是在校生在毕业之前必须完成的学分任务,也是教学改革最直接和最重要的教学产品。"第一课堂"是法学教育改革的基本面,只有这个基本面改善了、提高了,才能说法学教育改革取得了重要进展。其次,除了第一课堂,一些老师在课外拿出很多时间和精力带领学生读书学习,这些老师们自己开设的"私塾课",可以称之为"第二课堂"。最后,如果说第二课堂的重心,是比较多地放在研究生的学术能力培养上面,那么不应该被忽略的,还有本科生这个群体,课堂学习如何展开、大学生活如何安排、未来如何规划等问题,往往也是本科生渴望从教师这里得到解惑和答疑的内容。老师与本科生就这部分问题展开的交流,可以称之为"第三课堂"。

二、"第一课堂"的改革探索:增开新课与阶梯讲座

过去5年间,北大法学院在第一课堂上的教改,在增量改革和存量改革两个方面同时推进。一方面,抓住关键少数人,做课程增量,发挥"领头羊"和精品课程的引领作用;另一方面,有效激励大多数老师,盘活存量,追求教学效果的普遍提升。

(一)增量改革:新开类型化课程

从2010年开始,法学院启动了新一轮课程改革。在全面整理课程库,将400余门课程精简至260余门的基础上,学院调集资源支持新型课程的探索。课程方面的改革工作,从潘剑锋老师分管教学的时期就启动了,主要的发力点是增加一些新的课程类型。2018年我接续教学管理工作之后,在课程增量改革方面继续沿着潘老师提出的改革方向,持续地增加有特色的新课程。经过10余年的课程改革,案例研习课、实务课、写作课、国际课等几类新型课程已经形成规模,不仅深受在校学生的欢迎,也因为其在学生能力培养上的突出表现受到全国法学教育界的瞩目。

第一,增设案例研习类课程,课程导向从知识习得转向能力培养,强化法学基本功的训练。当前,很多法学院的课程体系结构陈旧,以灌输式教育为主,能

力训练型课程严重不足。从用人单位反馈的信息来看，很多法学院毕业生都存在基本功不扎实、喜欢空谈理论的问题。这和传统法学教育强调体系性知识或前沿性理论的讲授，忽视针对学生职业能力的训练和培养密切相关。由授课教师单向输出的知识，由于缺乏配套的课程训练，无法转化为解决实际法律问题的能力。在课堂上，学生能了解到很多概念、定义和学说，但是没有能力去把握其实际功用。要改善此局面，应大力推行能力训练型案例教学。因此，在知识讲授型大课之外，北大法学院近年来推出了一系列以案例研习为中心的训练型课程。其中，“民法案例研习”和“刑法案例研习”，都开设于2012年，经过10年探索逐渐成熟，获评“国家一流本科课程”。

民案课和刑案课有共同的特点，都是借鉴了德国鉴定式案例研习课的方法，以作业训练为中心展开的案例教学。以“刑法案例研习”课为例，课程分为三个阶段。第一个阶段，是鉴定式案例研习。侧重训练的能力是分析问题的体系性和逻辑性，培养学生按照一定步骤和顺序审查对应关系的思维习惯。第二个阶段，是论辩式案例研习。注重培养和训练思辨性、论证性、对抗性的正反说理能力。第三个阶段，是实务性案例研习。通过分析真实案例的法律文书及证据材料，训练学生提炼事实、发现问题的能力。无论哪个阶段，学生每周都要完成一个案例分析报告，作业字数平均2万字，一学期下来，仅此一门课上，学生就要完成20万～30万字的写作量，写作能力和案例分析的基本功得以充分训练。

除了“刑法案例研习”“民法案例研习”这两门最早“试水”的案例课，近年来增设的案例研习课还有“民事诉讼案例研习”“刑事诉讼案例研习”“宪法案例研习”“行政法案例研习”，六门课程形成了案例研习集群。北大推进的案例研习课改革，不同于以往那种以教师讲授为中心的“以案说法”或者“以法说案”的形式，而是强调以学生的自我训练为中心，教师发挥的不是主讲人而是教官或教练的作用，案例课培养的也不是理论知识，而是学生理解和适用法律的基本能力。

第二，增设实务类课程，课程导向从理论理性转向实践理性，强化学生对于法律职业的体认。实际上，法科学生毕业后从事学术工作的仅占极小一部分，其主要去向是法官、检察官、律师、公司法务等实务工作岗位。但是，与这种学科定位和实际需求不符的是，当前很多法学院的教学体系中缺乏真正有效的实务课程配置。因此，北大法学院课改的一个重要方向，就是增设具有课程体系性的实务教学，纠正理论脱离实践的弊病，避免法学教育在学者型教师的主导下，过分沉入理论探索而出现方向性的偏航。

基于这样的考量，法学院的老师们开设了一系列具有特色的实务课程。例如，邓峰老师主持的“合同法实务”，邀请资深律师一起授课，核心课程内容包括三个模块：交易结构、合同文本和寻求救济。学生要面对真实的交易与合同文本，一学期下来，学生逐渐从法律实务的门外汉成长为能够起草较为完善合同文本的初阶选手。通过对合同文本及其应用的实务训练，增强学生将法律知识综合应用于实际交易中的能力，并使学生对合同纠纷的解决思路具备框架性的理解，促进其在法律实务界的长远发展。

我从2015年开设"刑事辩护实务"课程，在2023年升级改造为"控辩审实务"课程。教学方式是每周讨论一个匿名化的真实案件，提前一周发材料给学生撰写分析报告，再在课堂上由学生进行控辩对抗，最后由法官、检察官、律师和学者一起同堂授课，从控辩审的三重视角以及刑法理论的层面，对案件背后的法律问题进行全方位的深入探讨。仅2024年秋季学期，参与授课的实务专家就达到45人，有来自最高检和最高法的业务中坚，有来自全国各地的审判业务专家和十佳公诉人，还有来自一些传统刑事强所的知名刑辩律师，以及一些红圈所中负责争端解决业务的资深合伙人。法律共同体中的实务专家，对于法学教育和法治人才培养给予了极大的热情和支持。其他还有很多由本院教师主持、由实务部门专家协作授课的课程，对于扎扎实实地推进法学院的实践教学，发挥了重要作用，得到学生的普遍欢迎和用人单位的高度认可。

第三，增设写作类课程，训练学生论文写作的能力，解决学生在研究写作方面的困惑，引领学生走上学术研究之路。针对不同层次的学生，法学院开设了多品类的写作课程。包括针对博士生的"法学论文研究与写作"课程，针对法律硕士研究生的"法学论文与方法""法律写作与检索"，针对法学硕士研究生的"法学研究与写作"等，根据不同培养类型，提供论文开题、文献检索、法律文书等不同的写作训练。例如，阎天老师和左亦鲁老师主持的面向法学硕士的"法学研究与写作"，致力于为研究生提高学术品位，用阎天老师的话说，就是"练就一双慧眼""撷取最优秀的法学作品，集中呈现学术之精、之美"。

我和哲玮、阎天老师等从2019年开始组织开设博士生"法学研究与论文写作"课程，授课师资主要是法学期刊编辑或者研究成果丰硕的资深学者。授课内容围绕法学论文的选题、立意、布局、材料、规范及编读往来等主题展开，覆盖论文写作与发表的各个主要环节。课程还设置了师生互动问答环节，博士生就研究写作和投稿过程中遇到的问题，征询老师意见，获得点拨指导。这有助于学生做好学术规划，了解期刊用稿标准，启迪研究思路，坚定学术信念，为今后长期从事研究工作打下坚实基础。

第四，持续建设国际化课程，开拓学生的国际化视野，培养涉外法律优秀人才。随着各国联系互动越来越密切，涉外法治成为重大课题，培养涉外法律人才越发重要。法学院开设了多门国际类课程，为师生提供立足中国、交流世界的宽广平台。这方面的课程建设历史悠久，以"模拟法庭"课程为例，课程分为"模拟法庭实训基础"和"模拟法庭实训竞赛"两学期，以"理论 + 实务 + 赛事"的模式提高学生从事涉外法律实务的综合素质，从中走出了诸多在模拟法庭赛场上展现风姿的优秀学生。这里面有教学、外事、学工等各个职能部门的协同发力，更重要的是，包括易平、高薇、廖雪霞、张康乐等老师在内的多位教师，将很多心血投入到“模拟法庭”这样的实训课程中，带领一届又一届优秀的学生征战国内外赛场，为学院获得了一系列荣誉。这些老师对此作出了重大贡献。

在我分管教学工作的5年中，曾经有进一步扩大国际合作、扩展国际类课程的构想，也与沈岿、楼建波等多位老师磋商设计，但最终由于疫情等各方面因素，未能落成，甚为遗憾。

（二）存量改革：设立法学阶梯系列讲座

一个法科学生所受的完整的法学教育，必然是要覆盖到一个法学院里大多数老师讲授的大多数课程。只有讲好每一门课，才能全面培养好一个法科学生。所以，在增量改革取得成效的基础上，还需要进一步启动存量改革，即将课程改革的发力点覆盖到现有的整个课程体系，“盘活存量”，想办法进一步提升现有的各门课程的质量。当然，在北大，老师在授课风格、教学设计上有很大的自由空间。因此，通过行政命令干预老师的课程安排既不现实也不明智，改革的突破点在于想方设法提升教师授课的积极性，使老师由衷地愿意为教学投入更多心思和精力。

基于这样的思考，从2018年9月我刚分管教学工作开始，就着手推出“法学阶梯”系列讲座，这个讲座是课程模式的一次新的探索，旨在着眼于激活现有课程体系，激励老师们讲好每一堂课，从而让学生普遍性受益。从讲课到讲座，虽然只有一字之差，但是将封闭课堂升级为开放讲座，确实在客观上能起到激励老师更加认真地投入备课和讲课。不过，要把每一堂课都办成讲座并不现实，因此就需要针对课程的关键时点，着力进行结构性改善。

一方面，每门课程的第一堂课，意味着同学们初入一个陌生的学习领域，尤其需要老师的导引。而以往老师们大多是简单介绍课程大纲、本学期课程进度等内容，往往深浅程度不一，且较为零散。可以说，第一堂课的质量是缺乏保证的。于是我们就推出了“入门讲座”，也就是将第一堂课改造成一次关于本学科基本概念和学习方法的“入门讲座”，这样一来，在特定主题和讲座结构的要求下，就能促使老师花更多时间和精力备课，体系化地呈现课程导论，从而引导新生进入法学之门，对本学科形成一个初步的认知。

另一方面，到期中阶段，则需要老师和同学适当地停下来，共同进行反思和总结。许多课程会设置期中作业或期中考试，但出题和检验都完全是老师主导，在信息上师生双方是不对称的。更好的检验方式，可能是在期中安排一次公开的集中答疑，汇总学生的困扰和问题，以便老师高效地捕捉并解决学生在前半学期学习的共同障碍。针对以往课后个别答疑不够充分、缺乏体系、难以集体受益的局面，为了给学生系统性地答疑解惑，我们设计了“进阶讲座”，由教务办老师和助教一起对选课同学进行问卷调查，收集问题并形成报告提交给授课老师，老师根据报告精心准备，在讲座上对集中、重要、共性的问题进行透彻的讲解，扫除学生前期学习的障碍，为后半学期的学习打牢基础指明方向，也有助于老师更加有目标地开展后半阶段的教学。

此外，博士生一年级的“法学前沿”课程，也被升级为“高阶讲座”。原“法学前沿”课程为内部课程，缺乏与本院其他年级同学、外校师生及实务界人士交流与探讨的契机，课程体系相对封闭。优秀的教学资源，尚未得以充分地开发利用，惠及范围较窄。改造升级之后的“高阶讲座”，成为包括苏力、陈兴良、陈瑞华等众多学术大咖在内的老师们，在第一时间公开发布自己最新研究成果并与学生和社会分享的阵地，由此深度激发法学博士生的学术志趣，对于培养高层次学术人才、传播学术思想、贡献法治力量发挥了重要作用。

以上这些活动的共同点，是把封闭的课堂变成开放的讲座。学科入门的方法论，以及针对学习重点的答疑解惑，这些内容对学生而言都至关重要，但是以往在课堂中可能是零星涉及、漫谈性质甚至一带而过的。如今通过公开讲座的形式，预先框定方法论入门和公开答疑的讲座主题，老师们就会精心准备特定内容，来完成这一两次课的专门讲授。“法学阶梯”系列讲座的定位为教学类讲座而非学术类讲座。换言之，其本质是一次面向全院、全校甚至社会公众的“公开课”。这样的讲座要求老师把每一门课精华的部分拿出来，不是仅展现其某个研究或者某篇论文的成果，而且能在特定的课堂结构中，展现这位老师在整门学科上的成就。显然，如果没有足够的学术科研水平打底，老师们作这样一个导论或答疑讲座，也会受到制约。在这一点上，两者是不冲突的，甚至可以起到相辅相成的效果。

法学院的老师都是各个专业领域中的佼佼者，大多数老师可能在社会上授课讲座，但是一直到退休都没有在校内作过讲座，因为老师们都比较谦虚低调，而且校内机构也较少专门为本校教师搭建平台，恰恰是这些兢兢业业的老师，构成了教学队伍的主要力量。他们上的课，占据了整个课程体系的最大比例。“法学阶梯”系列讲座，就是在举全院之力，全方位地服务老师们的课堂教学，为老师们的教学活动进行宣传。前期会通过官方公众号和校园海报等进行充分的讲座信息宣传，吸引社会公众和其他院校的学生前来旁听；在作为期中答疑的进阶讲座，教务办会提前向选课学生做好问卷调查，收集问题做好分析后提交给授课教师做授课内容的准备；讲座过程中既有主持人为主讲人进行暖场预热，又有校内外合作机构参与全程的视频摄制工作，还有速记公司对讲座全程速记整理成文；后期还会将讲座综述发表在法学院官网、中国法律评论公众号、北大法宝等各种公众平台，宣传授课老师在教学科研等各个方面的成果。

如上所述，“法学阶梯”系列讲座本质上是一次“公开课”。因此，老师们在该讲座中获得的尊荣感，首先源自其教育者的身份，而不仅是学者身份。学院大量投入，向社会公众推举这些老师和他们的课程，也是为了让老师们深切体会到教育者站在讲台上的尊荣感，感受到学生、学院、学校乃至全社会的尊重，从而激励老师们讲好每一堂课。于是，表面看起来不过是“从讲课到讲座”的形式创新，但追求的是实质的目标。

我始终认为，一个学院的教学质量能不能总体推进，不仅需要少数教师精品课程的引领和品牌效应，更需要大多数老师的共同努力和课程质量的普遍提高。通过调动大多数老师的积极性，在日常的课程中增加入门导论和难点答疑的环节，让整体课程质量得到改善，最终的受益者是学生。讲课是周而复始的工作，只要老师们充分准备过一次“入门讲座”，形成了更加完备的入门讲义，那么即使以后不再有讲座的形式，但是每门课第一堂课的质量，都得到了长期稳定的保障。

除了老师获得尊荣感、课程质量普遍提高、学生最终受益外，“法学阶梯”讲座也具有重要的社会意义。在教学改革层面，这样的模式对于不同课程、院校都具有可复制性。每一门课都可以这样打造，每一位老师都可以做到在开头有系统的导论和在中期有全面的答疑，所以每一个法学院都可以依靠其存量做同样的推广。在这一点上，它的普及效果，超过了仅靠少数有情怀老师进行课程创新，因为后者难以被复制和模仿。就此而言，“法学阶梯”系列讲座也是北大法学院对全国法学教育的一点探索和贡献。在疫情期间，经授课老师的同意，我们还把这些讲座的录像面向社会无偿公开，实现了优质教育资源的公益分享，体现了北大法学院的社会担当。

到 2023 年 9 月，由法律出版社出版的“北大法学阶梯”丛书 7 本已经出齐。其中《北大法学初阶》2 本，《北大法学进阶》2 本，《北大法学高阶》3 本，汇总了从 2018 年到 2022 年间北大法学院举办的 108 场阶梯讲座。三部讲座丛书恰如阶梯层层递进，引领学生们拾级而上，由浅入深地领略法学教育的一路风景。

三、“第二课堂”的改革探索：读书会的多元化和制度激励

教学课程计划内的“第一课堂”，是学生接受法学教育的主要路径，也是学院教学资源输出的主要产品。与之相对，所谓“第二课堂”，脱胎于师生们自发组织的各种形式的读书会。这些读书会都是教师在“第一课堂”的正式课堂与标准课时之外，不计薪酬、自愿开展、自选形式的体系性与规律性的教学学术活动，学生结合学术兴趣自愿加入，在内容上以读书和理论研究为重点，侧重学生

综合性学术能力的养成性培养。

北大的读书会传统源远流长，百年前，李大钊就多次参加学生的红楼读书会。从20世纪八九十年代开始，北大校园里各种读书小组成为一种风潮。虽然近年来随着网络信息技术的发展，学生获取知识和交流渠道日益增广，但是在课堂之外另设“私塾”，面对面一起读书和讨论，始终在北大师生间有着不可取代的魅力。我自己在20多年前读研究生的时候，就和一些同学自发组成读书小组，读哈耶克、福柯、哈贝马斯等，很多曾就读于北大的学生都普遍存在这种读书会的经历。正如刘哲玮老师提到的，“读书会对于学生的最大意义在于可以静下心来读一些理论书籍，在读书会的时光里，每个人都能很愉悦地享受这个阅读过程，感受读书的乐趣，开阔视野，展现不同的知识结构。”特别是有老师引领的读书会，老师以自己的学养带动学生深度阅读，学生的收益往往数倍于自学，师生之间相互启发，共同完成精神之旅，这种体验往往成为很多北大人难忘的回忆。

我一直认为，北大老师的精神，不是靠学院管理和号召出来的。尽管读书会在北大以及很多高校中是一个普遍现象，但是基本上都是民间自发的。所有我了解到的举办读书会活动的老师们，从来没有主动地向学院提出任何方面的要求，而是把这当作一种很自然的为师之道与为学之道。这是非常令人感动和敬佩的。读书会过程中出现的购书、材料、餐费等开支，往往都是由老师自掏腰包。这其实也提出了一个高校管理中的问题，既然都说大学里的人才培养是重中之重，在管理层面上对“第一课堂”作各种督促和要求，那为什么老师们不拿薪酬、在课外自愿牺牲休息时间带领学生读书研究的活动，显然需要更高的热情和更多的投入，在人才培养上有着进一步的作用，却又很少得到重视呢？我总觉得从制度激励的角度来看，这是不合理的。

为了支持老师们在读书会活动中的无私奉献，法学院从2018年秋季学期开始，设立“第二课堂”项目。这个教学项目面向所有举办读书会的老师，具体的读书会形式不限，只要是在课外带领学生从事读书、写作、案例研究等各种具有人才培养性质的活动，都可以通过“第二课堂”的项目申请获得学院的资金支持。项目经费虽然不多，每学期有3000～5000元，但可以基本覆盖开办读书会所必需的书籍费、资料费、打印费、盒饭费等。“第二课堂”项目设立之后，得到了老师们的普遍响应，迄今为止，每学期都有数十个项目立项。

“第二课堂”的形式和内容都是丰富多彩的。大多数老师采用读书会的形式，且多选取一些理论性较强的思想性著作，或者是比较深邃的专业作品，老师带着学生逐字逐句地读，拒绝走马观花，养成深度阅读的习惯，以读深、读通、读透为要，师生以书为导引展开更充分的交流，产生思想的共鸣与火花。例如，张骐老师组织的“法与正义”读书会，围绕着涂尔干的《社会分工论》、福柯的《规训与惩罚》等作品展开阅读；邓峰老师组织的“经济法学经典导读”读书会，围绕着平台并购、诚信义务等领域中的经典论文展开阅读；常鹏翱老师组织的“民法哲学与基础理论”读书会，围绕着拉德布鲁赫的《法哲学》、弗卢梅的《法律行为论》等作品展开阅读；楼建波老师组织的“美国财产法精解”读书会，围绕着斯普兰克林的《美国财产法精解》（*Understanding Property Law*）等作品展开阅读；葛云松老师、贺剑老师组织的“民商法系列读书会”，围绕着拉伦茨的《法学方法论》、阿蒂亚的《合同自由的兴起与衰落》等作品展开阅读；刘哲玮老师组织的“法学/科学/哲学读书会”，围绕着中村宗雄的《诉讼法学方法论》、库恩的《科学革命的结构》等作品展开阅读；章永乐老师指导的“半渡读书小组”，阅读内容既有西方法律思想史经典著作，还有朗诵并赏析古今经典诗歌；我组织的“刑总专题与法哲学”读书会，则是围绕着考夫曼的《法律哲学》、拉伦茨的《法学方法论》、西田典之的《刑法总论》等作品展开阅读。

在读书会之外，有些第二课堂采用了“实务研讨会”的形式。例如，肖江平老师组织的“竞争法前沿问题探究”沙龙活动，针对《反不正当竞争法》修订草案的条文解读与分析、关于《反垄断法》首次修改的条文对比与研究等，参与沙龙的同学对相关内容进行文献检索，阅读大量学术文献、制度文献与案例文献并形成文献综述，在沙龙活动中进一步讨论。何其生老师组织的“高端（法律）外交谈判人才训练营”，围绕“国际经贸关系中的法律规制”“专家治国理论”“发展中国家与国际经贸关系”“幼稚产业保护理论”等主题展开，同学们以展示、讨论等形式围绕主题进行深入学习，为日后可能参与的理论研究与谈判打下坚实的基础。

一些第二课堂从学术能力的角度选择了“论文讲评会”的形式。例如，张平老师组织的“数据与隐私保护经典文献阅读”活动，带领学生在阅读文献的同时撰写研究报告，在第二课堂上面进行汇报交流。叶姗老师组织的“经济法学术周会”，从选题规划、谋篇布局、修改完善等多个方面指导学生的论文写作。彭冰老师组织的“法律与新金融评议会”，讨论同学们关于金融法最前沿问题的文章，交流金融法相关最新的时事热点，并为核心期刊《金融法苑》持续供稿。曹志勋老师组织的“民商事纠纷解决互评报告会”，组织同学们通过“主报告人报告＋多名指定评议人评议＋自由发言提问＋老师补充评议”的模式，增强对热门实践问题的理论分析和说理能力。郭瑜教授带领学生从事口述海商法史的整理工作。通过访问海商法界的老前辈，记录中国海商法发展史上的重要事件和人物，保存海商法史料。每次访谈所形成的书面成果，通过微信公众号“口述中国海商法史”进行推送，在海商法研究领域受到广泛关注。

“第二课堂”投入诸多额外精力的教学与培养，与第一课堂最终殊途同归，助益着学生的成长成才，也收获了一系列可喜的成果：老师、学生译读形成的外文经典文献译本拟提交出版;立法专题研讨形成了专业的修法意见;论文评议后进一步完善的学术成果获得发表;在前沿话题的讨论中,很多学生找到了学术兴趣点,提前锁定了毕业论文的研究主题……更深层次的成果,则是为学生提供了个性化的高阶教育资源,为教师实现了学术研究与教书育人的衔接,为学院推进了学科优势向人才培养优势的转化,对学科后辈人才的发现、学生学术底蕴的建塑、学生创新能力的养成均有重要意义。①

坦率地说,“第二课堂”本身并不能算是一个由学院去推动的改革项目。恰恰相反,是因为先有了老师们这些无私奉献的读书会活动,才有了学院设立“第二课堂”教学项目的想法,即有义务去支持、去弘扬和鼓励这样的精神。就此而言,“第二课堂”的教改项目,应当被视作是学院的教学管理服务工作对于老师们自发行为的一种回应,是对老师们无私奉献精神的一种追随,是对于读书之乐、师生之乐的一种记录。

自 2018 年秋季学期至今,“第二课堂”已持续 13 个学期,法学院共有几十位教师参与立项,并圆满完成了数百个项目。已经于 2024 年由法律出版社出版的《北大法学私塾 · 壹》,择其中部分收录之,还原了法学院 10 余名教师的自家“私塾”的构思和实施过程,记录了每一位老师举办第二课堂的整体概况、组织方式、所用书目,并收录了学生参与第二课堂所形成的读书笔记、案例分析等优秀成果。

四、第三课堂的改革探索:本科生与教授的零距离交流

2018 年学院党政班子换届之后,教学委员会也随之换届。委员会下面成立了本科教改研究小组,请葛云松老师担任小组长。他有很多关于本科教学改革的想法,比如设计法学实验班等,我对云松老师的想法持保留意见,因为我更偏向于保守的思路,会担忧很多剧烈改革之后的负面因素。尽管有一段时间我们争论得面红耳赤,但是丝毫不影响彼此间的信任,对于云松老师对法学教育理想的执着追求和热情,我是十二分的敬佩。

为了进一步扩展改革思路,当时委托云松老师组织学生调研和座谈,进行文献研究,开展了大量工作。虽然很多想法最后未能得到实现,但却间接催生了两个产物。一个是由一部分法学院的老师,甚至邀请一些外院系和外校的老师参与,共同划定书目,带着部分有热情有学术追求的本科生组成读书班;另一个就是“第三课堂”项目。

---

① 北京大学法学院:《未名湖畔好读书(代后记)》,载北京大学法学院编:《北大法学私塾 · 壹》,法律出版社 2024 年版,第 214 – 218 页。

大学里普遍存在的问题是,研究生和导师还有些交流,但是本科生和教授们交流的机会很少,而这些教授在学生心目中又有很高的地位,学生特别希望能够从他们那里得到关于大学生活的建议。于是,一个专门拉近本科生和老师距离的项目设想就此诞生了。以往各个高校尝试过多种形式的"本科导师制",但是很难实现,我觉得主要的原因,还是制度设计时对导师的要求过高,让本来就在教学科研指导研究生的重负下疲惫的老师们,虽然有一时的热情,但是长期下来就觉得难以为继。因此,需要找到一个性价比最高的方式,让老师们实现对本科生的关心又不至于感到压力,心情舒畅地当导师。但是如果只是一种号召呼吁,仅有少部分人参与,那也实现不了对所有本科生普遍关心的初衷。因此这里面还需要借助制度的力量。

自2021年起,法学院设立本科生导师制"第三课堂"。目的是帮助学生全面发展,拉近本科生与教授们的距离,消除交流隔阂。"第三课堂"主要在本科一、二年级学生中实施,因为这个时期,是本科生最容易陷入各种迷茫和焦虑的时期,特别需要来自于教授们在学业和生活各方面的指导帮助。原则上,1名教师指导1个宿舍里的3~4名学生,每学期要求保证2~3次的沟通,可以是在办公室交流,也可以是请学生喝下午茶,或出去在湖边,或在草地上聊天,形式不限。我在全院大会上谈了这个项目构想之后,老师们对本科生群体的关心和热情被调动起来,都非常踊跃报名参加。当时我印象深刻的是,据教务办费海伲老师反映,陈兴良老师也报名要参与项目,但估计是陈老师太过于德高望重的原因,本科生有点畏惧,所以当时没有学生来找陈老师,于是陈老师很着急,还专门电话问询情况。第三课堂项目推行后仅一年,全院就有65名教师和318名本科生参与交流。

在项目推进的过程中,我请教务办的老师也做了调研,就参与项目的同学们反馈的情况做了汇总。老师们从学业规划、职业规划、人生规划等各个方面给予学生指导性意见和建议。同学们普遍反映受益良多。目前,面向本科生的"第三课堂"项目还在开展,形式更加多样化了。在学院的大力推动下,包括授课教师与选课学生的课下答疑活动在内的各种交流活动变得越来越频繁,交流内容越来越丰富。衷心希望这座本科生与教授之间的互动之桥能够越来越坚固。

五、凝聚教学共同体:内部交流与外部交流

科研与教学是大学教师的基本职责,两翼不可偏废。以刊物发表、同行评价、会议交流等作为联结内容,学术共同体的轮廓已日趋成形,相比之下,教学共同体的观念和建设,在中国高校和教育界却远未得到应有的重视。

在我看来,教学共同体建设的意义,一方面是心理性的,为了"抱团取暖",

慰藉那些在教学之路上艰难孤独的个人探索；另一方面是功能性的，通过经验交流实现教学能力的提升，回答一些教育工作者心中共同的问题。对于教师来说，课堂就是职业生涯的中心舞台和“试炼场”。开设一门什么样的课，才能实现符合时代需求的教育功能？如何把一门课讲好，才能在受学生欢迎的同时切实让学生受益？这些开课经验和授课方法，是身为教师者最为关切的问题，也是教师之间无障碍沟通的内部语言。而这些问题的答案，不是哪一位教师个人或者哪一家法学院能够独立提供的，它需要有志于促进法学教育的同行共同回答。

通过彼此交流，思考和回答这些问题，才能不断地淬炼和提升我们每个教师的教学能力，也就是本文一开始提到的，生产和提供优质教学产品的供给能力。基于这样的考虑，这些年来，北大法学院在内部和外部两个面向，深入推进教学共同体的建设。一方面推进学院内部教师同事的教学经验交流；另一方面发挥北大对全国高校的引领作用，举办全国法学教育师资研修班。

（一）内部交流：多种形式的教学沙龙

北大法学院向来鼓励教师之间切磋和交流教学经验，营造关注教学、探讨教学、提升教学的内部氛围。从 2019 年春季学期开始，法学院启动“教学沙龙”系列活动，包括以青年教师为主体的“海外教学沙龙”、以名师大家为主体的“教育人生沙龙”、全体教师参与的“在线教学沙龙”以及“案例教学经验交流沙龙”等各种形式。这些沙龙凝聚了教师们的教学热情，也传递了老师们关爱学生、全心育人的温暖和力量。

从 2019 年春季学期开始，法学院推出青年教师午餐沙龙分享活动。很多青年教师都有海外留学经验，在系列午餐沙龙中，他们引领国内经验与国外经验进行对撞，促进同事之间的交流，为教学工作带来新的思路和启发。同时，年轻老师刚刚进入学院和学界，外界缺乏充分的机会与渠道与他们沟通、交流。沙龙活动也为新人提供了一个被了解、被信任的窗口。这个系列沙龙活动帮助青年教师融入学院教学共同体，使北大法学院的教学经验与教育精神薪火相传，生生不息。

在疫情来临前，学院共举办了 6 期青年教师沙龙活动。其中，贺剑老师的报告聚焦德国法律评注，揭示德国法学教育与法律评注的关系；曹志勋老师的报告展现了其在德国写作博士论文时的体验与感悟；高薇老师的报告分享了德国、瑞士法学教育中考试与教学的特点；彭錞老师的报告介绍了牛津大学在招生、教学和考试上的独特机制；阎天老师的报告以耶鲁大学为例，介绍了法律学术人才在美国法学院面临的困境和对策；左亦鲁老师的报告更为全面细致地展现耶鲁法学院在教学方式及协助学术求职方面的独特之处。在交流经验的过程中，各位报告人不仅展示了各国大学法学教育的教学理念与教学实践范例，还总结了域外法学教育存在的问题,参会的老师都深受启发。

除海外教学沙龙外,法学院还举办了“法学名家教育人生”沙龙活动。当时设计这个沙龙活动的缘起,是高铭暄教授得到“人民教育家”国家荣誉称号,高老师是北京大学法律系1951届本科校友,也是我的师爷,但是印象中似乎很少回到北大交流。于是趁着这次机会,我就登门拜访高先生,邀请他回母校看看。当时高老师刚从国外回来,舟车劳顿,但他还是欣然应允。2019年11月21日晚,高老师以“如何当好一名大学老师”为题,在北大法学院作了一场精彩的报告。高老师结合自己60余年的执教经验,分享自己的人生感悟。在场师生深受感动。当时还计划再邀请其他前辈来作报告,可惜很快就进入疫情时期,举办聚集性活动的难度加大,再出于老先生们的身体健康考虑,这个沙龙就暂时停了下来。谁曾想一停就是数年,一些老先生过世,还有些身体大不如前,不宜出来报告了。每念及此,我就感到很遗憾。做事情最难的就是拿起和放下,很多难事,如果咬牙坚持一下,也许就熬过去了。但一放下,也可能就再也拿不起来了。

2020年一开始,随着疫情暴发,工作中的各种压力突然而来。寒假期间散布在全国甚至全世界各地的学生被迫延缓返校,而开学在即,上课又必须按时进行,如何应对疫情的冲击,把老师们凝聚在一起,相互安慰并彼此帮助,度过疫情带来的招生、上课、答辩方面的各种困难,成为当时最焦虑的问题。2020年3月4日,法学院的第一次线上研讨会,在腾讯会议举行。许德峰老师介绍了通过新媒体渠道展开教学的硬件、软件配置的体会。德峰老师在技术上很有一套,他的《商法总论》在B站直播,第一次课程总播放已达上万次,吸引了大量其他院校的同学在线旁听。宋英老师作为中国法硕士全英文项目的授课老师,分享了她的体会,课程的17名学生来自美国、加拿大、智利等11个国家,分散在全世界各地,时区跨度以及相应的上课难度非常大。刘凯湘老师介绍了疫情期间在线讲授《债权法》的心路历程,通过教学网、微信群、视频录音等方式进行200多人的大课教学,是一个严峻的挑战。

此外,围绕着近年来老师们开设的各种案例课,法学院举办了案例教学沙龙,聚焦于鉴定式案例教学法的引进和改造,着眼于研讨型案例教学法的经验分享。举办各种教学沙龙的共同目的,是在学院内部搭建各种形式的教学交流平台,营造一个潜心教学、交流分享教学经验的氛围,将北大法学院全体教师不分年龄、不分学科地团结起来,形成具有强烈归属感的、相互激励的教学共同体。这些沙龙活动的内容,都被收录在《北大法学沙龙·壹》一书中,已经于2024年5月出版。

(二)外部交流:全国法学教育师资研修班

教学共同体的建立,不能止步于某一家法学院教师群体的内部取暖。北大法学院的教学改革,也从来不是追求关起门来孤芳自赏,而是希望能够多向兄弟院校学习,从他人处汲取进一步推进教改的灵感与启发,同时也乐于将改革历程中的经验与教训与外界分享,因此,如何在做好自己工作的同时"兼济天下",为中国法学教育的整体发展提供对话和交流的平台,就成为学院历届教学院长萦绕心头的任务。

在潘剑锋老师分管教学期间,北大法学院于 2014 年举办了第一届全国法学教育高端论坛,邀请了全国 24 个法学院校的近 70 名从事教学工作的一线教师或领导。经过五届论坛的组织与探索,全国法学教育高端论坛,已经成为海内外各家法学院探讨彼此理念与实践的重要平台。这个论坛我参与过多次,每次都能从兄弟院校的老师们的发言中受益匪浅。同时,也深刻领悟到潘老师举办这个论坛的重要意义。

从潘老师手中接棒之后,我一直在思考,如何延续潘老师开创的这种交流传统,进一步扩展交流的范围,创新交流的形式?在汲取全国法学教育高端论坛成功经验的基础上,北大法学院于 2019 年 9 月举办了首届"全国法学教育师资研修班"。高端论坛与师资研修班的定位有所不同,相得益彰:前者主要邀请各大法学院的教学分管领导,介绍各自学院教学改革的经验,交流教学管理服务中遇到的问题;后者主要邀请某一学科的一线骨干教师,介绍自己所开设课程的教学方法和理念,交流在具体上课过程中遇到的问题。

首届研修班以"民法教学方法:基础课与案例课"为主题,邀请了北京大学、清华大学、中国人民大学、中国政法大学、西南政法大学、中南财经政法大学等院校的民法专家分享教学经验并亲自授课,全国 80 余所院校的 100 名民法学科一线教师现场观摩讨论,由国内 22 所法学院校的部分本科生作为授课对象参与教学互动。师资研修班安排了多样的形式,通过教学活动展示请求权分析方法、原理的逻辑推演过程、师生互动参与等教学技法,并设置晚间学术论坛,由国内顶尖学者就民法典制定中的主要议题展开直接对话……多角度地展示教学过程中如何增进法学思维能力的养成和训练。同样是因为受疫情影响,第二届师资研修班一直推迟到 2023 年 9 月举办。此时我已经从教学院长岗位上卸任,按照学院的安排,以"教育部刑法课程虚拟教研室"为平台,举办了第二届师资班,主题是聚焦刑法教学方法,探讨刑法课程设计。这次师资班的时间持续一个半月,包括了线上讲座、线上授课和现场交流三个阶段。

北大主办的全国法学教育师资研修班是公益性质,不收取任何费用。在 2019 年首届师资班的闭幕式上,我曾经作了"为了理想主义者不再孤单"为题的致辞,概括了举办全国法学师资研修班的初衷,"北大法学院仅仅是全国数百家法学院校之一。我们之所以站出来,办这个全国法学教育师资研修班,不是出于官方机构的权威支持,也不是为了培训赚钱,我们能够捧出来给各位的,就是一颗同道之间相互扶持和共同努力的热心……在目前的大背景下,全国各地很多院校的老师们在各自的教学岗位上,往往是孤军奋战,有时候,甚至不能在自己的单位由于教学上的努力得到充分公道的评价。因此,我们举办这个师资研修班,就是为了从点滴做起,一点点改变学界重科研轻教学的风气。建设一个携手共进、抱团取暖的教学共同体,这已经是中国法学教育界迫在眉睫的重任。北大法学院当仁不让,义不容辞,愿意站出来迎接这个任务和挑战"。

全国法学教育师资班的内容,以"北大法学教室"为主题,由法律出版社陆续出版。第一辑《北大法学教室·壹:民法教学方法》以会议全景的方式回放了首届民法师资研修班的精彩场景。

六、感谢与祝福

回望2018年9月到2023年3月,担任北大法学院教学院长这段时间,是我过往人生中感受最复杂的一段经历。对教学工作的热情,不能辜负自己职责和他人信任的责任感,以及追求改革创新的性格,让我不知疲倦地进攻;与此同时,3年疫情给教学工作带来的全方位压力,又让我倍感疲惫地防守。要创新又要守成,想奋进又怕失守,就在这样起起伏伏的心路历程中,走完了几年的教学管理工作之路。

要感谢很多人。首先是学校、学院领导的支持和全院同事们的信任。北大向来重视人才培养和教学改革,教务部和研究生院的领导对法学院的支持,是教改活动得以持续推进的重要前提。无论是各种日常性的招生、培养、答辩的组织工作,还是在教改中的各项措施,比如阶梯讲座、读书会、教学沙龙、第三课堂等,没有全院老师的支持配合,都是不可能完成的任务。与这样一群专业优秀又有育人情怀的学者们共事,是我从事这个行政服务工作最大的安慰和动力。法学院近5年来教学改革的每一点成绩,在学校和社会上得到的每一分荣誉,都应当归功于学院全体教师。

潘剑锋老师作为院长,给了我莫大的信任。我所提出的各种改革思路和方案,几乎从未被潘老师反对,他总是在开头默默支持,在过程中加油鼓励,在结束时不吝夸奖。潘老师既是我的领导也是我的前辈,我们是亦师亦友亦同事的关系。北大法学院教学改革的帷幕由潘老师开启,营造了重视教学的风气,开启了教改的传统。我从潘老师手中接续这个传统,在他的鼎力支持下工作,虽然辛苦,但是心情一直很舒畅。

感谢法学院的教学团队。感谢乔玉君、徐晓颖、费海伲等教务办的老师,教务办的日常工作千头万绪,极其琐细又关乎学生切身利益。特别是在疫情最困难的时候,教务办老师坚守阵地,迎难而上。正是因为这些老师在日常教务工作上的兢兢业业，我才能放心地腾出一部分精力来搞教学改革。徐晓颖老师、费海伲老师等在协助我推进教学改革方面，也是全力以赴，加班加点、毫无怨言，在本职工作之外，额外地为学院的教改探索提供“增值服务”。教务办的老师经常是在下班之后又接到我的电话，各种工作随时启动。自己当时浑然不觉，现在回想起来，觉得很歉疚，趁此机会，也再向她们说一声诚挚的感谢。

感谢刘哲玮老师和阎天老师。在我担任教学院长期间，阎天老师是本科教学方面的院长助理，刘哲玮老师是研究生教学方面的院长助理，他们都是与我并肩战斗的战友。我们三人组成了一个专门的小群，不分白天黑夜还是上班下班，在群里讨论各种教学相关的事情。一些涉及研究生的招生、留学及奖学金遴选等方面的工作，阎天老师也会和我与哲玮老师一起开会商量。在法学阶梯讲座、教学沙龙等教改活动中，阎天老师协助我开展工作，投入了大量精力，贡献尤多。特别是在北大—港大本科双学位项目上，谈下来之后就交给阎天老师负责了。但是，2019 年火爆的首次招生之后，就迎来了香港治理的新情况以及疫情阻隔，项目一度陷入低谷。在此过程中，阎天老师备极辛劳，经常奔波往返于北京香港两地，付出了很多心力。在学院领导和同事们的支持下，港大项目最终度过了艰难的时期，重新成为法学院本科招生的亮点和王牌项目。阎天老师学识渊博，视野宽阔，从法学院的教学管理岗上卸任之后，转而出任北大人文社会科学研究院副院长，在一个更大的舞台上继续发挥他的才干。

法学院的研究生教学工作可用三多来形容，项目多、头绪多、问题多。幸亏有哲玮老师协助我一起应对这些琐细的日常工作，让我的负担得到很大缓解。哲玮老师从 2023 年接任教学院长之后，更是全力奋进，把我们曾经一起规划过的那些改革措施继续推进。比如教学沙龙，他不仅持续推进青年教师沙龙，而且还组织了一些资深教授的经验交流，以及外校老师来北大的交流，沙龙活动形式多样，不断翻新，把学院里的教学气氛营造得非常热烈。又如全国法学教育师资研修班，以公法教学方法为主题的第三届研修班已经于 2024 年 9 月成功举办。当下推出的《北大法学小课堂》刊物，创新举措更是令人眼前一亮。哲玮老师本身就热爱教学，工作态度认真，做事风格细致缜密。他思虑周到，反应机敏，情商和灵活性都强我甚多，由他来继续推进法学院的教改工作，让人充满信心和期待。

卸任教学院长的时候，我曾经在心里给自己的工作打了 80 分。肯定的部分，主要是扪心自问，确实全力以赴了。做教学管理工作之后，我的主要精力就从个人的科研教学，转到了学院的行政服务工作上面。从 2018 年开始到 2024 年，自己的论文发表可谓是花果凋零，备课上投入的时间，也大不如前。一个人独处时，面对内心的压力和愧疚，就用书架上 10 卷的《北大法学教育改革丛书》来安慰自己，寻求平衡。这套丛书是从 2018 年到 2023 年这 5 年来，北大法学院教学改革成果的结晶。全系列共10余册,分“北大法学阶梯”“北大法学私塾”“北大法学沙龙”和“北大法学教室”四个子系列,容量逾200万字,由法律出版社陆续推出。如果说2018年之前,我的生活状态是向内追求自我价值,扮演好一个学者和教师的角色,那2018年之后的这几年行政工作,就是放下自我去向外努力,回报培养自己的北大和法学院。正义是法律人的核心价值追求,而回报又是正义的基本内涵,得到其所应得的,报答其所应报的,这不就是人生的正义吗。每念及此,我也就原谅了自己,心下释然了。

20分的不足,因为遗憾和后悔,还有很多。一些该解决的问题没有解决,一些该交流的事情没有交流,一些不该错过的契机错过了,在一些能够宽以待人的场合过于严苛了……能力和性格所限,要改造过来确实也很难。这几年的教学改革,虽然已经尽力,但是未必就能让所有人都满意,一些做法,还可能会让有的同事感到不理解。但无论怎样,肩上的担子已经卸下。“知我罪我,其惟春秋”。这些都只能留给时间和历史去评价了。相信后面的同事会做得更好,不断地推进北大法学院的教学改革。正如卡多佐所言,“在一个无尽的过程中,我们应征来完成我们的工作。当我在这一过程中所扮演的小角色被人们遗忘很久之后,你们还将在这里来完成你们的那份工作,并将高举火炬继续向前。我知道,当火炬在你们手中时,那火焰将格外辉煌”。

课堂门启

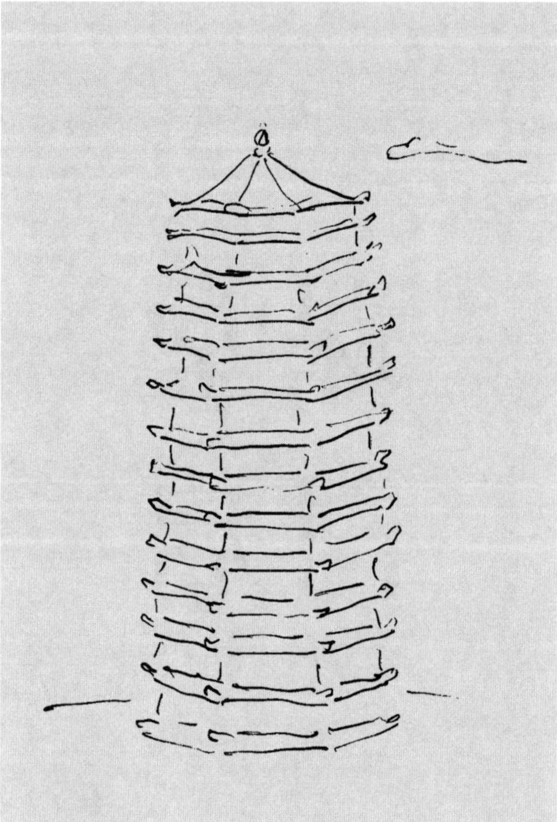

课堂映象

“宪法学”:宪法解释方法举隅[*]

张　翔[**]

法治的基本要求是依据法律规范裁判争议。然而,法律是一般性的规则,无法自己对具体争议作出判断,因此“法律人必须把待裁判的具体的个案,与组成实定法秩序的、或多或少存在抽象性的规则联系起来”①以作出判断。在一般性的法律规则和具体的实践争议之间,还需要进一步的裁判规则。因此,法律人必须掌握法律解释的方法,并对法学的法教义学性质有明确认识。

法学首先是法教义学,是一门规范科学和实践科学②,它的核心任务是在法规范文本的外在体系的基础上,通过法的解释,追求更加融贯有序的“法的内在体系”“更好的法”,以服务于现实争议的解决。法教义学对现存的法秩序予以总体性的承认,它的重心不在于追问何为正义的法,如何评价现行的法秩序,如何立法与修法以接近正义,而在于面对实证的法秩序,如何通过解释和体系化的方法,析出法律的规范含义,建构内在融贯的规范体系。

法律的生命在于解释,法学的学科独特性与法治目标的关键也在于法解释。我们并不否认历史学、社会学、哲学等其他学科对于法律研究的认知意义,但法学作为一个独立学科、区别于这些“他者”的“自我”意识就在于,它认真对待法律文本的规范性,将现存有效的实在法规范作为思考问题的出发点,将法律解释的方法与技艺作为自己的“立身之本”“援法而言”。面对现实争议,法律人首先想到的应是通过法解释来回应问题,而非直接跳脱实在法秩序,对正义进行浪漫主义的探寻,动辄对“不完美”的法律做根本性否定乃至频繁地“毁法另立”。③法学方法论大家拉伦茨认为:“假使法学不想转变成一种或者以自然法,或者以历史哲学,或者以社会哲学为根据的社会理论,而想维持其法学的角色,他就必

---

* 本文根据张翔教授的“宪法学”课程之“宪法学的学习方法”教学内容整理形成。整理人:汪西兴,北京大学法学院博士研究生。

** 北京大学法学院教授、博士生导师。

① Helmut Coing,Grundzüge der Rechtsphilosophie,5. Aufl,1993,S. 243.

② 参见张翔:《宪法教义学初阶》,载《中外法学》2013 年第 5 期。

③ 参见张翔:《宪法文本下的价值冲突与技术调和》,载《读书》2012 年第 12 期。

须假定现行法秩序大体看来是合理的。"而否定现行法秩序、忽略针对现行法进行教义学工作的人,根本就"不该与法学打交道"。① 也是在这个意义上,法律人往往有着维护既有法秩序的保守主义气质。②

尽管宪法是"政治法",相较于民法、刑法等部门法而言具有更鲜明的政治性,或者说特殊的政治关联性,但宪法依然是法,依然需要解释与适用,来实现对法秩序和政治现实的合宪性控制。宪法解释是合宪性审查的核心,它关系着宪法最高性的守护,也能为立法的重大利益和价值争议提供实证法的框架,促进社会的重叠共识的达成。③ 传统的法律解释方法虽然主要是基于民法的解释实践而总结提炼,但从比较法的经验上看,这些解释方法也适用于宪法解释。④ 本文将以笔者和其他学者的宪法解释论研究为例,展示宪法解释方法的运用。

一、文义解释

法律解释始于文义,也终于文义。我们尊重法律文本的权威,实质也是在尊重立法者背后的民主合法性,以及权力分工的原则:因为法官不是民选的人民代表和立法者,而只是法律的适用者,法官对法律的续造仅能在极其例外的情况下进行,并且要承担更高的论证负担。如果法官径自造法,随意突破法律文本的文义射程,那就构成了权力的僭越。宪法解释也是这样。宪法是基于人民的制宪权而产生的,相对于一般法律是"立法机关的法律",宪法可以称为"人民的法律",因而具有最高的民主正当性。释宪者应当认真对待宪法文本,宪法解释应当在文字的可能含义范围内进行,不能过于逾越文义,否则将构成以解释之名而行修宪之实,架空宪法规定的严格修宪程序,存在越权之虞。⑤ 面对开放性、形成性很强的宪法规范,文义解释常常需要与其他解释方法并用,才能析出宪法的规范含义,因此,文义作为解释起点的功能并不突出,其更重要的功用在于对"解释"的"边界控制",文义构成了解释的终点,构成了释宪与修宪的界限。⑥

例如,《中华人民共和国宪法》(以下简称《宪法》)第 10 条第 1 款规定,"城

---

① Karl Larenz, Methodenlehre der Rechtswissenschaft, 6. Aufl. 1991, S. 195.

② 这种对既定法秩序的尊重和维护也不是绝对的,例如拉德布鲁赫也指出,当实证法与正义之间的矛盾达到了令人难以忍受的程度时,不正义的法必须向正义让步,"极端不正义的法不是法",参见张翔:《宪法文本下的价值冲突与技术调和》,载《读书》2012 年第 12 期。

③ 参见张翔:《宪法教义学初阶》,载《中外法学》2013 年第 5 期。

④ 参见张翔:《宪法解释方法的运用——以德国艾尔弗斯案为例》,载《学习与探索》2011 年第 3 期。德国学者默勒斯虽然主张现代化的法学方法论,但依然以传统的法律解释方法为原则,参见[德]托马斯·M. J. 默勒斯:《法学方法论》(第 4 版),杜志浩译,北京大学出版社 2022 年版,第 755 页。

⑤ 参见韩大元、张翔:《试论宪法解释的界限》,载《法学评论》2001 年第 1 期。

⑥ 参见韩大元、张翔:《试论宪法解释的界限》,载《法学评论》2001 年第 1 期。

市的土地属于国家所有。”有学者认为,这仅仅意味着宪法授予国家取得土地所有权的资格,国家“可以所有”(也可以不所有)城市土地、可以通过立法、征收、市场交易等方式取得土地所有权,但不能仅仅因为城乡区划的变更,原有的农村土地就自动无偿国有化,否则将有违我国宪法上的人权条款、财产权条款、社会主义市场经济条款等规定。① 笔者理解这种解释的良苦用心,但这样的解释可能有着逾越文义射程的风险。就有批评认为,加上“可以”就将“城市的土地属于国家所有”这一肯定句改变成了选择句,文义发生了颠覆性改变。②

另外,我们也需要注意区分日常语言中的文义与法学专业中的文义,两者的内涵与外延常常并不等同。例如,在日常用语中,当我们提到“住宅”时,我们一般能想到的是用于居住的家宅,它具有一定的建筑结构,我们也能对其拥有持续性的占有权,对于其是否属于住宅,应无疑义。但是寄宿的宿舍与下榻的宾馆是否属于住宅?这两种事物处于住宅概念的边缘地带,我们接受其属于住宅的难度更大,而对于挡住玻璃的车内空间,我们更是难以想象它能落入住宅的范畴。但在宪法上,我们规定“住宅不受侵犯”,其目的在于保障个人的私生活、私人自治空间/人格自律空间、隐私权以及家庭生活等,“住宅”的规范含义大致为“各种一般私生活在物理空间上所展开的场所”③,因此,在规范意义上,前述例子都可以落入宪法住宅权的保护范围。

再如,在日常用语和宗教学的专业用语上,宗教一般指的是超验性的、彼岸的信仰,我国的儒家思想则是经验性的、入世的,较难归入宗教的范畴。但在规范上,文庙、孔庙等场所未尝不能为“宗教设施”涵摄。例如,日本最高法院判定日本那霸市为孔庙无偿提供土地违反了日本宪法的政教分离原则。那霸市则认为,孔庙只是历史文化方面的公共设施,与宗教无涉。

二、体系解释

在某种意义上,体系解释是文义解释的延伸,因为它们强调的都是对于文本的尊重,只不过体系解释关照的文本不限于单个条文,而是对整部法律的文本进行体系关照。体系解释的目标,是依据具体的规范在体系中的位置及上下关联来揭示争议概念的含义,避免出现价值冲突和相互矛盾的解释。其出发点在于,

---

① 参见程雪阳:《“城市的土地属于国家所有”的规范内涵》,载《政治与法律》2017年第3期。

② 参见张保红:《“城市的土地属于国家所有”的规范解释》,载《华东政法大学学报》2017年第3期。

③ 参见林来梵:《卧室里的宪法权利》,载《法学家》2003年第3期。

法典化思想下的法律甚至整个法秩序应被视为一个意义关联的统一体。[①] 在民法学界,有个著名的说法是"适用一个法条,就是在适用整部法典",体系解释对于民法的适用非常重要。因为民法是非常细密、高度精细化的体系大厦。从特定的分则到最终的民法总则,是层层叠叠提取公因式的结果。在民法规范的解释适用中,只有进行体系关照,我们才能找到案件最对应的法条,并对规范的含义与目的进行适当的解释和界定。

对于宪法而言,我国宪法不仅是效力上的最高法,也是对立法具有"内容形成"作用的根本法,它的条文数量相当多,规范密度很大、规范面很宽。它更接近于德国基本法式的封闭性宪法,基于"理性国家"而非"有限理性"的预设,不仅规定了国家机构和传统的自由权,也对社会权、基本义务、基本国策和基本国体都进行了缜密而全面的规定,不仅规定了消极面向的"国家不能做什么",也规定了积极面向的"国家应该做什么、成为什么",从而形成了闭锁型的宪政主义。[②] 是故,宪法虽不似民法般细密,但也是一个缜密的框架秩序:"框架"意味着,相较于部门法,宪法为政治提供了更大的形成空间,宪法规范具有很大的开放性和原则性,宪法解释的过程也具有很大的创制性和形成性[③];但宪法规范开放性的另一面是宪法典的封闭性,亦即"秩序"面向:宪法规范之间彼此关联,共同构成一个有机的意义体系,为政治行为提供了完整而缜密的框架秩序,实现对政治的合宪性控制。故宪法也需要体系解释,才能实现现代宪法约束政治的规范性目标,避免释宪的过程沦为恣意的价值填充与政治决断。

例如,在"社会主义市场经济"的内涵阐释上,韩大元认为,"社会主义市场经济"条款在 2018 年修宪中被写入《宪法》序言的国家根本任务,强化了市场经济的宪法地位与功能。《宪法》第 15 条宜采取体系解释方法,将其与其他相关条款有机结合起来,提炼出基本内涵:(1)在所有制结构上,坚持公有制为主体,多种所有制并存,建立适应市场经济发展要求的所有制结构,确保产权清晰、政企分开;(2)在分配制度上,坚持以按劳分配为主体,其他分配方式为补充;(3)在调控方式上,完善宏观调控,转变政府职能;(4)建立社会保障制度,实现社会正义,关注弱势群体;(5)市场经济是法治经济,要建立适应市场经济的法律体系。[④]

---

① 参见[德]托马斯・M. J. 默勒斯:《法学方法论》(第 4 版),杜志浩译,北京大学出版社 2022 年版,第 216－217 页。

② 关于开放型的宪政主义与封闭性的宪政主义,以及开放宪法与封闭宪法的讨论,参见苏永钦:《走入新世纪的宪政主义》,台北,元照出版有限公司 2002 年版,第 12－13 页。笔者亦从苏永钦老师 2022 年的最新课程 PPT 中获得参考和启发,特此致谢。

③ 参见王泽荣:《宪法(学)在法与政治之间应如何自处?——以德国国家法实证主义的兴起与衰落为线索》,载《月旦法学杂志》2022 年第 323 期。

④ 参见韩大元:《中国宪法上"社会主义市场经济"的规范结构》,载《中国法学》2019 年第 2 期。

笔者也在之前的文章中论证了社会主义原则作为宪法基本原则条款的规范地位,其规范目标在于促进社会平衡、共同富裕,以实现有尊严的人类生活。社会主义原则对整个法律体系都具有价值贯彻和规范诫命的意义,将对人民民主、法治、市场经济、社会保障等其他宪法条款产生辐射性影响,对"民主""法治""国家""制度""初级阶段""市场经济""核心价值观"等宪法概念都将产生规范性限定的意义。① 笔者在讨论"社会主义市场经济"条款的解释论时也认为,"市场经济"可以辐射到不同所有制经济的平等共存、经营自主权、财产权保障、职业自由等宪法规范的阐释,或者说,后者可以诠释出市场经济条款的"保护竞争"内涵,是对市场经济条款的具体化;而在社会主义原则的辐射下,我们可对机会平等、纳税义务、社会保障等条款进行体系解释和关照,形成一个有机的规范群。②

潘昀认为,在时代变迁面前,宪法上"公有制为主体"(《宪法》第6条)与法治和市场经济要求下的市场主体平等原则之间存在冲突,社会主义与市场经济之间存在深层的紧张关系,但通过体系解释,我国宪法序言已经明确我国处于社会主义初级阶段,发展生产力是社会主义不可或缺的补课,而市场经济也是发展生产力的最优解,故当现阶段社会主义与市场经济原则之间发生冲突时,后者分量重于前者,必须确保市场机制有效运转,保证法治下的经济自由与竞争,这也是为了在未来能最终实现社会主义。因此,"公有制为主体"条款将受到市场经济条款的限定。③

在通信自由和通信秘密问题上,我们可以比较一下《宪法》第40条与其他条款的不同:

《宪法》第37条　中华人民共和国公民的人身自由不受侵犯。

任何公民,非经人民检察院批准或者决定或者人民法院决定,并由公安机关执行,不受逮捕。

禁止非法拘禁和以其他方法非法剥夺或者限制公民的人身自由,禁止非法搜查公民的身体。

第38条　中华人民共和国公民的人格尊严不受侵犯。禁止用任何方法对公民进行侮辱、诽谤和诬告陷害。

第39条　中华人民共和国公民的住宅不受侵犯。禁止非法搜查或者非法

---

① 参见张翔:《"共同富裕"作为宪法社会主义原则的规范内涵》,载《法律科学》2021年第6期。

② 参见张翔:《市场经济与共同富裕的互诠——"经济宪法"的视角》,载《交大法学》2022年第6期。

③ 参见潘昀:《论宪法上的"社会主义市场经济"——围绕宪法文本的规范分析》,载《政治与法律》2015年第5期。

侵入公民的住宅。

第40条　中华人民共和国公民的通信自由和通信秘密受法律的保护。除因国家安全或者追查刑事犯罪的需要，由公安机关或者检察机关依照法律规定的程序对通信进行检查外，任何组织或者个人不得以任何理由侵犯公民的通信自由和通信秘密。

笔者认为，基于体系解释、目的解释、历史解释，“示例性”规定是我国宪法关于自由权的限制条款的基本立法模式，宪法示例的限制情形需要满足加重法律保留的要求，但示例之外的基本权利限制则根据《宪法》第51条，仅需满足普通法律保留的要求。① 但对于通信自由与秘密的限制，制宪者并未采取示例性列举，而是绝对排除式的限定，是基于通信仅为书信、因此对通信的干预只能是开拆“检查”的历史理解。这是制宪者预见不足而造成的宪法漏洞，我们可以通过漏洞填补的法续造技术，设想制宪者如果能够预见当下如此多的通信方式及干预通信权的行为，应该也会对不干预通信内容的轻微限制与干预通信内容的“通信检查”作出不同的规范安排，“通信检查”的加重法律保留要求仅具有示例意义，其他通信权的限制并不需要满足如此严格的标准。概言之，通过体系解释与类比推理、漏洞填补，我们可以单独分析“通信检查”以外的其他通信自由干预的合宪性问题，而不必将其一概认定违宪。②

三、历史解释

历史解释，着重于了解立法者的意图与目标设定，它有两个主要的工作方向：(1)研究待解释规范的发生史，也就是这个规范是如何制定出来的；(2)研究对于同一个领域的问题，先前的规范是怎样的。我们认为，立法者的原初意图并不具有绝对的效力，因为法律在制定之后就独立于立法者，正如文本在产生后就相对独立于作者。但对历史意图的考察，仍然是我们解释法律时的重要论据。或者正如彭錞所论述的：“回顾历史不等于固执历史，原旨主义不等于保守主义。知其‘来龙’，目的不在于固步自封、抱残守缺，而在于探索‘去脉’、推进改革。”③

例如，在文字表述上，“八二宪法”似乎没有提及“文化大革命”，而仅在序言中提到“坚持真理，修正错误”，但结合参与宪法修改委员会秘书处具体工作的肖蔚云、许崇德等宪法学者的著述，我们可以确定，“修正错误”就是指向“文化

---

① 参见张翔：《基本权利限制法律保留的中国方案》，载《法律科学》2023年第6期。

② 参见张翔：《通信权的宪法释义与审查框架——兼与杜强强、王锴、秦小建教授商榷》，载《比较法研究》2021年第1期。

③ 参见彭錞：《八二宪法土地条款：一个原旨主义的解释》，载《法学研究》2016年第3期。

大革命”。[①] 肖蔚云先生指出:“这里就包含了‘文化大革命’中我们党所犯的错误。同时也说明了我们党是一个光明磊落、襟怀坦白的政党。”“所以说‘文化大革命’在宪法中并不是没有写,而是整个宪法都贯穿了‘文化大革命’的经验教训,宪法正是在全面、系统地总结‘文化大革命’的经验教训基础上产生的。”[②]许崇德先生也指出,“八二宪法”是将“反面经验,正面写”[③],全面总结了“文化大革命”期间的历史教训。

又如,我国《宪法》第13条第3款规定,“国家为了公共利益的需要,可以依照法律规定对公民的私有财产实行征收或者征用并给予补偿”,这是否意味着征收必然伴随着补偿,征收规范与补偿规范构成“唇齿条款”的关系?如果我们回到历史,这个疑问就能迎刃而解。《宪法》第13条第3款的表述,是在2004年修改后形成的。该款在修改中一个逗号的删除,可以为我们理解这个条款提供历史解释的依据。宪法修正案草案最初的表述是“国家为了公共利益的需要,可以依照法律规定对公民的私有财产实行征收或者征用,并给予补偿。”但有代表提出,“依照法律规定”是只规范征收征用行为,还是也规范补偿行为,应予明确。作为对此的回应,全国人民代表大会主席团指出:“‘依照法律规定’既规范征收、征用行为,包括征收、征用的主体和程序;也规范补偿行为,包括补偿的项目和标准。”“为了避免理解上的歧义”,将“并给予补偿”前的逗号删去。[④] 这段说明是“唇齿条款”的最好注脚。[⑤]

再如,我国《宪法》第12条第1款对社会主义公共财产规定的是“神圣不可侵犯”,而第13条第1款对公民合法的私有财产的表述则是“不受侵犯”,这是否一定意味着私有财产的保护弱于公共财产?我们或许可以参考吴邦国同志(时任全国人大常委会委员长)在2003年12月22日全国人大常委会中共党员委员会议上的讲话,来论证宪法并未有意对公共财产和私有财产进行区别对待,“不受侵犯”与“神圣不可侵犯”之间的表述差异只是无心之举:

“这次修宪的原则之一,是可改可不改的、可通过宪法解释予以明确的不改。如果可改可不改的都去改,那么,可能要修改的内容还会有不少。比如,在征求意见的过程中,有的同志提出,把《宪法》第12条‘社会主义的公共财产神圣不可侵犯’中的‘神圣’两个字删去,认为这不是法律术语。对这类问题,我们认真研究过,如果现在制定宪法就不会写‘神圣’这个词,既然写上了,也没有改

---

① 张翔、梁芷澄:《“宪法精神”的历史解读》,载《中国政法大学学报》2022年第6期。

② 肖蔚云:《我国现行宪法的诞生》,北京大学出版社1986年版,第94页。

③ 许崇德:《中华人民共和国宪法史》,福建人民出版社2003年版,第684页。

④ 参见《第十届全国人民代表大会第二次会议主席团关于〈中华人民共和国宪法修正案(草案)〉审议情况的报告》,2004年3月15日。

⑤ 张翔:《财产权的社会义务》,载《中国社会科学》2012年第9期。

的必要,改了反倒会在社会上引起不必要的猜疑,‘是不是现在公共财产就不神圣了’。”①

四、目的解释

每项法律都有其追求的规范目的,它可能包括在官方的说明中,也可能需要我们去发现。目的解释意味着,要解释一个法条,必须依据法律所追求的目的,特别关注法条的目的和基本精神。当解释可能有多种可能的答案时,需要回归每项法律所追求的目的。② 法律所追求的目的未必等同于制宪者当初的目的,特别是在社会发生了巨大的变迁与转型之后。因此,目的解释常常被用于比较能动的、建构性的解释,以充分考虑客观环境的变化,回应社会变迁,这在美国即“活的宪法”理论,在德国则对应着客观解释论的立场。

例如,前文中关于住宅的解释,当我们认识到住宅意味着个人自治的物理空间,宪法保护住宅的目的在于保护个人的自主自律时,我们就可以将宿舍、下榻的宾馆、遮住光的车内、“延安黄碟案”中诊所背后的私人空间,纳入住宅权的保护范围。③

再如,传统的财产权保障主要局限于对所有物的存续状态的保障,其社会基础在于:在传统的农业社会,个人维持自身和家人生存的基本条件就是个人对其私有物——比如自耕农的土地——的所有权。保障物的所有权,是为了保障个人生存和人格发展的基本条件,失去此条件则个人生存失去基本物质基础,故而从民法到宪法,主要保障的都是对物的所有权,而在宪法层面的意义就是防御国家取消所有物存续状态的征收行为。但进入现代社会以后,相比对物的所有,金钱和其他财产利益对于个人的生存和发展的意义更加突出。人们维持自己生存的基本物质条件,已经从对土地等物的所有权转变为通过雇佣劳动的工资收入以及国家的福利给付。因此,财产权的保护范围也从“物”扩展到“财产利益”、从“存续保障”扩张到“价值保障”。故所得税问题,也应作为财产权的限制问题而受到合宪性审查。④

同样地,“征收”的规范内涵也在解释中也出现了目的性扩张的趋势:征收

---

① 吴邦国:《关于修改宪法问题》,载吴邦国:《吴邦国论人大工作》(上),人民出版社2017年版,第129-140页。

② 参见许育典:《宪法》,台北,元照出版有限公司2021年版,第27页。

③ 参见林来梵:《卧室里的宪法权利》,载《法学家》2003年第3期。

④ 参见张翔:《个人所得税作为财产权限制——基于基本权利教义学的初步考察》,载《浙江社会科学》2013年第9期。

的本义是"没收""剥夺"。在传统上,征收是指公权力剥夺对物的所有权的行为,所有权移转是其基本特征。由于所有权被转移而取得的补偿就相当于交换中的对价,是理所当然的。然而,随着实践的发展,"征收"的概念却发生了扩张,这是因为存在一些虽然没有转移所有权,但却对财产利益造成重大损害而实际上构成"征收效果"的情形,各国学说多认为,这种造成实际征收效果的"管制性征收"措施,也应该予以补偿。例如,"单双号限行"的措施,虽然没有对市民车辆的所有权进行剥夺,但却构成对财产权使用权能的严重限制,因为在车辆的存续期间,有一半的时间都无法正常发挥车辆代步的功能,这无疑会使财产权的内容空洞化。因此,为了实现保障财产权的目的,这样的财产权限制也应属于"征收"的范畴,受到征收必须伴随补偿的法理限制。①

五、余论

前述的文义、体系、历史、目的等解释方法一般被称为经典的解释方法,而在此之外,比较解释也是一种常见的解释方法,其基础在于宪法原理兼具着普适性和本土性的张力,故而可以通过比较不同国家的规范和社会情事的异同,来帮助理解和反思本国宪法何以作出相同/不同的规定。对于中国而言,比较解释的常见原因还在于,我国是一个法治继受的后发国家,我们的宪法解释实践还不够丰富,没有足够鲜活和丰富的案例来支撑宪法教义学的发展,宪法教义学与宪法解释实践之间没有形成充分的良性互动。故而在规范的解释上,我们常常借鉴国外的丰富案例和成熟理论,来辅助宪法解释。例如,笔者曾通过论证德国的社会国原则与中国的社会主义原则的相通性和可借鉴性,来辅助论证中国宪法中的"财产权之社会义务"。②

此外,相较于部门法的解释,宪法解释具有更强的商谈特征,也就是针对宪法条文,即使我们穷尽现在已有的方法也可能无法得出确定无疑的解释结论③,我们能追求的只是在法律共同体间具有可接受性、可检验性的解释结论,只能通过尽可能自觉地遵守商谈理性,来达成重叠共识。这意味着宪法解释具有相当程度的建构性和形成性,或者说有着较大的主观能动空间。但宪法解释也应受到约束,除了前文提及的宪法文本、文义射程的约束外,宪法解释也应受到制宪权的约束:宪法政治的精神是制宪权的目的所在。国家之所以制定宪法,无非是

---

① 参见张翔:《机动车限行、财产权限制与比例原则》,载《法学》2015 年第 2 期。

② 张翔:《财产权的社会义务》,载《中国社会科学》2012 年第 9 期。

③ 参见[德]托马斯·M. J. 默勒斯:《法学方法论》(第 4 版),杜志浩译,北京大学出版社 2022 年版,第 41 页。

为了保证人民的自由幸福和社会的长治久安,尤其是防止公权力滥用及其对人民基本权利产生的侵害。无论采用哪一种解释方法,都不能背离这一立宪初衷,不能违反立宪主义的目标和基本精神。①

① 参见韩大元、张翔:《试论宪法解释的界限》,载《法学评论》2001 年第 1 期。

外国刑法学研习的理念与方法

——以日本刑法学对外国法之继受及现状为例*

张梓弦**

一、导入:基本的课程安排

大家下午好,欢迎来到本学期"外国刑法学"的课堂。按照国际惯例,在进入今天的正式内容之前,我有义务针对这学期的课程安排,向大家先行做一个简单的介绍。

在此,大家不妨先来想想,如果你们即将修一门名叫"外国刑法学"的课程,那么在你们的印象里,这门课程应该会是一种怎样的教学模式呢?是以国别为单位,对某国的刑法条文及相关学理予以简要的平铺直叙?是以域外的热点问题为例,对国外的新近立法作一个大致的介绍?还是广泛涉猎德、日、英、美各国刑法理论,走马观花式地带各位体验一番不同国家的不同制度逻辑?很遗憾地告诉大家,就效果的角度而言,这些囫囵吞枣不求甚解式的讲解方式其实并不能让大家收获太多,这种讲解其实大家通过阅读翻译过来的教科书或许也可以代替。因此,在本学期的课上,为了使大家能够尽可能地获取有意义的知识,而且能够准确且深度地理解这些知识,我们首先需要放弃那种企图通过一学期就将外国刑法总论中的所有知识点进行"广度有余而深度不足"的介绍式的授课方式。须知,外国刑法学的研习并不等同于对外国学说的简单堆砌式介绍,诸如甲说乙说你说我说通说等此类;而是通过不同的维度,来对相应的外国刑法学知识进行一个层次性的介绍。

基于这些原因和思考,本学期的外国刑法学课程安排,我拟采取另外一种模式。在内容安排层面,本课程不再每周分别挑选一个专题进行浅显的介绍,不再企图16周涉猎16个专题而"博而不精"。而是首先选取了我国学者受外国刑法

---

* 本文为张梓弦老师的"外国刑法学"课程(2024年春季学期)第一讲的教学讲义。

** 北京大学法学院助理教授、博士生导师。

学影响最大的一些领域,以及我国现有研究中对于外国刑法学存在不少误解和理解偏差的领域,还有就是大家可能对一些外国刑法学知识的理解停留在了表层的概念和定义而没有能够深入挖掘具体内涵的领域,以“概念/学理”而非“国别”为单位进行展开;在每一个“概念/学理”之下,我会首先从历史沿革的角度阐述相关概念/学理的生成,其次详细产出这些概念/学理在近现代于德日等国有着怎样的分化和演进,最后对相关领域于德日等国的司法实务中的真实适用状况进行介绍。大家可以看一下课前下发的这学期的课程安排表(参见本文附录)。

在本学期的课程安排中,诸如因果关系与客观归责、不作为犯、被害人承诺等,其实就是我国学者受外国刑法学影响比较大的领域,但是在这些问题领域之下,许多教科书或者文献仅仅是对这些问题之下的学说进行了非常平面的罗列,而没有深度挖掘它们背后的内涵,所以这可能导致了后续研究的以讹传讹或者流于形式。而共谋共同正犯、结果加重犯和罪数论的领域,明显就是大家可能知道或者听说过它们的表层定义,但是在上课或阅读文献的时候没有深度考察过它们的实质内容,但这些领域无论是在外国还是我国又非常的重要,在实务中也是不可或缺的部分。所以这学期的课程安排,我就是按照这个思路来设置的。

而在这些具体的专题内容之外,大家也可以看到,我又在每一个专题下面分别设置了理论篇和应用篇,有些还设置了所谓的拓展篇。如此一来,对于一个知识点而言,我们这学期要完成的其实是一个分层次的体系性介绍。就像我刚才说的,我们首先需要在理论层面进行一个彻底的澄清,其次在司法实务层面对相应的外国理论的真实适用状况进行一个细致的考察,最后再针对这些点可能衍生出的更加深远的问题以及学说立场进行补充。所以,通过这样一种内容层面的结合,我希望能够避免像以前外国刑法学课程那样,走马观花,大家耳朵里充斥着甲说乙说你说我说的杂乱的信息的状况。至于这个学期没有涉及的,比如说过失犯,错误论,紧急避险,未遂和中止这些内容,我会放到下一次的外国刑法学课程上。也就是说,每年都会换一批不同的主题,来对这些主题进行深度的展开。

二、外国刑法学研习的方法论知识的欠缺及其成因

接下来,进入今天的正式内容,也就是有关外国刑法学研习的方法论问题。在开始讲外国刑法学的具体内容之前,专门用一次课来给大家分享一些方法论的知识,这样一种安排的缘由何在?以及我会用什么样的方式分享方法论的知识,是继续像以前大家听的法学方法论的讲座时那样枯燥乏味地讲解?还是可以用一个故事主线去带大家了解一些外国刑法学的方法论?有关这些,也有必

要先跟大家作一个简要的交代。

倘若我们回顾一下在本科和硕士期间学习的刑法总论相关内容,可以很直观地看出,在每一个刑法学问题领域之下,其实都会接触到若干个并不易于理解的刑法学概念,如行为无价值、结果无价值、客观归责、非难可能性、可罚的违法性、主观的超过要素,等等。虽然我们在国内上课的时候,我们所依照的当然是中国的刑法条文,我们所采用的参考书当然也是中国的刑法学教科书。但是,如果我们抛开这种形式意义上的本土色彩而不谈的话,那么其实不难发现,我们在学习的过程中所吸纳的大部分刑法总论的知识,严格意义上来说都是起源于外国刑法学的知识。一个最简单的道理就是,无论是以民国时期的六法编纂为起点,还是仅以新中国成立后为起点,我国其实都是一个不折不扣的外国法继受国。只是,我国对于外国刑法的继受方法,以及选择哪些国家作为学习对象,乃至我们对于自身的本土特征的尊重及挖掘等等,可能会与其他一些法律继受国稍有不同。

如果我们沿着这个思路继续推进,去总结一下所谓的法律继受国对于外国法继受的过程,便可继而归纳和总结出如下两个阶段。也就是说,一个法律继受国在继受他国法律的过程中,往往会分别经历所谓的"形式的法典继受"和"实质的理念继受"阶段。如果以新中国成立后为例,那么就可以说,新中国成立后直至20世纪90年代中后叶,尚且处于形式的法典继受过程中。在这个阶段,大多学者们所关切的往往只是立法论,时而对法律文本所呈现出的弊端有所挑剔,时而论及法律文本应然的修改路径,时而对条文可能面临的后续更动作出预判,等等。故在此阶段,外国刑法学的具体理论,以及外国的刑事司法实务动向,对于彼时的我国学者以及司法实务者而言并没有太多的施展空间,而在此形式的法典继受背后所蕴含的实质理念何谓,也实则并未获得足够的重视和关注。一言以蔽之,彼时的形式的法典继受毋宁说只是一个"从无到有"的过程,而不是一个"从有到更丰富"的过程。

而行至千禧年后,我国才在法典编纂既已定型了的状态下,开始尝试进一步地从外国刑法学中汲取若干实质性的理念,进而将这些理念带入我国刑法的条文解释以及司法实务之中。也正是在进入了这一个实质的理念继受的阶段之后,学者们才开始尝试着不断用自己学到的外国刑法学知识去推动法学的发展,而各大高校法学院的授课模式也因此发生了很大的转变。老师们不再终日盲目批判立法,而是开始逐字逐句地带着学生们解释条文,开始带着学生们掌握一个概念之下可能存在的学说对立,并企图以这种方式,让外国刑法学能够真正地融入本土化的立法及实务之中。

但就我自己在读书期间的体悟而言,时至今日,我们严格意义上来说并未充分接受过诸如"以什么样的方式、方法和姿态去学习和接纳外国刑法学"等方法论层面的教育,这不得不说是一个缺憾。无论是我们在上一些涉及刑法总论或是刑法各论的必修课或选修课的时候,还是在一些相关的学术型讲座中,可能老师们由于时间的缘故,能够跟大家分享的无外乎只是不够具体的外国刑法知识点,并没有额外的时间和精力在方法论上面去花时间。我们能够听到的一些涉及外国刑法学的讲座,哪怕相关讲座的主讲嘉宾本身就是一位来自国外的学者,大多情况下也无非就他所在国家刑法中具体的某一个问题来进行介绍。因此,我们作为学生,听到这些有关外国刑法学知识的介绍的时候,可能收获的就是非常平面的,并不具备周全的体系性的单向知识输入。

而除此之外,现在很多的学术讲座,一旦涉及要教授大家方法论知识的时候,尤为喜欢谈及所谓的"论文写作方法论"。譬如,邀请核心期刊的责编或者主编们,来跟大家分享他们在审阅论文之时遇到的一些问题。如哪些学术领域对于编辑们来说是所谓的雷区,大家不要触碰,哪些对于编辑来说是可以用来评价一篇论文是优秀论文的点。而在这种介绍过程之中,不少编辑也会在论文写作的方法论分享中提及有关外国法在论文写作过程中的一些研习方式和表达方式。也就是说,通过论文写作的方法论传授,去间接地告诫大家在论文中比较法或外国法的内容应该怎么安排,应该怎么和国内法融会贯通。这种分享方式和方法论知识的引入,其初衷和本意无可厚非。这类讲座和课程的举办也能够预先给一些想要投稿的且热衷于外国刑法学研究的学生们提供很多未必能靠单纯阅读文章而得到的信息。

但我们同时也不得不承认,这种通过传授论文写作的方法论而间接告诉我们如何研究外国法的讲法,是有其局限的。因为这些以写作、投稿为根本目标的方法论阐释,其实必然是会带有一定程度的功利色彩的。这里的功利色彩并不是贬义,毋宁说,这种以写作、投稿为目标导向的外国刑法学方法论的研习,可能在很多场合会迫使我们人为地去筛选出一些"有利于投稿的外国刑法学知识"和"不利于投稿的外国刑法学知识",而我们在筛选工作完成之后,往往可能会把全部的学习热情放到那些被我们归类为"有利于投稿的外国刑法学知识",而逐渐忽略那些"不利于投稿的外国刑法学知识"。这样一来,我们会发现平时汲取的一些外国刑法学的知识是比较片面的,是不成体系的;而且当我们提到某个知识点的时候,我们能做的或许也仅仅就是复述一遍那些外国刑法学教科书里的那么几段话,在不假思索的情况下就把外国学者的那几段话奉为圭臬,从而将"拿来主义"贯彻到极致。

事实上,在我自己读书的期间,也陷入了这个误区。在我去日本读书之前,在国内的学习过程中其实没有接受过任何有关外国法研习的方法论知识,所以,我就是在这样一个对于如何学习外国法一无所知的状态下,到了国外留学。也是在这样一个状态下,突然转变成了在国外的那种,被若干个国家的刑法学理论所包裹，但自己又毫无办法从中捋出头绪来的状态。当时能做的，也就是仅仅把那些能够有利于我博士论文，能让我快速毕业，能让我写了就能发表的外国刑法学知识予以"全盘照搬"，把这些知识作为我的论文中的一个所谓的"亮点"，然后赶紧凑成博士论文里的一章给导师看，或者赶紧攒成一篇论文去投稿。现在再回过头来重新审视我的硕士论文，里面涉及外国法的内容基本上就是非常简单的横向的、截取式比较。围绕某个构成要件解释，先谈几句日本的学说，再找出德国相应的条款，谈谈德国的通说，最后简单地比较一些孰优孰劣，自己再从中挑一个观点简单的站队。所以这些外国法的知识呈现都是块状的，完全不成型，在现在来看也是完全不合格的。正是在这样的一个亟待方法论更新的背景下，上述经历也迫使我开始反思以下两点：

第一点，就是有必要改掉我们在进行外国法、比较法研究的时候，往往脑子里想的都是"要不要学习外国的某某理论"以及"怎么学习外国的某某理论"的思维惯性。而是说，去尝试着反过来想一想，"外国的某某理论最开始它出现在历史舞台的时候是为了解决什么问题""它是怎么从最开始的时候变成今天呈现在我们面前的样貌的""这个理论之所以会变成今天的样貌是为了解决以往观点的不足，还是仅仅在形式上对以往的观点进行了一个微调"。换句话说，我们在研究外国刑法学的时候不应该仅仅停留在对某个外国学说当下的静态的考察，而是应当动态地考察它从无到有的生成图景以及成因。这是第一点，也是仅仅通过看几本教科书和文献所无法完成的。

第二点，有必要知道的是，外国刑法中那些理论概念的称谓和定义是次要的，重要的是它们分别对应了现实生活中的哪一类处罚需求。在此，试举一例或许就可以明白，大家看手头下发的这学期课程安排（参见附录）就可以发现，本学期有两次课会涉及"共谋共同正犯"。如果形象地来说的话，共谋共同正犯所涉及的情形往往会包括一些幕后的黑社会头目，在不动一根手指头的情况下，就可以下令自己的手下为自己奔走卖命进而去从事一些犯罪活动。他们至多仅参与了预备阶段的犯行计划的敲定，但是在实行阶段完全没有任何参与的情况，在诸如日本等国家仍可以例外地根据共谋共同正犯的法理，将此幕后头目升格为正犯。而如果我们仅仅根据这个概念和定义，去搜寻日本之外的国家，会发现其实根本没有哪个国家还会存在所谓的共谋共同正犯概念。但是，一旦我们去动态地查阅一些欧洲国家有关正犯性问题的历史沿革的话就会发现，以德国为例，德国在第二次世界大战之后，开始全面清算纳粹的罪行之时，开始思考那些仅仅坐在幕后的纳粹军官不费一丝一毫之力便可操纵自己的部下去大肆屠杀，我们仅仅把他们认定为狭义的共犯进而让他们享受减轻处罚的待遇明显不合理。基于这个原因，当时的部分德国学者就在间接正犯的概念之下发展出了"基于组织权力支配的间接正犯"之概念，进而填补了像日本那样的共谋共同正犯的缺口;那么在明确这一点之后,我们就可以进一步比对日本的共谋共同正犯和德国的间接正犯的法理依据,进一步去比较两个国家司法实务中的处罚范围是否近似。这个例子说到底,就是一个非常典型的仅仅查看教科书中的概念和定义没有办法完成的比较法研究。这也是第二个,需要率先和大家强调的视角。

不过,大家要注意,以上这两个视角,其实只是一个基础的初阶说明,并不意味着但凡掌握了这两点就一定能够在后续的外国刑法学研究中得心应手;在这种方法论的基础说明结束后,需要通过一些具体的例子,来对这个方法论视角进行一个佐证。那么接下来,我就不会再从形而上的维度和大家谈所谓的外国刑法学研习的方法论。因为这种形而上的说辞我想大家应该已经听得非常多了,这些对于大家而言肯定也是非常的枯燥和乏味。而且更重要的是,这些静态的知识点根本不足以支撑起方法论的实质内涵。因此我们不妨再想一想,如果我们说法律继受国对于外国刑法学的继受总是会经历"形式的法典继受"和"实质的理念继受"这两个阶段的话,那么在我们身边就有一个非常好的例子可作为我们今天的故事主线,去让我们进一步地把刚才的基础说明带入去检验。这个例子就是日本刑法学对于外国法的继受。同样作为法律继受国家,日本经过了150多年的外国刑法学的继受和研习,他们在这个过程中是采用怎样的方法和姿态去学习外国刑法学,从而最终走到了今天这种有着自创自主的法学理念和体系的国家的。

那么接下来,我们就以日本的情况为主线,进而总结出一些正面或者反面的外国刑法学研习的方法论素材,并且结合具体的历史背景和刑法中的具体例子,加以说明。

三、日本刑法学对外国法之继受:沿革、理念及方法

依照既往观点,日本刑法学虽然总会被我们列入大陆法系国家刑法理论中的一端,和德国刑法并列被称为"德日刑法学"。这样的称谓本身当然没有什么特别大的问题,但是如果我们认为德日刑法学就是一个可以完全进行一体化评价的理论体系的话,那么实际上就存在相当程度的误解和偏差了。因为,这种说法恰恰忽略了,日本刑法学在对于外国刑法予以继受、移植以及接纳的过程中,他们所采取的一些思辨性的取舍,以及他们所采用的方法论的问题。具体而言,我们其实应该从PPT里的这两个方面,分别从形式和实质的角度,对德国刑法和日本刑法的脉络进行一个区分(见图2-1)。

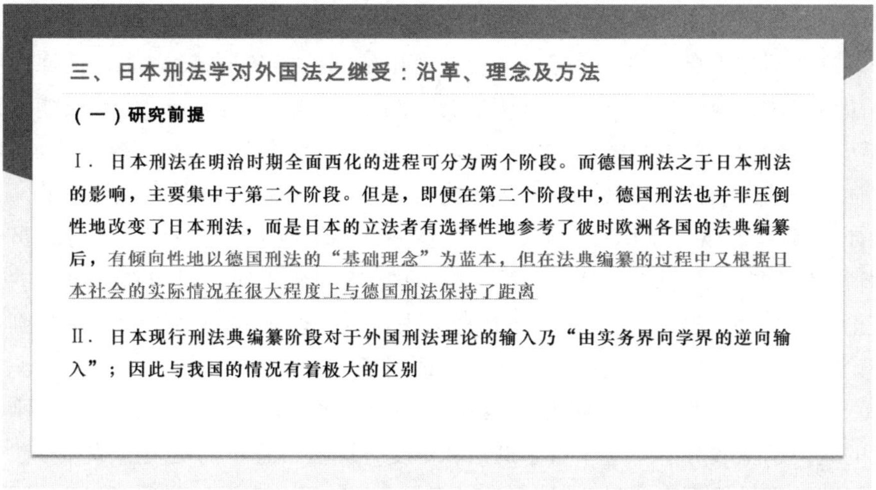

图 2 – 1

首先，就形式的角度而言，日本刑法在明治时期全面西化的进程中，严格意义上来说经历了两个大相径庭的法律继受阶段。而德国刑法之于日本刑法的影响，主要是集中在第二个阶段。但是，在第二个阶段中，德国刑法也并不是压倒性地改变了日本刑法，日本的立法者也并未对德国亦步亦趋，而是有选择性地在参照了当时欧洲各国的法典之后，有倾向性地将德国刑法的基础理念作为了蓝本，但在具体的法典编纂过程中又根据实际情况而在很大程度上与德国刑法保持了距离。而这一形式层面的动向，也导致了日本现在对于外国刑法研习的态度实际上是更加开放的。

其次，就实质的角度而言，日本在继受外国刑法理论的初始阶段，乃是率先由本国的刑事司法实务家——尤其是诸如法官、检察官等实务人员——开启了一个留学欧洲的风潮。而在这些实务家学成归国后，亦是由他们率先将自己在国外的所学所闻于刑事司法实务（判例）予以本土化的续造和推广。相比之下，特别是在德国刑法思潮刚刚涌入日本的那个时间点，日本的学者反而只是起到了一个助推的作用。这就和我国的情况存在一个较大的反差。众所周知，我国自从苏联的四要件理论开始式微之后，主张以德日的阶层犯罪论体系取而代之的往往都是学者们，而就这一点来看的话，我国的刑事司法实务人员时至今日都还未完成所谓的“由要件论至阶层论/由平面耦合至阶层立体”的转向。至于说德国的情况，或许在座的部分同学也有所耳闻。德国的刑法学研究其实可以区分为“法律适用层面的刑法理论”和“企图在不同哲学流派中达成自洽的刑法哲学理论”这两种研究范式。虽然从实然的角度来说，或许大多大陆法系国家并不会如德国这般，选择在法律适用之外另行开启一个刑法哲学的领域。所以，倘若大家将来去阅读部分德国学者的著作或文献的话，那么可能就会发现，部分德国学者对于刑法体系的框架性构建乃至对于部分概念领域的深层次剖析，其目的或许并不在于自己的这套理论能否被德国的司法实务所接纳，能否被德国联邦法院的法官们所理解。他们反而抱有更为高深和远大的目标，如希望能够让刑法教义学回归黑格尔的法哲学或康德的法权理论，等等。但仅就这一点而言，这样的一种方法论路径其实是不太可能会被日本的刑法学者所全盘接纳的。正因如此，日本在继受德国法的初始阶段，就另辟蹊径地选择了一条由实务人员到学者的"逆向继受方式"，所以直至现在，日本学者在谈到外国刑法学研习的方法论的时候，一定会花大量的时间和精力去讨论外国刑法的判例的运用和判例理论的价值。这种方法论视角也几乎渗透到了日本刑法学的每一个角落。

在总结了这两点之后，我们后面的一些介绍就会相对轻松一些。因为刚才说的这两条主线分别对应了日本刑法在继受外国法过程中的历史沿革和方法论立场的选择。接下来，我们就沿着这两条主线，先从日本刑法继受、移植外国法的历史沿革入手，然后再从中提炼出一些能够为我们所用的，有关方法论的信息和启示。

（一）日本刑法对于外国法之继受：历史沿革及其启示

1. 前·日本旧刑法时代的律令体系

说起日本继受、移植外国刑法的历史沿革，大家在外国法制史的课上可能也有过简单的接触。日本的法律体系全面"脱亚入欧"的西化过程肇端于明治时代的初期，具体而言则是1870年以降（见图2-2）。而截至此时期之前，日本的整个法制体系仍然是以我们的《唐律》为蓝本而创制的。在他们的封建时期，最后的三部以中国传统的律令编纂体例为基准而编纂的法典分别是1868年的《暂刑律》、1871年的《新律纲领》以及1873年的《改定刑律》。而这三部极具中华法系色彩的法典虽于明治末期公布问世，但在当时却并未对日本的刑事司法现代化进程有着实质性的助推或影响。因为想必大家也知道，自从明治维新之后，近代的市民社会思想以及人权观念大量输入至日本，以往的以律令形式所编纂的法典，在当时的思潮之下，就难免会被认为是充斥着罪刑专断主义的色彩。一个尤为典型的例证，即为《新律纲领》中的杂犯律所规定的"不应为条款"（见图2-3）。其内容为，"凡于律令正条未有规定，但于情理，为不应为之事者，笞三十。事理重者，杖七十"。从内容来看，这个不应为条款显然就是一个僭越了罪刑法定主义而允许类推的条款。

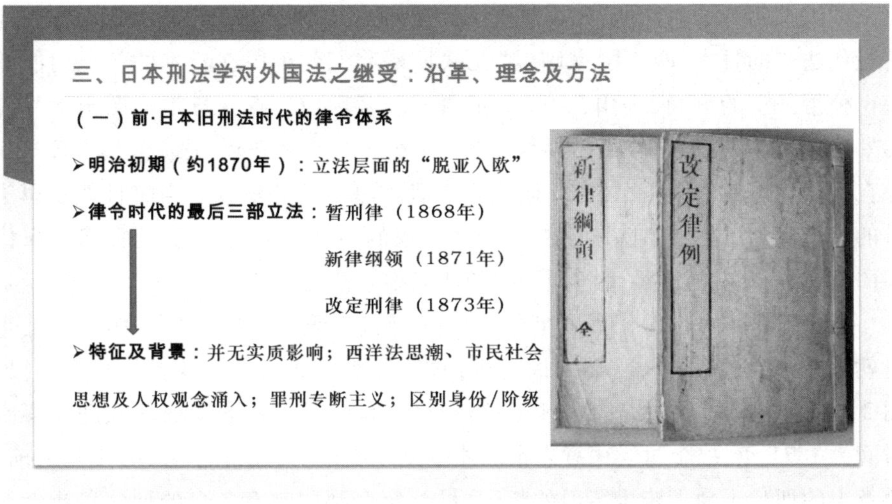

图 2－2

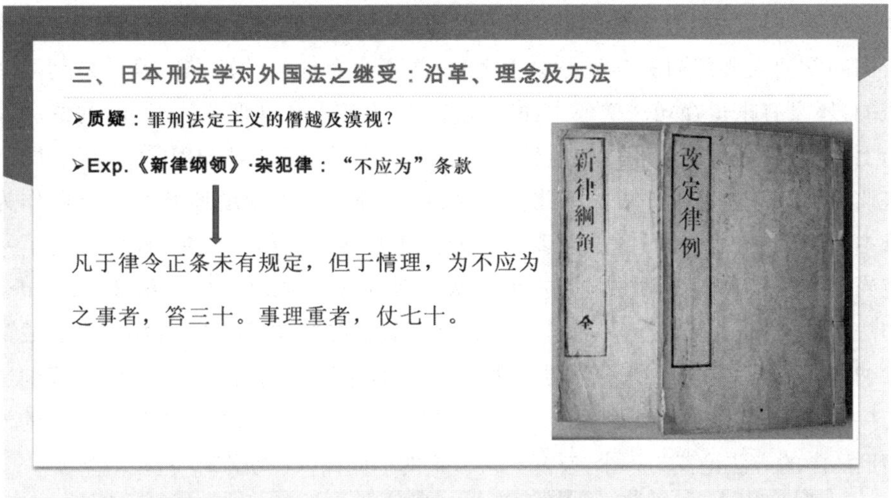

图 2－3

2. 近代化法典编纂的现实需求

所以，有鉴于彼时律令式法典编纂的种种弊端，在 1871 年的《新律纲领》尚在实施的期间，《改定刑律》甚至还未诞生之前，在日本的司法省[①]内部，就已有大量的官员主张日本需要一部全面西化的刑法典。在这一准备及谋划的过程中，当时日本所参考的一个立法蓝本即为 1810 年《法国刑法典》。说到这里大家可能会问，为什么日本偏偏选择了法国，而没有一上来就选择将德国作为参考的蓝本。此间的原因，其实和当时明治维新的历史也有关系。日本在其江户幕

① 日本现在的“法务省”的前身，主要负责司法行政类事务，略似于我国的司法部。

府末期以及明治维新初期，亦是遭受了大量西方国家的入侵，而在并不存在任何的近代法典的日本，西方国家则以“无法期待我们的国民在日本的领土内能够获得公平公正的审判”为由，大肆主张西方国家理应有权在日本的领土上享有治外法权，以保证本国公民在日本仍能享受公平公正之裁判。换言之，将日本不存在近代化法典作为一个借口，而主张在日本享有治外法权。当时日本的司法省的官员们为了尽快废除诸多涉及治外法权的不平等条约，遂火速派遣专家代表团前往欧洲，去考察欧洲各国当时的法典编纂情况。

在当时日本派出的代表团里，一位最为德高望重的官员名为川路利良，他当时就曾在考察过程中向欧洲人询问过，欧洲的哪部刑法典最具有参考价值（见图2-4）。这里需要注意的是，以川路利良为首的日本代表团前往欧洲考察的时间为1871年，那个时候德意志帝国才刚刚完成统一；换言之，在1871年之前，德意志的那片土地上皆为零散的邦国，虽然每个邦国都有各自的刑法典或者刑法草案，但是基本上这些刑法典是难以入其他欧洲人的眼的。直至德国于1871年完成统一后，《德意志帝国刑法》才伴随统一旋即公布。所以，在彼时川路利良询问欧洲人哪部刑法典值得参考之时，并不会有任何欧洲人回答说是刚刚公布的，还没有来得在司法实务中加以检验的《德意志帝国刑法》。当时的欧洲大陆上，最为声名远扬且相对历时较长的近代法典编纂其实是1810年的《法国刑法典》（《拿破仑刑法典》）。因此在当时，日本的考察团便就地开始搜寻可作为日本法律人的授课教师的法国著名学者。此番搜寻的结果便是，他们寻得了一位当时在巴黎大学任教的名为古斯塔夫·波瓦索纳德（Gustave E. Boissonade）的法国法学家，并借此契机，整个日本代表团就直接留在了巴黎，开始去旁听波瓦索纳德的授课和讲座。这种学习方法，也成为日本历史上第一次对欧洲近代刑法的接纳，也就是通过组团旁听的方式，首次开始接纳外国刑法学；而这个时期的外国刑法学的方法论实为一个纯粹的、机械式的单向输入（见图2-5）。

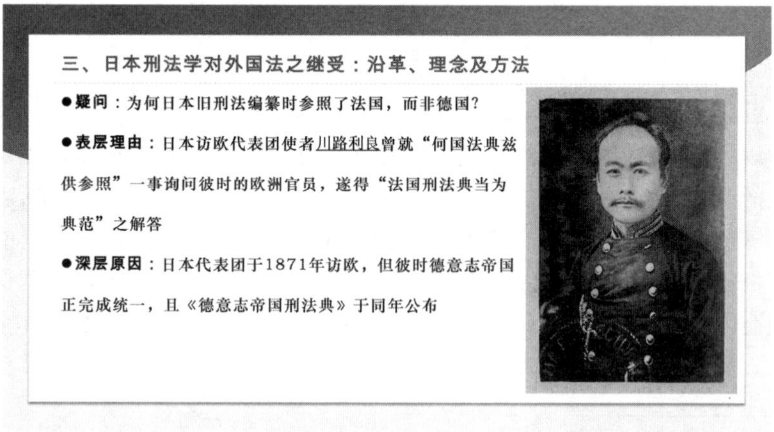

图2-4

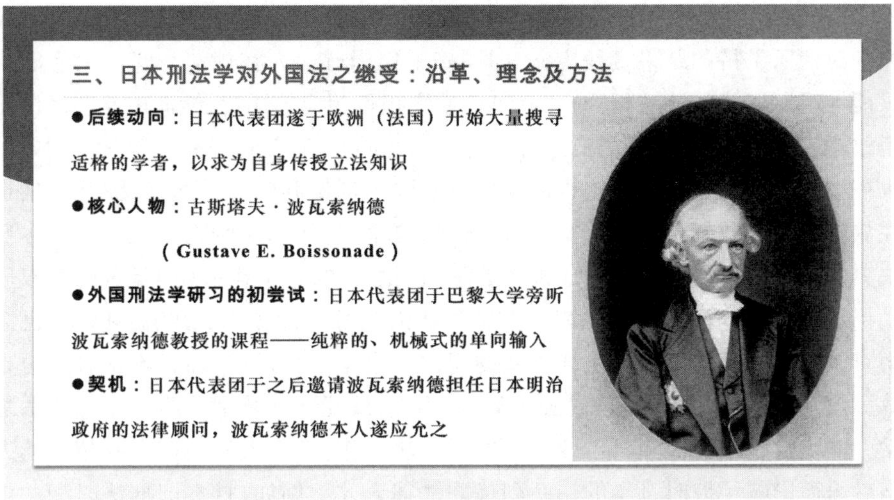

图 2 -5

3. 日本旧刑法的诞生及旧刑法时期的外国刑法继受观

正是由于此番契机,日本的代表团遂向波瓦索纳德发出了邀请,希望他能够到日本,作为日本明治政府的法律顾问。波瓦索纳德本人对此也是欣然应允,随后便开启了为期约 10 年的旅日时光,并在这 10 年间,于日本司法省所创办的法学院内部教授日本人以法国法。值得一提的是,彼时用于法国法教学的法学院,即日本法政大学的前身。

不过,波瓦索纳德是一个坚定的自然法主义者,他在成为日本明治政府的法律顾问之后,也是非常反对日本盲目地对外国法予以单纯的复制粘贴,而是认为应当将日本固有的习惯法与之融合。所以在波瓦索纳德旅日的 10 年内,他在不断地给日本人讲授法国法的同时,也是在不断地在学习日本这个社会所固有的一些习惯法及以东亚为背景的人文知识。而且,几为难能可贵的是,波瓦索纳德自始至终都并没有笃信《法国刑法典》即最为完美的立法,因此,在他负责草拟日本刑法草案期间,其一方面参照了法国刑事司法实务的真实状况,另一方面也参考了比利时、德国和意大利当时出台的一些刑法草案,甚至也参考了日本早先的《新律纲领》,并且于 1877 年之际,完成了他自己草拟的刑法和治罪法。这个治罪法即意指刑事诉讼法。

而在这两部草案中,波瓦索纳德特别强调了两个原则,也就是刑法中的罪刑法定主义原则和治罪法中的不得自证己罪原则(见图 2 -6)。譬如,波瓦索纳德在其所拟定的刑法草案第二条,规定了“法律无正条规定者,无论为何等所为,皆不得罚之”,而在紧接着的第三条规定了“法律颁布之前所涉之罪不可及之”。这就是日本近代法典编纂历程中首次出现的罪刑法定主义条款以及作为罪刑法定主义下位原则之一的法不溯及既往条款。除了这两个最显著的原则确立之外,波瓦索纳德还正式在日本确立了所谓的责任主义原则,而彻底抛弃了日本在律令时代所秉持的结果责任主义,即明确了仅当行为人在规范意义上具有非难可能性时所实施的违法行为,才有可能使之担负相应的罪责;继而由此明确区分了故意、过失以及无过失类的意外事件。与此同时,有关责任能力等一系列条款也被波瓦索纳德予以了相当程度的完善。除了刑法和治罪法之外,波瓦索纳德在旅日期间还贡献了自己编纂的日本民法典草案,他的这些工作也导致日本民法典的整个大框架直至今日还维持着法国民法典的基本构造(如日本的物权变动仍从法国,采取的是"意思表示主义")。由此可见,说波瓦索纳德凭借一己之力直接影响了日本的整个法律体系的现代化也是不为过的,而日本学者们也是尊称波瓦索纳德为"日本近代法之父"。当然,波瓦索纳德被称为日本近代法之父并非仅仅是因为他为日本政府所做的立法工作,其本人亦凭借自身超凡的人格魅力而影响了彼时日本的一系列优秀法律人才。例如,日本旧刑法时期的刑法学大家,日本明治大学的创始人宫城浩藏;又如,日本民法典的起草者之一梅谦次郎,等等。这些学者要么是直接师从于波瓦索纳德,要么就是整个学术生涯受到了波瓦索纳德的莫大影响(见图2-7)。

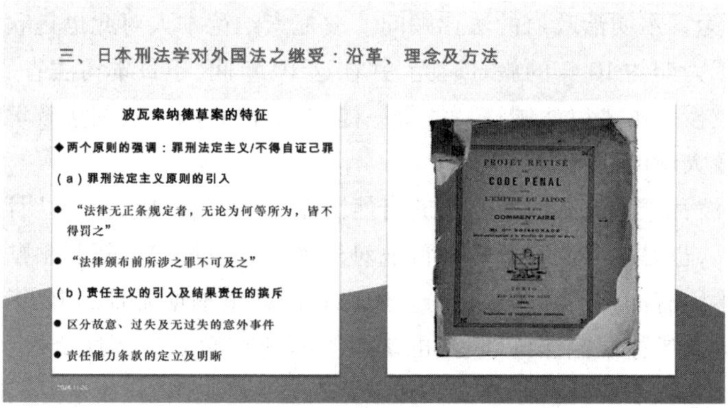

图2-6

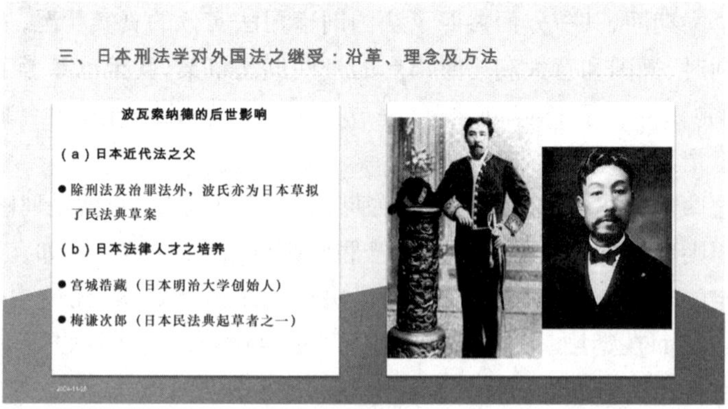

图2-7

再回到我们刚才说的波瓦索纳德草拟的这部近代刑法典草案。在 1877 年完成该草案的编纂后，波瓦索纳德将之提交给了当时日本政府下设的刑法草案审查局。审查局前后花费了将近两年的时间，对波瓦索纳德的草案进行了全面的审议，并且在若干细节处进行了修改。随后，审议局于 1879 年完成了修改并将该版本提交至了日本当时的元老院①，元老院又历时一年进行了些许微调后，最终于 1880 年正式颁布了日本历史上的第一部近代刑法典，我们一般也称此 1880 年日本刑法为“日本旧刑法”或“明治刑法”（见图 2－8）。

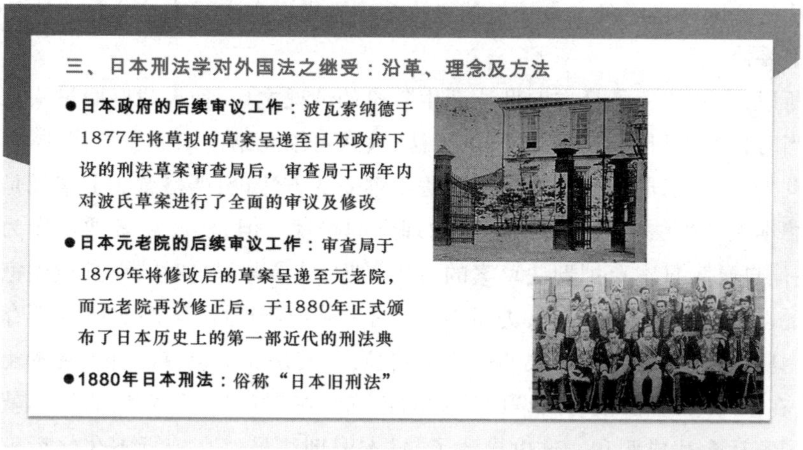

图 2－8

说到这里大家可以发现，从波瓦索纳德 1877 年完成自己草拟的刑法典之后，日本政府再度耗时三年进行了反复的审议。而在三年的审议过程中，日本到底是对波瓦索纳德原本的法典编纂进行了怎样的修改其实也是一个非常值得深究的问题。从结果的角度来看，将波瓦索纳德提交的草案和最终的日本旧刑法予以两相比较，就会发现，日本政府下设的审查局和元老院实际上是在如下几个方面作出了进一步的修改。

第一，在刑罚论的部分，审议局和元老院维持了日本在江户时期便一直存在的“流刑”。进言之，我们在学习中国法制史的时候所知晓的“封建五刑”，即“笞、杖、徒、流、死”，除了笞刑和杖刑在日本旧刑法中被废除了之外，其他的“徒、流、死”都还是在日本旧刑法中保留了下来。但是，适用流刑又分为“无期流行”和“有期流行（流放十二年以上十五年以下）”，其仅限于“国事犯/政治犯（如内乱罪、外患罪）”的情形方能适用。流刑的实施地则是北海道。北海道在当时的日本人看来就是一个苦寒之地，所以在当时是一个适合的流放场所。

第二，在波瓦索纳德草案的基础之上，审议局和元老院将部分日本以往的惯

---

① 元老院即为明治初期的日本立法机关。

习和封建理念也纳入刑法编纂中。但这些理念可能并不符合近代刑法的基本原则。一个典型的例子是，日本在最后公布的旧刑法典中加入了所谓的“针对天皇的大不敬罪”，并对这种大不敬的行为予以重罚化。另外，在针对身体的重罪与轻罪那一章，设置了所谓的“杀尊亲属罪”，且这个罪名的唯一刑期即死刑。虽然“尊亲属杀”在之后就因为被宣告违宪而被彻底废止，但通过我刚才简单介绍的这两类日本人在波瓦索纳德草案基础之上作的修正其实也可以看出，当时近代刑法理论的全盘引入并没有彻底动摇日本人的一些传统观念，相反，很多近代刑法的原则在最后日本人拍板的过程中也不得已地向日本这个社会历来的一些习惯妥协。

所以，在介绍完了日本旧刑法诞生阶段的情况之后，如果我们回过头来审视一下当时日本人研习外国刑法学的方法，大致可以总结出以下三个特征：

首先，日本旧刑法时期的外国刑法学继受的方法论，严格意义上来说是波瓦索纳德本人的方法论和日本人自身的理念的杂糅。但是，波瓦索纳德作为法国人，在他自己为日本草拟刑法草案的时候，却大量参考了当时欧洲其他国家的立法状况以及日本的本土资源，进而创造出了一些连当时法国刑法典都不存在的规定。所以，波瓦索纳德本人的方法论路径，其实是非常包容而且重视本土化视角的；在他看来，立法没有所谓的绝对的正确和绝对的应当，立法的目的就是为了和国家社会达成调和。这也导致了，日本旧刑法虽然在施行不久之后就面临了很多问题，但是其中波瓦索纳德设立的一些条款仍然被原封不动地保留到了后来的现行刑法中。这也成为日本旧刑法时代的一个值得肯定之处。

其次，在日本旧刑法的诞生阶段，日本的立法者对于外国法的继受姿态其实可以说是并没有深度挖掘法典背后的理念，且亦对外国刑法的研习方法有所忽略；所以在当时的日本，出现了立法者与司法实务家针对同一问题而产生巨大的观点分歧的情形。何以出此言？这是因为，当时日本元老院的立法参与者，在自己修正波瓦索纳德的草案之时，曾按照自己的理解撰写过一系列非常重要的立法资料。然而，如果我们现在再将那些立法资料翻出来阅读的话便会发现，彼时的很多日本立法者其实都没有理解波瓦索纳德的原意，也没有理解条文背后的理论内涵，而是根据波瓦索纳德所草拟的条文文本进行了自己的理念填充。在此，不妨举一个有关不能犯的例子。如果我们向前追溯，在 1810 年法国刑法诞生一直到 1875 年的这个时间段，法国的判例以及学术界的通说采取的是“客观说”的立场，继而主张不能犯一律不可罚。而在 1875 年之后，法国的通说立场有所缓和，导入了所谓的“绝对不能·相对不能说”，也就是将不能犯区分为了绝对不能型和相对不能型，只有绝对不能达至犯罪既遂的场合，才可以认定为不能犯。而波瓦索纳德是 1873 年抵达的日本，他当时所秉持的观点仍然是法国早先的对于不能犯一律不处罚的客观说的立场。正如其本人在著作中也曾明确表达过,“不能犯只存在道义上的恶,而不存在社会层面的恶”,而波瓦索纳德也是把这个“原则上不处罚不能犯”的思想引进了日本,在他给日本的这些立法参与者授课的过程中也对此明确提及。但是,日本的立法者虽然在后来审议波瓦索纳德草案的时候,对于波瓦索纳德设立的未遂和实行着手的条文没有改动,但在日本人自己撰写的《刑法审查修正案注解》里则是明确提到,“倘若对不能犯之行为人不闻不问,乃极为危险之事”,进而在立法理由中主张应当全面处罚不能犯。从这个角度来看,当时参与立法的日本人只在形式意义上接受了波瓦索纳德所草拟的条文,但在理念层面其实是在不断地把自己的所思所想往里填充。直到后来,旧刑法真正开始施行了一段时间之后,一些真正留学过法国的学者(比如我们刚才提到的宫城浩藏)才开始不断地撰写文章试图去影响司法实务,而我们刚才说的,法国在 1875 年之后对不能犯所采纳的绝对不能・相对不能的立场,也是相对较晚地才经由日本刑法学者们的介绍而被实务家们所采纳。故综上所述,在日本旧刑法刚刚诞生的阶段,立法者对于外国刑法学的姿态实为“形式的法典继受论”,而学者们和实务家方才采纳了“实质的理念继受论”。

最后,当时日本的立法者们对于外国法采取的这种法典继受的姿态的原因,主要来自日本的立法者内部实际上持一种官僚至上的姿态。也就是说,在元老院审查波瓦索纳德所草拟的刑法典草案的那批日本人,其实多为纯粹的政治家,并没有真正花费过时间和精力研习相关的法律知识,在参与立法之前也并未接受过任何有关近代法律思想的熏陶。这种在外国刑法继受过程中的官僚至上的姿态,就难免导致旧刑法中存在一些偏离近代法理性的产物。然而,这个现象的存在,反而是从另一方面敦促了日本学界和实务界开始重视实质的理论继受,这也直接导致了日本在进入现行刑法典之后的时代,越来越重视将学者和实务家纳入立法环节中。如果我们现在再去看看日本这近几十年的刑事立法资料,会发现基本上每一次刑法修正都会有大量的学者参与,学者的意见完全有可能直接左右立法。这是和我国非常不一样的点,我们之后有机会的话也会跟大家再详细地说。

4. 日本现行刑法的诞生及现行刑法时期的外国法继受观

由此可见,刚才给大家介绍的日本旧刑法时期的外国刑法继受观念,以及波瓦索纳德本人对于外国法所采纳的方法论路径,虽然为后来留下了不少的正面遗产,但其实也已经为旧刑法在之后所面临的质疑埋下了伏笔。除了我们刚才说到的官僚至上这一背景之外,在当时严重影响了日本学者对于旧刑法典的信任的原因其实有两个。

第一,在旧刑法编纂期间,欧洲大陆有关古典犯罪学派和新派理论的对立纷争已是如火如荼。具体而言,古典学派强调人的自由意志,而新派——实证犯罪学派——则强调了一种决定论。当时欧洲的诸多国家既已把这种学派的对立反映到了自国的刑法典编纂里,但是日本刑法因为编纂过程中的信息滞后性,完全没有把这种决定性的学派理念体现到刑法典中。

第二,在19世纪末期的日本,虽然旧刑法典得以公布和适用,但当时的社会剧烈的变化和动荡导致犯罪率不降反升,所以当时的日本政府不得不在刑法典之外另行出台了很多所谓的“治安立法”,即在刑法典之外另立了许多新的罚则,这在当时也引起了很多极力维持罪刑法定主义原则的日本学者的不满。

也就是基于这两个原因,当时的日本司法省于旧刑法仅仅施行了大约8年之后,就开始转而以德国刑法典为蓝本起草了若干刑法修正案,并企图在短期之内对旧刑法典予以全面的再法典化。这些修正案也成为后来的日本现行刑法编纂过程中的重要资料来源。说到这里,大家可能会随之而来的一个疑问是,日本的司法省为何又开始突然将学习的重心转向了德国?其中的深层原因又是什么?需要说明的是,本次立法思潮的转向,则源自日本这个国家的另一位核心人物,伊藤博文。伊藤博文曾于1880年到访欧洲,主要针对德国和奥地利的宪政体制进行了考察(当然,严格意义上来说那个时候应该叫作奥匈帝国)。伊藤博文回国后,在其全面推动下,日本的整个法律体系从上至下开始掀起了一股“德意志风潮”。也正是在这个机缘巧合的情况下,德国法的理念和思潮就开始全面影响了日本的立法进程(见图2-9)。

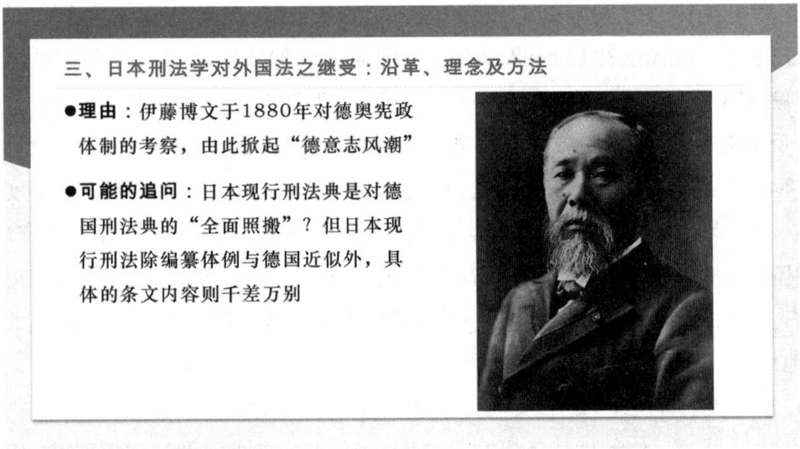

图2-9

但是,这里特别要提醒大家注意的是,很多文献会不假思索地主张,行至此阶段后的日本刑法学,其思潮已全面倒向了德国,故日本现行刑法典就是对德国刑法典的照搬。这个观点有待纠正。但凡仔细阅读一下日本现行刑法典和德国刑法典就会发现,两个国家的刑法典的编纂体例乃至具体的条文内容,基本上是完全不一样的。针对这个问题,我们不妨结合现行刑法典的具体内容,再结合日本现行刑法编纂过程中遗留的极为庞杂的立法资料,先来看看,日本现行刑法立法阶段,对于外国刑法典的形式意义上的继受和移植到底是基于怎样的观念。在此之上,我们也可以顺着当时的法典编纂动向,来看看日本在现行刑法形成之后,学术界和司法实务界是以一个怎样的方法论去对待外国刑法学的。

(1)形式的法典继受观:理性大于感性

我们首先来看第一点,也就是日本现行刑法的编纂过程中,日本的立法者以及学者对于外国刑法学的研习姿态。在这个阶段,我们首先要注意到几个和旧刑法阶段的区别。具体而言,在进入现行刑法的编纂阶段后,日本人不再专门以某位外国学者的理念为主要的参考范本;虽然当时的日本司法省仍然聘请了一些外国人作为法律顾问,但从当时的立法材料以及当时的文献记载来看,在现行刑法的编纂阶段下,这些被请过来的外国学者仅处于“退居二线”的地位。换言之,在这个阶段,日本人开始自主自发地推动立法,而外国刑法学之于日本的意义仅是从旁辅助,即在日本人草拟的草案之上,从学理的角度提一些意见(见图2-10)。

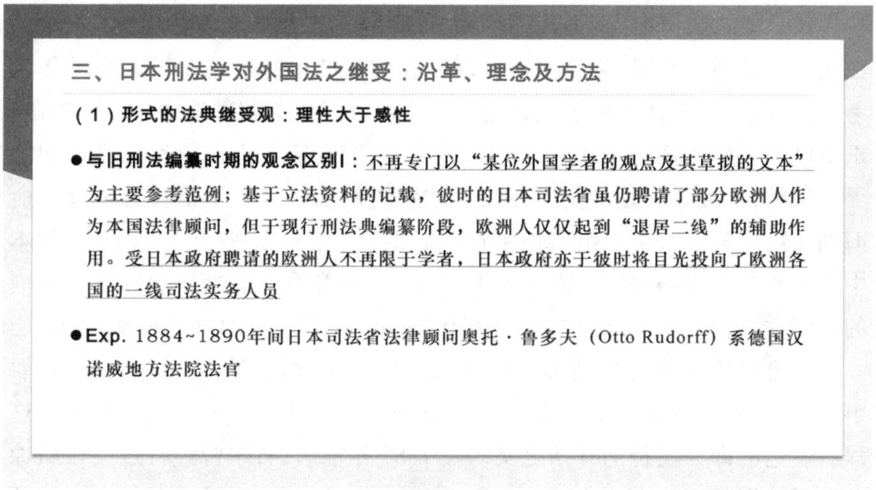

图2-10

另外一个和旧刑法编纂时期的最大区别则是,日本在现行刑法的编纂阶段开始大量地输送本国的法律人才去往欧洲各国旅居和学习。根据日本学者田中正身在一本名为《改正刑法释义》的官方立法资料里的记载,日本现行刑法编纂期间所参考的他国立法包括但不限于法国、比利时、意大利、德国、奥地利、瑞士、挪威、芬兰、荷兰(见图2-11)。并且,在这个基础上,彼时的立法者还考察了曾经辉煌过的罗马法、唐律、大明律和大清律例等。而当时的日本政府派遣出国的访学这些人,则遍布了刚才所提及的这几个欧洲国家,包括了北欧,南欧等。正因如此,在此次的日本现行刑法编纂过程中,日本的立法者就显然多了很多的理性,而不再有着“一股脑地”要彻底脱亚入欧的那种感性和武断。

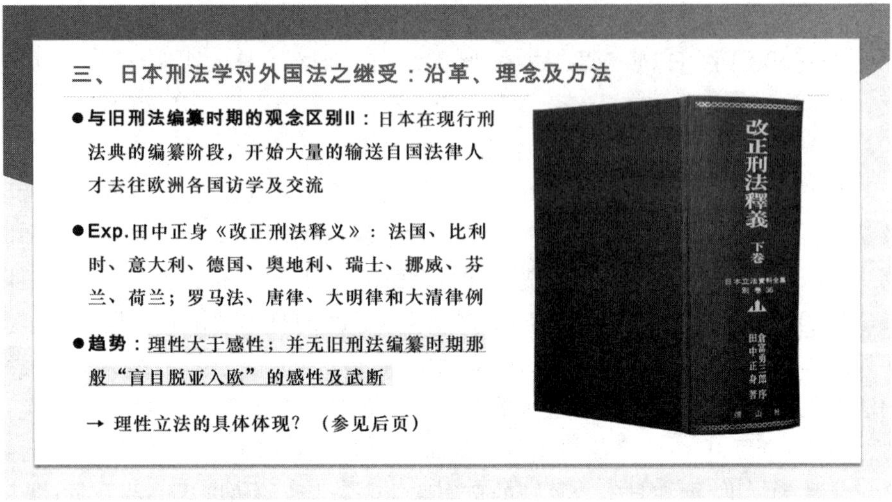

图 2－11

具体来说，这种理性一方面体现在，日本的立法者开始仔细考量旧刑法的条文在实务中的适用情况，将一些来自理论和实务的批判意见及赞许意见作为了参考，进而以一个理性的姿态先行划定了一部分在实务和理论中皆存疑的条文，以重新反思它们的规定方式，在此之上进一步地保留了许多原本已经被司法实务界所采纳，且被证明是确实可在日本继续使用的条文。不是盲目废弃了所有的旧刑法规定而一边倒地倒向德国这个新的归宿。一个典型的例子，是日本刑法中有关实行着手的规定。需加说明的是，实行着手的概念最初源自法国刑法中的“实行的开始”(commencement d'exécution)，但是在旧刑法的编纂中，当时的立法者是将这个本为名词形式的概念改写为了动词的句式，即“有心犯罪而其事已行……(罪ヲ犯サントシテ已ニ其事ヲ行フト雖も……)”，但其实这一措辞所表达的即为实行的开始之义。在 1887 年前后，日本曾经有过一段将原本法条中所使用的旧体字改为日文白话文的风潮；而当时的司法省是一度将关乎实行着手的旧体字条文转写为了“执行的开端(執行の開端)”，如此已非常接近于法国法中所谓的“实行的开始”了。后来，在现行刑法的编纂过程中，日本也是继续援用了这一概念，只是将其改为了更加贴合日常用语的“着手实行”。反观德国我们就会发现，德国在 1871 年《德意志帝国刑法》中亦受法国的影响而直接引入了“实行的开始”这一概念，德语为“Anfang der Ausführung”，但是实行的开始这个概念很快就招致了学界的不满，因此在 20 世纪 60 年代德国新刑法总则公布之时，实行的开始在德国刑法典中就不复存在了，取而代之的作为确认未遂起点的概念名曰“直接着手/就位(ansetzen)于构成要件之实现”，这一术语的转化则归功于目的行为论的集大成者汉斯・韦尔策尔(Hans Welzel)。也正因如此，截至目前，德国大部分学者既不认为未遂犯的起点是所谓的实行着手的时点,也不认可所谓的实行行为概念,因为实行这个措辞本来在德国刑法中就于法无据。这也和日本从 1880 年旧刑法开始就坚持到现在的实行概念以及实行着手概念,形成了鲜明的对比。而日本之所以一直坚持使用由波瓦索纳德所导入的实行的开始这个概念,正是因为日本学者在司法实务中几乎已经完全确立了其适用范围;与此同时,实行行为这个概念无论是在未遂犯领域抑或正犯性领域,都有相当程度的施展空间。故此,虽然日本学界晚近以来陆续出现了"实行行为和实行着手的分离"以及"实行行为解构论",但是并不能够排斥日本现行刑法条文中仍然坚持着实行着手的概念的事实,这也是日本在现行刑法典编纂中秉持着理性而并未全盘推翻旧刑法,且与德国保持距离的一点。

另一方面,日本于现行刑法编纂阶段所呈现出的理性还体现在,被送往欧洲的日本法律人才除了对欧洲国家当时的刑法典加以考察之外,还大量考察了当时大部分欧洲国家的刑法草案,比如我们刚才介绍的那本名为《改正刑法释义》的立法资料里面,就详细地记载了当时日本学者选用的奥地利和挪威的刑法草案。这样的做法也是因为,日本人深知外国的刑法草案可能才能反映出外国刑法典所正在面临的问题,因此可以通过这种方式避免自己走一些弯路。除此之外,当时游历欧洲的日本法律人们也深入了欧洲各国的刑事司法实务层面,具体考察了很多新近的刑法理论能否和司法实务人员的思维相互配适的问题。因此,即便日本在当时虽然对很多国家的刑法或刑法草案中的某些条文进行了移植,但仍然根据那些国家的司法实务情况以及日本自身的情况而进行了微调。而德国在这个过程中所扮演的角色其实仅仅是被参考的国家之一而已。举几个简单的例子,大家应该知道,现在德国刑法中对于紧急避险区分了"正当化的紧急避险"和"免责的紧急避险"。正当化的紧急避险的法理依据则一般被认为是社会团结义务。但当时,日本在拟定紧急避险条款时并未参考德国的情形,而是以 1889 年芬兰刑法为蓝本,进而添加了几个日本人从实务中所提炼出来的要件。两相比较可知,1895 年日本刑法改正草案及 1907 年现行刑法紧急避险条款中的"使身体、生命或财产免受现时之危难"这一要件与 1889 年芬兰刑法中的相关规定基本上是相同的,而日本紧急避险条款中的"不得已而为之"这一措辞,我们一般在学理中称为是"补充性要件",也是可以对应到 1889 年芬兰刑法紧急避险条款中的"自己或他人之救护在无此行为时系不可能"。换言之,芬兰的刑事立法同样对紧急避险要求了所谓的补充性要件。只是说日本在此之上,根据旧刑法时期所积攒的实务经验,添加了"所生之危害不超过欲避免之危害程度"这样一个利益衡量条款,因此,日本学界通说对于紧急避险的说理模式则是依条文规定而采用了优越利益原理,这便和德国的情况完全不同了(见图 2 - 12、图 2 - 13)。除了紧急避险外,日本还从欧洲其他国家汲取了非常多未曾在德国出现,但是对自己的司法实务有所助益的概念。比如我们倒数第二次课也会讲到的，科刑的一罪里的牵连犯，就是来自西班牙。而如果我们把目光移到各论，大家知道德国的财产犯立法体例是全面区分了针对所有权的犯罪和针对全体财产的犯罪。但日本则是在诈骗、敲诈勒索和抢劫罪之下，区分了针对财物的犯罪和针对财产性利益的犯罪。这是源于 1810 年《法国刑法典》的第 400 条。而日本刑法典中唯一一个看似可以和德国相提并论的针对整体财产的犯罪是背信罪，但这个背信罪的立法蓝本则是源于 1898 年的挪威刑法草案（见图 2－14）。

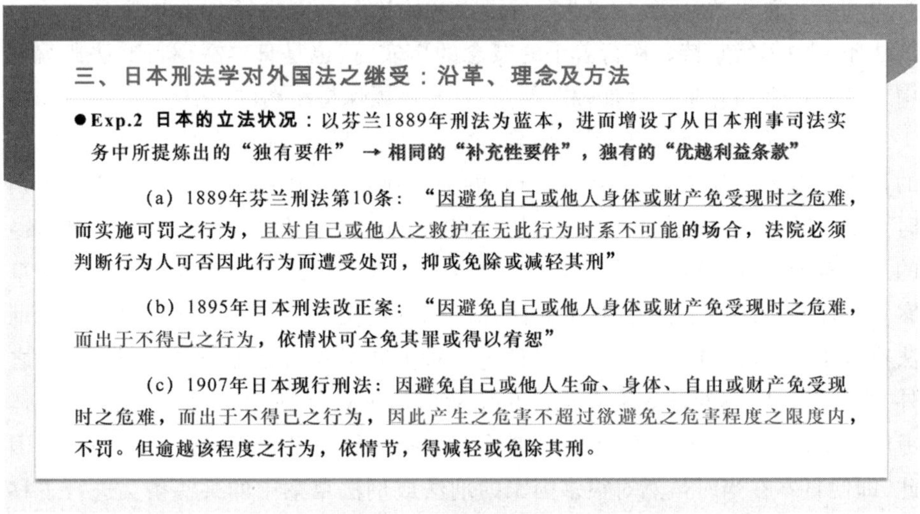

图 2－12

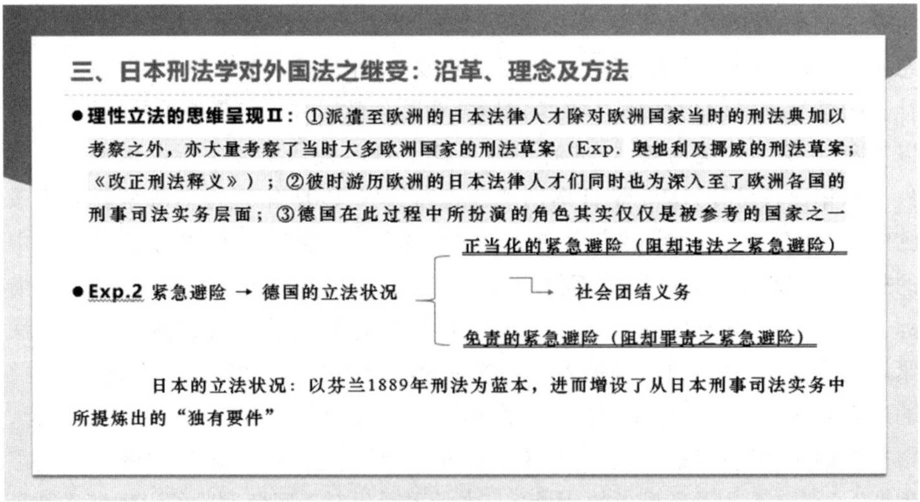

图 2－13

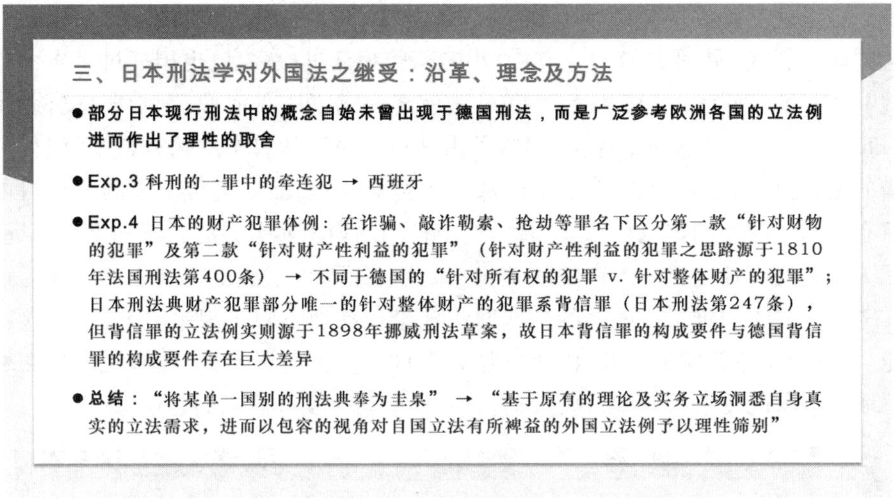

图 2－14

到此为止，我们可以发现，正是由于这种理性的外国刑法继受观念之影响，日本的现行刑法除基本的编纂体例可能与德国刑法典有一定的相似性外，大部分条文内容都是差异巨大的。所以动辄说日本现行刑法典是全盘照搬德国，显然也是忽略了日本人在现行刑法编纂阶段中理性的取舍的。在现行刑法编纂阶段，日本已经脱离了“将某单一国别的刑法典奉为圭臬”的思路，转向了一条“基于原有的理论及实务立场洞悉自身真实的立法需求，进而以包容的视角对自国立法有所裨益的外国立法例予以理性筛别”的路径。这也是在“形式的法典继受”层面，日本对于外国刑法研习的方法论和之前不一样之处。

（2）实质的法典继受观：由实务向学界的逆向输入

正是在这种理性的外国刑法继受观念的影响下，日本的现行刑法典在经历了 1890 年、1895 年、1897 年、1901 年以及 1902 年五次草案的审议后，终于在 1907 年问世。从时间跨度上来看，日本的现行刑法编纂正好经历了 19 世纪到 20 世纪的世纪之交。而在 1907 年正式拍板确定现行刑法公布的日本帝国议会的“法律调查委员会”内部，也不再奉行所谓的官僚至上主义，而是大批量地让学者、律师以及检察官参与到了其中。所以，这部现行刑法在公布之后，也并没有像旧刑法那样一经公布就引发了大规模的争议，特别是立法者、学者和司法实务家之间，并没有发生像旧刑法典时期那样的巨大的观点分歧。这除了有日本现行刑法本身的相对完善性这么一层原因之外，也和日本当时对于外国刑法学的研习理念的转变是有关系的。我们刚才说了，日本是在 19 世纪末派遣了大量人才去往欧洲各国访学和考察，但是大家要注意的是，这里面大部分的法律人才其实都是司法实务家，而并不是所谓的学者；在这些司法实务人才回国之后，均在各个层级的事务部门大刀阔斧地将自己所学的外国刑法学理念运用到了实务中。这里就有必要提到两个人物：一位是这页 PPT 左边的小畤伝，另一位是右边的泉二新熊（见图 2－15）。其中，小畤伝曾担任过检察官，也担任过日本大审院[①]的法官。而且，在其从事刑事司法实务的期间，亦依照德国学者李斯特（Franz v. Liszt）的教科书体例，出版了由其自己撰写的日本刑法教科书，但很可惜的是，这位叫小畤的法官在 28 岁那年因肾炎去世，而他流传下来的著作目前只有五本。另外的这位泉二新熊，他对于日本的司法实务界的影响则更为深远，因为他曾经担任过日本大审院的院长，而且他的职业生涯也相当之长。他通过实务的方式参与推进或改动的日本刑法理论包括但不限于因果关系论、间接正犯、不作为犯论等领域。并且，他也是凭借自身莫大的影响力，在错误论的领域采取了抽象的法定符合说，这也成为日本刑事司法实务后来的通说。

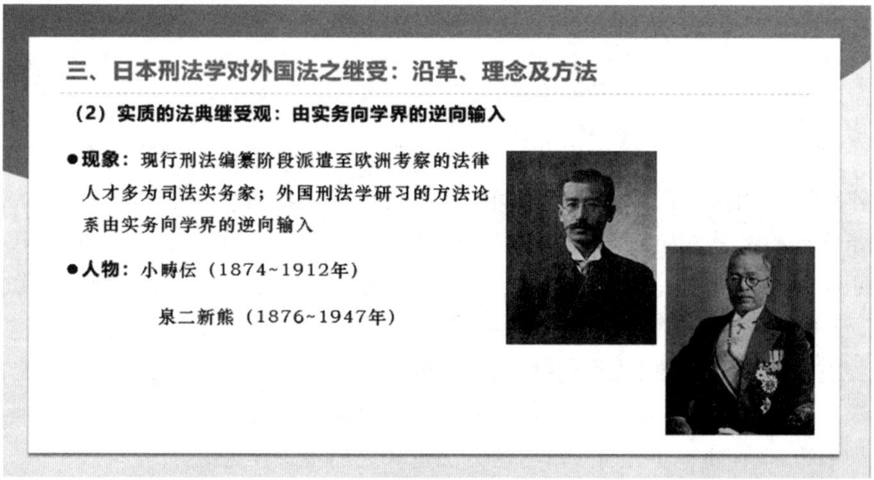

图 2－15

从这个角度来看，现行刑法在成立之后，日本整个社会对于外国刑法学的研习方法就是一个“从实务向学界反向输入”的过程。一方面，鉴于日本现行刑法成立初期，实务家们反而是一手的外国刑法学研习者，而后来的日本学者在学习和接纳外国刑法学的过程中，几乎都对实务家们所做出的判决和裁定报以了最大的尊重。由此直接导致的一个结果是，在日本，若提及所谓的“通说”，绝非指某个学者所提出的某个观点，而一定是经过司法实务界所检验的观点；在这个意义上，日本的大审院以及后来的最高法院会针对很多学术界所讨论的问题起到一个定分止争的效果。甚至很多时候，很多为我们所耳熟能详的刑法学说及学理概念根本就不是由学者所提出的，而是起源于司法实务、由司法人员所提出或创制的。我们这学期第二周到第四周的课会讲因果关系与客观归责，而日本目

① 大审院即现在的日本最高裁判所的前身。

前对于因果关系判断的通说立场则是“危险现实化理论”，这个概念就是一个完全脱生于实务的概念。

另一方面，由于日本司法实务界率先开始了外国刑法学研习的热潮，所以直到现在，外国刑法学的研究在日本人看来也并不是学者的专利。这也导致了日本的实务界以及学术界的理论水平的差异以及具体刑法理念的差异非常之小。因此，我们经常可以看到的一个实例是，一名日本的法官、检察官或者律师，在从业了很多年之后转行去大学做了教授，而且在他们向学生们传授相关外国刑法学的知识点的时候，他们对于英美德法的刑法知识体系也可以信手拈来。此外，很多非常了解外国刑法学的学者们在大学从事很多年的刑法教育事业后，在生涯的末年也会到实务部门，而这种从学界跳向实务部门的经历也会被他们视为是一种莫大的荣誉。两个非常著名的学者跳去实务部门的范例就是日本著名刑法学者山口厚教授，还有已故的刑法学者团藤重光。

综上所述，我们可以发现，日本的这个由实务逆向输入至学界的外国刑法学研习方法，实则改变了日本旧刑法时期的一个陈旧观念。也就是，外国刑法学不再是一个只有少数阶层的人士才需要去研究的东西，也不再是一个只有享有立法权限的人才需要去研究的东西，毋宁认为，这种方法论路径可以渗透至学理以及实务等各个层面。正是因为这种方法论的践行和累积，而导致的一个饶为有趣的现象便是，日本的刑法理论界亦受实务界的影响，现在几乎是每个人均懂“二外”的地步（日本法律人的二外选择多为德语，但除此之外中文、法语、意大利语也颇受欢迎）。这也导致了日本市面上的那些法律书籍里，直接翻译过来的德文译著也是寥寥无几，因为他们一直认为所有人都要去通过学习一门语言来真正去阅读外国刑法学，而并不能停留于仅阅读二手文献或仅从他人那里道听途说的维度。

与此同时，前述理念的存在，也潜移默化地改变了日本大学的法学院课堂里，有关外国刑法学的授课以及知识传输的方式。就我国当下的状况而言，但凡提到外国刑法学的讲授，基本上都由老师作为主导者去对学生们进行这种单向的输入。但在日本，大约是在 20 世纪 20 年代开始，法学院对于外国刑法学的授课模式就几乎全面改为所谓的“原书（文）轮读制”。我听我的导师讲过这么一个故事，我导师的导师是日本刑法学者西田典之，西田典之的老师则是平野龙一教授，而平野龙一的老师是小野清一郎。自小野清一郎读书的那个时代，日本的高校就开始盛行起了那种，老师们和学生们围坐在一起讨论的模式。在学期开始之时，由老师选定一本外国刑法的原文读物，每周分配任务，大家每人分配若干页的翻译，然后在翻译完成后，由每个人对自己承担的部分进行基本的内容阐述，以及理解的深化和讨论。

再后来，这种以实务部门为主导的外国刑法学研习路径，也潜移默化地影响了日本学界对于外国刑法学研究的基本姿态。日本学者在实务界学者的影响下,在研究外国刑法理论的时候,对于外国的具体刑法判例的研究是到了一种近乎偏执且执着的状态。换言之,学者们极度排斥仅仅是在形而上的意义上承袭德国刑法学者们对于刑法哲学的研究以及无法涉及刑事司法实务的异类观念。因此,无论在论文写作抑或课堂教学等环节,都必须就一个具体的刑法理论问题讨论这个问题所涉及的外国判例。所以,刚才我说的这种轮读制的方法还延伸到了大学法学院对于外国判例的教学层面,也就是老师们每周会分配给大家若干个待读的外国判决书,让大家去翻译判例的全文,但不仅仅是翻译德国联邦法院的判例,包括这个判例所涉及的一审,也需要找出来进行翻译,翻译完成之后进行讨论和讲解,诸如此类。在学生群体间,有部分人在轮读完了外文原著和外文判例之后,萌生了想要继续做学问的念头,从而成为优秀的学者;一些有志于从事实务的学生们,就去到了司法实务部门,继续把自己学习到的外国刑法理念在司法实务部门予以践行,而在践行的过程中也可能继续地对理论界起到逆向的助推作用。

我当时在读硕士和博士的时候,东京大学法学研究科内部的几乎所有涉及外国学的课程,就都是以这个方式去完成的。特别有意思的是,日本的很多研讨课的教室的摆设,正是按照这种“围坐型”的会议室来设计的,即维持了最早的那种大家围坐在老师旁边,由老师指定外文原著进行阅读和讨论的基本氛围。这也是这么多年来,日本各高校的法学院里一直流传下来的外国刑法学的研习方法。

(二)日本刑法学界的外国法研习理念:“四阶模式”的提出

说到这里,其实大家应该也发现了,外国刑法学研习的理念在日本到了这个阶段之后,学者们所要思考的问题其实就不再是要不要学习外语去阅读外文文献了,而是怎么把自己读到的外文文献作为自己的知识而呈现出来的问题了。于是,大约到了20世纪的60年代以后,日本就开始在外国刑法学的具体研究方法上下了很多功夫,而他们更新研究方法的第一步,就是从本国学生的法学学位论文的写作转型以及期刊上登载的文章风格的纠正而开始的。

具体而言,从20世纪60年代开始的刑法学研究来看,日本学者首先开始注重起外国刑法学的“具体研究场域”。此处所谓的“具体研究场域”应如何理解?大家不妨想一想,我们平时阅读文献的时候可能也会发现,我国刑法中的部分基础性问题,似乎大家在做比较法研究的时候是可以从他国信手拈来若干理论资源的,即有取之不尽用之不竭的比较法素材可供我们参考。但又有一些领域,我们几乎很难找到完全契合且对应的比较法素材。日本学者当时也是非常重视这个问题,所以把外国刑法学研究的具体场域区分为了“先于条文的问题领域中的外国法研习”和“受条文强制约的问题领域中的外国法研习”(见图2－16)。前者主要是指代一些犯罪论的基础理论,也就是说在这些总论的犯罪论基础理论中,即便不同国家之间可能存在条文的细节差异,但是我们仍然能够在一定程度上达成共同的理论共识。本学期我们将会在后面几周进行讲解的因果关系,不作为犯和被害人承诺就是其中的典型。因此在这类领域,奥地利的一位非常著名的,被称为比较法的鼻祖的学者恩斯特·拉贝尔(Ernst Rable),他就曾经说过,在这种共通的问题意识的领域之下,外国法的探讨对国内法的解释而言就是一个“得出解决之道的储藏库”。特别是在每个人的想象力都有一定的阈值的时候,这种从不同方向的储藏库中抽取外国法的知识就成为法学研究的一个重要渠道(见图2－17)。

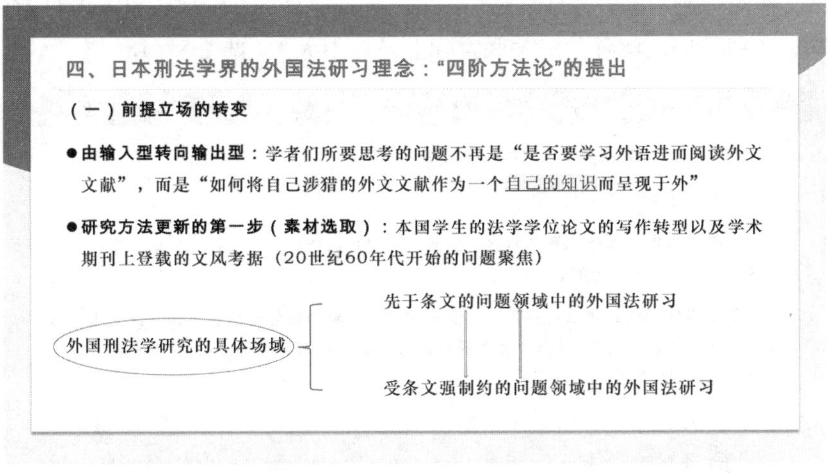

图2－16

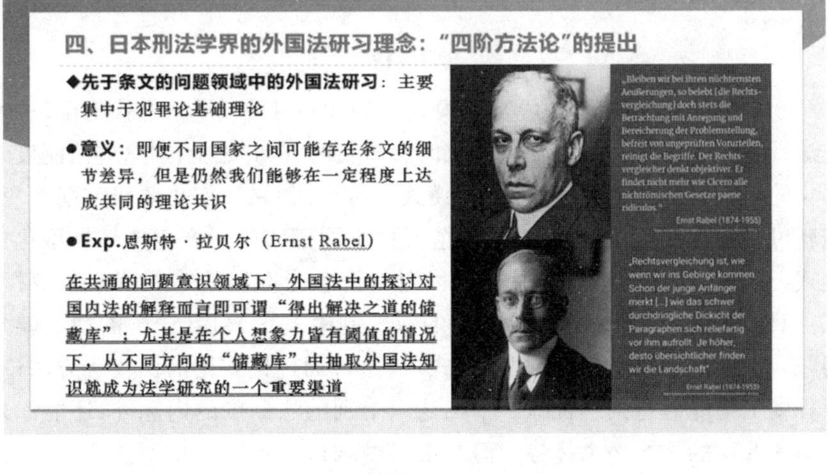

图2－17

后者也就是“受条文强制约的问题领域”,就主要涉及一些刑法各论的问题,以及刑法总则中条文规定差别巨大的领域,比如我刚才给大家介绍的,德日两国的紧急避险。大家也知道,各论的研究无论如何都会受制于各国条文规定及罪刑法定主义的制约,而总论中差异过大的条款也有必要促使我们谨慎对待各国的不同。那么鉴于这种差异存在,日本学者是在反复不断的实践中,特别是在一代又一代学者们的学位论文以及期刊上的学术文献写作过程中,汲取欧洲学者的经验而总结出了一个所谓的“四阶方法论/四阶模式”,来对这种不同国家的不同问题领域进行了一个可能的比较法研习的方法论归纳。

第一种模式,就是所谓的“纯粹情报提供型的外国法研习”。它的目的是单纯的将外国法的知识介绍到国内,所进行的是一个横向的、块状的研究。这种介绍方式,作为一种“立法式的谏言”或许会有一定的帮助,但是和国内目前的刑法理论,特别是刑法解释学的关联实际上是并不大的(见图2-18)。

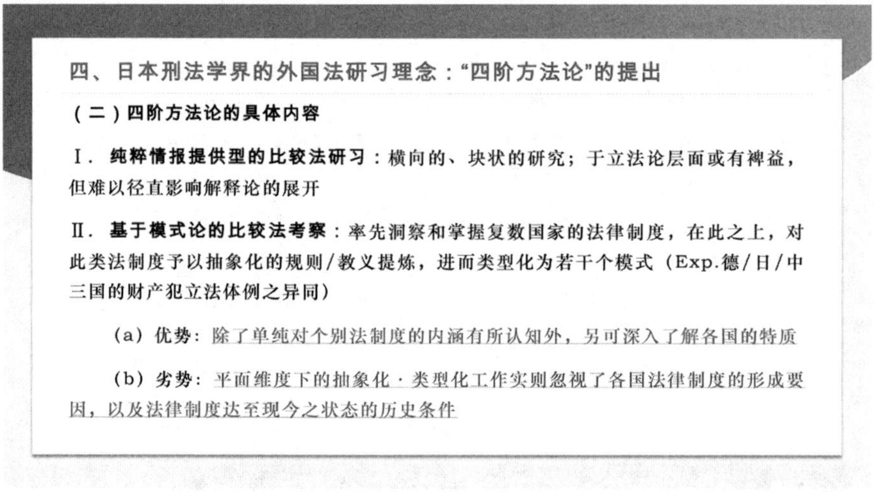

图 2-18

第二种模式,就是所谓的“基于模式论的比较法考察”。也就是说,这种研究方法旨在率先洞察和掌握复数国家的法律制度,在此之上,对这些法制度予以抽象化的提炼,进而类型化为若干个模式。譬如,如果我们想要研究财产犯罪,那么就可以根据德国、日本和中国的情况把不同国家的财产犯体系类型化为几个模式。第一个模式就是我国这样,以财物概念为准据的“一元的公私财物模式”,而日本则是“财物·财产性利益的双轨制模式”,最后,德国的情况就是所谓的“所有权·整体财产的双规制模式”。这种通过模式论的比较法方法论,在某种程度上是能够达到一种除了单纯认识个别的法制度的内涵外,还能深入了解各国的特质的这么一个优势。但是仅仅做到这一点明显是不够的,因为这种抽象化、类型化的工作其实是忽视了各国法律制度的形成要因,以及法律制度达至现在这个状态的历史条件(见图2-18)。

有鉴于上述弊端的存在,日本学者进一步地归纳出了第三种外国法研习的方法论模式,也就是"基于沿革视角的模式论考察"。简单来说就是,我们在此不是仅仅考察各国采用的都是什么样抽象化的理论模式,而是在此之上明确各个国家为什么会从最开始的样子到形成现在的这种模式。这个时候,我们就需要对一个理论、概念和制度的起源和流变进行详细的考证,明确它是基于怎样的需求才诞生的。所以严格意义上来说,第三种方法论不是一个独立的方法论,而是第二种方法论的一个延伸。

第四种模式,被称为"基于形成要素的特定・分离的比较法考察",这一方法论的源头来自意大利学者弗朗西索科・帕拉佐(Francesco Palazzo)。具体来说便是,所谓的法律条文,仅仅是形塑了于现实社会中得以持续发挥机能的规范的一部分,而真正需要我们考察的则是,各国的法律制度到底是以一种怎样的方式去作用于或规训现实的社会现象。换句话来说,就是通过比较各国的法律制度的现实"作用力",进而明确形成这一作用力的要因,最后在比较的过程中对这类要因予以特定或分离。这一说辞并不易于理解。但是大家只要记住一个关键词就好,也就是这个第四种方法论模式强调的是所谓的"law in action"。也就是说,一个法律制度,一个法律条文,在现实社会中的实际适用状态是如何的。正如我在今天这节课前半段也和大家分享过的,相较于外国刑法中那些形式意义上的条文文辞,更重要的是理解它们分别对应了现实生活中的哪一类处罚需求。我们刚才介绍的,条文中并没有任何规定,而由判例所提倡的共谋共同正犯理论,就是一个law in action的典型。

以上这四种研究方法,在现阶段基本上已经完全地渗透至了日本的法学院的课堂教学,以及学术论文和期刊文献类的写作之中了。但是大家也可以看到,这四种方法论路径如果体现在学术文献的写作中,肯定会对应着不同的写作方式和行文效果。所以,日本的法学学术期刊里,也会根据这四种不同的外国法方法论路径而区分一些所谓的专题和板块。我们来看看日本现在的一些学术期刊的每一期的风格其实就可以发现。比如说我们PPT上的这个名为《刑事法杂志(刑事法ジャーナル)》的期刊,他刊载文章的套路就是每一期都会有一个专题。而在专题组稿之外,一定会有一个有关外国刑法的动向的介绍,这个动向的介绍可以是外国的一些法律制度、新的立法,也可以是一些新出版的外文书籍的书评和简介。那么这些固定的板块,就对应了我们刚才说的第一种方法论,也就是"纯粹情报提供型的外国法研习",有兴趣的人可以自行筛选对自己有用的情报进行进一步的深度挖掘(见图2-19)。

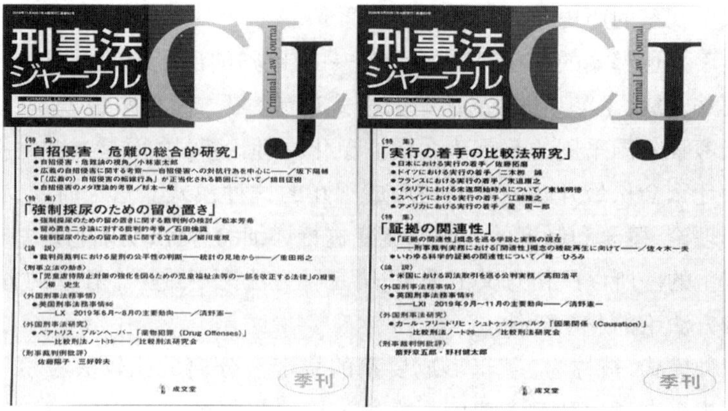

图 2－19

在这类文章之外，大家可以看到，《刑事法杂志》的特集里面，都会由不同的学者从不同的角度去针对同一个主题撰写文章，这个里面也会涉及外国法和比较法的内容，但就不是像下面那几个专门针对外国刑法的版块那样去写了，而是说在这种特集的专题论文里面，日本学者一般就会采用我们刚才说的第二种方法论和第三种方法论，去把外国刑法学的理论糅合在行文过程中。一方面会从纵向的、谱系性的角度去考察一个外国刑法中的理论、概念或制度的生成图景；另一方面则会集中地考察这些概念和理论在外国的司法实务中的具体适用情况。比如说在《刑事法杂志》2021 年的第 67 卷，刊登了早稻田大学杉本一敏教授的一篇有关实行着手的文章，是分了三期进行了连载。其中，杉本老师的写作方法就是先以日本最高裁判所的判例为线索，从中抽取出自己的问题意识，然后在行文中会融入一些德国的判例介绍，比如这页里面他介绍的卡尔斯鲁厄上级法院的判例，同时再加入一些判例从早期到现阶段的变化的纵向考察（见图 2－20）。

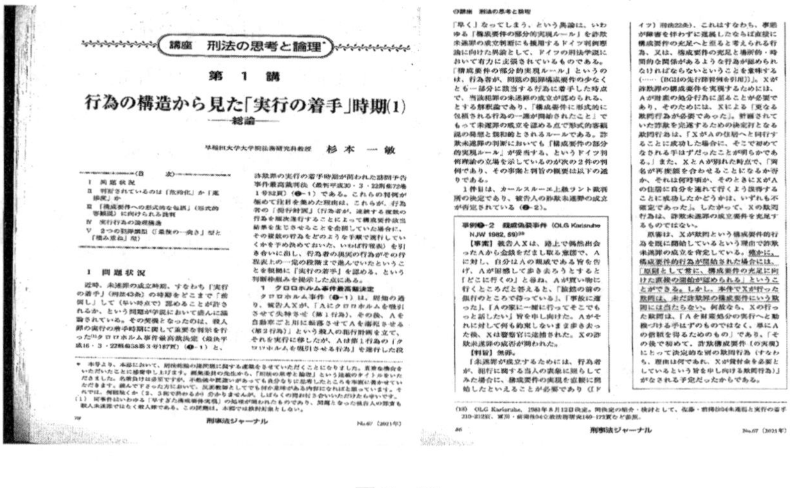

图 2－20

特别是我们说的第四种方法论，也就是重视一个理论在实务中的真实适用状况的 law in action 的考察，其实日本人做得是更加精细的。这个精细度体现在全面覆盖了日本人对于自己国家的判例研究和外国的判例研究。再回到我们刚才看到的刑事法杂志的目录（见图 2－19），可以看到，它同样是每一期都雷打不动地有这么一个刑事判例的述评环节。而如果我们把目光投向日本的其他学术型期刊的话，同样也会发现，非常多的日本学术型期刊也都会每期专门分一个版块出来对外国刑法判例进行介绍。譬如，日本有一个非常重要的专门刊登实务家和学者们撰写的判例评释的期刊，名为《判例时报（判例タイムズ）》（见图 2－21）。里面就专门设置了一个板块叫“海外判例研究”，以德国为主，时不时还会出现一些英美法意的判例介绍。而除了这种专门围绕判例而展开的期刊之外，还有很多大学自己的刊物，会每期有一个判例研究的版块，比如说 PPT 上的这个来自早稻田大学的刊物里的外国判例研究，来自中央大学的刊物里的外国判例研究等（见图 2－22）。

图 2－21

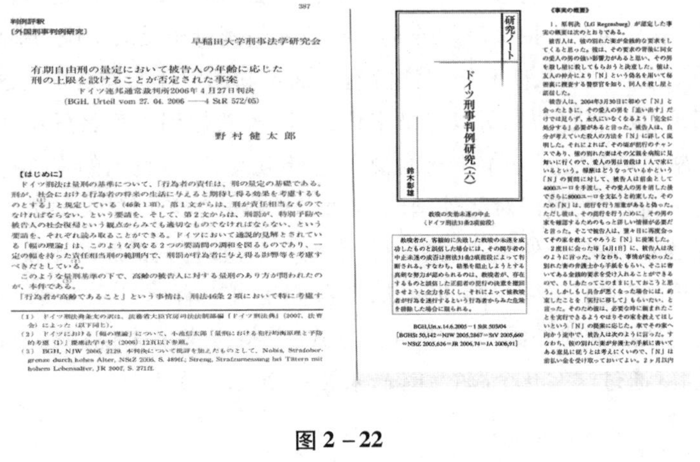

图 2－22

四、外国刑法学研习的方法论视角:路径及纠偏

综上所述,日本这种学术刊物的编排和论文写作的形式,其实也是不断践行着日本从 20 世纪以来一直所信奉的这种外国刑法学的研习方式的结果。也是通过这种研习方式,外加司法实务界的努力推动,日本从 20 世纪末开始也慢慢地从单纯的输入外国刑法学知识的阶段,变为了现在可以将那些理念相互融贯而自主自律地推动本国法的地步。

如果我们最后,把这个日本对于外国刑法研习的方法论路径带回到我国的语境的话,那么会发现,因为两个国家对待学术发表的态度是不太一样的,所以我们刚才说的四阶方法论,并不能够百分之百地反映到咱们国家来。一个典型的例子就是我们刚才提到的第一个方法论,也就是"纯粹情报提供型的外国法研习"。因为我国的法学学术期刊资源非常有限,虽然纯粹的外国情报提供当然能为我国学界提供相当程度的知识增量,但显然我们的期刊是非常排斥那种纯粹介绍外国法的文章的。所以,以我国的视角来看,如果真正要进行外国刑法学的研究,那么理应更加重视刚才我们提到的第三以及第四种方法论路径。也就是"基于沿革视角的模式论考察"和"基于形成要素的特定·分离的比较法考察"。但恰恰是在这个点上,大家在课堂教学的环节,能够接触到的外国刑法学知识反而不太会涉及外国刑法理论沿革视角和 law in action 思维的外国判例的考察。也就是我在本节课一开始和大家说的,要么就是很走马观花地说一下各种学说,要么就是简单说一些这个学说是怎么来的,但是也没有说为什么它会有这样的变化。而除了这个之外,当下的教学中尤为欠缺的就是这个第四种方法论,也就是对法律制度在现实社会中真实适用状态的呈现。判例和外国社会的实际处罚需求,教学基本上很少提;但凡提到判例,可能也最多就是一句,判例采取了某某立场,判例曾说过一句某某论调。但是如果深究判例是怎样得出的结论的,除了某类判例支持某学说外是否有部分判例持相反的学说,判例理论经过了怎样的变迁?上级法院和下级法院有什么不同的立场倾向之别?这些其实我们历来都是有所忽视的。所以总结来说,我国虽然提倡大家将外国法的知识和本国相互融贯后再立足于本土化的视角进行考察,但当我国的大部分学理概念系来继受于国外时,我们对待外国法所理应具备的视角则是欠缺的。这种缺陷到头来就是,大家对于外国法的学习其实是一个横向的、平面的比较。外国法中有某某理论,它能够解决我们的问题,那我们也可以有。但是,这样一种我们看似好像还比较正常的外国刑法学研习方式,严格意义上来说存在上述的问题。最后,我们就通过这么几个路径纠偏,来结束今天的课程。

(一)以纵向的谱系性考察为线索:避免不当的立场预设及将某类学说不当地视为通说

这种纯粹的横向比较的第一个问题是,我们很容易进行一个立场的预设。大家可以想一下,当我们在做一个中国刑法中的某某问题和德国刑法中的某某问题的横向比较之时,我们的前提往往都是两个国家中的制度和理论一定有一个更加合理(否则,我们为何要对其加以比较?)。这样一来,最终的立场往往就变成了我们更信奉哪个国家的理论,我们便会对它有着一个强有力的选择倾向。因此,在这里需要提醒大家注意的一点是,任何一个有关外国刑法的某个概念或某结论之得出,是只有经过纵向的深度考察才可以完成的。如果我们对一个概念、要件、学说完全不考虑它的生成背景,不考虑它为什么会在别的国家能够成为现在的这个状态,那么我们对于外国理论的盲目引介就往往只是一个我们自发做出的并不正确的立场预设。这也是我会在下周课开始的讲授过程中,着重想要扭转的一个局面。

(二)从零散至宏观:避免误将某学说视为通说

纯粹的横向比较的第二个弊端是,当我们仅仅是把国内的学说和外国学说进行一个横向比对之时(如谈及"我国没有这个理论,外国某某学者提出了,所以我们应该引入,应该把它作为咱们的通行立场"),实际上很容易导致我们错误地将某个外国学者所提出的某个理论不恰当地作为了通说,因为我们在进行横向比较的时候是欠缺整体性的宏观视角的。在这里,不妨用一个大家非常熟悉的外国刑法理论中的舶来品概念作为例子,这么一说大家或许就可以明白我所要强调的内容。这个例子就是大家早已烂熟于心的"客观归责"。说到客观归责,基本上大家都能脱口而出这一理论所谓的"三阶判断方法",即"行为人创设了法所不允许的危险""这一危险最终在结果中得以实现""实现的结果并没有超出相应规范的保护目的"。包括大家在现阶段经常会接触到的鉴定式案例分析法里面,涉及客观构成要件的检验的时候,其中一个环节就是因果关系和客观归责。而在这个环节之下,大家的思维惯性也几乎都是按照我刚才说的这个三阶判断去逐一往里代入。并且,一般说到这个客观归责的三阶判断的时候,大家也都会口口相传,认为此乃德国的通说,它解决了以往的相当因果关系说仅仅停留在纯粹的事实因果关系领域、没有任何归责色彩的诸多弊端(但实际上,相当因果关系同样也是一个归责理论,而并非简单的事实因果关系理论,这一点我们会在本学期第二周的课上详细提及)。但是,一旦我们深入且全面地去了解德国有关因果关系和客观归责的学说史,那么不难发现,归责、客观归责和现代客观归责理论根本就是三个不同的概念,是三个按照时间顺序由远及近而出现在不同历史阶段的不同概念。而我们刚才说的客观归责里的三阶判断，其实充其量也只不过是由德国学者克劳斯·罗克辛(Claus Roxin)所提倡的现代客观归责理论中的一支。一方面，罗克辛于现代客观归责体系之下所采用的诸多概念，如法所允许的危险或规范保护目的等，实则并非罗克辛的原创，这些概念有些是起源于当初的相当因果关系说，有些是来源于民法的学说和判例的发展。罗克辛所做的工作仅仅是把这些概念进行了重新的组建，所以严格来说，刚才大家所提出的三阶判断最多只能说是罗克辛汲取了前人的一些优势，把它们汇集成了一个整体。另一方面，由罗克辛站在前人肩膀之上而组建的客观归责理论也绝不能说就是德国的通说。一个决定性的原因就是在于，如果我们再把目光移向德国这100年以来的刑事司法实务(也就是判例的立场)，那么就会进一步发现，德国的司法实务从来没有真正接纳过现代客观归责理论，而一些盲目鼓吹那个被我们背得滚瓜烂熟的三阶客观归责判断就是通说的学者，显然是忽略了这一点的。即便我们完全抛开判例不谈，就现今的德日学术界的整体立场来看，即便在现代客观归责理论的内部，针对“具体判断规则的适用方法”以及“客观归责的适用场域”这两个问题，也是存在很大争议的。有关具体判断规则，如弗莱堡大学的沃尔夫冈·弗里施(Wolfgang Frisch)教授便认为，罗克辛所谓的创设法所不允许的危险之判断，根本就不应该是一个作为结果犯归责之起点的判断，而应当是一个无论在何种犯罪类型中均应完成的关乎构成要件该当性的举止不法之判断。也就是说，基于事前的观点，判断一个行为举止是否创设或增加了立法者在设定构成要件时所要求的危险，这只是结果归属的前提。只有危险是否在最终的结果中得以现实化的问题，才是所谓的结果归属的问题。此外，一些学者也开始慢慢注意到了现代客观归责理论所提出的诸如风险降低等概念实则会架空阶层论犯罪体系的事实(事实上，我国早有学者在十余年前就指出了这一点)，这种模糊构成要件该当性和违法性层级的视角也激化了学者们对于现代客观归责理论的质疑。也就是因为这些原因，除了我说的这些批判之外，还有很多德国学者从一上来就并不认同罗克辛的客观归责理论，这里面既有一些学者认为原来的相当因果关系说实际上就是归责理论，我们没有必要放弃这个框架；也包括了一些从始至终就认为我们在客观归责领域所讨论的问题其实就是因果关系的特殊问题的学者。援引这些具体的理论争议点也是希望让大家认识到，我们至多只能说外国刑法的理论流变导致了学者们认识到了需要在事实因果关系之上进一步以规范的视角判断结果归责的立场，但并不能说只有罗克辛的三阶判断就是归责的通说和唯一选择。

(三)基于形成要素之分离·特定的比较法研习：law in action 的理念渗透

所以，今天通过日本刑法学对于外国法的继受这一故事主线，和大家从历史沿革的维度、方法论的维度分享了这么多,其实也可以说是为我们这学期后续的课程奠定了基调。从下周开始,我们在课上便会以“概念”而非“国别”为单位,去给大家澄清一些域外理论及概念的来龙去脉,并且可能会打破或者颠覆大家以往对于外国刑法学的某些固化的认知。而在这个过程中,我们也会特别对刚才提到的第四种方法论,即对 law in action 的理念进行一个贯彻,这也是我在每个专题下面都会区分理论篇和应用篇的意义。与此同时,每节课前我也都会将提前准备好的待探讨的判例打印成纸质版下发给大家,并且希望大家能够藉此明白,很多被学者们鼓吹的概念可能被外国的司法实务证明了未必能够契合真实的社会需求。

附录

“外国刑法学”课程安排(2024 年春季学期)

第一周　外国刑法学研习的理念与方法:以日本刑法学对外国法之继受及现状为例

第二周　因果关系与客观归责之一(理论篇):归责、客观归责及现代客观归责理论

第三周　因果关系与客观归责之二(应用篇):被害人素因竞合事例群的归责判断

第四周　因果关系与客观归责之三(拓展篇):志向的行为归属论 v. 现代客观归责理论

第五周　被害人承诺之一(理论篇):被害人承诺的体系定位

第六周　被害人承诺之二(应用篇):同意伤害的界限——基于德国刑法第 228 条的考察

第七周　不作为犯论之一(理论篇):保证人义务的理论澄清

第八周　不作为犯论之二(应用篇):产品责任事例群的学理分析

第九周　正当防卫论之一(理论及应用篇):自招侵害的理论检视

第十周　正当防卫论之二(理论及应用篇):不法侵害的起始时间

第十一周　停课(五一休假)

第十二周　共犯论之一(理论及应用篇):日本刑法中的共谋共同正犯

第十三周　共犯论之二(理论及应用篇):德国刑法中的共谋共同正犯?

第十四周　结果加重犯(拓展篇):结果加重犯的语境及纠偏

第十五周　罪数论之一(拓展篇):科刑的一罪

第十六周　罪数论之二(拓展篇):包括的一罪

“行政法与行政诉讼法”：行政处罚

俞　祺*

一、课程名称：行政法与行政诉讼法——行政处罚

二、基本信息

（一）课程性质：法学院本科生、元培学院法学方向本科二年级专业必修课

（二）教学时数：64 课时

（三）学分：4 学分

（四）学生对象：法学院本科二年级全体学生、元培学院法学方向本科二年级全体学生

三、课程简介

本节课程是“行政法与行政诉讼法”第五单元“行政处罚”中的第一讲。本节课程主要讲授我国行政处罚的基本理论和法律规定，具体包括行政处罚的概念、性质、基本原则、种类、设定权限、实施主体、实施规则、实施程序等重要知识点。通过向学生讲授上述知识点，聚焦 2021 年《中华人民共和国行政处罚法》（以下简称《行政处罚法》）的最新修订和近年来学术界讨论的热点问题，全面展现我国行政法学理上关于“行政处罚”的理论框架。

* 北京大学法学院助理教授、博士生导师。

四、课程目标

(一)知识层面

1. 使学生能够初步掌握行政法学理中关于行政处罚的基本理论框架和主要理论问题,熟悉行使行政处罚权的全过程与相应的合法性控制机制。

2. 使学生能够初步掌握我国《行政处罚法》的主要内容,熟悉、理解其中的关键法律条文。

3. 使学生能够初步了解当前我国行政处罚实践中存在的主要问题,以及围绕这些问题形成的不同立场和观点。

(二)能力层面

1. 培养学生的知识迁移能力。引导学生运用此前四个单元中讲授的行政法基本原则、行政主体、行政行为总论、抽象行政行为等重要知识点来理解行政处罚相关理论问题、法律规定背后的基本原理。

2. 培养学生的案例研习能力。指导学生对行政处罚领域的经典案例进行研究,锻炼学生在特定案件中确认事实、提炼事实、分析事实、归纳事实的基本能力。

3. 培养学生关注行政处罚制度改革的前沿问题,思考行政处罚制度形态和行为样态背后复杂的社会关系,在中国行政管理体制的大背景下理解行政处罚制度沿革。

(三)思想层面

使学生深刻领悟依法行政原则、尊重和保障人权原则、行政效能原则等重要行政法原则的精神内涵,在关注中国问题、现实问题的过程中涵养坚定的法治信念。

五、课程内容与教学安排

(一)教学重难点

1. 行政处罚的认定与类型化。在我国实践中,大量对相对人产生某种不利的行政行为是否属于行政处罚,存在争议。特别是近年来信用联合惩戒等新型治理工具得到广泛应用,应当引导学生从行政处罚学理的角度对其进行分析和评价。

2. 行政处罚的立法权限配置。我国《行政处罚法》对行政处罚的立法权限配置是一个复杂但尚未受到理论界充分讨论的问题。根据《行政处罚法》相关规定,各位阶法规范设定、规定行政处罚的权限各不相同,对立法的控制机制各不相同。《行政处罚法》的有关规定也并非尽善尽美,对立法设定行政处罚的控制机制仍待完善。实践中,仍有一些下位法擅自设定新的行政处罚,值得检讨。

3. 行政处罚程序的具体规定。行政处罚的程序控制非常重要但也非常琐碎,理论上关于行政处罚的正当程序已经形成了丰富的研究成果,实践中我国《行政处罚法》对行政处罚的具体程序作了许多细致的规定。这对于学生的细节把握能力提出较高的要求。

(二)教学方法

本节课程综合运用多媒体教学、课堂口授和课堂板书等多种教学演示手段。具体而言:

1. 以课堂口授为基本方式,同时借助多媒体设备播放教学课件,使学生从中生动、直观、形象地获取知识,加快师生之间的信息传递与交流。

2. 对于较为抽象、晦涩的理论问题,选取我国司法和行政实践中的典型案例来配合进行讲解说明,既带动学生当即举一反三,随堂运用所学知识,也帮助学生加深对于理论难点、细节问题的理解。

(三)教学进程

1. 课前安排

(1)提前5日在课程微信群中上传本讲课件,供学生预习、参考。

(2)提前5日在课程微信群中上传本讲提到的经典案例的裁判文书,供学生课前自行了解和思考。

(3)提前5日在课程微信群中布置本讲课前阅读材料:姜明安:《行政法与行政诉讼法》(第7版),北京大学出版社、高等教育出版社2019年版,第十五章“行政处理”第五节“行政处罚”。

2. 课堂讲授

第一节　背景引入

“行政处罚”作为行政行为法的三大经典研究领域之一,在行政法治的理论和实践中具有极其重要的意义。

第二节　行政处罚概述

1. 行政处罚的学理概念:在行政法学理论中,行政处罚是行政机关依法对行政相对人的违反行政法上义务的行为所施加的一种法律制裁。

2. 新修订的《行政处罚法》第2条新增对行政处罚的定义：行政处罚是指行政机关依法对违反行政管理秩序的公民、法人或者其他组织，以减损权益或者增加义务的方式予以惩戒的行为。

3. 行政处罚的三大性质：①依职权行为；②负担行为（解释：这里的"负担性"是指"制裁性"，即对违法相对人权益的限制、剥夺，或者对其课以新的义务）；③要式行为——回顾行政法基本原则中的"正当程序原则"，引导学生理解程序法定对于规范侵益性行政行为、保护相对人合法权益的重要意义。

4. 辨析：行政处罚与其他行政行为的区别

（1）区别于责令改正；

（2）区别于行政强制措施。

5. 行政处罚的原则

（1）处罚法定原则；

（2）处罚公正公开原则——《行政处罚法》第5条→知识迁移：行政法上的比例原则（设定和实施行政处罚必须与违法行为的事实、性质、情节以及社会危害程度相当）；

（3）处罚与教育相结合原则——《行政处罚法》第6条；

（4）正当程序原则——《行政处罚法》第7条：不服行政处罚者享有陈述权、申辩权、提起行政复议和行政诉讼的权利。

第三节　行政处罚的种类（按照处罚力度从小到大讲授）

1. 申诫罚/声誉罚：警告、通报批评；

2. 财产罚：罚款、没收违法所得、没收非法财物。

（1）细节

什么是"违法所得"？一般是指实施违法行为所取得的款项，法律、行政法规、部门规章对违法所得另有规定的，从其规定。

（2）讨论

①"没收违法所得"真的是行政处罚吗？"违法所得"一词意味着所得财产本就非法、不应当有受法律保护的财产权附着在上面。②回顾之前提到的行政处罚本质属性——"制裁性"，引导学生深入"制裁性"相关理论：受制裁的权益本身是否必须是合法权益？

3. 资格罚/行为罚：暂扣许可证件、降低资质等级、吊销许可证件、限制开展生产经营活动、责令停产停业、责令关闭、限制从业。

4. 人身罚：行政拘留——最严厉的行政处罚，对公民合法权益限制最大。

5. 讨论"法律、行政法规规定的其他行政处罚"可能有哪些？能否进一步做类型化的处理？①案例一：公安机关对公民个人出具的"训诫书"；②案例二：信用联合惩戒。展示"徐文魁拒不履行兵役义务案"案件事实和行政处理结果,引导学生分析案件中各行政机关对徐文魁作出的处理行为性质。

"徐文魁拒不履行兵役义务案":

2020年夏秋季征兵期间,上饶市信州区东市街道适龄自愿报名的应征青年徐文魁,被信州区征兵工作领导小组确定为2020年信州区预定新兵并参加役前训练。役前训练期间,徐文魁思想反复波动,入伍意愿下降,经常以各种理由拒不参加训练和集体活动,经干部骨干多次教育引导,未有任何改变。鉴于徐文魁此情况,依据《中华人民共和国兵役法》《江西省征兵工作条例》等法律法规,经信州区征兵工作领导小组研究,决定给予徐文魁作拒服兵役问题处理。处理意见如下:

一、由东市街道办事处对徐文魁进行不少于10天《国防法》《兵役法》等相关法律集中教育;

二、将徐文魁纳入履行国防义务失信名单,银行部门3年内不得给予徐文魁信贷优惠政策和利率优惠支持;

三、组织部、人社局和相关单位,2年内不得录用徐文魁为公务员或者参照公务员法管理的工作人员及国有企业工作人员;

四、公安部门在徐文魁个人户籍"服役栏"备注"拒服兵役"永久字样,2年内不得为其办理出国(境)相关手续;

五、教育部门两年内不得为徐文魁办理入学和升学手续;

六、市场监督管理部门3年内不得为徐文魁办理经商手续;

七、按照信州区2019年义务兵优待金的1~3倍予以罚款20000元,由东市街道办事处执行,罚款上缴区财政;

八、由新闻媒体将徐文魁行为及惩处结果作为违反《兵役法》的反面典型,向社会通报。

6. 随堂练习:以下处理是否构成行政处罚?

(1)甲违章驾驶,被公安机关暂扣驾照6个月。

(2)乙开办公司,营业执照有效期满时未申请延续,营业执照被市场监管机关注销。

(3)丙厂生产汽车不符合安全标准,质量技术监管部门责令其召回缺陷汽车。

(4)丁花费100万元违章建造花园,住建部门责令其限期拆除。

第四节　行政处罚的设定与具体规定

1. 结论:不同位阶的法规范设定/具体规定行政处罚的权限不同

法律规定加粗部分着重强调,要求学生重点理解和记忆。

①法律:法律可以设定各种行政处罚。限制人身自由的行政处罚,只能由法律设定。

②行政法规:可以设定除限制人身自由以外的行政处罚。

法律对违法行为已经作出行政处罚规定,行政法规需要作出具体规定的,必须在法律规定的给予行政处罚的行为、种类和幅度的范围内规定。

法律对违法行为未作出行政处罚规定,行政法规为实施法律,可以补充设定行政处罚。拟补充设定行政处罚的,应当通过听证会、论证会等形式广泛听取意见,并向制定机关作出书面说明。行政法规报送备案时,应当说明补充设定行政处罚的情况。

③地方性法规:地方性法规可以设定除限制人身自由、吊销营业执照以外的行政处罚。

法律、行政法规对违法行为已经作出行政处罚规定,地方性法规需要作出具体规定的,必须在法律、行政法规规定的给予行政处罚的行为、种类和幅度的范围内规定。

法律、行政法规对违法行为未作出行政处罚规定,地方性法规为实施法律、行政法规,可以补充设定行政处罚。拟补充设定行政处罚的,应当通过听证会、论证会等形式广泛听取意见,并向制定机关作出书面说明。地方性法规报送备案时,应当说明补充设定行政处罚的情况。

④部门规章:国务院部门规章可以在法律、行政法规规定的给予行政处罚的行为、种类和幅度的范围内作出具体规定。

尚未制定法律、行政法规的,国务院部门规章对违反行政管理秩序的行为,可以设定警告、通报批评或者一定数额罚款的行政处罚。罚款的限额由国务院规定。

⑤地方政府规章:地方政府规章可以在法律、法规规定的给予行政处罚的行为、种类和幅度的范围内作出具体规定。

尚未制定法律、法规的,地方政府规章对违反行政管理秩序的行为,可以设定警告、通报批评或者一定数额罚款的行政处罚。罚款的限额由省、自治区、直辖市人民代表大会常务委员会规定。

2. 讨论

(1)“设定”与“具体规定”行政处罚有何区别? 举例帮助学生理解。

①“设定”行政处罚的例子

上位法规定:禁止未经城市人民政府市容环境卫生行政主管部门批准,擅自在街道两侧和公共场地搭建建筑物、构筑物或者其他设施,影响市容。违反上述规定的,处以500元以上2000元以下的罚款。

下位法规定:禁止擅自占用道路和公共场所从事招徕、摆卖、生产、加工、修配、机动车清洗和餐饮等经营活动。违反上述规定的,处以500元以上,2000元以下的罚款。

②“具体规定”行政处罚的例子

上位法规定:机动车与非机动车驾驶人、行人之间发生交通事故,非机动车驾驶人、行人没有过错的,由机动车一方承担赔偿责任;有证据证明非机动车驾驶人、行人有过错的,根据过错程度适当减轻机动车一方的赔偿责任;机动车一方没有过错的,承担不超过百分之十的赔偿责任。

下位法规定:机动车与非机动车驾驶人、行人之间发生交通事故,机动车一方有事故责任的,对超出机动车交通事故责任强制保险责任限额的部分,由机动车一方按照下列规定承担赔偿责任:

a. 机动车一方在交通事故中负全部责任的,承担百分之百的赔偿责任;

b. 机动车一方在交通事故中负主要责任的,承担百分之八十的赔偿责任;

c. 机动车一方在交通事故中负同等责任的,承担百分之六十的赔偿责任;

d. 机动车一方在交通事故中负次要责任的,承担百分之四十的赔偿责任。

(2)思考题:为什么越高位阶的法规范就应当有更大的行政处罚设定权限?

第五节　行政处罚的实施主体

1. 行政机关。最新动态为相对集中行政处罚权改革。《行政处罚法》第18条、《北京市实施城市管理相对集中行政处罚权办法》第5条。

2. 法律、法规授权的具有管理公共事务职能的组织。

3. 受委托主体:(1)委托的程序——《行政处罚法》第20条第2款;(2)受托主体的资质——《行政处罚法》第21条;(3)受委托行使处罚权的法律效果。

第六节　行政处罚的实施规则

1. 一事不再罚

(1)澄清内涵:“一事不再罚”在我国《行政处罚法》上是指,对同一个违法行为,不得给予两次以上罚款的行政处罚。

(2)思考题:如何理解“同一个违法行为”?

①案例一:连续交通违法,是否可以给予多次处罚?(课堂具体展开事例)

②案例二:甲在未办理任何证照的情况下开设餐馆,违反市监、卫生、城建、税务等多个领域的法律规范,各个行政监管机关能否给予同种类的处罚?

2. 从轻、减轻处罚的情形

(1)主体因素:①不满14周岁的未成年人有违法行为的,不予行政处罚,责令监护人加以管教;已满14周岁不满18周岁的未成年人有违法行为的,应当从轻或者减轻行政处罚。②精神病人、智力残疾人在不能辨认或者不能控制自己行为时有违法行为的，不予行政处罚，但应当责令其监护人严加看管和治疗。间歇性精神病人在精神正常时有违法行为的，应当给予行政处罚。尚未完全丧失辨认或者控制自己行为能力的精神病人、智力残疾人有违法行为的，可以从轻或者减轻行政处罚。

(2)行为因素：①主动消除或者减轻违法行为危害后果的；②受他人胁迫或者诱骗实施违法行为的；③主动供述行政机关尚未掌握的违法行为的；④配合行政机关查处违法行为有立功表现的；⑤法律、法规、规章规定其他应当从轻或者减轻行政处罚的。

3. 不予处罚的情形

①违法行为轻微并及时改正，没有造成危害后果的，不予行政处罚。初次违法且危害后果轻微并及时改正的，可以不予行政处罚。

②当事人有证据足以证明没有主观过错的，不予行政处罚。法律、行政法规另有规定的，从其规定。

4. 案例研讨："方林富案"与"瓜子二手车广告违法案"的比较

(1)方林富案

展示该案案情、相关法律规定、原被告双方的诉讼理由、法院判决。

重点分析西湖区法院对该案的裁判说理内容："原告系个体工商户，在自己店铺和包装袋上发布了相关违法广告，广告影响力和影响范围较小，客观上对市场秩序的扰乱程度较轻微，对同行业商品危害较小。其次，广告针对的是大众比较熟悉的日常炒货，栗子等炒货的口感、功效为大众所熟悉，相较于不熟悉的商品，广告宣传虽会刺激消费心理，但不会对消费者产生太大误导，商品是否其如商家所宣称'最好'，消费者自有判断。综合以上因素，本院认为原告的案涉违法行为情节较为轻微，社会危害性较小，对此处以20万元罚款，在处罚数额的裁量上存在明显不当。根据本案前述具体情况，本院将罚款数额变更为10万元。"

(2)瓜子二手车广告违法案

介绍该案的基本案情、行政处罚结果及理由。

(3)时效规则

《行政处罚法》第36条规定："违法行为在二年内未被发现的，不再给予行政处罚；涉及公民生命健康安全、金融安全且有危害后果的，上述期限延长至五年。法律另有规定的除外。前款规定的期限，从违法行为发生之日起计算；违法行为有连续或者继续状态的，从行为终了之日起计算。"

参考案例：长春长生疫苗案行政处罚决定(2018年10月16日)

……自2014年1月至2018年7月生产的所有涉案产品，生产过程中均使用两个或两个以上批次的原液勾兑配制。……2014年1月至2018年7月，在生产涉案产品过程中，生产结束、产品检验合格后立即销毁原始记录，并编写虚假的批次生产记录……符合《行政处罚法》第36条第1款规定。

第七节　行政处罚的程序

1. 一般规定

(1)执法人员要求:《行政处罚法》第42条第1款,行政处罚应当由具有行政执法资格的执法人员实施。执法人员不得少于两人,法律另有规定的除外。

提问:《道路交通安全违法行为处理程序规定》(公安部令第105号)第44条规定,适用简易程序处罚的,可以由一名交通警察作出。该规定是否符合《行政处罚法》?

(2)回避:《行政处罚法》第43条,"直接利害关系"标准。

(3)正当程序原则:《行政处罚法》第44条、第45条,行政机关在作出行政处罚决定之前,应当告知当事人拟作出的行政处罚内容及事实、理由、依据;当事人依法享有陈述、申辩、要求听证的权利。得出陈述、申辩不加罚。

(4)处罚决定公开:《行政处罚法》第48条第1款,具有一定社会影响的行政处罚决定应当依法公开。

2. 普通程序

(1)调查、检查、收集证据:①须有法律、法规授权;②执法人员主动出示执法证件;③询问或检查应当制作笔录;④抽样取证,经机关负责人批准可以登记保存证据。

(2)决定:①行政机关负责人对调查结果进行审查,根据不同情况,分别作出行政处罚决定、不予行政处罚、涉嫌犯罪线索移交司法机关等处理。②对情节复杂或者重大违法行为给予行政处罚,行政机关负责人应当集体讨论决定。③法制审核:《行政处罚法》第58条规定。④决定时限:一般是自行政处罚案件立案之日起90日内作出行政处罚决定。

(3)送达:当场宣告处罚决定并交付/作出行政处罚决定后7日内送达,送达方式包括在当事人同意情况下采取传真、邮件等电子送达方式。

3. 简易程序

《行政处罚法》第51条、第52条——当场作出行政处罚决定的,应当出示执法证件,填写预定格式、编有号码的行政处罚决定书,并当场交付当事人……

4. 听证程序

(1)举行听证的条件:①较大数额罚款;②没收较大数额违法所得、没收较大价值非法财物;③降低资质等级、吊销许可证件;④责令停产停业、责令关闭、限制从业;⑤其他较重的行政处罚;⑥法律、法规、规章规定的其他情形。

参考案例:黄泽富、何伯琼、何熠诉四川省成都市金堂工商行政管理局行政处罚案(指导性案例6号):向学生展示该案案情以及争议焦点,引导学生分析该案中行政处罚的程序合法性问题。

(2)听证的具体程序:《行政处罚法》第64条。

(3)听证案卷排他原则:《行政处罚法》第65条,行政机关应当根据听证笔录作出决定。

六、课程评价

(一)教师评价

根据课上师生互动情况,授课教师认为,本节课基本达到了预期的教学目标。

第一,学生的课前准备较为扎实。从课上随机抽取学生回答问题、讨论案例的情况来看,大部分学生能够在课前认真阅读指定材料,并且形成了自己的初步理解。

第二,课堂的教学气氛较为活跃。课堂上有多名学生主动举手提问、回答问题或发表自己的见解,有更多的同学参与到集体讨论当中;特别是在案例研讨环节,学生们展现出强烈的现实关怀,积极提出各种疑问和看法,形成了有效的课堂讨论。

第三,课堂的教学节奏较为合理。本堂课程基本完成了教案中设计的全部教学内容,并且对其中的重难点进行了专门讲解、着重强调,整体教学节奏不拖泥带水,呈现出循序渐进、环环相扣的效果。

(二)学生评价

课后,授课教师委托课程助教在选课学生中进行了课程满意度匿名调查。调查结果显示,选课学生普遍表示,对本节课的课程设计、课堂教学较为满意;通过课程学习,能够取得知识层面、理念层面的收获与进步,对行政处罚的基本理论、法律规定、现实热点有了基本的认识和理解,初步搭建起了行政处罚的知识框架。

此处展示一则学生匿名评语:在本节课上,老师向我们具体系统讲授了行政处罚的理论知识和法律规定,特别是结合近年《行政处罚法》修订的最新成果,让我们对法律最新规定的内容及其背后原理有了较为清晰的认知。老师不仅讲授了具体的行政处罚行为,还解读了当前我国行政处罚的体制机制和立法模式,让我们对行政处罚的真实运行状况有了全面的了解。通过多个具体案例,我们尝试将课上学到的各种原则、规则、学理及时运用到分析具体问题的过程当中,也深刻认识到保护公民合法权益、监督和规范行政权的重要意义。

七、建议阅读文献

1. 马怀德:《〈行政处罚法〉修改中的几个争议问题》,载《华东政法大学学报》2020 年第 4 期。

2. 袁雪石:《整体主义、放管结合、高效便民:〈行政处罚法〉修改的“新原则”》,载《华东政法大学学报》2020 年第 4 期。

3. 俞祺:《行政处罚设定权的“同位保留”原理》,载《中外法学》2022 年第 4 期。

4. 张晓莹:《行政处罚视域下的失信惩戒规制》,载《行政法学研究》2019 年第 5 期。

“法学前沿”第一课：法学的基础与前沿

曹　斐　黄　卉　洪国盛
茅少伟　吴奕锋　吴雨豪

《法学前沿》是北京大学国际法学院（School of Transnational Law，STL）的法本法硕课程之一，由STL中国法常驻教师团队合作讲授。通过对或基础或前沿的问题进行研讨，探究法学思考和研究的基本路径。本课程旨在激发学生的法律思维，鼓励深度阅读和独立思考，同时指导学生的中文学术论文写作。2021年11月10日，曹斐、黄卉、洪国盛、茅少伟、吴奕锋、吴雨豪六位老师共同主持了“法学前沿”第一节课，本次课的主题为：“法学的基础和前沿”。内容分为两部分，第一部分由各位老师分别就“什么是法学的基础与前沿”这一主题展开讨论，第二部分由同学们提问，就自己在法学学习中的困惑与老师们进行交流。

一、教师发言

吴雨豪

如果我猜想正确的话，大家目前应该是学习法律的第五个年头。不知道大家有没有和当时的我一样的感受，就是在本科的法学学习结束后，内心隐隐约约会出现一种不安全感。因为我始终觉得，知识是很容易遗忘的。我当时就想，可能很多年以后，如果我从事的不是一线的法律实务工作，当我记不起什么是“法律行为”、什么是“故意”“过失”的时候，我的核心竞争力在哪里？我应该怎样继续我的职业生涯？这是我在本科高年级以及研究生时一直在考虑的问题。

所以我今天就从这个问题切入，和大家聊一下我的看法。我想从一个大家耳熟能详的句子出发：“他山之石，可以攻玉。”对法律人的职业生涯来说，这句话提出了两个问题。第一，什么是法律人固有的“玉”？每个学科都有自己的知识领域，但这里的“玉”，更是指法律人在知识之外所需要训练的一种能力，也是法律人在未来职业中所具备的在知识之外的比较优势。第二,什么是法律人可以运用的“石”?换句话说,什么是法律人可以从别的学科中借鉴的内容?这是我今天想跟同学们讨论的两个问题。

就第一个问题来说,什么是法律人的“玉”。换言之,法学学习带来的比较优势是什么?葛云松老师曾经对法学教育的现状表示忧虑,说很多同学过完本科四年,能够完整复述的法条可能不超过五条。我对此可以说深有同感。因此,首先不可否认的是,作为知识的法学非常重要,我们在硕士阶段,首先需要尽可能把自己的法学基础知识掌握得更加牢固。

但我今天更想说的是,作为方法论的法学是一种怎样的存在?或者说,从我个人的经历来看,在那些错综复杂的法律概念之外,法学学习还能带给我什么样的独特体验?

在我本科三年级的时候,车浩老师和陈兴良老师在北京大学法学院开设了一门新课——《刑法案例研习》。如果说用两个字形容这门课在当时带给我的感受,我想就是“冲击”。一方面,这种冲击当然源于我在这门课上接触到了许多当时本科生接触不到的德日刑法教义学知识。另一方面,这种冲击还体现在这门课带给我的法学思维方法上的转变。

在接受刑法案例研习课的训练之前,北大法学院的本科生中流传着一种略带自嘲的法学学习方法,就是所谓的笔记三步法——“课上记笔记、课后看笔记、考前背笔记”。然而,正如我在开头所说,其实我们许多人都在这种笔记三步法的学习过程中产生了隐隐约约的焦虑感——很多年后,如果我们遗忘了这些能够带给我们高分的笔记,我们还如何安身立命?可以说,我们中的一部分人正是在案例研习课上找到了答案。

在这门课上,我们通过每周几万字的案例分析首次训练了一种“鉴定式的案例分析方法”。如今,这套案例分析方法已经在国内许多法学院得到了推广。我想在座的不少同学已经在茅老师或者曹老师的课上对这一方法进行了训练。正是这种方法的长年累月训练,使我们与那些没有接触过方法论训练的法律人在思考问题的具体方式上产生了差别。

大家可能知道“货拉拉”案件,司机和乘客产生纠纷后变换行车路线。最后乘客由于担心自身的安全,擅自跳车并最终死亡。网上有大量关于这个案件的讨论,然而大多数社会公众的讨论都会从朴素的道德观念出发,直接引入价值分析的框架,判断在不同的社会群体之间我们应该更同情谁,并从这个价值判断本身出发,认定是否构成犯罪。

相比较而言,鉴定式案例分析方法则会依次通过设问、前审查阶段、阶层性的构成等方面对案件进行逐一的分析。据我所知,目前 STL 许多中国法课程其实都在反复训练这种方法。很多时候,这种方法的训练本身具有独立于知识的价值。可能多年之后,我们忘记了具体罪名的构成要件,但是这种鉴定式案例分析方法,以及背后的法律三段论,会非常深刻地印刻在我们的脑海里。当我们遇到这样的社会热点案例时,会自然而然地运用这种方法展开全面的分析。

更为重要的是,这种“鉴定式”的案例分析方法常常具有超越法学分析本身的价值。对此,我也同样深有体会。

我的学术训练经历比较特殊,在北京大学攻读刑法学博士之后,我又在美国攻读了犯罪学的博士学位,犯罪学在美国是完全独立于法学的一门社会科学。但是在犯罪学的学习中,我们同样需要撰写案例分析报告。当时我的同学中除了我之外很少有人具有法学背景。犯罪学的第一节课,老师布置了一个案例分析的作业,我自然而然地采用了鉴定式案例分析方法。虽然我的英语表达并没有达到母语者水平,但当时老师看了我的分析报告之后大加赞赏,直接给了一个满分的成绩。当向别的博士生传授经验时,我自豪地说,因为我在中国法学院曾经花了一个学期专门训练了如何分析案例。这个时候我才意识到“像法律人一样思考”并不是一句虚无缥缈的话,当这种思考内化成了一种方法论的掌握之后,它的竞争优势就具有超越法学学习的意义。

我今天想和大家讨论的第二个问题,就是他山之石中的“石”。法学作为一门调整社会关系的学科,将天然地与其他社会科学产生联结。由此,来自其他学科可供借鉴的理论资源都能成为法律人“攻玉”的“石”。我非常推荐大家读一下车浩老师的《法教义学与社会科学——以刑法学为例的展开》这篇文章,这篇文章是关于法教义学和社科法学关系的讨论。这方面的争论可谓旷日持久。车老师的文章提出了一个观点,即在规则适用的内部,社会科学知识与教义学的整个思维方法之间也不存在冲突。

实际上,在刑法学界,这一讨论也由来已久,其中最主要涉及的是我们在刑法解释的过程中,是否需要考虑刑事政策的现实需要。陈兴良教授将刑法学史上有关这一次的学术转向归纳为“从李斯特鸿沟到罗克辛贯通”。在李斯特时代,受制于古典犯罪论体系的影响,李斯特认为刑法教义学与刑事政策应当严格界分,刑法适用应当完全排斥价值判断。但到了罗克辛时代,他认为,需要将刑事政策引入犯罪论体系,形成了其目的理性的犯罪论体系。在目的理性的犯罪论体系下,我们在刑法条文的解释以及构成要件的适用过程中无法回避的问题是:法律适用的目的是什么,怎样适用法律最有利于实现公平正义?那就涉及一个问题:谁来为法律适用目的的正当性提供支撑?此时就需要用到社会科学的知识和经验素材。

我想举一个有些敏感但又很具有现实意义的话题作为例子,就是我们应该采取什么样的死刑政策。根据通说的教义学中的刑罚目的理论,刑罚不仅是对已然之罪的报应,也是对未来犯罪的预防。这里就专门包括了对社会上潜在犯罪人的预防和对犯罪人本人再次犯罪的预防。"死刑是否会威慑潜在的犯罪人"是一个经验问题,而不是一个规范问题。此时我们需要用社会科学的知识为法律适用提供目的性的指导,比如在执行了一定数量死刑时,谋杀罪数量有没有下降?这是死刑能否威慑未来犯罪的重要证据。

我研究过2007年死刑复核政策(编者注:2007年,我国的死刑复核权由省高级人民法院收归最高人民法院)之后死刑执行人数下降和犯罪发生率的关系。保守估计,每年死刑执行的人数下降了1/3左右。如果死刑有严重的威慑效力,那在死刑执行人数大量下降的情况下,严重暴力的犯罪发生率至少应该有个跃升。但我们发现,我国2007年前后的严重暴力犯罪率,无论是故意杀人案件还是抢劫案件,都没有呈现出跃升的趋势。这个结论本身就是对"死刑有严重威慑效应"这一结论的质疑和驳斥。

在这个过程中,我们又从其他社会科学角度寻找证据。比如心理学实验显示,恐惧程度与态度改变的关联实际上是一个"倒U"形的曲线:低程度的恐惧能够使犯罪分子感到害怕,遏制他的行为。但是当恐惧升高到死刑程度,犯罪分子态度改变的程度反而又回归到了低水平。在这个过程中,社会科学的知识就反作用于法律的适用过程,为我们应该采取怎样的死刑政策提供依据。这就是我所说的"他山之石,可以攻玉"的方法。

洪国盛

在座同学们本科学习的专业都是法学。我的本科是非法学专业,后来在香港学习读了一个LLM(法学硕士)学位,之后又在STL和北京大学法学院学习。我个人学习法律的路径和传统法学院学生不太一样,我学习法律的路径更偏向于普通法,而我的研究领域是侵权法与合同法,因此我就从普通法的角度上来聊一聊"法学的基础和前沿"分别是什么。

普通法(common law)的特点就是从过去开始,从过去的判例、过去的判词来学习法律的规则,理解法律的发展,然后来看待法律的未来。

我们现在很流行讨论元宇宙(Metaverse)。如果将来元宇宙世界对于社会生活影响足够重大,那么按照德国式的狭义侵权条款所建构的侵权法,要如何处理这个世界的侵权纠纷?侵权法是否只能成为引介其他保护他人法律的简单工具,完全由其他法律来规制这样一个世界?如果侵权法和制定法都不足以提供保护,在这样的世界里,又如何利用合同来保护自己?

稍微回顾普通法的历史,就会发现普通法历史上曾经存在过这样一个时代:人和人之间是没有注意义务的,能为你提供保护的只有合同。也就是说,需要去购买一个别人对你的注意义务。而回顾这些判例,回顾侵权法如何发展到今天的英国侵权法,可能就能对于前述问题有一个基于历史经验的回答。所以研究侵权法的构成,是一个"基础"问题还是一个"前沿"问题呢?

再如,合同法上确立损害赔偿范围的"可预见性"(foreseeability)规则。对于确立这个规则的开创性先例,其实存在两种不同的理解。在美国法上,《合同法重述》支持了我们现在理解的可预见性规则,霍姆斯则提出过现今被称为规范保护目的论的规则。但是后一规则被《合同法重述》认为过于严苛而抛弃了。

我们在学习英美法案例的时候,有时候可能会直接看案件摘要(case summary),也有可能仅仅是读了案例书(case book)上经过截取的判例,但如果我们认真去看判例原文,我们可能就会发现,一个判例会有数个不同的解释,而不仅是书上的这一种解释。我们阅读原判例时,会发现被认为确定"可预见性"规则的先例的确存在两种不同的解释可能,而现在义务范围或规范保护目的论在英国和德国又居于重要地位了。这两年国内也有学者开始介绍、引入这个规则。那么责任范围因果关系是一个"基础"问题还是一个"前沿"问题呢?

因此,在英美法上,所谓的"基础"就是过去的判例。学习判例,阅读判例,在这个过程中,不断发展出新的判例,总结出新的"理论"或者"框架",这就是一种"前沿"。这是我个人学习法律时,所理解法律的"基础"与"前沿"关系的一种角度。

曹斐

我每年的课程都有一个核心主题没有变过,就是"罪刑法定与刑法解释"。看起来好像太基础了,跟"法学前沿"的名字不太搭边,但每年我都坚持选择讲这个主题。为什么呢?

一方面,当然是因为它很重要。罪刑法定原则在刑法领域的重要性不言而喻,我们在初学刑法的时候会了解它波澜壮阔的历史,佩服敢于突破传统的启蒙思想家,知道罪刑法定原则具体的内容,但我们很少有机会在当代和现实的语境中去反刍这个如此重要的原则对刑法适用的真实影响。既然"法学前沿"旨在本科即为法学的同学专业能力的提升,再访罪刑法定原则就是一个非常有意思的切入点,可以借此推进同学们对基础问题的理解,走向自身能力的前沿。

另一方面,虽然每一年都讲罪刑法定和刑法解释,但其实挑选的材料和角度不尽相同,因为挑战罪刑法定原则、需要重新厘清刑法解释边界的具体的点是不一样的——这可能就是我认为的"前沿性"所在。比如,课程中我们也许会讨论虚拟货币算不算是财物,盗窃虚拟货币算不算盗窃罪,会讨论把量刑作为定罪考量的要素是否符合罪刑法定原则等。问题和材料具体呈现的方式是不同的,但都涉及刑法解释的边界,进而回归到罪刑法定原则的基础问题上。

所以一切的"前沿"都要回归到基础。这也是为什么我会选择在可以探究前沿问题的时候,回归到一个这么古老、基础的主题里跟大家讨论。基础是稳定的、确定的,而前沿是变化的、未来的面貌。不管你怎么想摆脱先前经验去看待一个新问题,都很难完全脱离自己在一系列基础学习中建立起来的知识体系。

罪刑法定看似已经刻在刑法学人或是应当刻在法律人的血液里,但到了具体适用刑法的时候,很多人对罪刑法定更多的只是象征意义上的崇敬,实际作为上却予以忽视。我们需要不断地在具体问题里重塑罪刑法定的精神,厘清它的边界。

黄卉

法学学习中的基础是什么?前沿又是什么?就像曹老师说的,"没有基础就没有前沿",没有平地而起的创新。

我们可以参照德国的法学教育看一下:德国法学教育以培养法官为目标,主要围绕法官视角的法律适用开展。第一年的学习分为私法、刑法和公法三大块,从简单案例开始,比如民法可能是总论,重点可能是代理,用简单的买卖合同为例,也会涉及物权法的基础知识。我曾就读的柏林洪堡大学,第一学期还要求学生从三门理论基础课程,即法社会学、法哲学和法史学中选修一门。每学期基本都是在学私法、公法和刑法,只是难度逐渐增加。大概学了两年后,要进行这三门课的考试,此外课堂考试加回家作业,也都是案例分析。

等拿到三门基础法学课的成绩和基础理论课的成绩,好像还有一门研讨课(Seminar)的成绩,就可以进入高级学习阶段了。在高级阶段,三个领域的课还在继续加深,比如私法就是民法和商法结合在一起,实体法也许要和诉讼法结合在一起。高级阶段的课,难度是提高了,但这是前沿了吗?也未必。如果涉及前沿问题,那就是前沿,但很大部分问题可能还是基础。

高级阶段还需要选择一个方向,每个学校都有七八个方向让学生选择,这里会有不少研讨课,覆盖这一领域重要的内容。其中肯定有前沿问题,但也依然有基础问题。一般来说,新的法律问题和领域可以算作前沿问题,但有些用对办法就容易解决,也就不算前沿了。

从训练内容来看,德国法学课程的学习大部分是案例练习,学生要用鉴定式案例方法做大量的案例分析训练,从而循序渐进地熟悉并掌握法律体系。鉴定式案例分析方法也训练法律解释技能;此外,学生要学习使用法律评注。这些在德国法学教育中都是基础性训练,但是在我们这里可能还是前沿的,于学者也是如此。

总之,基础和前沿是相对的。其实大家只要掌握好应该掌握的知识,跟随自己的兴趣不断深挖,就不用管是基础还是前沿。

吴奕锋

过去的前沿就是现在的基础，现在的前沿也是将来的基础。之所以有前沿问题，是因为我们生活在单向度的时间长河中，不断会抛出新的问题来，等待我们回应。每个新问题就像一片新叶子，未来可能会发展成树上的一个枝干，也可能只是一时的热点话题，过一段时间后就只能作为养分融入整个树木中。

我最近开《保险合同法》这门课程，就保险的前沿问题从何而来，我的总结如下：第一种前沿问题是因为时代变化而导致中国在世界上的相对位置变化，由此产生了之前没有遇到过的问题。比如，因为大量的中国企业开始到海外并购，为了应对保证不实等问题导致的风险，就出现了并购保证保险。这在早些时候是没有的，因为我们那时很少出去买别人的企业。

第二种是科技变化带来的，一个主要体现就是无人驾驶对机动车交通事故责任强制保险（以下简称交强险）的冲击。交强险的被保险人一般是驾驶人。但无人驾驶就是没人开车，那在法律上怎么处理被保险人呢？

第三种是因为其他法律发生变化。比如 2021 年 8 月 20 日通过的《个人信息保护法》，其中规定收集敏感信息要征求个人同意。但大家有没有想过，如果你去投一个重疾险，保险公司肯定会问你有没有什么疾病、在吃什么药、家族有什么遗传病等，这些都是非常敏感的个人信息。现在《个人信息保护法》出来了，保险公司在收集这些信息的时候就要注意如何做到合规。

面对不断变化的世界，同学们要做的是把基础打好，在基础上建立体系之树。以后遇到前沿问题再逐一研究，把它归纳到体系之树的某个节点去，这样就能比较好地解决问题了。

茅少伟

什么是法学的“基础”，什么是法学的“前沿”，这也是曾经长期困扰我的问题。

我本科时学过一点经济学，我们发现有微观经济学、宏观经济学，有产业经济学、劳动经济学、金融经济学，有各种经济学分支。学生通常都要先上一门基础课，叫作“经济学原理”（Principles of Economics）。我们也有各种部门法，宪法学、刑法学、民法学、诉讼法学等，但好像并没有一门类似的课叫作“法学原理”（Principles of Laws）。当然我们有法理学，但经常太理论了，离具体部门法太远。难道法学就不存在类似于经济学原理的那种内核吗？就没有贯穿于纷繁复杂、五花八门的各种法律中的共通基础吗？这些基础不能太“厚”，否则就称不上“原理”了；但也不能太“薄”，否则就没有多大的实际作用。

因此，我一直希望寻找法学的这种“基础”，这个想法驱使我在教学上进行了很多尝试。我们这里说的基础并不是指价值基础。现代法治有一些公认的、基本的价值基础，比如平等保护、保障人权、重视程序等，这些当然非常重要，是应当始终坚守、护持的底线。我们这里说的基础，主要是针对法律专业人士的学习和实践，更偏技术层面一些。事实上，法治的价值也是经由法律人实践、通过法治的技术实现的。

针对这个问题，我大致有两个思考方向：

首先，宏观地看，法律人有没有相对固定的思维方法？当然是有的。法律人需要处理事实，甚至可以认为，无论是法律学习还是实践，对事实的理解和处理都是首要的。但法律人最特别的地方，还是始终要与规范打交道。与其他处理规范的学科（如哲学）相比，法律规范不仅数量庞大、内容具体，而且有正式的实践机制。

如果要找一个基本公式，法学上最基础、最重要的公式就是："法律规范＝构成要件→法律效果"，也就是规范意味着可以从特定构成要件推导出特定法律效果。我们通过这个简单的公式，将无数的社会事实（构成要件）吸纳进法律系统，配以妥当的法律效果，从而体现并实践特定的价值判断。这不仅是法律认识世界的方法，更是法律改造世界的方法。

其次，更中观乃至微观一点看，法律的基础是什么呢？我想，"基础"就是过去几十年、几百年乃至几千年不断发展而形成的一个个较为稳固的规范群，这些规范群是在人际交往中沉淀下来的。

法律，尤其是民商法，立法者很少是"创制"规范，多数只是"揭示"或者"确认"规范。比如，我们把人与人之间自愿连接起来的关系叫作合同，没有合同关系的主体之间发生的非自愿联系主要就用侵权处理。换一个角度说，两个人之间发生法律上的关联，要么是通过自己的规划实现的，要么是法律强加的。这种法律强加又有两种主要方式，一种方式是法律模拟当事人之间可能发生的联系，这离当事人的真实意思仍然不远，另一种方式就是（狭义字面上的）法律强加一种联系。在这些大框架下面，又有许多小框架，这些框架往往是极为稳定的，数量也是非常有限的。

我们简单举两个例子。某银行分行发生一个储户的28亿元存款存单被质押的案件，众说纷纭。这个案件的本质是什么？是一个人的财产以某种特定方式被处分了。那接下来进入什么样的分析结构呢？首先，取决于处分时的名义。如果银行处分该财产是以自己的名义，那就是处分他人财产的问题，接下来无非就是判断是有权处分还是无权处分；如果处分财产是以权利人本人的名义，那就是以他人名义行为的问题，也就是代理问题，接下来无非就是判断是有权代理还是无权代理。在交易场景下，一个人和他人财产发生关联的方式是固定的。你把他人的财产处分出去，要么是以自己的名义，那就采用处分的分析架构（有权处分或者无权处分),要么是以他人的名义,那就采用代理的分析架构(有权代理或者无权代理)。这样的思考结构会变化吗?不大会变,它很稳定。

再举一个例子。《证券法》规定在公开市场收购上市公司有表决权的股份超过5%时,要报告监管机构,并通知该上市公司予以公告。我们假设有一个人,不管具体怎么操作的(之前确实有这样的案子),从众多散户手里收购了超过5%的股权,没有公告,而是继续交易,一直持有了比如超过10%的股份,成为大股东。后来被公司其他股东起诉,这个时候法官可能特别为难,为什么呢?

法官很容易想到的处理结构是什么?是合同。这个人违反了《证券法》相关规定,而且这个规定显然并不是任意性规定,因此这里的法律问题似乎是合同因违反强制性规定而无效,但这可能就走到死胡同了,为什么呢?因为这个人是从许许多多散户手中购买的股份,如果法官把相关合同都认定无效,怎么处理后续问题呢?股份退给谁?

我们不妨后退一步,在这里,我们要处理的实际上是起诉的股东和违规操作的股东之间的关系,这两个人的关系要么是基于合同,要么是基于侵权。其他股东存在一种权益受法律保护,而这个权益被违法地侵害了,那就是侵权。侵权的法律效果可以构建得很复杂,但核心思路就是广义上的损害赔偿(恢复原状)。

通俗地说,一个人做了一件坏事,无论是侵权还是违约,法律要让受侵害的人恢复到不受侵害时的状态。本案中其他股东的诉求是什么呢?被告在收购了超过5%的股权时没有公告,导致其他股东没有机会采取行动,而被告的这种收购行为可能导致公司控制权发生变化。所以避免其他股东受损害的方式是什么呢?是让上述这些可能的消极后果不发生。所以从侵权的角度,可行的处理方式就可以想象出来了,第一,被告应当在特定时间里出售超出了5%部分的股票;第二,在此期间,被告超出5%部分的股份暂停投票权。2019年《证券法》修订,实际上就部分采纳了这个思路,即"在买入后的三十六个月内,对该超过规定比例部分的股份不得行使表决权"(第63条第4款)。这个问题算前沿吗?但这个前沿问题最后妥当的解决思路其实来自朴素的侵权法。

小结一下,法学中最重要的基本公式是"构成要件推导出法律效果"的规范结构,这构成法律适用的大前提。大前提里有若干沉淀下来的规范(群),体现了把握事实问题和价值判断问题的特定架构或者模型,这些分析架构和模型以及背后体现的方法(而不是特定知识、结论或者"答案")就是我们法律学习的"基础"。这些特别重要的规范群的数量是非常有限的,而且变化很小。有时候,我们太过于追求体系的完整性,反而忽略了那些真正重要的特定规范群。有一些规范群的重要性是另外一些规范群的一百倍、一千倍,但是在教学中、在我们的教材撰写中,可能并没有恰当地体现这种差别。

那所谓"前沿"是什么呢?前沿是不断发展变化的社会事实,是考验法律人理解力和想象力的那些小前提。这些年,无论是经济还是社会,都发生了无数的变化,我们当然要学习和理解这些新的事实。但多数时候,这些"前沿"变化并不会对基础法律分析架构(而非法律适用结果)产生实质性的冲击。如果产生了实质性的冲击,那就说明新的时代到来了,在局部乃至整体要发生范式的转变了。但在时间的长河里,人与人关系的变化其实没有那么大,大部分时候基础的分析框架都不会被动摇。

那么,我们在法学院要学习什么,又如何学习呢?我们要分清主次,善用时间,把"基础"掌握牢靠。同时,我们要有勇敢拥抱各种新的事实问题的自信,要相信,"有我不懂的问题,没有我不能懂的问题。"如果重点不突出,方法有问题,我们就会把时间浪费在太多不重要的知识上,导致既没有掌握好基础,也不敢去触碰前沿。

总而言之,一种理解是,法学的"基础"是那些为数不多的最重要的大前提,"前沿"则是层出不穷、日新月异的小前提。法律人的核心能力就是深刻把握大前提中最重要的内容,也就是那些法学的原理(Principles of Laws),然后能够灵活地、妥当地把这些原理运用到无数的"前沿"问题上。这就是"运用之妙,存乎一心"的意思。

二、答学生问(节选)

问:我发现自己知识性内容的遗忘速度非常快,请问我们应当如何解决这种问题呢?

茅少伟

同学们还记得三角函数吗?不多吧。学完乃至曾经学会的东西会忘掉,这是免不了的,也不可怕。更大的问题是,虽然学了那么多课,却很少达到"学懂"的状态,甚至,好像从来没有真的搞懂哪怕一个法律规则。

我提两个建议。第一个建议是,要有深刻的学习体验,而不能停留在"知道很多"的状态。不能满足于知道很多知识,读过很多材料,而要追求真正搞懂一个问题。问题哪里找?可以是你感兴趣的小问题。但在我们打基础的时候,要格外重视那些真正的基础性问题,也就是最重要的、最具有分析性的规范群,对此要进行反复的阅读和讨论。读过一些东西,有了一些疑问,可以找同学讨论;讨论不下去了,再继续读书。如此循环,一个星期后,你可能就把这个问题理解得差不多了。我们这里说的"搞懂",并不是"宇宙终结"意义上的,而是要尽可能突破你目前的认知和理解极限。用力尝试搞懂一个问题的过程,会全面提升你的学习能力和判断能力。

第二个建议是，要尝试理解规范背后的人和事，理解法理背后的事理。建立起这种理解，法律的学习才真正跟你作为一个人产生了关联，那些知识也就不只是外在的知识，也就不那么容易遗忘。学习法律应该事实先行，规则后行，而不是相反。这也是为什么案例法的训练非常重要。从案件出发，从事实出发，可以帮助同学们把“事理”搞明白，进而才能理解如何用法律进行处理。案件读得足够多，知识的框架也会像拼图一样拼出来。

在学习具体的法律规则前，同学们首先要尝试理解这个世界是什么样子的。学习法律首先要结合生活经验，理解社会上的人际交往和经济运行。其次才能知道哪里会出现问题，出了问题怎么办，进而理解法律如何解决这些具体问题。很多同学学习法律时直接跳过了“全观”的第一步，这样学习的内容就会非常破碎和被动。因此，我们也要警醒自己，要通过广泛的阅读和思考来弥补个人生活经验的欠缺，让自己更好地理解真实世界。

问：我们要怎么看待规范和法感情之间的关系？公私法领域都存在用“朴素的法感情”去讨论某一个行为是否背离了“一般人标准”而违反规范的情况；但有时候，我们又认为规范不能被法感情束缚，比如刑事司法裁判不能被汹涌的民意绑架。所以我们应该如何找到两者的平衡呢？

吴奕锋

如果走近一点，你可能会发现“法律解决不了问题”的情况远没有你认为的那么多，大部分是因为你离事实太远，没有用对、用好法律。

比如说，前段时间，一个有航空服务工作经验的女子，利用亲友的身份信息，靠自己对航班和天气的分析，购买了近 900 次航延险，获得 300 余万元的理赔金，后来保险公司报警，这个女子因涉嫌保险诈骗罪和诈骗罪被警方刑事拘留。

网络上有的观点认为：保险公司太不厚道了，理由是：事实上，保险公司并不在意购买延误险的人是谁。比如当长辈们要坐飞机的时候，年轻人就为他购买了延误险。这个时候，保险公司并不会说，由于不是本人，所以不能购买延误险。在这个案例中似乎是相同的情形，她也只是以亲戚的名义买了许多延误险，为什么这个时候就要说这个女子是保险诈骗呢？网友说，这种情形就像是一场对赌，保险公司赌“不会有气象原因延误”，这个女子赌“会有气象原因延误”，当保险公司赌赢了，保险公司高兴收保费。赌输了，保险公司就找保险诈骗的借口把她抓起来，保险公司简直厚颜无耻。

但这个事情其实是跟保险法中特别核心的一个概念“保险利益”有关。在学术上，保险利益是有定义的，我在这里把它大白话表达为“有没有需要分散风险的损失”。如果有损失需要分散风险，那就有保险利益；如果没有，那就没有保险利益。

那我们看看给长辈买机票的例子和女子猜天气的例子有没有区别。首先，给长辈买延误险是没有问题的，因为此时这个长辈确实有坐飞机的需求，如果飞机延误，会打乱他的出游计划或者出行计划，这里有一个切实的损失，而这个风险是需要分散的。况且一旦飞机延误，保险公司的钱也是打给长辈，而不是打给代买保险的晚辈。但在女子购买大量延误险的案子里，没有任何人有坐飞机的需求，也就没有任何因为延误导致损失的风险需要分散，她单纯是通过赌概率来完成博彩的目的。

生活中，我们还可能面临各种损失，这些损失都有风险分散的需求，比如分散个人疾病风险、失业风险，甚至死亡风险等，在这里，哪一个不比这位女士"猜天气谋利"来得紧要呢？同样的，对于这些我们可以买保险的情形，法律同样不会开放由其他人"赌"我们是否生病、失业、死亡，并以此牟利。

由于保险是一个非常重要的社会制度，我们在法律层面希望保险制度被用来分散风险，而不是被拿来做成一个博彩类的牟利机制。所以这不是保险公司厚道不厚道这一层面的问题，而是法律有没有开放这样的合同自由空间的问题。换句话说，在现在的法律框架下，即便保险公司自己愿意，他也不能够把保险作为博彩来经营。

有时候走近事实，掰扯一下当中的区别，再回来看看法律的规定，考虑法律的适用，可能你就会觉得未必那么违背了你的价值感。就像茅老师说的，如果常感到冲突，与其怀疑法感情是不是太朴素，不如怀疑法技术是不是太粗糙。

问：我在看德国或者日本的刑法译著时总会遇到一些专业词汇，比如"该当性"这个词，它们在书里突然出现，也没有解释，我常常不懂这些词到底什么意思？相比之下，美国法的学习就不太会有这些问题，感觉对初学者比较友好。请问老师们如何看待这个问题，我们又应该如何应对呢？

曹斐

你观察到的现象其实是普遍的。一些刑法教科书用词确实和我们日常用语有区别，我刚开始学习刑法时，也奇怪为什么非要用比较拗口的、不常见的词。这是不是大陆法系天然存在的门槛呢？我觉得不是的。

首先，因为刑法和天然的道德判断特别近，任何人不管是否学过刑法知识，都能根据直觉对刑事案件作出评价——这是无可厚非的。你完全可以提出自己的评判，不管你是不是专业人士。这就导致刑法学界长期以来存在一种焦虑感，好像刑法学者的专业性无法明确展示出来，也许因此有意无意地倾向于选择和日常用语有区隔的术语。

其次，很多术语并不是译者生造，而是把日语里的汉字直接拿过来，或者把台湾学者翻译德文的结果拿过来。这些词在源头上就和日常的中文习惯不太一样，所以给同学们带来一定的理解困难。

那么这是不是说明德国刑法或者大陆法系刑法本身门槛太高了？有可能，但也不一定。至少不是说只有美国刑法能把事情讲清楚，德国刑法就不能把事情讲清楚了。

一方面，很多时候我们在阅读过程中并不是带着问题去看书，而是以某领域初学者的心态去全盘学习，所以可能从头读到尾，先学概念，再看具体事例和解释。结果在概念面前就开始感到挫败，自然也读得比较迷茫。

另一方面，早期教科书的写作方式可能也不是特别友好。我在做学生时读刑法教科书也总遇到障碍，后来我接触到越来越多的刑法规则、刑事案例和具体理论，对大家讨论的问题和背后的争议有了基本了解，再回过头来看教科书，就可以很容易地定位到作者在说什么。但我们确实缺少适合初学者的入门读物。很多时候是我们的学者没有把道理讲明白，导致同学们对大陆法系传统理论的学习和借鉴有困难。如果没有易懂的文本，知识就很难推广，我觉得这确实是要有所改变的。

回到你刚刚讲的“该当性”，其实就是“……是符合构成要件的”，我基本上会说成构成要件的“符合性”。再比如“客观归责”是什么意思？就是结果能不能从客观上被归属于一个人的行为，它想解决的是在规范上去理解因果进程、判断因果关系的问题。这些其实都是很符合我们日常认知规律的，但有时被一些看起来“高大上”的词语阻隔了。

所以在读书方面我的建议是：第一，如果这本书不是很重要，又有这种不加解释的难词，大家可以转而寻找一本更浅显清楚的书读；第二，如果这本书很重要、必须读，那可以先往后读，有时候它的意思是通过不那么醒目的方式呈现的。比如某本书讲犯罪目的的时候提到两种犯罪类型，一种是断绝的结果犯，另一种是短缩的二行为犯——看到这些概念就不想往下读了，是不是？但其实讲的是很简单的两件事情，后文马上就会有解释。

所以这些词不重要，重要的是讲了什么事情。我希望大家读书时有“自带解码”的功能，能在这些看起来很陌生的词背后找出它想要去解决什么样的问题。如果你找得出来，可能就会有乐趣。

问：请问实质论证的能力应当如何提高呢？老师们的实质论证很精彩，但我感觉自己无法学会，我们如何在生活中找到机会去训练自己的实质说理能力呢？

曹斐

前段时间带孩子看了德国著名幻想文学作家米切尔·恩德的一部小说，叫

《毛毛》,我也推荐给大家,无论什么年龄段都适合,尤其适合我们所处的时代。

书里主角是个叫毛毛的小女孩,她无父无母,没有家,不知道从哪里冒出来的。大家都喜欢她,希望去找她说话,因为她有个特别的能力——倾听的能力。来找毛毛的人把自己的困扰、苦恼说完了以后,就都很满意、很开心地走了。为什么呢?因为在跟毛毛交流的过程当中,他们就理清楚了自己的困惑是什么,要达到什么目标,现在拥有什么,又如何去寻找自己缺失的东西。

自己和自己交谈——这就是一个很好的梳理自己想法和做论证的场合。尽管我们有时候做决策是随机的、很突然的,但背后其实有很多理性支撑,只是可能自己没有意识到。那么,你现在可以尝试觉察一下,在做每一个决策的时候,想一想,我为什么要做这个决定?我可不可以做其他的决定?为什么我摒弃了其他决定?支撑这个决定背后的原因是什么?价值是什么?——这本身就是一个实质论证,不停地在这种小事上面养成说理的习惯,慢慢地,你在更大的问题上也会有更好的表现。

吴雨豪

因为我在犯罪学系学习过,所以从外部学科的视角来看,我觉得法学的学习,尤其是案例分析的学习,恰恰最能帮助我们提升实质论证的能力。在这方面,人文社科领域可与此媲美的可能只有分析哲学。实际上,在法学训练的过程中,通过案例分析的方法去训练实质论证的能力,绝对是难能可贵的机会。

我们反复强调,方法的习得和知识的习得并不一样。重要的事情说三遍:方法的习得永远是训练、训练、再训练。这个跟知识本身的强记硬背是完全不一样的。当然,老师在设计课程的时候,可能也要考虑到在不同的学习过程中侧重训练不同的方面。以我在北大法学院接受《刑法案例研习》的训练为例,授课老师会把这门课分成三个部分,锻炼大家三种不同的能力。

第一部分是锻炼从纷繁复杂的教学案例中识别出法律争点的能力。

第二部分是训练对抗式说理的能力。如何在给定一个立场(如控方/辩方)的情况下,去驳斥对方的观点,守住自己的立论,我觉得这里就可以训练大家所说的实质性说理。你总是会有一个立场,但是你从这个立场出发,是如何论证自己的观点的,这个非常重要。不同点在于,案例研习课当中所谓的素材是相关案例和法律解释等一些既有的理论的模型,而在现实生活中这些可以换成另外的素材,但我觉得万变不离其宗。

第三部分是训练如何从复杂的案卷事实材料中,找到关键的法律问题的能力。当时,老师在案例研习课上会给我们发真实的案卷材料,让我们从这些真实的案卷材料当中归纳出法律问题,再进行正反式的说理。实际上,这也是跟我们日常生活中的实质分析完全一脉相承的。正如我一开始强调的,大家一定要珍惜我们作为法科生所接受的训练。这恰恰是刨去所学得的知识之后,我们相对于其他学科所具有的比较优势。

茅少伟

我有三个小建议:第一,要降低对确定性的追求。有时候我们追求实质论证,是想追求一种更"根本"的道理,而原因可能是你强烈地想要说服别人或者说服自己。但其实说服是第二位的,能不能说服,结果往往是我们不能控制的;第一位的,我们能够确定的,是自己努力向前推进实质说理的意识和过程。

第二,要朴素一点,用理性推理能力去讲你能讲清楚的道理,讲不清楚的时候先尝试把道理背后的"事理"搞明白。遇到疑问时,在翻书前,不如先问问自己:"这是个什么事儿?这事儿该怎么办?"这个方法我讲过几次,但可能很多同学并没有听进去,我猜想原因是"搞清事理"和大家以往的学习习惯相差甚远。同学们可能认为,有学问的表现是懂很多词,懂很多知识,其实不是的。有时候同学问我问题,我听完之后发现他可能连这件事情本身都没有搞明白,甚至没有试图去搞明白。如果事情本身搞不明白,又怎么能学会实质性说理呢?

第三,可以先从一些小事情或者小案例入手训练实质论证。比如说,你去商场吃饭,把车停在停车场,一个商场物业人员主动把你的车洗干净,等你返回停车场的时候,他找你收洗车费,你应该付吗?弄清楚这件事情需要读什么书呢?这件事背后并没有多少高深的道理,讲不明白是因为你不愿意在这个事情上思考,也不习惯这样思考,而是很快跳到一些"专业"词汇上,比如"强迫得利""非债清偿"。这些词对解决这件事有什么帮助呢?没有实质性帮助,只能截断人的思考过程。但我们就喜欢找"词",找概念,找答案,希望通过一个漂亮的回旋踢快速地结束分析。训练实质性说理的最好时机,是当这件事情和你利益攸关的时候。比如说,如何解决教室占座问题?储物柜怎么分配?这些问题和你生活密切相关,非常适合训练大家的实质论证能力。

一方面,我不觉得实质论证就难以训练。实质论证是从事理、情理出发,从我们作为一个人如何理解周遭的世界出发,这其实是我们作为人的本能。另一方面,在我们的生活环境里,从媒体到家庭,我们习惯于诉诸权威,说理训练确实是极少的,我们的生活环境并没有为讲道理提供一个很好的土壤。在这种大环境下,其实大家有实质论证的意识已经挺不错了。大家不要想一下子就学会非常好的实质说理,这是一个过程。也可能我们一辈子也不会像孙维飞老师那么会讲道理,那也不要紧,我们比自己原来好一些就可以了。

“中国高级法律检索与写作”：法律渊源

茅少伟*

引导问题

什么是法律渊源？法律渊源有哪些类型？哪些法源性资料可以充当裁判依据？哪些法源性资料可以用于裁判说理？法院可以引用宪法作为裁判依据吗？什么是法律解释？什么是司法解释？最高人民法院发布的指导性案例是否具有拘束力？普通案例属于法源性资料吗？法院可以通过个案的裁判“造法”吗？在制定法如此普遍的今天，是否仍然存在习惯法？如何确认习惯法的内容？党和国家的方针政策是法律渊源吗？当事人订立的合同或者公司制定的章程是法律渊源吗？通行的学说见解是否也应当具有某种拘束力？

第一节　法律渊源的意义与类型

法律渊源，或简称法源，是一个基础的方法论概念，也是一个高度复杂的多义性概念。有意思的是，这个概念的表达方式（“渊源”）本身就带有鲜明的比喻色彩①，似乎——实际上是很准确地——暗示了其多变与流动的特征。

---

* 北京大学国际法学院助理教授。自2015年起，笔者在学院开设“中国高级法律检索与写作”（Chinese Advanced Legal Research and Writing）课程。这是一门侧重共通性的法律检索、法律写作与法律论证技能的课程，以实例训练为主。课程开始铺垫了三讲基础的方法论（法律渊源、法律适用与案例分析），本文是第一讲“法律渊源”讲义的节选。

① 这在偏重技术的法律概念里并不算多见，表达方式可与之媲美的另一个方法论概念或许是法律“漏洞”。

一、法律渊源的多种含义

《元照英美法词典》是一本有影响、有故事的法律词典,其"法律的渊源(sources of law)"词条列举了五种不同的含义,包括:(1)法律的历史渊源;(2)法律的理论或哲学渊源;(3)法律的正式渊源或形式渊源;(4)法律的文献渊源;(5)法律的文化渊源。[①] 这本词典虽然讲的是英美法的情况,但就该词条的阐释说明实际上具有一般性。我们不妨就借着这几种含义,略探法律渊源的丰富内涵。

第一种意义是法律的历史渊源,指"历史上发生的引发法律原则及规则之产生的行为和事件",也就是现行法制整体或者个别法律制度的历史基础。例如,罗马法、教会法、中世纪商人法(*lex mercatoria*, the Law Merchant)等,是法国民法典、德国民法典等欧洲近现代民法的重要历史渊源;谈到英国宪法,常会追溯到1215年的《大宪章》(Magna Carta)。对于当代中国法制,一方面,近代以来,我国的法制转型和建设具有浓重的法律继受色彩,且有多元复合的继受背景(例如,民法、刑法受德国、日本等大陆法系国家影响较深,公司法、证券法、知识产权法受美国、英国等普通法系国家及国际性立法影响较深),这导致我国当代法制的构成极为复杂,又缺乏深厚的历史和社会土壤的滋养;另一方面,如果不拘泥于形式(如立法用语和学术概念),更实质地观察,就会发现,影响立法、执法、司法、守法的基本社会观念和"法感情",仍然深植于我们自身的历史和社会发展。更重要的是,近一百多年来,尤其是近四十多年来,我国的法律实践也已经积累了很多新的"历史",必须结合这样的真实历史经验,才能更适切、更深刻地理解当代中国的法制。

第二种意义是法律的理论或哲学渊源,指"影响了法律、促成了立法或导致变革的理论上的或哲学上的原则",也就是现行法制整体或者个别法律制度的理论或哲学基础。例如,孟德斯鸠、洛克等启蒙思想家之于美国联邦宪法的影响,康德哲学之于德国民法典的影响,都是直接且深远的。和历史渊源类似,对于具有多元继受背景的当代中国法制,讨论法制整体乃至个别法律制度的理论或哲学渊源时,经常感觉"隔"了一层。这种缺憾实际上也意味着一种要求:我们应当结合各种理论渊源,既要充分吸收我国传统法律文化的精华,也要积极汲取世界法治文明的有益成果,尤其是要总结过去几十年来法治实践的经验、教训和规律,融会贯通,为我国的法制建设"回填"一个更坚实、更自觉的理论基础。

第三种意义是法律的正式渊源或形式渊源,指"基于某一机关被认可的权

---

① 参见薛波主编、潘汉典总审订:《元照英美法词典》,法律出版社2003年版,第1273页。

威而使它所制定颁布的那些规则具有了法律的效力”。也就是说,我们把何种类型、何种形式、何种来源的材料,认可为正式的法律。这可能最接近于我们通常理解的法律渊源概念。对于成文法传统的国家,最典型的法律当然是由立法机关通过特定法律程序制定的规范性文件,如全国人民代表大会及其常务委员会通过立法程序制定的法律文件。这里值得讨论的问题很多,对法律实践的影响也很大。又如,横向来看,除了立法机关,行政机关(如国务院)乃至司法机关(如最高人民法院)在何种范围内、何种程度上分享了部分立法权?纵向来看,地方立法机关在何种范围内、何种程度上分享了部分立法权?就具体类型的材料来讲,最高人民法院和最高人民检察院制定的司法解释是否属于正式的法律渊源?最高人民法院公布的指导性案例是否具有某种拘束力?法院的普遍实践、学界的主流学说、在较大范围内得到广泛认同的社会道德观念等,又是否可以成为某种意义上的法律渊源呢?

第四种意义是法律的文献渊源,即法律的各种形式渊源被权威性地记载于何处。现在我们早已习惯通过互联网上的专业法律数据库或者由出版社出版的纸质法律汇编来查找法律(包括裁判案例)。问题是,我们如何确定这些文献来源是可靠的呢?我们如何敢相信这些通常是由商业机构经营的法律数据库或者出版物正确地记载了法律?如果不同数据库或者法律汇编书籍对某一法律规范的记载并不相同(这偶尔确实会发生),我们又该如何判断何者是正确的呢?由此,我们应该想到,法律的形式渊源通常有刊载其标准文本的权威载体,如全国人大常委会公报、国务院公报、最高人民法院公报等。

第五种意义是法律的文化渊源,这里似乎表述为“法律的学说渊源”更为易懂,包括由对前述四种法律渊源的梳理、总结、评述、批判等而形成的各类研究性材料。

由此可见,广义上的法律渊源既内涵丰富,又意义重大。它既是对“法律从哪里来”的回答,也是对“什么是法律”的回答;既关涉最基本的宪法问题(如立法权的划分)和理论问题(如法律论证的性质与方法),也关涉最重要的实践问题(比如,既然法院裁判须“以法律为准绳”,我们就需要知道有哪些材料可以充当这样的“准绳”)。

本课程主要关注法律适用和法律论证的基本方法论问题。从法律适用的角度看,关心法律渊源,就是关心法律规范的来源,就是关心法律检索的目标。法律渊源的类型、范围和分布特征,框定了法律检索的主要对象和范围,也影响法律检索和法律论证的方法。

法律检索的对象可以大致分为主要渊源(primary sources)、次要渊源(secondary sources)和非法律材料(non – legal sources)。主要渊源对应前述第三、四种法律渊源,即一国被认可的具有权威性的各种形式的正式法律渊源(从这个角度可以观察各国法源的一些显著外在区别,如判例是否为正式法源)。次要渊源则可以涵盖前述第一、二、五种法律渊源(尤其是第五种,因为就材料而言,第一、二种法律渊源实际上也需要以第五种渊源中的文献为载体),它们可以帮助阐释正式法源的意义。非法律材料泛指能够帮助我们理解法律规范、法律制度及背后事实性问题的各种文献材料(如科学研究、社会调查、统计数据、新闻报道等)。法律所要处理的大部分问题,其实并不是"法律问题",而是以法治的方式处理的"社会问题"。要更好地理解特定法律规范和法律制度的意义及限度,就需要增进对其处理的社会事实问题(包括个案中的具体问题)本身的了解,对于那些复杂的、离个体日常生活经验较远的问题(如医疗、环保、科技、金融等领域),尤其如此。

二、功能视角的法源分类

正是由于法律渊源内涵的丰富性,要理解其意义和范围,从一开始,我们就应当采取一种更动态(而非静态)、更功能性(而非概念性)的理解方式。也就是,应当主要从法律适用(尤其是法律论证)的视角,理解不同法源性资料在法律适用过程(最典型的场景就是法院裁判个案)中的不同使用方式和作用。[①] 这也是我们讨论法律渊源分类的原因和视角——不同的分类,实际上体现了对各类法源性资料的作用乃至法律论证本身的不同理解。

(一)拘束性权威与说服性权威

一种常见分类是将法律渊源分为拘束性(binding)权威和说服性(persuasive)权威。[②] 前者是指对法律适用者(包括但不限于裁判者)具有拘束力的各类法源性资料(如制定法、习惯法、判例法国家的先例等),也被称为狭义的法律渊源。后者则包括其他能够帮助法律适用者正确认知现行法律之妥当含义的各类材料(如成文法国家的法院裁判、行政实践、学术文献乃至于一般国民观念

---

① 就侧重其形式载体而言,法律渊源也可称为法源性资料;就侧重其在法律论证中的意义而言,法律渊源也可称为法律权威。在英美法中,法律权威(authority of law)与法律渊源(sources of law, legal source)的意义相近。参见《元照英美法词典》中的"authority"和"authority of law"词条(法律出版社 2003 年版,第 119 – 120 页);[美]弗里德里克·肖尔:《像法律人那样思考:法律推理新论》(增订版),雷磊译,法律出版社 2023 年版,第 98 – 100 页。"法源性资料"概念借鉴自葛云松教授《简单案件与疑难案件——关于法源及法学方法的探讨》(载《中国法律评论》2019 年第 2 期),该文所述方法论对于法律检索与法律论证工作是极为适切的。根据语境和语言习惯,本文交替使用法律渊源、法源性资料和法律权威这三个概念。

② 另一种相似的分类,也是从法律适用(裁判)的角度,把法律渊源分为效力渊源和认知渊源。参见雷磊:《法的渊源:一种新的分类法及其在中国语境中的运用》,载《河北法学》2021 年第 11 期。

等),也被称为广义的法律渊源——这些材料对法律适用者并无拘束力,因此通常只有在他们被这些材料的实质性法律观点"说服"时,才会予以采纳。拘束性(binding)权威强调法律适用者必须受其拘束,而不能选择是否适用(哪怕其认为适用的结果是不妥当的),因此也就具有了强制性;相应地,既然说服性(persuasive)权威并无强制性,而取决于法律适用者是否被其理由说服,因此也就具有了选择性。

从法律适用的视角看,这一看似清晰的分类,是否能贴切地描述各类材料实际被使用的方式?是否能准确地提示材料的使用与法律论证的关系?以我国法为例,对于裁判者来说,最高人民法院的司法解释一般被认为具有拘束力,但最高人民法院发布的那些不属于司法解释的规范性文件(如指导意见、会议纪要等,通常也要求各级法院"贯彻执行")是否具有拘束力呢?最高人民法院发布的指导性案例(要求"各级人民法院审判类似案例时应当参照")具有拘束力吗?最高人民法院的普通生效裁判文书,高级人民法院制定的各类审判业务文件,乃至"法答网"的答疑意见,显然都不具有拘束力,但是,当律师或者法官[①]使用这些材料支持说理时,是真的(仅仅)因为被其中的实质性理由"说服"了吗?

美国学者弗里德里克·肖尔(Frederick Schauer)教授认为,从论证的角度看,说服性权威(persuasive authority)是一种自相矛盾的说法(oxymoron)。基于权威的论证是一种模式,被"说服"是另一种模式,两者几乎是相反的。[②] 支持一个决定(包括裁判这样的法律决定)的理由大致可以分为两类:第一类是实质理由(substantive reasons),它的支持力直接取决于其内容(例如,目标的可欲性,理由的正当性、正确性或者充分性等),因此也被称作一阶理由(first - order reasons);第二类是权威理由(authoritative reasons),它的支持力并非来自内容,而是取决于其权威性的地位(status)或者来源(source),因此也被称作独立于内容的理由(content - independent reasons)。与生活中的多数场景不同,支持法律决定的论证(法律论证)是一种典型的依赖权威的论证("依法裁判");或者说,支持法律论证的理由,首要且主要是权威理由——其中最重要的就是法律渊源。这并不是说法律论证完全不考虑实质理由,而是说,鉴于法律决定的性质以及宪

① 本文对方法论问题(包括法律渊源)的讨论,通常采用一种客观意义(规范意义)上的法官视角,即暂不考虑法官的个人因素(如知识水平、价值倾向等)以及可能影响裁判的其他因素(如工作负担、考评机制等),探究一个训练有素、依法行使审判权的法官应当如何进行法律适用。这同样也是律师会关注的视角(预测法官会如何裁判)。不过,考虑到裁判文书写作面临的现实约束和长期习惯,就法律论证(尤其是论证中的材料使用)而言,律师视角也极为重要,因为其经常更灵活、更有方向性,因此也可能更实质、更开放。

② 参见[美]弗里德里克·肖尔:《权威与诸权威》,载[美]弗里德里克·肖尔:《像法律人那样思考:法律推理新论》(增订版),雷磊译,法律出版社 2023 年版,第 91 – 124 页。另可参见雷磊:《指导性案例法源地位再反思》,载《中国法学》2015 年第 1 期。

法性要求(如立法权与司法权的分工),法律适用中的法律论证必须首先基于权威的法源性资料。对于法官来说,这些权威的法源性资料不仅在其印证了自身认为妥当的实质理由时,应当直接使用——此时,对于实质理由,法律渊源构成一种内化(internalization)以及替代。更重要的是,在其与自身认为妥当的实质理由相违背时,法官(通常)也被要求遵从这些权威理由,而非自行其是,这正是依法裁判(法治)的应有之义——此时,对于实质理由,法律渊源构成一种"排除"(exclusionary)或者"阻断"(preemptive)。对于诉讼律师来说,这也就指明了其工作方式或者策略:好的律师应当尽力让法官相信其委托人的立场在实质上是正确的、有理由的;但是,其必须善于运用各种具有权威性的法源性资料来有力地支持己方的立场,并以此告诉法官,即使法官本人不认可该立场在实质上是正确的,也应当依法作出有利于其委托人的判决。①

从这个角度看,"说服性权威"的表达确实是不准确的,因为在我们是为了论证的目的(提供"支持")而选择使用各类"说服性权威"时,我们首先看重的还是其地位或者来源(如在选择案例时,首先注重更高级别法院的案例;在选择学说时,首先注重学界通说或至少是主流学说),而非仅关注其内容。由此可见,就论证方式而言,即就论证对于权威的依赖而言,拘束性权威和说服性权威更多地只是程度的差别,而非性质的差别。

进一步说,"拘束性权威"的表达同样也可能是不够准确、甚至是具有误导性的。实际上,即使是真正的拘束性权威,对于裁判者来说,其拘束力也并非总是或必须是绝对的。例如,裁判者当然必须遵守成文法的规定,但该规定完全可能存在不同的解释方案,就这些不同解释方案(而非成文法规定本身),裁判者通常仍有选择的余地;在判例法国家,尽管上级法院的先例是有拘束力的,但下级法院仍然可以通过案件事实辩异(distinguish),即区分技术,在个案裁判中避免特定先例的使用;就本级法院明显错误的先例,甚至还可以通过"特别证立"(special justification)的方式推翻(overrule)。显然,即便遵循这些法源的义务并不是绝对的(absolute),也不影响这些法源确实是有拘束力(而非说服性)的。

由此,我们可以获得对于法律渊源的一种更开阔的认识,其拘束力不必是"全有全无"(all - or - nothing)的,而是可以有不同的分量(weight)。从法律适用的视角看,法源的分量主要体现在两个方面:第一个方面是各类法源性资料的等级序列,包括在同一类型的法源内部(如制定法的位阶)及不同类型的法源之间(如制定法与习惯法)的等级序列,即不同法源性资料的内容发生冲突时何者应当优先适用;第二个方面是在司法裁判中运用实质性论证(实质理由)偏离法

---

① 参见[美]弗里德里克·肖尔:《像法律人那样思考:法律推理新论》(增订版),雷磊译,法律出版社 2023 年版,第 98 页。

源（形式权威）的难度，即如果法官不认可某些法源性资料供给的规范内容，法官能否通过实质性论证偏离该内容，以及如果可能，难度如何（论证负担有多重）。[①] 有些法源性资料的分量较重（如制定法的明确规定），乃至具有不可推翻的严格拘束力（strictly binding），此为强拘束力法源；有些法源性资料的分量较轻，其拘束力是可废止的（defeasible），即在个案裁判中，法官既可以认可其权威，也可以在不认可其内容时，通过实质性论证的方式废止其效力并补充新的规范内容，此为弱拘束力法源。法官废止弱拘束力法源的权力附属于其司法权力的行使，是为回应个案裁判的需要而进行附带性、补充性"立法"权力的一部分，应当受到宪法分权原则及法律体系的指导和限制。

现在，我们可以尝试从法律适用和法律论证的视角，给（狭义的）法律渊源下一个操作性定义（operational definition）：法律渊源是指那些能够供给法律规范内容的有拘束力的材料（法源性资料），既包括不可废止的强拘束力法源，也包括可以废止的弱拘束力法源。在我国法上，法律、行政法规、司法解释等，一般被认为是强拘束力法源；指导性案例、司法通说、[②]学界通说等，则可以被认为是弱拘束力法源。对于法官来说，"拘束力"是一把"双刃剑"：既是一种拘束，一种要求；也是一种依靠，一种解放。既然这些法源性资料会"拘束"法官，也就是说，法官应当依照这些法源性资料供给的法律规范内容（作为法律适用的大前提）裁判；那么，法官就应当找到、识别并准确使用这些法源性资料，这就对法律检索工作提出了要求。同时，既然这些法源性资料供给的内容就是"法"，负有依法裁判义务的法官应当受此约束；那么，对于为什么法律体系中存在某法律规范，为什么应当适用某法律规范，法官通常就可以在形式上诉诸法源性资料，而并无义务再对法律规范的合理性提供实质性论证。相反，如果某些辅助性材料（如个别裁判观点、少数学说意见乃至比较法等）同样试图供给法律规范的内容，但对于法官来说并无（哪怕是最低限度的）拘束力，这些材料就不能被称作（狭义的）法源性资料。但是，这并不代表这些材料就不能在法律论证中被使用（尤其是在做实质性论证时，我们经常需要使用这些材料），也不代表我们在使

① 参见雷磊：《指导性案例法源地位再反思》，载《中国法学》2015 年第 1 期。

② 最高人民法院发布的指导意见、会议纪要等材料，对司法实务的影响极大，从实用的角度，不妨粗糙地理解为属于弱拘束力法源（法官通常应当遵循，但也可以通过实质性论证废止）。不过，严格来讲，这些规范性文件本身并不直接是有拘束力的法源（区别于司法解释），但这些文件以及其他相关材料，比如最高人民法院的生效裁判文书乃至"法答网"的答疑意见等，可以被用来论证存在关于某一法律问题的司法通说（一种弱拘束力法源）。显然，材料的呈现方式（如与裁判文书相比，指导意见或者会议纪要对于裁判规则的揭示经常更加凝练和清晰）、权威等级（如相较于"法答网"的答疑意见，最高人民法院发布的正式规范性文件的层级更高）、内容新旧（如同样是最高人民法院的生效裁判文书，时间更近的裁判通常更能代表现在的裁判尺度）等，都会影响其对于司法通说（存在与否以及内容为何）的"证明力"。

用这些材料时就只看重其内容的妥当性和说服力，而不看重其来源的权威与否（实际上，为了增强实质性论证的正当性和可接受性，我们同样应当优先使用那些更具权威性的材料）。

可以说，在个案裁判中，或者在具体的法律论证中，无论是有拘束力的材料（法源性资料），还是没有拘束力的材料，都有两种使用方式（见表2-1）：一种是基于权威的使用（作为形式论证的一部分，提供权威理由），另一种是非基于权威的使用（作为实质论证的一部分，提供实质理由）。[①] 例如，地方性法规在性质上是一种有拘束力的法源，因此，上海的法官可以基于其权威地位（形式论证）而适用上海市某地方性法规（情形①）。但是，当一个深圳的律师引用上海市某地方性法规中的具体规定，试图说明深圳市某地方性法规中不够具体的相似规定也应当做如此解释时，律师显然是试图"说服"法官这样解释是合理的（背后的理由，比如是因为上海和深圳面临相似的社会问题以及价值判断），其引用上海市地方性法规主要是服务于实质论证的目的（情形②），而不是认为此时上海市的地方性法规对于法官来说是有拘束力的。又如，普通个案裁判文书本身并非有拘束力的法源性资料，但是，当一个律师引用最高人民法院或者广东省高级人民法院的生效裁判，试图"说服"深圳市中级人民法院的法官应当"同案同判"时，其显然也不只是诉诸当下在审的案件与这些案件实质上的相似性，也同样是在诉诸最高人民法院或者高级人民法院的权威地位（情形③）。比较而言，如果此时律师引用的是上海市高级人民法院或者广州市中级人民法院的生效裁判，其更多依赖的就不是这些材料的权威性，而是内容上的妥当性和说服力（情形④）。

表2-1　法律论证：材料性质与论证性质

论证性质	材料性质	
	有拘束力	无拘束力
权威理由	情形①	情形③
实质理由	情形②	情形④

① 需要注意的是，在具体的法律论证中，形式论证与实质论证并不总是泾渭分明的。尤其是从律师视角来看，论证就是为了说服，因此，形式论证和实质论证总是配合使用，乃至杂糅使用，以试图最大化论证（说服）的效果。此外，由于法律论证所具有的浓重的依赖权威的特点，即使是在提供实质理由时，律师或者法官也会尽量选择使用那些更具权威性的材料。换句话说，在法律论证中，正如"说服力"（实质正当性）可以是"权威性"（形式正当性）的一个支撑，"权威性"本身甚至就可以是"说服力"的一个来源。

(二)强制性权威与选择性权威

基于上述讨论,仍然可以说,狭义的法律渊源,就是那些对裁判者有拘束力的法源性资料。也就是说,我们没有改变拘束性权威的定义,只是扩大了其范围(不止包括制定法等强拘束力法源,还包括指导性案例、司法通说、学界通说等弱拘束力法源)。那些对裁判者没有拘束力的材料,比如个案裁判、尚未成为通说的学术观点等,并非只是说服性的——将它们当作某种有权威的材料来使用,或者说在实质论证过程中同时利用它们的形式权威性和内容妥当性,仍然是最常见的使用方式。这些没有拘束力的论证材料,与其说是广义的法律渊源(性质上的区别),不如说是"潜在"的法源性资料①(发展阶段或者成熟度上的区别),作为素材,它们会对司法通说或者学界通说的形成、发展和改变产生影响。

进而,我们也就可以理解为何肖尔教授认为,与拘束性权威与说服性权威相比,强制性权威(mandatory authority)与选择性权威(optional authority)可能是一种更好的分类。这种分类把关注点从偏宏观和静态视角的一种非此即彼的性质上的区分(某种材料要么属于拘束性权威,要么属于说服性权威),转移到了偏微观和动态视角的一种功能性的区分(对于法律论证主体来说,哪些材料是必须使用的,哪些材料是可以选择使用的)。

强制性权威,是指就当下案件的处理而言,特定法源性资料在法律论证过程中必须被使用(to use),而非在结果意义上必须被遵从(to follow)。强制性源于拘束性。对于个案裁判具有拘束力的各类法源性资料,首先都应当被检索,其次通常也会被适用,即以这些法源性资料提供的法律规范内容作为法律适用的大前提——这正是拘束性的意义。但是,强制性(必须使用)是绝对的,拘束性(必须适用)却不是绝对的。不仅弱拘束力法源(如指导性案例)可以被法官通过实质性论证例外地偏离或者废止;即便是强拘束力法源(如行政法规),是否总是可能或者应当被严格适用,经常也还需要考虑其他因素,例如规范内容的密度(如某规范的语言表述是否给予裁判者不同的解释可能,乃至是否直接授权裁判者补充具体裁判标准)、在法律体系中的位阶(是否抵触上位法的规定或者原则)等。

选择性权威则是指就当下案件的处理而言,裁判者可以自主选择是否使用以辅助论证的材料。应当注意的是,这不仅包括那些没有拘束力的材料,也包括那些尽管在性质上属于法源(有拘束力)但对当下的个案裁判没有直接拘束力的材料(如其他省份的地方性法规、规制不同事项的法律等)。这些材料的使用

---

① 参见葛云松:《简单案件与疑难案件——关于法源及法学方法的探讨》,载《中国法律评论》2019 年第 2 期。

是法官自主选择,而非被法律体系强加的,但之所以在论证中选择使用这些(而非那些)材料,并非仅基于其内容,而仍然需要考虑其权威地位的影响。因此,与其说强制性权威与选择性权威是两类截然不同的权威,不如说它们反映了法官使用权威材料的两种不同方式。选择性权威的范围显然是很广泛的,但也并非毫无限制,这取决于一国法律实践和法律文化认可哪些材料可以在法律论证过程(尤其是在正式的法律裁判文书)中提供哪怕是最低限度的权威性和正当性,由此我们可以进一步将选择性权威分为可用型材料(permissible sources)与禁用型材料(impermissible sources)(见图2-23)。显然,哪些材料是可用的,哪些材料是禁用的,是一种流变的实践。

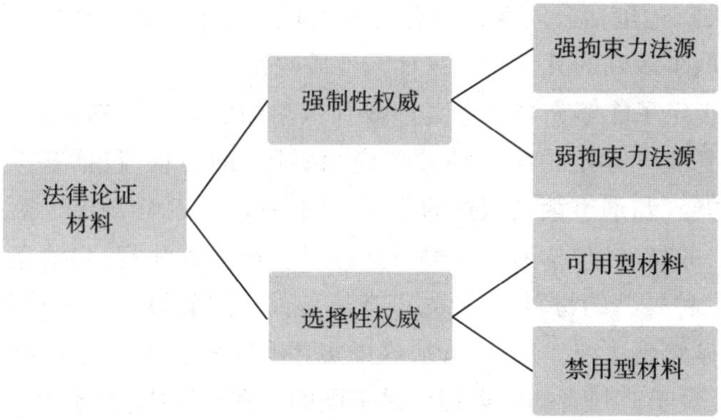

图2-23 强制性权威与选择性权威

(三)裁判依据与裁判说理依据

对于我国的法律实践,尤其是司法裁判来说,最高人民法院2009年颁布的一个司法解释,《最高人民法院关于裁判文书引用法律、法规等规范性法律文件的规定》(法释〔2009〕14号;以下简称《09裁判文书引用规定》),提供了一种基本的材料分类标准,即区分裁判依据与裁判说理的依据。这个司法解释不长,总共8条,建议认真阅读全文。

首先应当注意的是,《09裁判文书引用规定》关注的是静态的"引用"问题,而非动态的"适用"问题(如法律规范冲突问题),尽管这两者不可能截然分开。"引用"问题也不只是援引技术问题或者文本规范问题,更关涉重要的法律渊源问题。在第1条表明"人民法院的裁判文书应当依法引用相关法律、法规等规范性法律文件作为裁判依据"后,第3条、第4条、第5条分别列举了可以充当刑事、民事和行政案件裁判依据的法源性资料:

第3条 刑事裁判文书应当引用法律、法律解释或者司法解释。刑事附带民事诉讼裁判文书引用规范性法律文件,同时适用本规定第四条规定。

第4条　民事裁判文书应当引用法律、法律解释或者司法解释。对于应当适用的行政法规、地方性法规或者自治条例和单行条例，可以直接引用。

第5条　行政裁判文书应当引用法律、法律解释、行政法规或者司法解释。对于应当适用的地方性法规、自治条例和单行条例、国务院或者国务院授权的部门公布的行政法规解释或者行政规章，可以直接引用。

第3条规定了能够充当刑事案件裁判依据的法源性资料范围，只包括三类：法律、法律解释、司法解释。对比第4条和第5条，刑事裁判依据的范围是最窄的。但是，这种形式上的"最强封闭性"也可能是一种具有误导性的表象。例如，在引起广泛关注的"赵春华非法持有枪支案"①中，真正影响案件结果的显然不只是《刑法》，还包括公安部的规范性文件（甚至都不是规章）。那么，这些实际上会影响刑事裁判的其他材料是什么性质呢？

第4条规定了能够充当民事案件裁判依据的法源性资料范围，并区分了两种类型：(1)第1句规定了第一种，即"应当引用"的材料，包括三类：法律、法律解释、司法解释（与刑事裁判依据的范围一致）；(2)第2句规定了第二种，即"可以直接引用"的材料，包括另外三类：行政法规、地方性法规、自治条例和单行条例②。就第二种类型的材料，需要先审查其是否"应当适用"——虽然没有明说，但审查主体显然是法院。也就是说，这里实际上区分了两档法源，都可以充当裁判依据，但其对于裁判者的约束程度是不同的。在个案中，对于第二档法源能否适用（如是否违反上位法），法院有一定的审查权限和义务。③

第5条规定了能够充当行政案件裁判依据的法源性资料范围，并同样区分了两档：(1)第1句规定了第一档法源，即"应当引用"的材料，包括四类：法律、法律解释、行政法规、司法解释（增加了行政法规）；(2)第2句规定了第二档法源，即"可以直接引用"的材料，也包括四类：地方性法规、自治条例和单行条例、国务院或者国务院授权的部门公布的行政法规解释、行政规章。类似地，这两档法源都可以充当行政案件的裁判依据，但其对于裁判者的约束程度是不同的，法院对于第二档法源能否适用有审查的权限和义务。

值得注意的是，第2条在规定可以充当裁判依据的规范性法律文件的引用

---

①　该案的基本案情是：赵春华在摆设射击摊位进行营利活动时被公安机关抓获，并当场查获涉案枪形物9支及相关枪支配件、塑料弹等；经天津市公安局物证鉴定中心鉴定，涉案9支枪形物中的6支属于能正常发射以压缩气体为动力的枪支。参见天津市第一中级人民法院刑事判决书，(2017)津01刑终41号。相关研究，参见邹兵建：《非法持有枪支罪的司法偏差与立法缺陷——以赵春华案及22个类似案件为样本的分析》，载《政治与法律》2017年第8期。

②　出于表述便利和习惯，我们把自治条例和单行条例这两种民族自治法规归为一类。

③　"'应当适用'即隐含了法官适用法律的审查和判断，但如何适用法律，人民法院应当结合案件情况，并根据有关法律规定进行。"参见吴兆祥：《〈关于裁判文书引用法律、法规等规范性法律文件的规定〉的理解与适用》，载《人民司法(应用)》2009年第23期。

顺序时,只提及“法律及法律解释、行政法规、地方性法规、自治条例或者单行条例、司法解释”。第5条列举的可以作为行政案件裁判依据的材料实际上已经超出了这个范围。此外,第3条、第4条、第5条都是完全列举。这就给我们留下了疑问:这几条是否真的穷尽了可以充当裁判依据的全部法律渊源?例如,对于民事案件来说,国际条约、习惯法乃至当事人之间订立的合同、章程,是否能够充当裁判依据?第4条、第5条提及的行政法规、地方性法规、行政规章等对于刑事裁判有什么意义?行政规章对于民事裁判又有什么意义?这就需要看第6条:

第6条　对于本规定第三条、第四条、第五条规定之外的规范性文件,根据审理案件的需要,经审查认定为合法有效的,可以作为裁判说理的依据。

由第6条,并结合前几条,可以得出三个初步的结论:(1)司法系统将法律论证相关的材料明确区分为两大类,一类是可以充当裁判依据的法源性资料(它们当然也可以充当说理依据),另一类是只能充当裁判说理依据的材料;(2)对于裁判说理依据,法院应当审查其是否“合法有效”,审查通过的,可以采纳以协助阐明裁判理由(包括进一步阐明裁判依据的具体内容);(3)第6条规定只涉及“规范性文件”,固然不能认为其彻底排除了其他类型的材料(例如,裁判案例显然不属于“规范性文件”,是否就不能作为说理依据?),也似乎暗示并非所有材料都能够充当裁判说理的依据(存在禁用型材料)。

最高人民法院2016年印发的《人民法院民事裁判文书制作规范》(法〔2016〕221号)是有助于我们更好地理解裁判依据与裁判说理依据区分的重要材料。在第九部分,最高人民法院明确表示,“本规范可以适用于人民法院制作的其他诉讼文书,根据具体文书性质和内容作相应调整。”因此,该文件对刑事和行政裁判文书等亦具有指引性。

我们先来看一下民事裁判文书的基本要素:

文书由标题、正文、落款三部分组成。

标题包括法院名称、文书名称和案号。

正文包括首部、事实、理由、裁判依据、裁判主文、尾部。首部包括诉讼参加人及其基本情况,案件由来和审理经过等;事实包括当事人的诉讼请求、事实和理由,人民法院认定的证据及事实;理由是根据认定的案件事实和法律依据,对当事人的诉讼请求是否成立进行分析评述,阐明理由;裁判依据是人民法院作出裁判所依据的实体法和程序法条文;裁判主文是人民法院对案件实体、程序问题作出的明确、具体、完整的处理决定;尾部包括诉讼费用负担和告知事项。

落款包括署名和日期。

从裁判文书的要素来看,“裁判依据”和“理由”是两个独立的部分(见图

2－24)。其中,“裁判依据”位于裁判主文(具体的裁判决定)之前,可以说是这些决定的效力渊源。裁判依据的具体范围,应当根据裁判文书的性质,“严格适用《最高人民法院关于裁判文书引用法律、法规等规范性法律文件的规定》”。“理由”部分的“核心内容是针对当事人的诉讼请求,根据认定的案件事实,依照法律规定,明确当事人争议的法律关系,阐述原告请求权是否成立,依法应当如何处理”。“理由”部分可以引用规范性文件乃至其他材料(如指导性案例)。只能够充当裁判说理依据的法源性资料及其他论证材料(如指导性案例、司法解释之外的其他司法规范性文件等),仅可以用在“理由”部分,而不能作为“裁判依据”。

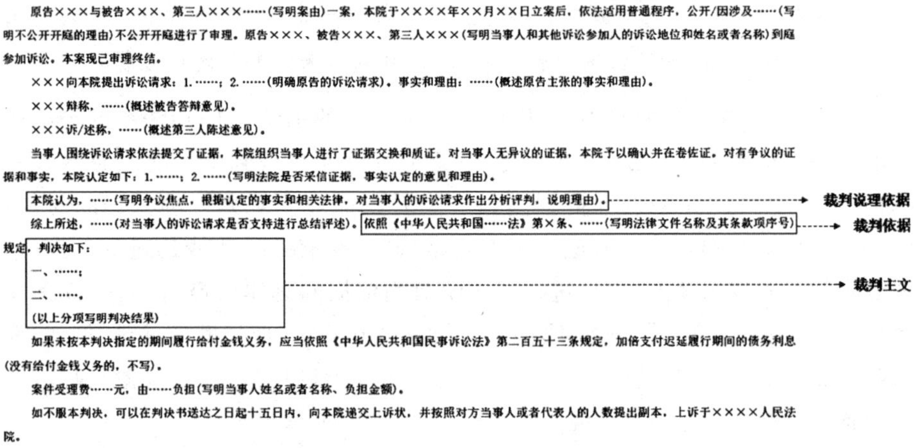

图 2－24 裁判依据与裁判说理依据

可见,至少在司法系统内,裁判依据与裁判说理依据的区分是一种法定的区分,也是一种严格的形式性区分。依法裁判的要求决定了裁判的法律效力只能源于范围明确且有限的裁判依据。它实际上是表明:在我国法律体系下,哪些材料被认为属于强拘束力法源(刑事、民事和行政案件存在区别)。但在个案裁判中,到底是什么材料影响了法官的最终裁判结果,则是一个更复杂的问题。例如,在“赵春华非法持有枪支案”中,真正影响案件结果的是公安部的规范性文件①,因为其实质上决定了对作为裁判依据的《刑法》条文(第 128 条第 1 款②的核心构成要件“枪支”)的理解。因此,从形式上看,裁判依据当然是最重要的法源性资料;但我们在进行法律检索和法律论证时,仅仅关注裁判依据是远远不够的。

① 包括《公安机关涉案枪支弹药性能鉴定工作规定》(公通字〔2010〕67 号)、《枪支致伤力的法庭科学鉴定判据》(GA/T 718－2007)等。

② 《刑法》第 128 条第 1 款规定:“违反枪支管理规定,非法持有、私藏枪支、弹药的,处三年以下有期徒刑、拘役或者管制;情节严重的,处三年以上七年以下有期徒刑。”

三、小结

由于权威论证是法律论证的首要特征，法律渊源问题无可避免地处于法律推理与法律论证的中心。可以说，对于实践导向的法（教义）学，法律渊源（指向法律适用的大前提）的识别、检索和运用是最基础且重要的方法。对法律适用而言，法源性资料的类型、范围和分布特征，框定了法律检索的主要对象与范围，也指引了法律检索的方法，因此很适合作为第一个重要的方法论问题探讨。在本课程中，我们希望尽可能跨越部门法的界限，更一般性地理解和应用共通的基础法学方法，那么，在更一般的意义上，理解中国法上法源性资料的范围和特征，学会在法律适用和法律论证过程中妥当使用各类法源性资料，自然成为我们关切的重心。为此，我们首先需要对中国法上重要的法源性资料有一个基本的了解。

第二节　中国法法源性资料概览

中国法上法源性资料范围广泛，完全可以从不同角度进行考察。在本节，我们还是从法律适用和法律论证的视角出发（因此特别关注法院裁判的维度），基于三类核心“作者”的识别（立法者、司法者和研究者，见图 2－25），将法源性资料分为三大类型。①

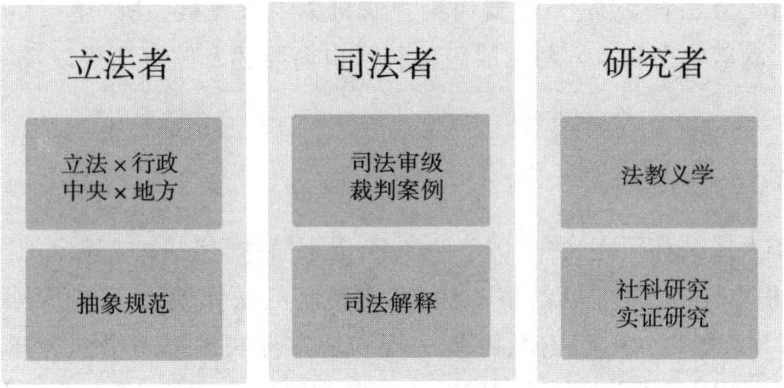

图 2－25　中国法上法源性资料的范围

第一类“作者”是“立法者”，也是通常认为最重要的“作者”，其供给的法源

① 限于课程目的，本节的梳理暂不包括我国香港特别行政区、澳门特别行政区和台湾地区的法源性资料。

性资料主要是抽象法律规定。自横向看，并非只有狭义的立法机关（如全国人民代表大会及其常务委员会）享有立法权，行政机关（如国务院以及国务院部门）也享有重要的立法权；此外，监察机关和军事机关也在其各自权限范围内享有一定的立法权。自纵向看，不只是中央的立法机关和行政机关享有立法权，地方立法机关（如省、设区的市的人民代表大会及其常务委员会）和行政机关（如省、设区的市的地方人民政府）也分享部分的立法权。

第二类“作者”是“司法者”，其供给的法源性资料主要是裁判案例，[①]即此类材料总是连带着个案的法律适用而生产——这是其最重要、最不可替代的特征。不过，在我国，最高人民法院和最高人民检察院还制定带有鲜明抽象规定色彩的“司法解释”。

第三类“作者”是研究者，其供给的法源性资料主要是理论学说。研究者对抽象规定的内容及其在个案中的适用情况进行观察、整理、研究和评价，由此生产出来的学说文献虽不能成为裁判依据，但有可能成为裁判说理依据；更重要的是，通过法学教育和法律学习的过程，这些知识和方法会成为立法者和司法者的“前见”，进而深刻影响法律实践。

以下我们就从立法者系统、司法者系统和研究者系统这三个方面[②]概览中国法上重要的法源性资料，简要介绍各类材料的特点，提示若干重要问题，并探究其发展变迁的趋势。

一、立法者系统

我们在“立法者系统”下主要讨论立法机关与行政机关所“生产”的各类法源性资料，涵盖中央和地方两个层级；同时，也简要述及监察法规以及军事法规和规章。

（一）宪法

《中华人民共和国宪法》(2018 年修正，以下简称《宪法》)“规定了国家的根本制度和根本任务，是国家的根本法，具有最高的法律效力。”（序言第 13 段）《宪法》第 5 条规定，一切法律、行政法规和地方性法规都不得同宪法相抵触。（第 3 款）一切国家机关和武装力量、各政党和各社会团体、各企业事业组织都

---

① 准确地说，个案裁判只是素材，是潜在的法源性资料。真正有（弱）拘束力的法源性资料是长期司法实践形成的司法通说。类似地，个别学术研究也只是素材，真正有（弱）拘束力的是商谈形成的学界通说。

② 注意：这一视角具有局限性。尤其是从法律适用的角度看，这种分类忽略了对于民商事案件的裁判来说特别重要的“当事人法”（合同、协议、章程等）以及习惯（法）。

必须遵守宪法和法律。一切违反宪法和法律的行为,必须予以追究。(第4款)《中华人民共和国立法法》(2023年修正,以下简称《立法法》)第98条同样明确规定:"宪法具有最高的法律效力,一切法律、行政法规、地方性法规、自治条例和单行条例、规章都不得同宪法相抵触。"由此,完全可以说,作为根本法的《宪法》是我国最重要的法律渊源。

然而,重读《09裁判文书引用规定》,我们也许会惊讶地发现,《宪法》并不在其规定的刑事、民事或者行政案件裁判依据的范围。21世纪初,最高人民法院的一个司法解释曾经激起关于"宪法司法化"讨论的热潮。① 近年来,最高人民法院则多次明确表示不得引用宪法作为裁判依据。由最高人民法院法官执笔的《〈关于裁判文书引用法律、法规等规范性法律文件的规定〉的理解与适用》特别对援引宪法规定问题作如下说明:

对于人民法院在裁判文书中能否引用宪法规定作为说理或者裁判的依据,尽管最高人民法院历来的司法解释都持否定态度,但随着改革开放和经济的发展,民众的权利意识不断增强,法律观念不断提升,加之立法相对滞后,实践中出现了按照宪法规定起诉以保护权利的所谓"宪法诉讼"案件,有些地方法院亦予受理;同时理论界关于宪法司法化的讨论也日益热烈,要求确保宪法的实施和执行,并通过司法途径予以保障。特别是经有关媒体宣传报道后,引起了社会的争议。宪法是国家的根本大法,其解释和监督实施机关为全国人大及其常委会,人民法院不受理宪法诉讼案件,也不以宪法作为裁判依据。为此,最高人民法院下发文件要求"各级人民法院不得受理所谓的'宪法诉讼'案件,不得将宪法引入诉讼程序,不得改变宪法规定的国家机关的职能配置,绝不允许损害宪法权威。""人民法院审判案件,不得在裁判文书中援引宪法规定。对于宪法和法律都有规定的,人民法院应当依据法律规定裁判案件。"上述通知发出后,全国各级法院很好地贯彻执行,未再受理所谓"宪法诉讼"案件,也未再在裁判文书中援引宪法规定作为裁判依据。《规定》第1条明确规定,"人民法院的裁判文书应当依法引用相关法律、法规等规范性文件作为裁判依据"。其义有二:一是人民法院裁判文书应当引用规范性法律文件作为裁判依据;二是引用规范性法律文件的范围限于法律、法规等范围,不包括宪法在内,这与立法法规定是一致的。②

根据上述意见,比较确定的是:不能引用宪法作为裁判依据。不太确定的

---

① 参见《最高人民法院关于以侵犯姓名权的手段侵犯宪法保护的公民受教育的基本权利是否应承担民事责任的批复》(法释〔2001〕25号)。该批复已于2008年被《最高人民法院关于废止2007年底以前发布的有关司法解释(第七批)的决定》(法释〔2008〕15号)废止,理由是"已停止适用"。

② 吴兆祥:《〈关于裁判文书引用法律、法规等规范性法律文件的规定〉的理解与适用》,载《人民司法(应用)》2009年第23期。

是:是否也不可以引用宪法作为裁判说理的依据?《09 裁判文书引用规定》第 6 条本身并无明确规定;前述《理解与适用》似乎倾向于否定意见。2016 年最高人民法院《人民法院民事裁判文书制作规范》则明确表达了肯定意见:“裁判文书不得引用宪法和各级人民法院关于审判工作的指导性文件、会议纪要、各审判业务庭的答复意见以及人民法院与有关部门联合下发的文件作为裁判依据,但其体现的原则和精神可以在说理部分予以阐述。”①

这种看上去未免有些奇怪的局面实际上反映了长期以来一个根深蒂固的观念,即解释和监督宪法实施的权力专属于全国人民代表大会及其常务委员会。这种似是而非的观念,首先,混淆了解释宪法的专属权力和最高权力。全国人民代表大会常务委员会享有解释宪法的最高权力,并不意味着其是唯一、专属的宪法解释机关。正如全国人民代表大会常务委员会享有解释法律的最高权力(《宪法》第 67 条第 4 项、《立法法》第 48 条),但这绝不意味着其是唯一、专属的法律解释机关。国务院要“根据宪法和法律,规定行政措施,制定行政法规,发布决定和命令”(《宪法》第 89 条第 1 项),地方各级人民代表大会要“在本行政区域内,保证宪法、法律、行政法规的遵守和执行”(《宪法》第 99 条第 1 款),显然都涉及解释宪法和监督宪法实施的工作。其次,这种观念也混淆了特定意义的法律审查活动、特定类型的法律解释文件与广泛存在的法律解释工作。例如,存在抵触宪法或者上位法等情形时,改变或者撤销法律、行政法规、地方性法规、自治条例和单行条例、规章的权限,由特定立法机关和行政机关分别依法享有和行使(《立法法》第 107 条、第 108 条);与法律具有同等效力的“法律解释”,作为一种专门类型的法源性资料,只能由全国人民代表大会常务委员会制作(《立法法》第 48 条、第 53 条)。但是,很显然,各级司法机关和执法机关每天都在个案处理过程中从事法律解释的工作,并体现在其制作的各种法律决定之中。

近年来,合宪性审查的工作在加快推进。2023 年修正的《立法法》在多处(第 23 条、第 36 条、第 58 条、第 110 条、第 112 条)规定了合宪性审查。《全国人民代表大会常务委员会关于完善和加强备案审查制度的决定》(2023 年 12 月 29 日第十四届全国人民代表大会常务委员会第七次会议通过)要求推进合宪性审查,并“在备案审查工作中注重审查法规、司法解释等规范性文件是否存在不符合宪法规定、宪法原则、宪法精神的内容”。《中共中央关于进一步全面深化改革、推进中国式现代化的决定》(2024 年 7 月 18 日中国共产党第二十届中央委

---

① 最高人民法院近年的裁判文书中引用宪法说理的,参见“中国生物多样性保护与绿色发展基金会诉福建省平潭县流水镇人民政府等生态破坏环境公益诉讼再审案”(最高人民法院民事裁定书,(2020)最高法民再 260 号)。此外,最高人民法院 2022 年 12 月 30 日发布的指导案例 208 号“江西省上饶市人民检察院诉张永明、张鹭、毛伟明生态破坏民事公益诉讼案”,其“裁判理由”部分也明确援引了《宪法》第 26 条。

员会第三次全体会议通过）也重申“完善合宪性审查、备案审查制度”。不过，合宪性审查和合宪性解释仍然是相当不同的工作。合宪性审查主要是在立法过程中的事前审查。合宪性解释则宽泛得多，指在法律适用过程中，尤其是各级人民法院裁判个案的过程中，在对个案裁判所应适用的法源（尤其是裁判依据）进行解释时，应当考虑宪法规定和原则；特别是，存在数种不同的法律解释可能时，应当优先选择与宪法规定和精神更相符合的解释方案。这在方法论上其实是很自然的要求。由此，我们可以说，实质上，《宪法》应当是我国最重要的法律渊源；形式上，在当前的习惯做法下，《宪法》可以作为刑事、民事和行政案件中的裁判说理依据，①通过合宪性解释的操作，确保宪法的贯彻实施。

（二）法律

这里的“法律”是指狭义上的法律，即由全国人民代表大会和全国人民代表大会常务委员会行使国家立法权而制定的一类强拘束力法源（《宪法》第 57 条、第 58 条）。

请比较阅读《宪法》和《立法法》中的相关规定，能否看出两者的细微不同？

《宪法》第 62 条　全国人民代表大会行使下列职权：（一）修改宪法；（二）监督宪法的实施；（三）制定和修改刑事、民事、国家机构的和其他的基本法律；……

《宪法》第 67 条　全国人民代表大会常务委员会行使下列职权：（一）解释宪法，监督宪法的实施；（二）制定和修改除应当由全国人民代表大会制定的法律以外的其他法律；……

《立法法》第 10 条　全国人民代表大会和全国人民代表大会常务委员会根据宪法规定行使国家立法权。全国人民代表大会制定和修改刑事、民事、国家机构的和其他的基本法律。全国人民代表大会常务委员会制定和修改除应当由全国人民代表大会制定的法律以外的其他法律；在全国人民代表大会闭会期间，对全国人民代表大会制定的法律进行部分补充和修改，但是不得同该法律的基本原则相抵触。全国人民代表大会可以授权全国人民代表大会常务委员会制定相关法律。

根据上述规定，法律可以进一步分为两类：基本法律和普通法律（后者即

---

①　也就是说，在最低限度上，《宪法》应当是一种可以用于裁判文书说理论证的选择性权威，即为可用型材料。为了保障《宪法》的实施，更应当将《宪法》作为一种特殊的强制性权威，即在实质上，总是必须使用且遵循（合宪性解释）。只不过，由于《宪法》发挥作用的方式并非直接供给各部门法的具体法律规范，而是以其规定、原则和精神指导、约束这些法律规范的解释与建构，因此在不对具体法律规范的内容（无论是积极的建构还是消极的限制）产生较切近的影响时，在形式上，不必总是引用《宪法》来说理论证。

“其他法律”)。根据《宪法》,刑事、民事、国家机构的和其他的基本法律由全国人民代表大会制定和修改,普通法律则由全国人民代表大会常务委员会制定和修改。根据《立法法》,在全国人民代表大会闭会期间,全国人大常委会也可以对基本法律进行部分补充和修改,但是不得同该法律的基本原则相抵触。事实上,由于全国人民代表大会每年只举行一次会议且会期较短,全国人大常委会在制定和修改法律方面发挥了极为重要的作用。因此,理论上说,基本法律的位阶比普通法律更高,但这种区分目前的实践意义较小。

更为重要的问题是,哪些事项只能制定法律(法律保留原则)?请阅读:

《立法法》第 11 条　下列事项只能制定法律:(一)国家主权的事项;(二)各级人民代表大会、人民政府、监察委员会、人民法院和人民检察院的产生、组织和职权;(三)民族区域自治制度、特别行政区制度、基层群众自治制度;(四)犯罪和刑罚;(五)对公民政治权利的剥夺、限制人身自由的强制措施和处罚;(六)税种的设立、税率的确定和税收征收管理等税收基本制度;(七)对非国有财产的征收、征用;(八)民事基本制度;(九)基本经济制度以及财政、海关、金融和外贸的基本制度;(十)诉讼制度和仲裁基本制度;(十一)必须由全国人民代表大会及其常务委员会制定法律的其他事项。

《立法法》第 12 条　本法第十一条规定的事项尚未制定法律的,全国人民代表大会及其常务委员会有权作出决定,授权国务院可以根据实际需要,对其中的部分事项先制定行政法规,但是有关犯罪和刑罚、对公民政治权利的剥夺和限制人身自由的强制措施和处罚、司法制度等事项除外。

《立法法》第 11 条具体规定了十种只能制定法律的重要事项以及一个兜底规定。但是,第 12 条又规定了“授权立法”,即只能制定法律的事项尚存在立法空白时,全国人民代表大会及其常务委员会有权作出决定,授权国务院“根据实际需要”就部分事项先行制定行政法规,“有关犯罪和刑罚、对公民政治权利的剥夺和限制人身自由的强制措施和处罚、司法制度等事项除外”。应该说,考虑到我国改革开放四十多年来社会、经济等领域的巨大发展,尤其是在早期,这种“实际需要”是常见且迅猛的,授权立法的实践也是必要的。但是,随着立法的不断发展,这种做法也留下了一些隐患。例如,根据《立法法》第 14 条,“经过实践检验,制定法律的条件成熟时”,全国人民代表大会及其常务委员会应当及时制定法律(如果没有及时制定呢?);并且,“法律制定后,相应立法事项的授权终止”。问题是,相应授权终止,是不是意味着之前制定的相关行政法规自动失效?如果相关法律和行政法规并不完全重合,而只是规范事项有所交叉,又该如何判断和处理?这种授权立法的长期实践可能会积累不少潜在的法律冲突问题,影响法律的透明度和确定性。

(三)法律解释

这里的“法律解释”,特指一类立法活动以及作为其结果的一类强拘束力法源。根据《立法法》第 48 条,“法律解释权属于全国人民代表大会常务委员会”——这只能理解为制作“法律解释”这类特别法源性资料的权力专属于全国人民代表大会常务委员会(见图 2 – 26)。有以下两类情况之一,即“法律的规定需要进一步明确具体含义的”或“法律制定后出现新的情况,需要明确适用法律依据的”,由全国人大常委会解释。法律解释草案表决稿由全国人大常务委员会全体组成人员的过半数通过(《立法法》第 52 条),这与由全国人大常务委员会制定的法律(普通法律)所需要的通过条件是完全一致的(《立法法》第 44 条第 1 款)。区别只在于,普通法律通过后,由国家主席签署主席令予以公布(《立法法》第 47 条);法律解释通过后,由常务委员会发布公告予以公布(《立法法》第 52 条)。因此,也就不难理解,为什么“全国人民代表大会常务委员会的法律解释同法律具有同等效力”(《立法法》第 53 条)——这种特殊、专门的“法律解释”实际上完全可以理解为就是普通法律之一种。法律解释的数量并不多,主要在刑事领域以及涉香港、澳门有关法律适用问题。

全国人民代表大会常务委员会公报 2014・3

全国人民代表大会常务委员会关于
《中华人民共和国刑法》第二百六十六条的解释

(2014 年 4 月 24 日第十二届全国人民代表大会常务委员会第八次会议通过)

全国人民代表大会常务委员会根据司法实践中遇到的情况,讨论了刑法第二百六十六条的含义及骗取养老、医疗、工伤、失业、生育等社会保险金或者其他社会保障待遇的行为如何适用刑法有关规定的问题,解释如下:

以欺诈、伪造证明材料或者其他手段骗取养老、医疗、工伤、失业、生育等社会保险金或者其他社会保障待遇的,属于刑法第二百六十六条规定的诈骗公私财物的行为。

现予公告。

图 2 – 26　全国人民代表大会常务委员会法律解释示例

(资料来源:载《中华人民共和国全国人民代表大会常务委员会公报》2014 年第 3 号。)

(四)地方性法规

地方性法规的分量弱于法律,但仍是一类拘束力较强的法源,可以作为民事和行政案件的裁判依据。以“中央—地方”的纵向视角划分,这里狭义的地方性

法规与经济特区法规、民族自治法规(自治条例和单行条例),都属于广义上的地方性立法。[①] 请比较阅读:

《宪法》第100条　省、直辖市的人民代表大会和它们的常务委员会,在不同宪法、法律、行政法规相抵触的前提下,可以制定地方性法规,报全国人民代表大会常务委员会备案。设区的市的人民代表大会和它们的常务委员会,在不同宪法、法律、行政法规和本省、自治区的地方性法规相抵触的前提下,可以依照法律规定制定地方性法规,报本省、自治区人民代表大会常务委员会批准后施行。

《立法法》第80条　省、自治区、直辖市的人民代表大会及其常务委员会根据本行政区域的具体情况和实际需要,在不同宪法、法律、行政法规相抵触的前提下,可以制定地方性法规。

《立法法》第81条第1款　设区的市的人民代表大会及其常务委员会根据本市的具体情况和实际需要,在不同宪法、法律、行政法规和本省、自治区的地方性法规相抵触的前提下,可以对城乡建设与管理、生态文明建设、历史文化保护、基层治理等方面的事项制定地方性法规,法律对设区的市制定地方性法规的事项另有规定的,从其规定。设区的市的地方性法规须报省、自治区的人民代表大会常务委员会批准后施行。省、自治区的人民代表大会常务委员会对报请批准的地方性法规,应当对其合法性进行审查,认为同宪法、法律、行政法规和本省、自治区的地方性法规不抵触的,应当在四个月内予以批准。

基于上述规定,可以作几点初步的观察:(1)享有地方性法规立法权的是省级(省、自治区、直辖市)和设区的市[②]两级地方人民代表大会及其常务委员会(根据《立法法》第86条,规定本行政区域特别重大事项的地方性法规应当由人民代表大会通过),因此,就层级而言,可以说存在两级地方性法规;(2)就内容而言,地方性法规主要包括两类,一类是为执行中央的法律、行政法规而制定的具体规定,另一类是就"地方性事务"制定的法规(这显然涉及中央与地方事权

① 在某些语境下,这三类地方性立法被合称"法规"。参见国务院《法规规章备案审查条例》(2024年)第2条第1款。在其他场合,"法规"还可能包括行政法规和监察法规。参见《法规、司法解释备案审查工作办法》(2019年12月16日第十三届全国人民代表大会常务委员会第四十四次委员长会议通过)第2条。

② 在我国行政区划中,"市"可能是最复杂的单位,包括直辖市、地级市、县级市以及计划单列市、副省级市等。与地方性立法有关的概念还有省和自治区人民政府所在地的市、经济特区所在地的市、国务院批准的较大的市等。2018年《宪法》修正后,所有"设区的市"(直辖市之外设立市辖区的市)原则上均享有地方性法规的立法权。就范围来讲,"设区的市"与地级市基本等同,只有少数几个地级市(广东省东莞市、中山市,海南省三沙市、儋州市,甘肃省嘉峪关市)没有设区,但可以比照适用《立法法》有关赋予设区的市地方立法权的规定(参见2015年3月15日《全国人民代表大会关于修改〈中华人民共和国立法法〉的决定》之四十六、2023年3月13日《全国人民代表大会关于修改〈中华人民共和国立法法〉的决定》之四十)。

划分的复杂问题)；[①](3)两级地方性法规在事项上的立法权限有较大不同，其中省级地方性法规的立法权限较宽，设区的市仅能在城乡建设与管理、生态文明建设、历史文化保护、基层治理等方面制定地方性法规；(4)两级地方性法规在程序上的立法权限也有较大不同，其中省级地方性法规只需要报全国人民代表大会常务委员会备案，设区的市级地方性法规则需要报本省、自治区人民代表大会常务委员会批准后生效。

值得注意的是，根据《立法法》第82条第2款的规定，除了第11条规定的立法保留事项外，“其他事项国家尚未制定法律或者行政法规的，省、自治区、直辖市和设区的市、自治州根据本地方的具体情况和实际需要，可以先制定地方性法规”；并且，“在国家制定的法律或者行政法规生效后，地方性法规同法律或者行政法规相抵触的规定无效，制定机关应当及时予以修改或者废止”。显然，与前述授权行政立法的情形类似，这也会积累很多潜在的法律冲突情形。例如，在国家制定的法律或者行政法规生效后，如果相关地方性法规的制定机关没有及时对与上位法相抵触的地方性法规予以修改或者废止，法院在审理案件时遇到此类情形，应当如何适用法律呢？是否每次都只能“依法提请有决定权的机关做出裁决”？实际上，《立法法》已经明确规定此时“地方性法规同法律或者行政法规相抵触的规定无效”，因此这并不属于“根据立法法等有关法律规定无法选择适用的”情形(《09裁判文书引用规定》第7条)，法官此时应当直接适用上位的法律或者行政法规——只是，在目前的观念和实践习惯下，不适宜“自行在裁判文书中认定相关规范性法律文件的效力”。

(五)经济特区法规

经济特区法规是一类特殊的地方性法规。与经济特区法规的地位相近的，还有浦东新区法规和海南自由贸易港法规，这里统一在经济特区法规下说明。请阅读：

《立法法》第84条　经济特区所在地的省、市的人民代表大会及其常务委员会根据全国人民代表大会的授权决定，制定法规，在经济特区范围内实施。上海市人民代表大会及其常务委员会根据全国人民代表大会常务委员会的授权决定，制定浦东新区法规，在浦东新区实施。海南省人民代表大会及其常务委员会根据法律规定，制定海南自由贸易港法规，在海南自由贸易港范围内实施。

与普通地方性法规相比，经济特区法规的主要特点是：(1)在事项上，经济

---

① 参见俞祺：《论立法中的“地方性事务”》，载《法商研究》2021年第4期；郑毅：《规范视野下的地方性事务》，载《中国法学》2022年第5期。关于中央与地方事权划分的基本逻辑，参见兰小欢：《置身事内：中国政府与经济发展》，上海人民出版社2021年版，第9－44页。

特区所在地的省、市的人民代表大会及其常务委员会享有较大的立法权限，可以“根据具体情况和实际需要，遵循宪法的规定以及法律和行政法规的基本原则”，制定特区法规①，甚至可以根据授权对法律、行政法规、地方性法规作变通规定，而在本经济特区适用(《立法法》第 101 条第 2 款)；(2)在程序上，经济特区法规的制定需要报授权决定规定的机关备案(《立法法》第 109 条第 5 项)，并应当说明变通的情况，即“报送备案时应当说明对法律、行政法规、地方性法规作出变通的情况，包括内容、依据、理由等”(《法规、司法解释备案审查工作办法》第 11 条第 2 款)，但是无须报上级人民代表大会常务委员会批准。

以深圳为例，应当区分在立法事项和程序上有较大区别的两类法规：(1)一类是作为设区的市，深圳市人大及其常委会制定的普通地方性法规，此类法规须报广东省人大常委会批准，其名称中不含“经济特区”字样，例如《深圳市节约用水条例》(2024 年修正)、《深圳市保障性住房条例》(2020 年修正)等；(2)另一类是作为经济特区所在地的市，深圳市人大及其常委会制定的经济特区法规，此类法规须报全国人大常委会、国务院和广东省人大常委会备案，但无须报广东省人大常委会批准，其名称中含有“经济特区”字样，例如《深圳经济特区个人破产条例》(2020 年)、《深圳经济特区数据条例》(2021 年)等。《中共中央、国务院关于支持深圳建设中国特色社会主义先行示范区的意见》(2019 年 8 月 9 日)明确要求深圳“用足用好经济特区立法权”，在遵循宪法和法律、行政法规基本原则前提下，可以立足改革创新实践需要，根据授权对法律、行政法规、地方性法规作变通规定。②

(六)自治条例和单行条例

自治条例和单行条例是适用于民族自治地方的一类特殊的地方性法规。与普通地方性法规相比，自治条例和单行条例的主要特点是：(1)在事项上，自治条例和单行条例的权限较大，可以依照当地民族的政治、经济和文化特点，对法律和行政法规的规定作出变通规定，但不得违背法律或者行政法规的基本原则，不得对宪法和民族区域自治法的规定以及其他有关法律、行政法规专门就民族自治地方所作的规定作出变通规定(《立法法》第 85 条第 2 款、第 101 条第 1 款)；(2)在程序上也较为特殊，能够制定自治条例和单行条例的只有民族自治地方(包括自治区、自治州和自治县——特别地包括县，这是其与普通地方性法

---

① 参见《全国人民代表大会常务委员会关于授权深圳市人民代表大会及其常务委员会和深圳市人民政府分别制定法规和规章在深圳经济特区实施的决定》(1992 年 7 月 1 日)。

② 参见《国务院关于同意在深圳市暂时调整实施有关行政法规规定的批复》(国函〔2022〕15 号)。

规的不同之处）的人民代表大会（而不包括其常务委员会），[①]并且，自治区的自治条例和单行条例须报全国人民代表大会常务委员会批准，自治州、自治县的自治条例和单行条例须报省、自治区、直辖市的人民代表大会常务委员会批准（《立法法》第85条第1款）。

类似地，在民族自治地方，也应当区分立法事项和程序上有较大区别的两类法规：（1）一类是民族自治地方的省（自治区）、设区的市（自治州）两级人民代表大会及其常务委员会制定的普通地方性法规，例如《宁夏回族自治区社会信用条例》（2023年）、《内蒙古自治区人才发展促进条例》（2023年）、《伊犁哈萨克自治州野生果林资源保护条例》（2023年）等；（2）另一类是民族自治地方（自治区、自治州、自治县）的人民代表大会制定的自治条例和单行条例，例如《延边朝鲜族自治州自治条例》（2023年修订）、《黄南藏族自治州自治条例》（2021年）、《玉树藏族自治州藏传佛教事务条例》（2023年修订）等。

（七）行政法规

以上讨论的是狭义立法机关（包括中央和地方）的主要立法"作品"。在我国，无论是从数量还是范围来看，行政机关同样也是极重要的"作者"。其中，层级最高、分量最重的是国务院制定的行政法规（可以作为民事案件和行政案件的裁判依据）。请阅读：

《立法法》第72条　国务院根据宪法和法律，制定行政法规。行政法规可以就下列事项作出规定：（一）为执行法律的规定需要制定行政法规的事项；（二）宪法第八十九条规定的国务院行政管理职权的事项。应当由全国人民代表大会及其常务委员会制定法律的事项，国务院根据全国人民代表大会及其常务委员会的授权决定先制定的行政法规，经过实践检验，制定法律的条件成熟时，国务院应当及时提请全国人民代表大会及其常务委员会制定法律。

《行政法规制定程序条例》第5条第1款　行政法规的名称一般称"条例"，也可以称"规定"、"办法"等。国务院根据全国人民代表大会及其常务委员会的授权决定制定的行政法规，称"暂行条例"或者"暂行规定"。

由此可见，行政法规可以大致分为三类：（1）第一类是为执行法律而制定的行政法规，典型的就是各种法律的实施条例、实施细则、实施办法等，例如《消费者权益保护法实施条例》（2024年）、《专利法实施细则》（2023年修订）、《母婴保健法实施办法》（2023年修订）等；（2）第二类是在宪法赋予国务院行政管理职权的事项范围内制定的行政法规，由于国务院作为最高国家权力机关的执行

---

① 参见《中华人民共和国民族区域自治法》（2001年修正）第2－4条、第15条、第19条等规定。

机关和最高国家行政机关，享有广泛的行政管理职权（《宪法》第89条），此类行政法规的范围也极为广泛，例如《公平竞争审查条例》（2024年）、《非银行支付机构监督管理条例》（2023年）、《工伤保险条例》（2010年修正）等；（3）以上两类是行政法规的固有范围，第三类则是国务院根据全国人民代表大会及其常务委员会的授权决定而制定的行政法规（《立法法》第12条），一般称为"暂行条例"或者"暂行规定"（但不能完全依赖名称判断是否属于授权立法事项），例如《不动产登记暂行条例》（2024年修订）、《居住证暂行条例》（2015年）、《社会救助暂行办法》（2019年修订）等。

（八）行政法规解释

行政法规解释（见图2－27）与行政法规的关系，类似于全国人大常委会的法律解释与法律的关系。根据国务院《行政法规制定程序条例》第31条，"行政法规有下列情形之一的，由国务院解释：（一）行政法规的规定需要进一步明确具体含义的；（二）行政法规制定后出现新的情况，需要明确适用行政法规依据的"；并且，"行政法规的解释与行政法规具有同等效力"。不过，司法系统似乎并没有完全接受行政法规解释与行政法规的同等地位。《09裁判文书引用规定》第5条在列举可以充当行政案件裁判依据的法源性资料时，将行政法规列为第一档"应当引用"的法源，而将行政法规解释列为第二档"可以直接引用"的法源。

国务院办公厅对《禁止传销条例》中
传销查处认定部门解释的函

国办函〔2007〕65号

公安部、工商总局：

经国务院同意，现就《禁止传销条例》（以下简称条例）中传销查处认定部门解释如下：

2005年国务院公布了条例，确立了工商部门和公安机关共同查处传销行为的机制，并明确了工商部门和公安机关都有受理举报和向社会公开发布警示的职责，同时还规定了案件移送制度。依照条例规定，工商部门和公安机关在各自的职责范围内都应当对传销行为进行查处，并依照各自职责分别依法对传销行为予以认定。工商部门查处传销行为，对涉嫌犯罪的，应当依法移送公安机关立案侦查；公安机关立案侦查的涉嫌犯罪的传销案件，对经侦查认定不构成犯罪的，应当依法移交工商部门查处。

国务院办公厅

二〇〇七年六月六日

图2－27　行政法规解释示例

（资料来源：载《中华人民共和国国务院公报》2007年第21号。）

（九）行政规章

行政规章包括两类，即部门规章和地方政府规章。有权制定部门规章的是国务院各部、委员会、中国人民银行、审计署等组成部门和具有行政管理职能的直属机构（如国家市场监督管理总局、国家金融监督管理总局、中国证券监督管理委员会等）以及法律规定的机构。有权制定地方政府规章的是省、自治区、直辖市和设区的市、自治州的人民政府，也就是包括省和设区的市两级（与地方性法规一致）。为规范规章的立项、起草、审查、决定、公布和解释，国务院特别制定了《规章制定程序条例》（2017 年修订）。请阅读：

《宪法》第 90 条第 2 款　各部、各委员会根据法律和国务院的行政法规、决定、命令，在本部门的权限内，发布命令、指示和规章。

《立法法》第 91 条第 1 款　国务院各部、委员会、中国人民银行、审计署和具有行政管理职能的直属机构以及法律规定的机构，可以根据法律和国务院的行政法规、决定、命令，在本部门的权限范围内，制定规章。

《立法法》第 93 条第 1 款　省、自治区、直辖市和设区的市、自治州的人民政府，可以根据法律、行政法规和本省、自治区、直辖市的地方性法规，制定规章。

《立法法》第 93 条第 2 款　地方政府规章可以就下列事项作出规定：（一）为执行法律、行政法规、地方性法规的规定需要制定规章的事项；（二）属于本行政区域的具体行政管理事项。

《立法法》第 93 条第 3 款　设区的市、自治州的人民政府根据本条第一款、第二款制定地方政府规章，限于城乡建设与管理、生态文明建设、历史文化保护、基层治理等方面的事项。已经制定的地方政府规章，涉及上述事项范围以外的，继续有效。

《立法法》第 93 条第 5 款　应当制定地方性法规但条件尚不成熟的，因行政管理迫切需要，可以先制定地方政府规章。规章实施满两年需要继续实施规章所规定的行政措施的，应当提请本级人民代表大会或者其常务委员会制定地方性法规。

《国务院组织法》第 14 条第 2 款　国务院组成部门和具有行政管理职能的直属机构以及法律规定的机构，可以根据法律和国务院的行政法规、决定、命令，在本部门的权限范围内，制定规章。

《规章制定程序条例》第 7 条　规章的名称一般称“规定”、“办法”，但不得称“条例”。

一般认为，我国的中央与地方关系是兼顾横向与纵向权力分割的“条块关系”：从中央到地方、以部门为依据的纵向管理体系是“条”，以横向行政区划为界的地方政府是“块”。[1] 部门规章是中央层级的，属于“条”这一端，其规定的

① 参见景跃进、陈明明、肖滨主编：《当代中国政府与政治》，中国人民大学出版社 2016 年版，第 185 – 187 页。

事项应当属于执行法律或者国务院的行政法规、决定、命令的事项(《立法法》第91条第2款)。地方政府规章属于"块"这一端,其内容较为复杂,大致包括三类:第一类是为执行法律、行政法规、地方性法规的规定而制定的规章,第二类是就地方性事务("本行政区域的具体行政管理事项")制定的规章(其中,相较于省一级,设区的市有权制定规章的范围较为受限),第三类是就本属地方性法规的立法事项、因"因行政管理迫切需要"而先行制定的规章。所涉事项既复杂多元,有权制定规章的"条""块"之间又未必有明确的上下级关系,因此,"部门规章之间、部门规章与地方政府规章之间具有同等效力,在各自的权限范围内施行"(《立法法》第102条);如果就同一事项出现规范冲突,则有赖于国务院的裁决(《立法法》第106条)。

没有法律、行政法规、地方性法规的依据,行政规章不得设定减损公民、法人和其他组织权利或者增加其义务的规范(《立法法》第91条第2款、第93条第6款)。行政规章不能充当刑事和民事案件的裁判依据(但可以作为裁判说理的依据)。不过,行政规章属于可以作为行政案件裁判依据的第二档法源。《行政诉讼法》第63条第3款对此则表述为:"人民法院审理行政案件,参照规章。"可见,在个案裁判中,法院对规章能否适用有较大的审查权限。不过,正如我们多次强调的,这种形式上的"地位"与实质上的"作用"经常并不匹配。考虑其数量、范围和实际作用,规章显然是一类非常重要的法源性资料。

(十)监察法规

根据《监察法》(2018年)第3条,各级监察委员会是行使国家监察职能的专责机关,依法对所有行使公权力的公职人员进行监察,调查职务违法和职务犯罪,开展廉政建设和反腐败工作,维护宪法和法律的尊严。其中,国家监察委员会是最高监察机关(《宪法》第125条第1款),有权根据宪法和法律、全国人民代表大会常务委员会的有关决定①,制定监察法规,并报全国人民代表大会常务委员会备案(《立法法》第118条)。

(十一)军事法规和规章

中央军事委员会领导全国武装力量(《宪法》第93条第1款),可以根据宪法和法律,制定军事法规(《国防法》第15条第5项);中国人民解放军各战区、军兵种和中国人民武装警察部队,可以根据法律和中央军事委员会的军事法规、决定、命令,在其权限范围内,制定军事规章;军事法规、军事规章在武装力量内

---

① 参见《全国人民代表大会常务委员会关于国家监察委员会制定监察法规的决定》(2019年10月26日第十三届全国人民代表大会常务委员会第十四次会议通过)。

部实施(《立法法》第117条)。

二、司法者系统

“司法机关”是一个立法和日常用语中的常见概念,但在不同语境下,其范围并不完全一致,通常则包括各级人民法院(审判机关)和各级人民检察院(法律监督机关)。这里主要以法院系统为例,介绍“司法者系统”生产的各类法源性资料。

(一)司法解释

1. 概述

我们应该还记得,《09裁判文书引用规定》将司法解释与法律、法律解释等一起并列为刑事、民事和行政案件的裁判依据,其重要性不言而喻。这里的“司法解释”,显然并非泛指任何司法机关在适用法律过程中所进行的任何解释性活动及其结果,而是特指一类专门制作的强拘束力法源性资料。请阅读:

《立法法》第119条　最高人民法院、最高人民检察院作出的属于审判、检察工作中具体应用法律的解释,应当主要针对具体的法律条文,并符合立法的目的、原则和原意。遇有本法第四十八条第二款规定情况的,应当向全国人民代表大会常务委员会提出法律解释的要求或者提出制定、修改有关法律的议案。最高人民法院、最高人民检察院作出的属于审判、检察工作中具体应用法律的解释,应当自公布之日起三十日内报全国人民代表大会常务委员会备案。最高人民法院、最高人民检察院以外的审判机关和检察机关,不得作出具体应用法律的解释。

根据上述规定,最高人民法院和最高人民检察院的司法解释,应当限于“审判、检察工作中具体应用法律的解释”“主要针对具体的法律条文,并符合立法的目的、原则和原意”。超出此范围的,尤其是涉及“法律的规定需要进一步明确具体含义的”或者“法律制定后出现新的情况,需要明确适用法律依据的”(《立法法》第48条第2款),应当由全国人大常委会制定法律解释(或者制定、修改法律)。这种对法律解释和司法解释的不同分工定位,也体现在《全国人民代表大会常务委员会关于解释法律问题的决议》(1955年6月23日)、《全国人民代表大会常务委员会关于加强法律解释工作的决议》(1981年6月10日)、《人民法院组织法》(2018年修订)第18条第1款、《各级人民代表大会常务委员会监督法》(2006年)第31条等规定中,《最高人民法院关于司法解释工作的规定》(法发〔2007〕12号,经法发〔2021〕20号修正,以下简称《最高院司法解释工作规定》)[①]第 2 条同样予以承认,这是看上去清晰明了的“应然”。

然而,众所周知的“实然”则是,最高人民法院的司法解释早已超出“在审判工作中具体应用法律的解释”这一有限的范围。应当承认,在我国近几十年的法治发展进程中,司法解释曾起到非常重要的积极作用。但是,清理存量司法解释、厘清司法解释与制定法之间的关系、进一步明确司法解释应当发挥作用的合理范围和妥当方法等,确实也已迫在眉睫。[②] 过于依赖司法解释输出“权威规则”,一方面,本身的合法性、正当性始终存疑,模糊了最高审判机关的职责,长期来看损害了司法能力的养成;另一方面,司法解释作为强拘束力法源的刚性,也减少了通过司法裁判发展法律的试错弹性,增加了纠错成本。

2. 效力

《最高院司法解释工作规定》第 5 条规定:“最高人民法院发布的司法解释,具有法律效力。”可以对比阅读《立法法》第 53 条:“全国人民代表大会常务委员会的法律解释同法律具有同等效力。”显然,这里表述的不同不仅是语词上的,也是实质性的。法律解释可以理解为就是全国人大常委会制定的一种特殊形式的普通法律,因此“同法律具有同等效力”。说司法解释“具有法律效力”,则绝不是说其具有狭义“法律”的位阶及效力,而只是说其具有拘束力;并且,首先且主要是对裁判者具有拘束力——司法解释可以作为裁判依据。那么,行政机关是否应受司法解释的约束? 由于法院裁判的终局性,行政机关在作出行政行为时,不可避免地会受到司法解释的影响,但不宜直接以司法解释为依据。[③]

3. 类型

根据《最高院司法解释工作规定》第 6 条,司法解释的形式分为“解释”“规定”“规则”“批复”和“决定”五种。在实践中还存在第六种形式,即“安排”。

(1)解释。对在审判工作中如何具体应用某一法律或者对某一类案件、某一类问题如何应用法律制定的司法解释,采用“解释”的形式。例如《最高人民法院关于适用〈中华人民共和国民法典〉合同编通则若干问题的解释》(法释〔2023〕13 号)、《最高人民法院关于审理垄断民事纠纷案件适用法律若干问题的解释》(法释〔2024〕6 号)等。

(2)规定。根据立法精神对审判工作中需要制定的规范、意见等司法解释,采用“规定”的形式。从这个描述也能看出来,“规定”的内容相对较“杂”,有偏实体法的,有偏程序法的,也有综合管理性的。例如《最高人民法院关于审理涉

---

① 另可参见《最高人民检察院司法解释工作规定》(高检发办〔2019〕55 号)。

② 简要的讨论,参见茅少伟:《民法典的规则供给与规范配置——基于〈民法总则〉的观察与批评》,载《中外法学》2018 年第 1 期。

③ 参见《国家工商行政管理总局关于行政机关可否直接适用司法解释问题的批复》(工商标字〔2004〕第 14 号)。

彩礼纠纷案件适用法律若干问题的规定》(法释〔2024〕1号)、《最高人民法院关于民事诉讼证据的若干规定》(法释〔2019〕19号)、《最高人民法院关于综合治理类司法建议工作若干问题的规定》(法释〔2023〕11号)、《最高人民法院关于人民法院在互联网公布裁判文书的规定》(法释〔2016〕19号)等。比较特别的是,原《公司法》系列司法解释即《最高人民法院关于适用〈中华人民共和国公司法〉若干问题的规定》(一)至(五),也采用了“规定”的形式。

(3)规则。对规范人民法院审判执行活动等方面的司法解释,可以采用“规则”的形式。例如《人民法院在线调解规则》(法释〔2021〕23号)、《人民法院在线诉讼规则》(法释〔2021〕12号)等。“规则”是《最高院司法解释工作规定》2021年修正时增列的一个新类型,数量不多。

(4)批复。对高级人民法院、解放军军事法院就审判工作中具体应用法律问题的请示制定的司法解释,采用“批复”的形式。[1] 与前几种形式相比,“批复”通常直接针对具体的法律适用问题,更接近司法解释的本意。例如《最高人民法院关于大型企业与中小企业约定以第三方支付款项为付款前提条款效力问题的批复》(法释〔2024〕11号)、《最高人民法院关于新民间借贷司法解释适用范围问题的批复》(法释〔2020〕27号)等。

(5)决定。修改或者废止司法解释,采用“决定”的形式。因此,决定有两种:第一种是修改决定,例如《最高人民法院关于修改〈最高人民法院关于审理人身损害赔偿案件适用法律若干问题的解释〉的决定》(法释〔2022〕14号);第二种是废止决定,例如《最高人民法院关于废止部分司法解释及相关规范性文件的决定》(法释〔2020〕6号)。

(6)安排。实践中还存在第六种司法解释形式即“安排”,主要涉及我国内地与香港、澳门地区之间司法协助与司法合作相关事务,例如《最高人民法院关于内地与香港特别行政区法院相互认可和执行民商事案件判决的安排》(法释〔2024〕2号)、《最高人民法院关于内地与澳门特别行政区就仲裁程序相互协助保全的安排》(法释〔2022〕7号)等。

为什么明明《最高院司法解释工作规定》只规定了五种形式,我们却有信心说存在第六种?其实,对于法律适用者来说,上述分类只是最高人民法院的“立法技术”,本身并无多大意义。有意义的是,如何判断某个规范性文件是否属于司法解释(因此可以充当裁判依据)——那么,最准确的方法并不是看名称,而

---

① 需要注意的是,高级人民法院就法律适用问题请示最高人民法院的,最高人民法院并非都以“批复”形式的司法解释作出答复。就普通的请示答复,最高人民法院也编定案号,类型代字为“法复”(而非“法释”);并且明确要求,“对最高人民法院的答复,提出请示的人民法院应当执行,但不得作为裁判依据援引”。参见《最高人民法院关于法律适用问题请示答复的规定》(法〔2023〕88号)。

是看发文字号。1997 年 7 月 1 日之后,最高人民法院将所有形式的司法解释的文号格式统一为“法释〔××××〕××号”。①

(二)其他规范性文件

除了司法解释(统一以“法释〔××××〕××号”发布的规范性文件),最高人民法院还大量发布其他规范性文件,形式多样,包括“通知”“指导意见”“审判工作会议纪要”“座谈会纪要”等,通常也要求各级法院“贯彻执行”。例如《关于当前形势下审理民商事合同纠纷案件若干问题的指导意见》(法发〔2009〕40 号)、《全国法院民商事审判工作会议纪要》(法〔2019〕254 号)、《最高人民法院、最高人民检察院、公安部、司法部、生态环境部关于办理环境污染刑事案件有关问题座谈会纪要》(2019 年)、《最高人民法院、最高人民检察院、公安部、司法部关于办理醉酒危险驾驶刑事案件的意见》(2023 年)等。这些司法文件经常包含重要的裁判尺度,虽不能作为裁判依据,却是重要的说理依据。

最高人民法院、最高人民检察院以外的审判机关和检察机关,不得作出具体应用法律的解释(《立法法》第 119 条第 3 款)。也就是说,包括高级人民法院在内的其他法院,均不得“制定在本辖区普遍适用的、涉及具体应用法律问题的‘指导意见’、‘规定’等司法解释性质文件”②。尽管三令五申,实际效果似乎始终不佳。其他法院,尤其是高级人民法院仍然在制定大量的审判业务文件,甚至继续包括“指导意见”“规定”类的规范性文件。造成这一现象的原因很多,其中一个基本动因是,在一个较大的司法管辖区内(中国的省级司法管辖区显然已经足够大),存在供给具体法律规则、统一法律适用标准的内在需要,而其他的替代性措施(包括最高人民法院制定司法解释、其他规范性文件以及发布指导性案例、法学通说的供给等)并不能完全满足这样的需要。地方法院制定的这些规范性文件当然不是裁判依据,但能否作为说理的依据?最高人民法院多次要求不得在法律文书中援引这些文件,③未必是合理的做法,反而可能降低了裁判说理过程的透明度和可辩驳性。

---

① 参见《最高人民法院关于司法解释工作的若干规定》(法发〔1997〕15 号,已失效)。在 1997 年前,司法解释的形式和文号都比较多元。

② 《最高人民法院、最高人民检察院关于地方人民法院、人民检察院不得制定司法解释性质文件的通知》(法发〔2012〕2 号)。

③ 参见《最高人民法院关于规范高级人民法院制定审判业务文件编发参考性案例工作的通知》(法〔2020〕311 号)、《人民法院审判业务文件、参考性案例备案工作办法》(法办〔2021〕133 号)。不过,到底是仅不能作为裁判依据援引,还是也不得作为说理依据援引,这些文件的表述并不完全一致,前者显然更为合理。

（三）指导性案例

最高人民法院于2010年11月26日印发《关于案例指导工作的规定》（法发〔2010〕51号，以下简称《案例指导规定》），并于2011年12月20日发布了第一批指导案例（法〔2011〕354号）。这一做法后来得到《人民法院组织法》的明确认可（第18条第2款），指导性案例与司法解释（第18条第1款）一道成为裁判规则供给的重要方式。①

指导性案例如何实现其指导意义呢？《案例指导规定》第7条规定："最高人民法院发布的指导性案例，各级人民法院审判类似案例时应当参照。"但是，对什么是"类似案例"、什么是"应当参照"、参照什么、如何确保法院在审判时会参照、应当参照而未参照有什么后果等重要问题，都没有具体说明。直到《〈最高人民法院关于案例指导工作的规定〉实施细则》（法〔2015〕30号，以下简称《案例指导规定细则》），才进一步明确指导性案例的具体形式（见图2－28），并尝试回答这些关键问题。请阅读《案例指导规定细则》下列规定：

第3条　指导性案例由标题、关键词、裁判要点、相关法条、基本案情、裁判结果、裁判理由以及包括生效裁判审判人员姓名的附注等组成。……

第9条　各级人民法院正在审理的案件，在基本案情和法律适用方面，与最高人民法院发布的指导性案例相类似的，应当参照相关指导性案例的裁判要点作出裁判。

第10条　各级人民法院审理类似案件参照指导性案例的，应当将指导性案例作为裁判理由引述，但不作为裁判依据引用。

第11条　在办理案件过程中，案件承办人员应当查询相关指导性案例。在裁判文书中引述相关指导性案例的，应在裁判理由部分引述指导性案例的编号和裁判要点。公诉机关、案件当事人及其辩护人、诉讼代理人引述指导性案例作为控（诉）辩理由的，案件承办人员应当在裁判理由中回应是否参照了该指导性案例并说明理由。

---

① 司法解释和指导性案例的通过程序和要求略有不同。参见《人民法院组织法》第37条第2款："最高人民法院对属于审判工作中具体应用法律的问题进行解释，应当由审判委员会全体会议讨论通过；发布指导性案例，可以由审判委员会专业委员会会议讨论通过。"

指导案例178号

北海市乃志海洋科技有限公司诉北海市海洋与渔业局行政处罚案

（最高人民法院审判委员会讨论通过 2021年12月1日发布）

关键词： 行政/行政处罚/非法围海、填海/海岸线保护/海洋生态环境/共同违法认定/从轻或者减轻行政处罚

裁判要点

1.行为人未依法取得海域使用权，在海岸线向海一侧以平整场地及围堰护岸等方式，实施筑堤围割海域，将海域填成土地并形成有效岸线，改变海域自然属性的用海活动可以认定为构成非法围海、填海。

2.同一海域内，行为人在无共同违法意思联络的情形下，先后各自以其独立的行为进行围海、填海，并造成不同损害后果的，不属于共同违法的情形。行政机关认定各行为人的上述行为已构成独立的行政违法行为，并对各行为人进行相互独立的行政处罚，人民法院应予支持。对于同一海域内先后存在两个以上相互独立的非法围海、填海行为，行为人应各自承担相应的行政法律责任，在后的违法行为不因在先的违法行为适用从轻或者减轻行政处罚的有关规定。

相关法条

《中华人民共和国行政处罚法》（2021年1月22日修订）第32条（本案适用的是2017年9月1日修订的《中华人民共和国行政处罚法》第27条）

《中华人民共和国海域使用管理法》第42条

图 2－28 最高人民法院指导性案例样式示例

据此，“类似案件”是指“在基本案情和法律适用方面，与最高人民法院发布的指导性案例相类似的”正在审理的案件，这里的重心显然在基本案情事实之相似性。“应当参照”则是指法官应当将指导性案例作为裁判理由引述（可以作为裁判说理的依据引用，这已经突破了《09 裁判文书引用规定》第 6 条的规定），而非作为裁判依据引用（指导性案例并非可以充当裁判依据的强拘束力法源）。为了确保法官确实会参照指导性案例，不仅要求法官“应当查询”，还要求在公诉机关、案件当事人及其辩护人、诉讼代理人引述指导性案例说理时，法官“应当在裁判理由中回应是否参照了该指导性案例并说明理由”。

值得注意的是，“应当参照”的对象是指导性案例的“裁判要点”，而非“裁判结果”或“裁判理由”。指导案例本身已经是经过不同程度剪辑的文本，并非原始裁判文书；裁判要点更是提炼、概括出来的抽象表述。[①] 这显然极大地消解了指导案例的参照技术所可能带有的“判例法”色彩，其使用方式因此更接近于附带相关案情的单条司法解释。[②]

2024 年 2 月，“人民法院案例库”上线。根据最高人民法院《人民法院案例库建设运行工作规程》（法〔2024〕92 号），人民法院案例库是由最高人民法院统一建设的案例资源库，收录最高人民法院发布的指导性案例和经最高人民法院审核入库的参考案例。其中，参考案例应当是裁判已经发生法律效力，且对类案审判具有参考示范价值的案例。尽管编选方式略有不同，但从体例格式（第 5 条）、检索要求和使用方式（第 19 条、第 21 条）等方面看，人民法院案例库的参

---

① 参见最高人民法院研究室：《关于编写报送指导性案例体例的意见》（法研〔2012〕2 号）。

② 参见孙维飞：《隐名的指导案例——以“指导案例 1 号”为例的分析》，载《清华法学》2016 年第 4 期。

考案例都接近于指导性案例，而数量则“遥遥领先”。[①]

（四）其他案例

除了指导性案例，最高人民法院还在《最高人民法院公报》上公布案例，包括两类：一类是“裁判文书选登”，即最高人民法院适用法律和司法解释审理各类典型案件的判决书和裁定书文本；另一类是狭义的“公报案例”，即最高人民法院选编的各级人民法院适用法律和司法解释审理各类典型案件的裁判范例。与案例指导制度相比，公报案例的公布历史更长，累积数量更多，具有重要意义，但不具备指导性案例“应当参照”的地位。[②]

最高人民法院还不定期发布各个领域的“典型案例”，如《最高人民法院发布反垄断和反不正当竞争典型案例》（2024 年 9 月 11 日）、《最高人民法院发布食品安全惩罚性赔偿典型案例》（2024 年 8 月 21 日）、《最高人民法院发布首批查明和适用域外法典型案例》（2024 年 7 月 10 日）等。典型案例的常见结构是“基本案情——裁判结果——典型意义”，经常并无原始案件的案号，甚至没有清晰的裁判依据，有比较明显的法律普及和教育目的。值得关注的是，最高人民法院近来尝试了一种新的方式，即在发布司法解释时，配套发布一批相关典型案例，以帮助阐释司法解释的具体规定内容，可与司法解释确定的裁判规则形成互补，为各级法院正确适用司法解释发挥指导和示范作用。[③]

高级人民法院也会发布参考性案例[④]以及各种典型案例。更重要的是，除了少数例外情形，各级法院都应当及时在互联网公布发生法律效力的裁判文书。根据《最高人民法院关于统一法律适用加强类案检索的指导意见（试行）》（法发〔2020〕24 号），以上所有这些案例，都属于类案检索的范围。[⑤] 除了指导性案例，其他案例很难“单兵作战”，即并非有拘束力的法源，但类案倾向有时会给出一个较清晰的裁判尺度，乃至可以证明已经形成了某种司法通说（一种弱拘束

---

① 截至 2024 年 11 月底，人民法院案例库共收录案例 4219 篇，包括参考案例 3983 篇，指导案例 236 篇。

② 参见最高人民法院民事裁定书，（2014）民申字第 441 号。

③ 与该目标相适应，这类典型案例的形式也略有变化，例如突出裁判要点，并指示司法解释的相关条文，参见“最高人民法院发布十起《关于适用〈中华人民共和国民法典〉合同编通则若干问题的解释》相关典型案例”（2023 年 12 月 5 日）；或者提供典型案例原始案件的案号，参见“最高人民法院发布十二个涉外民商事案件适用国际条约和国际惯例典型案例”（2023 年 12 月 28 日），为配合《最高人民法院关于审理涉外民商事案件适用国际条约和国际惯例若干问题的解释》（法释〔2023〕15 号）的实施发布。

④ 例如，截至 2024 年上半年，上海市高级人民法院已经发布了 174 个参考性案例（共 25 批）。这些参考性案例由其审判委员会讨论通过，“供全市法院在审判类似案件时参考”。

⑤ 参见《最高人民法院关于统一法律适用加强类案检索的指导意见（试行）》（法发〔2020〕24 号）。

力法源)。即使尚未形成司法通说,最高人民法院发布的公报案例和典型案例、高级人民法院发布的参考性案例和典型案例、最高人民法院和高级人民法院的生效裁判文书等,也可能作为选择性权威,在个案的法律论证中发挥实质性的作用。

三、研究者系统

研究者系统“生产”的作品,在抽象的意义上讲,就是关于各种法律问题的理论学说;具体则落脚到提出和辩论各种学说的文献载体,例如案例评析、法律评注、学术论文、教科书等。不同的学说,实际上是对同一法律问题的不同解决或解释方案。其不同之处,或者在于其结论(结果),或者在于其论证(说理),或者在于其论据(材料),以及以上的组合。学说对于理解法律的重要性不言而喻,它构成了法律工作者理解法律的知识背景。

学说的“生产者”大致上可以分为两类:一类是专业学者,另一类是实务工作者(比如除了撰写裁判文书,法官还可以通过撰写案例评析、法律释义、学术论文等方式,更系统地阐释其法律见解)。从学说的类型看,也可以大致上分为两类:一类是法教义学视角的研究,包括解释论(主要针对现行法的阐释)和立法论(主要针对法律应如何制定和修改)的研究;另一类是社会科学视角(如经济学、社会学、人类学等)的研究和法律实证研究,这些研究可能不直接指向法律规范的解释适用,但对于理解法律制度相关的社会事实背景、政策价值导向以及制度适用的语境和实际效果等具有重要的意义。以上当然是非常粗糙的分类,不足为训。好的法律研究都是问题导向的,研究方法始终要为问题解决服务。

从法律渊源的角度看,“法学通说”具有独特的意义。[①] 法学的“通说”,是指“针对现行法律框架中某一具体法律适用问题,学术界和司法界人士经过一段时间的法律商讨而逐渐形成的,由多数法律人所持有的关于法规范解释和适用的法律意见”[②]。如果对法源采取一种更开阔、更功能性的理解,法学通说就

---

① 参见孙维飞:《通说与语词之争——以有关公平责任的争论为个案》,载《北大法律评论》2011 年第 12 卷第 2 辑。

② 参见黄卉:《论法学通说》,载《北大法律评论》2011 年第 12 卷第 2 辑。不存在严格意义上的法学通说时,仍然可能存在司法通说(司法界通行的见解)或者学界通说(学术界通行的见解),后两者也不妨认为是弱拘束力法源。也就是说,广义上的通说包括三类,对于裁判者而言,均属弱拘束力法源,且其拘束力由强到弱分别是法学通说、司法通说和学界通说。

可能构成一种有弱拘束力(可废止)的法源。[①] 也就是说,法官可以接受通说的权威性,而无须作实质性论证;法官也可以选择背离通说,但此时需要作实质性论证。当然,通说是否存在可能成疑。不存在通说的时候,"多数说"(主流学说)乃至"少数说"在论证中仍然具有意义,因此也应当成为法律检索的对象。

四、小结:裁判视角的法源变迁

中国法上法源性资料及其他法律论证材料的范围和使用方式在过去几十年间经历了重大的实践变化和观念变迁。我们可以结合最高人民法院先后制定的与法律渊源和法律论证相关的三个规范性文件来作进一步的观察。这三个文件是:(1)《最高人民法院关于人民法院制作法律文书如何引用法律规范性文件的批复》[法(研)复〔1986〕31 号,已失效,以下简称《86 法律文书引用批复》];(2)《最高人民法院关于裁判文书引用法律、法规等规范性法律文件的规定》(法释〔2009〕14 号,即《09 裁判文书引用规定》);(3)《最高人民法院关于加强和规范裁判文书释法说理的指导意见》(法发〔2018〕10 号,以下简称《18 裁判文书说理意见》)。

从法律适用视角看,我国法源性资料及其他法律论证材料的变迁趋势或许可以概括为:类型的区分、范围的扩大与方法的凸显。

(一)类型的区分

类型的区分,即将法律论证相关的材料区分为裁判依据和裁判说理依据,这是《09 裁判文书引用规定》引入的分类标准。要更准确地理解这一区分的意义,需要回顾在此之前的实践和观念,最典型的体现就是《86 法律文书引用批复》。我们不妨全文阅读一下:

江苏省高级人民法院:

你院苏法民(1986)11 号请示收悉。关于人民法院制作法律文书应如何引用法律规范性文件的问题,经研究,答复如下:根据宪法、地方各级人民代表大会和地方各级人民政府组织法的有关规定:国家立法权由全国人民代表大会及其

---

① 将学说以及案例(通说)当作正式的法源性资料,可能会引起不少质疑。在阐释法律适用和法律论证的方法时,我们还会回来讨论这一点。此处可以先从以下角度略作阐释。习惯法是我国法上无可置疑的法源(《民法典》第 10 条)。然而,由于习惯的不成文性,无论是要求当事人就习惯及其具体内容提供相应证据,还是要求法官依职权查明,要证明习惯存在与否以及习惯的内容为何,都需要诉诸制定法文本之外的其他资料,特别是法院的生效裁判以及相关的学术研究。从而,习惯法的运用,就几乎必然与案例、学说的检索与运用"绑定"。换句话说,在适用习惯法时,在形式上处于法源位置的是不成文的习惯法,在实质上被运用的论证材料则是"可见"的案例和学说。参见葛云松:《简单案件与疑难案件——关于法源及法学方法的探讨》,载《中国法律评论》2019 年第 2 期。

常务委员会行使；国务院有权根据宪法和法律制定行政法规；各省、直辖市人民代表大会及其常务委员会，在不与宪法、法律、行政法规相抵触的前提下，可以制定地方性法规；民族自治地方的人民代表大会有权依照当地民族的政治、经济和文化特点，制定自治条例和单行条例。因此，人民法院在依法审理民事和经济纠纷案件制作法律文书时，对于全国人民代表大会及其常务委员会制定的法律，国务院制订的行政法规，均可引用。各省、直辖市人民代表大会及其常务委员会制定的与宪法、法律和行政法规不相抵触的地方性法规，民族自治地方的人民代表大会依照当地政治、经济和文化特点制定的自治条例和单行条例，人民法院在依法审理当事人双方属于本行政区域内的民事和经济纠纷案件制作法律文书时，也可引用。国务院各部委发布的命令、指示和规章，各县、市人民代表大会通过和发布的决定、决议，地方各级人民政府发布的决定、命令和规章，凡与宪法、法律、行政法规不相抵触的，可在办案时参照执行，但不要引用。最高人民法院提出的贯彻执行各种法律的意见以及批复等，应当贯彻执行，但也不宜直接引用。

与《09裁判文书引用规定》相比，《86法律文书引用批复》有两点重大不同。第一点不同是，《86法律文书引用批复》虽然也要求下级法院应当贯彻执行最高人民法院的各种意见、批复等，但是认为“不宜直接引用”；《09裁判文书引用规定》则不仅要求各级法院引用司法解释，还将司法解释提升到第一档法源的地位。第二点不同是，《86法律文书引用批复》不仅认为司法解释性质的文件“不宜直接引用”，而且认为可以参照执行的“国务院各部委发布的命令、指示和规章，各县、市人民代表大会通过和发布的决定、决议，地方各级人民政府发布的决定、命令和规章”也“不要引用”。

这种对于“引用”的极端慎重，似乎体现了一种模糊而坚定的观念，即“引用了什么规范性文件，就是以什么作为裁判依据”。类似观念也体现在《最高人民法院关于审理期货纠纷案件座谈会纪要》（法〔1995〕140号）中：

目前我国的期货交易法尚未颁布，人民法院审理期货纠纷案件，应当以民法通则作为基本依据，同时依照有关行政法规和地方性法规，参照国务院有关部门和地方人民政府制定的有关期货交易的规范性文件规定的精神，但对这类文件不宜直接引用。还应当明确处理客户与经纪公司之间的期货代理纠纷不能适用经济合同法和民法通则中关于委托代理的规定。处理涉外、涉港澳期货纠纷案件，还应参照有关国际惯例。

到了《09裁判文书引用规定》，由于明确区分了裁判依据和裁判说理依据，不再受困于“引用的规范性文件就是裁判依据”的观念，从而在严格控制可以充当裁判依据的规范性法律文件（强拘束力法源）的前提下（同时，区分刑事、民事和行政案件,作了更细致的规定),解放了可以充当裁判说理依据的规范性文件的范围(经审查认定为合法有效即可)。

(二)范围的扩大

《09 裁判文书引用规定》对裁判说理可以引用(及使用)的法律论证材料范围的"解放"并不彻底,仍仅限于"其他规范性文件",很快就遭到突破——最典型的就是,指导性案例显然并非"规范性文件",但被最高人民法院明确认可为裁判说理的依据。事实上,在区分了两类法律论证材料并严格控制了裁判依据的范围(因此在形式上保障了依法裁判要求的实现)后,说理依据范围的扩充是势不可挡的——为什么不能进一步放宽材料引用和使用的实践,以更清晰地阐明裁判结论的形成过程和支撑裁判结果的正当性理由,提高裁判的透明度和可接受性,乃至提升司法公信力和司法权威,更好地发挥裁判的定分止争和价值引领作用呢?《18 裁判文书说理意见》就明确认可并积极回应了这样的诉求:

> 十三、除依据法律法规、司法解释的规定外,法官可以运用下列论据论证裁判理由,以提高裁判结论的正当性和可接受性:最高人民法院发布的指导性案例;最高人民法院发布的非司法解释类审判业务规范性文件;公理、情理、经验法则、交易惯例、民间规约、职业伦理;立法说明等立法材料;采取历史、体系、比较等法律解释方法时使用的材料;法理及通行学术观点;与法律、司法解释等规范性法律文件不相冲突的其他论据。

这一规定不仅突破了《09 裁判文书引用规定》第 6 条的限制,明确列举了指导性案例之外其他的不属于规范性文件的若干材料,例如"公理、情理、经验法则、交易惯例、民间规约、职业伦理""法理及通行学术观点"等(这些材料可以形成或者证明存在某种"通说"),甚至最后还设置了一个极为宽泛的兜底性规定("与法律、司法解释等规范性法律文件不相冲突的其他论据"),以确保将各种有助于"提高裁判结论的正当性和可接受性"的材料"一网打尽"。从而,通过扩大裁判说理依据的范围,中国法上可以用于法律论证的材料(不限于狭义的法源性资料)的范围也得到了空前的扩张。

(三)方法的凸显

这一看似极为大胆的做法正体现了对法律渊源和法律论证的一种更开阔、更功能性的理解。裁判依据主要解决依法裁判的问题,说理依据则有助于解决正当裁判的问题。前者必须严格限制,以符合立法与司法分权的宪法性要求;后者则不必过多设限(当然,在我国的法律文化和法律实践传统下,仍然存在不适合出现在裁判文书中的禁用型材料)。事实上,裁判依据的严格限制主要是形式上的意义,实质上影响案件结论的材料完全有可能是特定的说理依据(可以再次回顾一下"赵春华非法持有枪支案")。说理依据的放开,意味着论证素材的空前丰富。那么,应当如何使用案例,如何使用学说,如何处理各种各样的材料冲突,如何结合权威理由和实质理由进行有效的论证——也就是说,如何有效地检索、使用、辨析、驾驭这些素材的一般方法就凸显出来。这也正印证了我们之前的判断:当我们讨论裁判文书的引用规范时,我们其实也是在讨论法律渊源的问题;当我们讨论法律渊源时,我们不仅是在关心法律检索的问题,同时也是在关心法律推理和法律论证问题,因为法律渊源无可避免地处于法律推理与法律论证的核心。正如肖尔教授的敏锐观察:

> 这些变化并不仅仅反映引证实践的转变。它们包含了有关什么是法律渊源的变化,因而是有关什么是法律论证的变化;而什么是法律论证——区别于道德的、宗教的、经济的或政治的论证——则是决定什么是法律的主要因素。法律的界限是由法律权威的界限来确立,而法律正是通过其渊源发挥法律的作用的。如果先前被禁用的权威变成了选择性权威,先前的选择性权威变成了强制性权威,那么法律渊源的性质就已经改变,而随着这一改变,法律的性质本身也就发生了转变。①

法源性资料越丰富,基础的法学方法就越重要。在以知识讲授为主导的法学教育传统下,我们通常更关注体系化知识的学习;但这样的学习,无论在学习阶段显得如何"完备",实际上仍是远远不足的。我们不仅应该关心作为结果的知识,更应该关注得出特定结果的知识生产过程。当我们面对全新的问题,或者必须对一个旧问题提供新的解决方案时,能够帮助我们的不再是那些确定的知识,而是解决问题的方法——在法律上解决问题的方法,首先就是检索到适当的法源性资料,并基于这些资料进行有效的法律论证。希望本讲对法源性资料的介绍,能够为后面在法律适用过程中更动态的方法运用打下一个有益的基础。

---

① [美]弗里德里克·肖尔:《像法律人那样思考:法律推理新论》(增订版),雷磊译,法律出版社 2023 年版,第 123 - 124 页。

研学小课

双十一案:请求权基础民法初阶案例研习

洪国盛*

基本案情

2023 年 10 月 31 日,各大电商平台开始“双十一”销售活动。甲定于 11 月 20 日结婚,并搬入新房,遂打算趁“双十一”购买婚庆用品与一些装饰品。

11 月 1 日晚,甲于某天猫酒品旗舰店 A 购买酒品用于婚宴,该店有七天无理由退货标识。该店酒品均为预售,须先拍下商品,后于 11 月 11 日发货。甲付款后才发现商品页商品介绍部分用加粗加黑大号字显示,“双十一”期间按照下单顺序发货;并且甲在平台软件中收到了商家自动发送的如下提醒:若您修改发货地址,可能导致派送延迟。甲询问客服其婚礼需要用酒,能否在 11 月 18 日前送达,人工客服回复店铺按下单顺序发货,不能保证按时送达,并祝甲新婚快乐。但人工客服在后台看到甲的下单顺位靠前,便回复如果快递不出现问题,那么应该可以在 11 月 18 日前及时送达。甲于 11 月 11 日凌晨才发现自己下单的地址错选成公司地址,遂修改为家庭地址(二者在同一城市)。修改地址后,甲收到商家的自动留言:已经确认地址修改,这可能导致派送延误。但甲认为这是自动发送的消息,而自己在发货前改地址,并不会影响发货时间。但商家后台则以修改时间作为依据确定发货顺序并安排发货。甲在 11 月 13 日见自己所购酒品还未发货,遂询问客服,才得知此事。甲表示自己急用,客服回复因为“双十一”商品发货量大,暂时无法安排优先发货,根据订单顺序会在 11 月 16 日发货。甲在该店所购酒品经“双十一”折扣后,单瓶价格为 750 元,而该酒品在该网店日常售价是 850 元,在线下店铺通常售价为 900 元。由于临近婚礼急用,甲遂在线下购买,以 900 元的单价购入 50 瓶。甲于 11 月 20 日在电商平台上申请了退款,

* 北京大学国际法学院助理教授。

该退款申请在当日并未被确认。

11 月 5 日,甲又于乙所经营的个人淘宝店购入原创画作两幅,画作一售价为 1000 元,画作二售价为 1500 元。乙在淘宝展示页面注明了画作之画家的相关信息,并用加粗加黑大号字体提示:该类商品不接受七日无理由退货;画作请当面签收,否则毁损或丢失概不负责。乙同样采用预售方式,并参加了"双十一"当日"满 500 减 25"的满减活动。甲拍下画作后,乙再次将前述加大加粗黑体字提醒的内容告知了甲,让甲考虑清楚,之后会在 12 日安排发货,甲表示没有问题。乙于 11 月 12 日中午将两幅画分两个包裹交由 B 快递公司发送。不幸的是,由于"双十一"快递极多,画作一的包裹在运输途中遗失,而画作二于 11 月 15 日中午安然送达。B 公司快递员丙联系了甲,甲表示自己在上班,让其将画作放置在其门口即可,而后画作丢失。甲与乙反复沟通无果,遂就两幅画作申请退款。

请依请求权基础的分析方法分析甲对 A、甲对乙可能提出的诉讼请求或主张。分析基准时点为 2023 年 11 月 20 日。作答无须考虑利息问题,也无须考虑《中华人民共和国消费者保护法》和《中华人民共和国电子商务法》可能的特殊规定。

参考解答

一、甲对 A 的请求权:返还价款 37500 元

甲或可依据《中华人民共和国民法典》(以下简称《民法典》)第 566 条第 1 款后段关于恢复原状请求权的规定,请求返还已支付的价款 37500 元。

(一)《民法典》第 566 条第 1 款后段是不是独立的请求权基础?

《民法典》第 566 条第 1 款规定:"合同解除后,尚未履行的,终止履行;已经履行的,根据履行情况和合同性质,当事人可以请求恢复原状或者采取其他补救措施,并有权请求赔偿损失。"解除的效果区别于撤销,解除不会导致合同义务的消灭。因而解除后的返还并非不当得利返还,《民法典》第 566 条第 1 款后段属于独立的请求权基础。

(二)请求权的发生

在解释上应当认为,《民法典》第 566 条第 1 款后段所规定的恢复原状请求权,其构成要件应包括:(1)合同成立;(2)合同生效;(3)合同未消灭;(4)一方根据法律规定(如《民法典》第 563 条)或者约定而取得了解除权;(5)该方当事人有效地行使了解除权;(6)请求人已经履行了合同义务;(7)根据履行情况和合同性质,通常当事人所履行的是一次性债务而非继续性债务。

就要件(1)—要件(3),该案具备均无争议。至于是否具备要件(4),则需要

考虑甲基于何种原因取得解除权。该案中,在损害赔偿部分将分析,A 公司并未违约,因而甲不能基于《民法典》第 563 条第 1 款取得解除权。甲解除合同的依据为第 562 条第 2 款——依“七天无理由退货”,甲可随时退款,此为合同赋予甲的任意解除权,为约定解除权的一种。要注意的是,此处的解除并非第 562 条第 1 款的合意解除,因为即便商家不同意甲退款,也不影响甲的解除。由于甲享有任意解除权,因而即便其享有法定解除权,也不需要在此处特别分析,因为其已经取得了解除权。由于甲申请退款,该行为按照客观第三人的理解,清晰地显示了甲有效地行使了解除权,因而要件(4)满足,且该解除通知已抵达对方,因而要件(5)满足。而甲已经支付了合同价款,故要件(6)满足。合同义务为支付金钱的债务,结合合同的履行情况以及性质,可以认为属于适合返还的情形,要件(7)满足。

(三)请求权的消灭、被请求人的抗辩权

该请求权已经发生,而 A 尚未退还价款,因而请求权并未消灭,也不存在其他消灭事由。而 A 也显然不享有抗辩权。

(四)结论

甲对 A 享有基于《民法典》第 566 条第 1 款后段上的价款返还请求权,可要求 A 返还 37500 元。

二、甲对 A 的请求权:赔偿损失 7500 元

甲或可基于《民法典》第 583 条,请求 A 赔偿其因 A 未能及时交付酒品而使其另行购买同类酒品所需的额外支出 7500 元。

(一)请求权的发生

《民法典》第 583 条规定:“当事人一方不履行合同义务或者履行合同义务不符合约定的,在履行义务或者采取补救措施后,对方还有其他损失的,应当赔偿损失。”在解释上应当认为,该条是当事人主张违约上的损害赔偿请求权的一般法律依据,除非法律另有特别规定。

《民法典》第 583 条之下的构成要件应解释为:(1)债务人有违约行为。其具体应包括:第一,合同成立;第二,合同生效;第三,合同没有消灭;第四,依照合同约定或者法律规定发生了债务;第五,债务人违反其债务(完全不履行或者不适当履行)。(2)债权人发生损害。(3)债权人受到的损害与债务人的违约行为之间有因果关系(包括责任成立因果关系与责任范围因果关系)。(4)债务人的违约行为具有违法性。(5)债务人没有免责事由。

本案中,根据案件事实,甲与 A 之间的合同成立、生效均无疑问,且该合同也未因撤销而消灭。本案的疑问在于构成要件(1)之四,即是否依合同约定发生了债务。因唯有在确定 A 确实承担义务后,才能判断其是否违反了合同。就 A 是否承担合同义务的判断,核心在于解释合同,即解释 A 负有哪些合同义务。

由于甲诉请损害赔偿的依据乃 A 未能及时发货导致其需要另行购买婚礼用酒的损失,因而此处甲认为 A 负有的合同义务是及时发货。因而需要解释的是,A 是否负有及时发货的义务,以及如何定义“及时发货”。就及时发货义务而言,若无特别约定,通常应该予以出卖人合理的准备时间,或根据一般类似商品在类似交易平台的发货时间判断。然而,该案中,A 在商品展示页面显示商品将按照下单顺序发货,因而就 A 是否及时发货,取决于特别的约定,即 A 是否按照允诺的按照下单顺序发货。此外,还存在一个相关的“约定”,即如果修改发货地址,可能会导致派送迟延。但是该“约定”并非在商品页面展示,而是在缔结合同后由系统自动发送告知,那么其是否可以成为合同的内容?原则上,缔约之后才告知的合同条款并不能成为合同的内容,但是本案中的条款却有其特殊性:首先,这一条款并未直接修改已经约定的权利义务关系,即如果甲不修改订单信息,那么这一条款并不会对甲产生影响。其次,甲并不当然享有任意修改收货地址的合同权利。虽然许多商家为了交易便利而允许消费者在下单后、发货前自行修改收货地址,但是也有不少商家并未开放自动修改地址的选项,消费者需要联系客服修改订单或者重新下单。由此可见,是否可以修改地址原本也是一个合同安排。因而可以认为,在甲下单时,合同并未就是否可以修改地址作出安排,而是在下单后通过一个额外的条款进行规定,若甲需要修改订单,就会受此条款的拘束。最后,这一安排也符合交易习惯,且不存在对于消费者不公平之处。综上,当甲选择更改收货地址时,该条款会对甲产生拘束力。商家虽然负有及时发货的义务,但是根据合同解释,商家确实按照合同约定的方式履行了合同义务,未构成不及时发货,故不满足要件(1)之五。由于 A 不存在违约行为,因而无须分析其他构成要件。

但是,反对意见可能认为在这一告知中,合同内容的效果并不清晰,因为这一告知并没有准确地告诉消费者仅仅是修改地址(即便修改后地址与修改前地址在同一城市)也会对发货时间产生影响,所以这一条款因其固有的模糊性,依然对于相对人不具有拘束力。而商家作为条款的提供者,应该对此承担合同解释对其不利的风险。但即便如此,甲依然不能主张商家对其进行损害赔偿,原因在于甲所宣称 A 的义务违反实际上是由两个部分组成的——A 不仅要及时发货,而且有义务让甲在婚礼上使用酒品。具言之,如果 A 只有及时发货的义务,那么即使 A 没有及时发货,甲也只有迟延损害赔偿请求权,而非替代给付的损害赔偿请求权;唯有 A 允诺的内容是及时发货以使甲能够在婚礼上使用酒品,才可能因其未能及时发货而使甲主张替代给付的损害赔偿请求权。然而问题是,A 并没有允诺这一义务。这与前述分析相似:甲是在合同缔结之后才告知客服其用于婚礼的目的,故保证甲能在婚礼上使用酒品并没有成为合同的内容。而客服也仅仅是告知甲,如果按照订单顺序发货,酒品可以及时到达,但并未就此进行任何承诺。因此,A所允诺的义务不包括让甲在婚礼上使用酒品,因而即便A未及时发货,其至多只是承担常规的迟延损害(对于消费者而言这部分几乎不存在),而非承担替代给付的损害赔偿责任。

(二)请求权的消灭、被请求人的抗辩权

由于未发生请求权,无须考虑这两个问题。

(三)结论

甲对A并无《民法典》第583条上的损害赔偿请求权。

三、甲对A的请求权:合理费用7500元

甲或可基于《民法典》第591条第2款,请求A赔偿其因减少损失而支出的合理费用。

(一)请求权的发生

《民法典》第591条规定:“(第1款)当事人一方违约后,对方应当采取适当措施防止损失的扩大;没有采取适当措施致使损失扩大的,不得就扩大的损失请求赔偿。(第2款)当事人因防止损失扩大而支出的合理费用,由违约方负担。”依该条,如果守约方采取了减损措施,那么因此支出的合理费用应由违约方支付。虽然这部分支出在英美法上被视为间接损失的一种类型,但是我国《民法典》似将其规定为应依单独的请求权基础主张。

《民法典》第591条第2款减损合理费用的求偿请求权构成要件应解释为:(1)债务人有违约行为。其具体应包括:第一,合同成立;第二,合同生效;第三,合同没有消灭;第四,依照合同约定或者法律规定发生了债务;第五,债务人违反其债务(完全不履行或者不适当履行)。(2)债权人受有损害。(3)债权人为减少损害而采取了措施并产生了费用。(4)该费用合理。

本案中,由于A公司未曾违约,要件(1)不满足。后续无须分析。

(二)请求权的消灭、被请求人的抗辩权

由于未发生请求权,无须考虑这两个问题。

(三)结论

甲对A并无《民法典》第591条2款上的合理费用求偿请求权。

四、甲对乙的请求权:交付画作一

甲或可基于《民法典》第509条第1款,结合合同约定,请求乙交付画作一。

(一)请求权的发生

《民法典》第509条第1款规定:“当事人应当按照约定全面履行自己的义务。”在解释上,应当认为该规定是一方请求他方履行合同所明确约定的义务的法律依据。也就是说,如果依法成立、生效的合同确立了一方当事人的义务,那么该当事人就负有了法律上的债务,而对方就享有了法律上的履行请求权。

《民法典》第509条第1款规定的构成要件比较简洁。结合《民法典》其他相关条文,在解释上,该款规定的请求权的构成要件包括:(1)合同成立;(2)合同生效;(3)合同没有因被撤销等原因而消灭;(4)合同约定了一方(请求人)对另一方(被请求人)享有债权;(5)请求人的请求权符合法律或者合同所特别约定的要件;(6)被请求人的债务履行期届满,或者虽然履行期尚未届满,但是被请求人已经表示拒绝履行其债务。如果满足上述要件,则请求权发生。

该案中,甲乙之间达成买卖特定画作一的合同,而乙显然负有交付标的物的合同义务。至于该合同义务何时需要履行,甲乙之间并无约定。根据交易习惯,通常在甲付款后,乙在合理准备时间后,应该及时安排发货。该案中,乙于次日发货,显然双方无须就乙的合同义务履行期届满再行争议,因而请求权发生。

(二)请求权的消灭

由于此处涉及的是非金钱债务的履行,首先可以考虑《民法典》第580条第1款第1项的规定:"当事人一方不履行非金钱债务或者履行非金钱债务不符合约定的,对方可以请求履行,但是有下列情形之一的除外:(一)法律上或者事实上不能履行"。

由于画作一为特定物,现已丢失而且无法寻回,因而可以认为本案中发生了事实上的履行不能,请求权消灭。

(三)被请求人的抗辩权

无须考虑抗辩权。

(四)结论

甲不享有请求乙交付画作一的请求权。

五、甲对乙的请求权:返还价款950元

甲或可依据《民法典》第566条第1款后段关于恢复原状请求权的规定,请求返还该已支付价款950元。

(一)《民法典》第566条第1款后段是不是独立的请求权基础?

《民法典》第566条第1款规定:"合同解除后,尚未履行的,终止履行;已经履行的,根据履行情况和合同性质,当事人可以请求恢复原状或者采取其他补救措施,并有权请求赔偿损失。"解除的效果区别于撤销,解除不会导致合同义务的消灭。因而解除后的返还并非不当得利返还,《民法典》第566条第1款后段属于独立的请求权基础。

(二)请求权的发生

在解释上应当认为,《民法典》第566条第1款后段所规定的恢复原状请求权,其构成要件应包括:(1)合同成立;(2)合同生效;(3)合同未消灭;(4)一方根据法律规定(如《民法典》第563条)或者约定而享有解除权;(5)该方当事人有效地行使了解除权;(6)请求权人已经履行了合同义务;(7)根据履行情况和合同性质,当事人履行的通常是一次性债务而非继续性债务。

由于该店不参加“七日无理由退货”，因而在乙发货后，甲不享有任意解除合同或索回价款的权利。在此有必要简短分析该排除适用“七日无理由退货”的约定是不是无效的格式条款。首先要注意的是，不能仅因乙单独告知了甲并取得甲的同意，就认为该条款不属于格式条款。从形式上分析，乙已用加大加粗字体提醒，并且再次单独告知了甲，因而尽到了《民法典》第496条第2款的提示说明义务。而且，该约定并未不合理地排除或者限制甲的权利，因为其并不削减甲购买商品的价值，也并未排除瑕疵保证责任等。综上，该约定有效。

而甲取得解除权的基础在于《民法典》第563条第1款第4项“当事人一方迟延履行债务或者有其他违约行为致使不能实现合同目的”。判断取得解除权的条件是否被满足，关键在于判断乙是否存在违约行为。该案中，乙负有交付画作一并转移所有权的合同义务。由于画作一为特定物，且该物可认为已灭失，因而乙不能再按照约定履行合同义务，至少表面上构成了违约。但是问题在于，标的物因运输丢失是否构成出卖人的违约，仍取决于买卖合同中如何分配标的物毁损灭失的风险，这也是本案的关键所在。由于该合同为标的物需要寄送的买卖合同，人们通常会直接考虑《民法典》第607条。但是暂且不论该条规定本身存在的问题，我们也应该认识到，风险负担本质上是当事人分配标的物运输过程中毁损灭失风险的一种合同安排，因而应该首先考虑的是当事人的约定。如果当事人没有约定，则应当考虑交易习惯等。而本案中，系甲于淘宝商家乙处购买画作，根据通常客观理性的第三人的理解以及交易习惯，该画作在实际交付给甲或至少寄存到甲指定的收货地点之前（就此点依然存在疑义），标的物毁损灭失的风险都由出卖人承担。而该案中画作就是在运输途中灭失，故应由出卖人乙承担这一风险。标的物灭失导致出卖人乙无法交付标的物，从而乙构成违约，甲因此取得解除权。

与甲对A处的分析相似，要件（5）—要件（7）也显然都满足了。

（三）请求权的消灭、被请求人的抗辩权

该请求权已经发生，而乙尚未退还价款，也不存在其他请求权消灭事由，因而请求权并未消灭。而乙也显然不享有抗辩权。

（四）结论

甲对乙享有基于《民法典》第566条第1款后段上的价款返还请求权，可要求乙返还950元。

六、甲对乙的请求权：赔偿画作一损失50元

甲或可基于《民法典》第583条，请求乙赔偿画作一损失50元。

（一）请求权的发生

《民法典》第583条规定：“当事人一方不履行合同义务或者履行合同义务不符合约定的，在履行义务或者采取补救措施后，对方还有其他损失的，应当赔偿损失。”在解释上应当认为，该条是主张违约损害赔偿请求权的一般法律依据，除非法律另有特别规定。

《民法典》第583条之下的构成要件应解释为：(1)债务人有违约行为。其具体应包括：第一，合同成立；第二，合同生效；第三，合同没有消灭；第四，依照合同约定或者法律规定发生了债务；第五，债务人违反其债务(完全不履行或者不适当履行)。(2)债权人发生损害。(3)债权人的损害与债务人的违约行为之间有因果关系(责任成立与责任范围因果关系)。(4)债务人的违约行为具有违法性。(5)债务人没有免责事由。另外，依《民法典》第566条第2款，合同解除不影响当事人主张损害赔偿。

本案中，甲与乙之间就画作一的买卖合同成立、生效等均无疑问，问题同样在于乙究竟负担了什么合同义务，以及是否违反了该合同义务。正如前分析，乙构成违约，因而要件(1)满足。

判断要件(2)满足与否，关键在于买受人的损害。虽然该案中买受人实际支付了950元，但是该画作在未参加折扣活动以前的售价为1000元，因而可以认为甲实际损失是未能获得的50元的差额。然而，对于画作这类无法寻求替代物的商品，其实际价值究竟几何难以判断，此处的赔偿数额也仅能作为可认定的最低损失数额。而要件(3)—要件(5)均得以满足。因而请求权发生。

(二)请求权的消灭、被请求人的抗辩权

乙尚未履行该赔偿义务，因而甲的请求权并未消灭；而乙显然也不享有抗辩权。

(三)结论

甲对乙享有《民法典》第583条上的损害赔偿请求权，可请求乙支付50元差额。

七、甲对乙的请求权：交付画作二

甲或可基于《民法典》第509条第1款，结合合同约定，请求乙交付画作二。

(一)请求权的发生

《民法典》第509条第1款规定：“当事人应当按照约定全面履行自己的义务。”在解释上，应当认为该规定(结合合同具体条款)是一方请求他方履行合同所明确约定的义务的法律依据。也就是说，如果依法成立、生效的合同中约定了一方当事人的义务，那么，该当事人就负有了法律上的债务，而对方就享有了法律上的履行请求权。

《民法典》第509条第1款所规定的构成要件比较简洁。结合《民法典》其他相关条文，在解释上，该款规定的请求权的构成要件包括：(1)合同成立；(2)合同生效；(3)合同没有因被撤销等原因而消灭；(4)合同约定了一方(请求人)对另一方(被请求人)享有债权；(5)请求人的请求权符合法律或者合同所特别约定的要件;(6)被请求人的债务履行期届满,或者,虽然履行期尚未届满,但是被请求人已经表示拒绝履行其债务。如果满足上述要件,则请求权发生。

该案中,甲乙之间达成买卖特定画作二的合同,而合同中显然负有交付标的物的合同义务。而该合同义务何时需要履行,甲乙之间并无约定。根据交易习惯,通常在甲付款后,乙在合理准备时间后,应该及时安排发货。但是该案中,乙于次日发货,显然双方无须就乙的合同义务履行期届满再予以争议。因而请求权发生。

与甲对A行使基于《民法典》第591条第2款的请求权不同的是,这里存在一个处理方案的分歧,即甲乙在合同中约定,如果甲不亲自签收,那么包裹丢失的风险由甲承担。此处需先简略说明该条款不属于格式条款无效的理由:一方面,出卖人已经清晰地提示了甲不亲自签收的风险;另一方面,该条款也没有实质上增加甲的负担或者减少乙主要的合同义务。由于该条款有效,而甲确实没有亲自签收,而是让快递员放在门口,因而基于风险负担的约定,标的物毁损灭失的风险归属于甲,甲不能要求乙交付画作,请求权不发生。这种处理方案是可能的,但也可以不采该种理解,而是先承认请求权的发生。后一方案将在"请求权的消灭"部分讨论。

(二)请求权的消灭

《民法典》第557条规定:(第1款)有下列情形之一的,债权债务终止:(一)债务已经履行;(二)债务相互抵销;(三)债务人依法将标的物提存;(四)债权人免除债务;(五)债权债务同归于一人;(六)法律规定或者当事人约定终止的其他情形。(第2款)合同解除的,该合同的权利义务关系终止。

与画作一不同之处在于,乙让快递运输的画作二,原本可送达给甲,而甲让快递员直接放在其门口。对此,存在两种可能的回答:第一种是与画作一相同,因为画作毁损灭失,所以履行不能,进而消灭了甲对画作二的请求权;第二种是由于乙已经让快递交付给甲,但甲没有亲自受领,而合同约定应该由甲亲自受领,否则乙不承担画作丢失的风险,因而可以认为甲让快递员将画作二放在其门口就已经使乙履行完毕了自己的合同义务,即乙已经交付了画作,其给付义务因履行而消灭。该案中,应该认为第二种方案是正确的,即乙的义务因为履行而消灭。

(三)被请求人的抗辩权

无须考虑抗辩权。

(四)结论

甲不享有请求乙基于《民法典》第509条第1款交付画作二的请求权。

八、甲对乙的请求权:返还价款1425元

甲或可依据《民法典》第566条第1款后段关于恢复原状请求权的规定,请求返还已支付的价款1425元。

（一）《民法典》第566条第1款后段是不是独立的请求权基础？

《民法典》第566条第1款规定："合同解除后，尚未履行的，终止履行；已经履行的，根据履行情况和合同性质，当事人可以请求恢复原状或者采取其他补救措施，并有权请求赔偿损失。"解除的效果区别于撤销，解除不会导致合同义务的消灭。因而解除后的返还并非不当得还，《民法典》第566条第1款后段属于独立的请求权基础。

（二）请求权的发生

在解释上应当认为，《民法典》第566条第1款后段所规定的恢复原状请求权，其构成要件应包括：(1)合同成立；(2)合同生效；(3)合同未消灭；(4)一方根据法律规定（如《民法典》第563条）或者约定而享有解除权；(5)该方当事人有效地行使了解除权；(6)请求权人已经履行了合同义务；(7)根据履行情况和合同性质，当事人履行的通常是一次性债务而非继续性债务。

该案如前文所述，甲并不享有任意解除权；即便享有，依合同解释也应该认为任意解除权不适用于本案发生的情形——或因风险负担归属于甲后标的物丢失，或因乙已经完全履行了自己的合同义务，总之甲均不可任意解除。由于乙并无违约行为，因而甲也不可能享有《民法典》第563条第1款上的解除权。综上，甲未取得解除权，不能解除合同。

（三）请求权的消灭、被请求人的抗辩权

由于请求权不发生，因而无须考虑请求权的消灭或者与之相关的抗辩权。

（四）结论

甲对乙不享有基于《民法典》第566条第1款后段上的价款返还请求权，不能请求乙返还价款1425元。

九、甲对乙的请求权：赔偿画作二损失75元

甲或可基于《民法典》第583条，请求乙赔偿画作二的损失75元。

（一）请求权的发生

《民法典》第583条规定："当事人一方不履行合同义务或者履行合同义务不符合约定的，在履行义务或者采取补救措施后，对方还有其他损失的，应当赔偿损失。"在解释上应当认为，该条是主张违约损害赔偿请求权的一般法律依据，除非法律另有特别规定。

《民法典》第583条之下的构成要件应解释为：(1)债务人有违约行为。其具体应包括：第一，合同成立；第二，合同生效；第三，合同没有消灭；第四，依照合同约定或者法律规定发生了债务；第五，债务人违反其债务（完全不履行或者不适当履行）。(2)债权人发生损害。(3)债权人的损害与债务人的违约行为之间有因果关系（责任成立与责任范围因果关系）。(4)债务人的违约行为具有违法性。(5)债务人没有免责事由。

与实际履行请求权部分的分析相似,此处也有两种可能的处理方案:一是基于风险负担规则,乙无须承担标的物毁损灭失的风险;二是乙已经履行了合同义务,因而不存在违约行为。无论依据何者,乙都无须承担损害赔偿责任,因为其不存在违约行为。

(二)请求权的消灭、被请求人的抗辩权

由于未发生请求权,无须考虑这两个问题。

(三)结论

甲对乙并不享有《民法典》第583条上的损害赔偿请求权。

十、民法案例研习的一些思考

案例研习对于民法的学习而言是必不可少的训练,而案例研习答题上又可以分为三个不同难度。本案属于案例研习中最为简单的类型,即仅期待学生根据一门课程所教授的内容予以作答。例如,本案既不涉及债法中的侵权或不当得利请求权,也不涉及物权请求权,简单如斯,可见一斑。进阶的案例研习,则涉及综合性地运用前述不同的请求权以及与之相关的辅助规范,综合性地处理相关问题。又如,本案如果修改为快递员将快递放在快递柜中,但是由于快递柜系统设计瑕疵,导致他人也可以取走画作,那么就存在第三人侵权责任、快递柜保管服务合同的当事人的认定以及相关赔偿构造的问题。再如,快递员径自将快递放在菜鸟驿站或者快递柜中并发送消息告知甲时该如何处理?而最困难的案例研习,其难点可能不在于案例本身,而在于案例所蕴含的一般法学问题。例如,在本案中,如果A的客服在甲下单前知晓了甲购买酒水的合同目的,那么A的赔偿责任如何认定?尤其是如果甲因为客观事实而无法减损,最终导致婚礼举办不顺,能否就此主张赔偿?

在案例研习课程的教授过程中,也往往能发现学生对于不同难度的案例研习处理与掌握的差异。对于法学本科的同学而言,初级的案例研习题是相对容易完成的。而非法学本科的同学对于高阶的案例研习问题有时会有特别的敏锐度,但是面对初阶的案例研习题可能就会显得基础不是特别扎实。至于中阶的案例研习题,无论是法学本科还是非法学本科的学生,其整体处理问题的能力都有所不足,这是因为在基础课程之后才会进入中阶案例研习的训练,此时基础知识已有所遗忘,而民法体系相关的整体性思考能力也才慢慢形成。对于高阶案例研习而言,两类学生在说理方面都有所欠缺:本科学习法学的同学,更容易进行规范化的思考和作答(寻求文献等的帮助),而非法学本科的同学可能更容易从法学以外的视角思考相关问题,但是二者往往对于此类困难的法律问题都缺乏实质性的论证。就此而言,高阶案例研习确实不同于初阶与中阶案例研习,其要求的是对于法律问题的实质论证能力,可能更适合通过专门的研讨课程进行深入的文献检索、研读辩论来解决问题。

初阶的案例研习帮助理解和掌握各个分散的基础知识点，中阶的案例研习帮助形成民法学的体系以及进行体系思维的融贯性训练，高阶的案例研习则是要探讨民法学中至今未被妥当解决的或者新出现的疑难问题。对于初阶的案例研习应该尽可能完整地回答，即便有些内容是显而易见的，也不该忽略。而中阶的案例研习应该能够区分问题的重点与非重点，清晰地阐述法律以及如何将法律规范适用到具体个案之中，并考虑各个请求权对于当事人的价值。高阶的案例研习则旨在对于法学问题的深入探讨，应该在此过程中习得文献检索、分析、评价与批评的能力，并形成自己对于问题解答的论证。因而，无论哪一难度的案例研习，对于民法学习都是有益且必要的，其价值不仅在于掌握具体的民法知识，更在于培养如何运用知识处理问题，以及发现、创造知识的能力。

动物园案：民事诉讼起诉受理条件的分析框架

刘哲玮*

案 情

2021年10月1日，秋高气爽。住所地在北京市西城区的甲赴位于北京市延庆区的丙动物园游玩，看到围墙正在整修，就从工地溜了进去，没有买票。在猴区参观时，甲不停地以食物、石子砸猴取乐。不料，负责猴区管理的饲养员丁（住所地在北京市海淀区，与丙动物园订有劳动合同）当天不慎在喂食后未关紧铁门，有猴子在暴怒之下从铁门逃出，对甲进行攻击。甲受伤，为此支出了医疗费、误工费等共计10000元。经查，丙动物园对员工要求素来严格，定期培训、考核，饲养员丁此前也从未犯此类错误。

事发后，甲多次和丙动物园协商。但丙动物园此时经营正出现严重危机，无法赔偿甲的全部损失。后双方达成书面协议，丙动物园赔偿甲2000元，甲承诺放弃包括诉讼在内的所有维权手段。10月18日，丙动物园园长自掏腰包向甲支付了现金2000元。次日，甲在出行时遭遇车祸，不幸遇难。甲与其妻子乙（住所地位于上海市长宁区，两人育有一子戊，15岁，与乙在上海生活，甲无其他直系亲属）分居两地；此前，为避免增加乙的烦恼，甲一直没有告知其与丙动物园的纠纷。甲去世后，乙在清点甲的遗物时发现甲的日记，才发现了甲受伤的事件，了解到甲受伤的过程和原因，并知晓甲共发生损失10000元。由于甲在日记中未记录与丙动物园已经达成协议和获赔的事宜，现乙欲向丙动物园索赔。

乙与丙动物园沟通，丙动物园向其出示了甲签字的书面协议，但由于没有向甲的转账记录，也没有内部的财务支出记录，乙怀疑该协议系伪造。后乙结合丙动物园的经营状况和丁的财产情况（经过棚改拆迁安置，丁在北京市海淀区有住房5套），决定以自己的名义，依据《中华人民共和国民法典》（以下简称《民法

---

* 北京大学法学院长聘副教授、博士生导师。

典》)第1248条,向北京市海淀区人民法院(以下简称海淀法院)起诉丙动物园和丁,要求其连带赔偿甲的损失10000元。海淀法院立案登记后,丙动物园和丁委托的律师提出异议,认为海淀法院无权审理此案。

问 题

请结合民事诉讼的起诉受理条件,分析海淀法院是否应当受理该案。

参考答案

一、诉讼构造

原告:乙

被告:丙(动物园)、丁(饲养员)

诉讼标的:《民法典》第1248条上的动物园的动物致人损害赔偿请求权

诉讼请求:丙与丁连带赔偿甲的损失10000元

事实理由:因丙管理不善和丁的疏忽致使甲受伤并支出医疗费、误工费等共计10000元

受诉法院:海淀法院

二、起诉受理条件之形式要件

(一)起诉形式

起诉形式,是指起诉所必须具备的外部形式要求,主要规定于《中华人民共和国民事诉讼法》(以下简称《民事诉讼法》)第123条,即起诉必须以书面起诉为原则,向人民法院递交起诉状和副本。只有在当事人有书写困难时,方能采用口头方式起诉。本案案情并无特别说明,姑且认为该要件满足。

(二)起诉状内容

我国关于起诉状内容的规定主要体现在《民事诉讼法》第122条第3项及第124条上,原告的起诉状在形式上应当包含以下几个方面的内容。

1. 有具体的诉讼请求和事实、理由

本案中乙已经提出具体的诉讼请求及其所依据的事实、理由,该要件满足。

2. 原被告的基本身份信息

起诉状应当载明原告的姓名、性别、年龄、民族、职业、工作单位、住所、联系方式,法人或者其他组织的名称、住所和法定代表人或者主要负责人的姓名、职务、联系方式;被告的姓名、性别、工作单位、住所等信息,法人或者其他组织的名称、住所等信息。本案案情并无特别说明,姑且认为该要件满足。

3. 证据信息

起诉状要载明证据的基本信息，如证据和证据来源、证人姓名和住所。本案案情并无特别说明，姑且认为该要件满足。

（三）起诉证据

最高人民法院《关于民事诉讼证据的若干规定》第1条指出，原告向人民法院起诉或者被告提出反诉，应当提供符合起诉条件的相应的证据；最高人民法院《关于人民法院登记立案若干问题的规定》第6条第5项也要求，当事人提出起诉应当提交的材料就包括与诉请相关的证据或者证明材料。这些规定要求原告在起诉时提交的证据材料，不仅包括形式意义上的证据信息，还需要在一定程度上证明原告提出的事实主张。[①] 我国关于“起诉证据”的规则最早出现于最高人民法院1997年出台的《关于人民法院立案工作的暂行规定》，其中第9条要求人民法院在“审查立案中，发现原告或者自诉人证明其诉讼请求的主要证据不具备的，应当及时通知其补充证据”。长期以来，学界对此项规则一直存有争议：有的学者从合法性的角度，认为这一司法解释僭越了《民事诉讼法》的规定，在缺乏法律依据的情形下设定了起诉障碍；有的学者从合理性的角度，认为仅凭单方提供的证据，立案法官无法判断该证据的证据能力和证明力是否足以证明原告的主张。

不过，在立案登记制改革后，最高人民法院虽仍在规则中保留了对起诉证据的要求，但在具体观点上发生了较大转变——对起诉证据的要求放宽至仅要求其用以证明满足诉讼要件（诉合法的要件）的证据而非本案要件（诉有理的要件）。最高人民法院在新的释义书中指出，在立案登记制下，审查原告提交的起诉证据是否符合要求，只需要在形式上检查原告提供的证据或证明材料与其诉请是否具有相关性，至于原告提交的证据是不是主要证据，是否充分、真实，均不在立案程序中审查判断。[②] 最高人民法院认为，起诉时提交的材料可分为两类：一类是用以说明起诉符合法定条件的材料，一旦缺少可能导致案件不能登记立案；另一类是进一步支持诉求的材料，欠缺不会影响到登记立案。[③] 也就是说，真正作为起诉“门槛”的“起诉证据”，是指用以证明当事人诉讼权利能力与行为能力、当事人适格、法院管辖等“诉讼要件”的证据；而对于“本案要件”或实体要

---

① 参见王晴：《民事诉讼“起诉证据”辨析》，载《广西大学学报（哲学社会科学版）》2008年第6期；胡亚球：《论民事起诉证据》，载《法学》1998年第11期。

② 参见最高人民法院民事审判庭第一庭编著：《最高人民法院新民事诉讼证据规定理解与适用》（上册），人民法院出版社2020年版，第77－78页。

③ 参见景汉朝主编，最高人民法院立案庭编著：《最高人民法院关于登记立案司法解释理解与适用》，人民法院出版社2016年版，第100－101页。

件的证据,则并非起诉的硬性要求,即使欠缺也不影响立案受理。[①] 这一标准相较于过去已经大为放宽。不过,即使将“起诉证据”限缩至用于证明满足诉讼要件的证据,仍有学者对此质疑。有的学者主张进一步将起诉证据要求限缩于更窄的例外情形,[②]有学者则主张完全取消这一要求。[③] 本案案情并无特别说明,姑且认为该要件满足。

(四)预交诉讼费用

我国关于诉讼费用交纳的法律规定主要集中于《民事诉讼法》第121条之“当事人进行民事诉讼,应当按照规定交纳案件受理费”。另外,根据《诉讼费用交纳办法》第20条,案件受理费由原告、有独立请求权的第三人、上诉人预交。因此,原告预交诉讼费用也是一项起诉受理条件。预交诉讼费用应当作为起诉受理条件的另一项法律规则是最高人民法院《关于适用〈诉讼费用交纳办法〉的通知》第2条,该条规定:“当事人逾期不按照《办法》第二十条规定交纳案件受理费或者申请费并且没有提出司法救助申请,或者申请司法救助未获批准,在人民法院指定期限内仍未交纳案件受理费或者申请费的,由人民法院依法按照当事人自动撤诉或者撤回申请处理。”根据该规定,交纳诉讼费用似应在法院受理案件之后,但在司法实践中,普遍的做法是原告预交诉讼费用,将收据提交给立案法官后,方才发生后续的分案、送达等事项。因此,从实践情况看,预交诉讼费用应当作为起诉的形式要件,在立案阶段直接审查认定。本案案情并无特别说明,姑且认为该要件满足。

三、起诉受理条件之实质要件

(一)与当事人有关的起诉受理条件

与当事人有关的起诉受理条件具体包括当事人具有诉讼权利能力、当事人具有诉讼行为能力和当事人适格这三个要件,这些主要规定于《民事诉讼法》第51条、第60条及第122条第1项与第2项。

1. 当事人具有诉讼权利能力

诉讼权利能力,是指成为民事诉讼当事人,享有民事诉讼权利和承担民事诉讼义务所必需的诉讼法上的资格。公民的诉讼权利能力始于出生,终于死亡;法人和其他组织的诉讼权利能力,始于成立,终于终止。[④]《民事诉讼法》第51条第1款规定:“公民、法人和其他组织可以作为民事诉讼的当事人。”此条为当事

---

① 参见最高人民法院民事审判庭第一庭编著:《最高人民法院新民事诉讼证据规定理解与适用》(上册),人民法院出版社2020年版,第78页。

② 此观点原则上否定立案阶段收集用于证明诉讼要件的证据,而主张进一步限缩至“纯粹程序性事项”作为例外,参见曹志勋:《反思民事诉讼中对立案证据的要求》,载《法学》2024年第1期。

③ 参见蔡虹、李棠洁:《民事立案登记制度的法理省思》,载《法学论坛》2016年第4期。

④ 参见张卫平:《民事诉讼法》(第5版),法律出版社2019年版,第127-128页。

人诉讼权利能力的初步规定。

在本案中,原告乙和被告丁为自然人,被告丙为法人且依旧在存续期间,满足《民事诉讼法》关于当事人诉讼权利能力的规定。

2. 当事人具有诉讼行为能力

《民事诉讼法》第60条第1句规定:"无诉讼行为能力人由他的监护人作为法定代理人代为诉讼。"此句规定了当事人进行诉讼需具有诉讼行为能力。诉讼行为能力,是指民事主体能够以自己的行为实现诉讼权利、履行诉讼义务的能力。其中,公民的诉讼行为能力自成年时开始,于死亡被宣告死亡或者被宣告为无民事行为能力人时终止。16周岁以上不满18周岁的公民,以自己的劳动收入为主要生活来源的,应视为有诉讼行为能力。法人和其他组织的诉讼行为能力与其诉讼权利能力一样,自成立时开始,于终止时消灭。[①]

本案中,原告乙和被告丁为成年人,被告丙为法人且在存续期间,均具有诉讼行为能力。

3. 当事人适格(诉讼实施权)

(1)当事人适格和诉讼实施权的区分

诉讼实施权,是指当事人以自己的名义作为原告或者被告,对以诉的形式主张的权利实施诉讼的权利。当事人适格涉及的问题是:原告是否依照实体法享有他所主张的权利(主动适格),以及该权利是否针对被告(被动适格)。如果缺乏主动适格或被动适格,则法院应视诉为无理由而驳回;而缺乏诉讼实施权则使诉不合法。大量案件中,诉讼实施权的存在不起任何作用,只有在诉讼担当的情形下,才需要特别注意诉讼实施权。[②] 在德国,诉讼实施权/当事人适格/正当当事人被作为诉讼合法性要件。与之对应,本案适格概念(Sachlegitimation/Sachbefugnis)对应的是在原告主张自己的权利或被告被主张承担义务时,原告在实体法上是否为权利享有者或被告是否应当承担义务,属于诉的有理由要件。[③]从上述概念界分来看,穆泽拉克教材上的概念翻译应被修改,将当中的"当事人适格"修改为"本案适格"。

日本则不区分诉讼实施权和当事人适格,日本学者通常将当事人适格、诉讼实施权以及正当当事人等同或者几乎等同起来加以研究。三月章教授认为,当事人适格系指对于诉讼标的的特定权利或者法律关系,以当事人的名义参与诉

---

① 参见江伟、肖建国主编:《民事诉讼法》(第8版),中国人民大学出版社2018年版,第118－119页。

② 参见[德]汉斯－约阿希姆·穆泽拉克:《德国民事诉讼法基础教程》,周翠译,中国政法大学出版社2005年版,第74－75页。

③ 类似介绍,参见陈贤贵:《当事人适格问题研究》,厦门大学出版社2013年版,第24页。国内不同见解,参见肖建国、黄忠顺:《诉讼实施权理论的基础性建构》,载《比较法研究》2011年第1期;王福华:《民事诉讼法学》(第2版),清华大学出版社2015年版,第114－115页。

讼并且请求透过裁判来予以解决的一种资格。就权限而言,具有当事人适格之人就拥有诉讼实施权或者诉讼参与权。具有当事人资格之人也称为正当当事人。新堂幸司教授也认为,当事人适格是指对于作为诉讼标的之特定权利或者法律关系,可以作为当事人来实施诉讼,要求本案判决之资格。具有这种资格之人的权能,被称为诉讼实施权。具有这种资格或权能之人,被称为正当当事人。日本学者高桥宏志直接指出"当事人适格也被表述为正当当事人或诉讼实施权"①,伊藤真也明确指出"当事人适格又被称为诉讼实施权"②。

我国学者在解释上基本采用日本模式,认为诉讼实施权与当事人适格概念相同。③

诉讼实施权与当事人适格的区别,可以被概括为主张层面与实际权利层面的区别:诉讼实施权意味着当事人必须行使声称为自己所享有的权利;而当事人适格,是当事人主张以后,判断其到底是不是这个权利的所有人。

将诉讼实施权与当事人适格进行区分,一项优势可能在于这更符合起诉受理条件的设置目的。起诉受理条件的设置目的,是通过在起诉受理条件的层面判处部分案件的审理,不因进入本案审理而给被告增添更多讼累。④ 而由于当事人适格与实体法律问题的密切关系,常常并不能实现该目标。因此,新堂幸司特别明确,如果法院可以更容易地做出请求无理由之判断,那么法院也可以直接作出驳回请求之本案判决。在起诉受理条件的目标下将当事人适格分离出去,在诉的合法性层面只考虑诉讼实施权,判断标准更简明清晰,也更符合起诉受理条件的设计初衷。

但另一个层面上,将诉讼实施权与当事人适格同等看待并作为起诉受理条件的依据,也并非没有理由:其一,日本和我国台湾地区等地的比较法都充分支持了此种方案。其二,我国《民事诉讼法》第 122 条第 1 项为当事人适格(与诉讼实施权概念等同)成为起诉受理条件提供了法律依据。根据条文释义,将"是指当事人自己的民事权益受到侵害或者与他人发生争议"理解为原告适格并无疑义,故我国的制定法为当事人适格作为起诉受理条件提供了明确的法律依据。其三,在我国立案庭要对起诉是否符合受理条件进行认定的客观现实下,立案庭在审查当事人适格要件时所依赖的仅为原告的主张及证据,进行的并非最终意义上实体权利有无的判断,在实质上类似于德国的诉讼实施权。

---

① [日]高桥宏志:《民事诉讼法重点讲义:导读版》(上),林剑锋译,法律出版社 2023 年版,第 243 页。

② [日]伊藤真:《民事诉讼法(第四版补订版)》,曹云吉译,北京大学出版社 2019 年版,第 129 页。

③ 参见肖建国、黄忠顺:《诉讼实施权理论的基础性建构》,载《比较法研究》2011 年第 1 期。

④ 参见[日]新堂幸司:《新民事诉讼法》,林剑锋译,法律出版社 2008 年版,第 172 页。

因此,在尊重法律规定和国内通说的情形下,结合立案庭的实际审查范畴,当事人适格仍应当作为起诉受理条件之一。

(2)当事人适格的判断标准

当事人适格,也称正当当事人,是指就特定的诉讼,有资格以自己的名义成为原告或被告,因而受到本案判决拘束的当事人。[①] 判断当事人是否适格,我国通说以是否是争议法律关系的主体作为标准。[②] 因此,我国当事人适格主要是从实体法上来认定当事人是否具有成为争议法律关系主体并接受裁判约束的资格,而非仅仅在诉讼法意义上判断能否成为当事人。[③] 本案中,原告乙的诉讼请求为丙与丁连带赔偿甲的损失 10000 元,按照诉的目的进行区分,是为给付之诉。给付之诉中,具有给付请求权的当事人以及被请求的当事人就是适格的当事人。[④]

(3)原告适格

《民事诉讼法》第 122 条规定:"起诉必须符合下列条件:(一)原告是与本案有直接利害关系的公民、法人和其他组织;……"因此,认定原告是否为本案适格当事人的标准为其是否是与本案有直接利害关系的公民、法人或其他组织,该条款也被理解为我国关于原告适格要件的规定。

在本案中,争议的法律关系本应为甲与丙之间的侵权损害赔偿法律关系,甲享有侵权之债的请求权。但是甲因车祸死亡,并且没有留下遗嘱,因此需要对甲的财产进行法定继承。我国《民法典》第 1127 条关于法定继承的规定如下:"遗产按照下列顺序继承:(一)第一顺序:配偶、子女、父母;……。"因此,在本案中,甲的配偶乙和儿子戊同为第一顺序的法定继承人,故乙和戊应当共同继承甲的该项债权。也就是说,在本案中,乙和戊的诉讼标的是同一的,属于必要共同诉讼的情形,乙和戊必须一同进行诉讼。共同诉讼人之所以必须一同进行诉讼,是因为个别的共同诉讼人自己不享有独立的"诉讼实施权"或"诉讼管理权",诉讼实施权或诉讼管理权属于共同诉讼人全体,共同诉讼人中一人的诉讼未经全体认可的,不发生法律效力。如果提起诉讼的仅为共同诉讼人中的一人或者一部

---

① 参见江伟、肖建国主编:《民事诉讼法》(第 8 版),中国人民大学出版社 2018 年版,第 120 页。

② 参见刘家兴、潘剑锋主编:《民事诉讼法学教程》(第 5 版),北京大学出版社 2018 年版,第 95 页;张卫平:《民事诉讼法》(第 5 版),法律出版社 2019 年版,第 136 – 138 页;李浩:《民事诉讼法》(第 2 版),法律出版社 2014 年版,第 73 – 74 页。但在大陆法系尚有其他学说值得研究。

③ 在学理上,当事人的概念可以区分为实体上的当事人和程序上的当事人,前者需要根据实体权利义务关系予以判断,后者只需要根据起诉状加以认定。参见王甲乙:《当事人适格之扩张与界限》,载台湾地区民事诉讼法研究基金会编:《民事诉讼法之研讨》(六),台北,三民书局 1997 年版,第 5 页。邱联恭认为,此即当事人适格和当事人确定的区分,参见邱联恭:《口述民事诉讼法讲义》(一),许士宦整理,台北,元照出版有限公司 2017 年版,第 173 页。

④ 参见张卫平:《民事诉讼法》(第 5 版),法律出版社 2019 年版,第 138 页。

分人,那么这将属于原告不适格,相应的法律后果是法院将驳回原告的诉。[①] 如果原告没有追加,法院也没有依职权追加共同诉讼人进入案件审理程序但作出了裁判,那么这将构成案件的再审事由。所以,应当追加戊为共同原告,进而满足原告适格的要求,乙单独作为原告提起诉讼主张 10000 元的债权是不适格的。

值得进一步说明的是,就甲与丙已经达成和解协议并且已经履行完毕这一事实,在解释上应当如何评价?当事人适格问题的相关事实主张同时涉及实体胜诉要件和起诉受理条件,德国法上将其概括为“双重相关事实”。为区分起诉受理条件和实体胜诉要件,应当将此类事实推定为真,以简化对此类事实的程序性判断。在审查思路上将此类事实假定为真,实质是将双重相关事实的审理推迟到实体审理阶段,这样的审查方案既可以增强对被告的利益保护,也符合起诉受理条件的审查原理,同时不会过度影响程序效果。[②] 法官对原告起诉的正当性审查,即先假定原告在起诉状中所主张的事实全部为真,再依照本案涉及的实体法规范来判断原告主张事实的说服力。如果结论为肯定,则认为通过正当性审查,由此可以进入此后的程序环节。[③] 在起诉阶段,法院应该依据原告在起诉时提出或认可的基本事实和初步证据来判断其是否为适格当事人;而对于被告提出的事实和证据,则不应在判断当事人是否适格时进行审查。但对于被告在答辩状中所主张的事实,如果原告对此表示认可,那么则应当将之与原告在起诉状中所主张的事实同等对待,即将此类事实推定为真,并以之为基础来判定当事人适格与否。

具体到本案当中,甲生前已经和丙动物园达成和解协议,丙动物园赔偿甲 2000 元,并且甲已经得到 2000 元的给付。在实体法层面,该和解协议的订立以及履行,实际上构成了甲对丙动物园请求权的消灭。但是,甲因故去世之后,乙作为甲的近亲属,所能够得到的信息仅是日记中所记载的受伤的事件、过程、原因和发生了 10000 元损失的事实,这也就是乙在起诉时能够提供的基本事实。和解协议的订立和履行,乙是无法在起诉时得知的。虽然乙在与丙动物园交涉时或许能够了解到该事实的存在,但实际上,乙明确表示,自己怀疑该协议是伪造的,即不承认该事实的存在。所以,在判断该诉是否满足起诉受理条件时,不应考虑甲与丙动物园已经达成和解协议并且已经履行完毕这一事实。

(4)被告适格

首先需要讨论的是,被告适格是不是我国的起诉受理条件。《民事诉讼法》第 122 条第 2 项只规定,起诉时须“有明确的被告”,因而在我国的权威教科书

---

① 张卫平:《民事诉讼法》(第 5 版),法律出版社 2019 年版,第 148 页。

② 参见曹志勋:《民事诉讼中的双重相关事实——“初步证据”向“假定为真”的转变》,载《环球法律评论》2021 年第 1 期。

③ 参见袁中华:《民事诉讼中诉之正当性审查》,载《中外法学》2021 年第 2 期。

中,一般均认为,法院在审查起诉时,对作为起诉受理条件的主体条件要求并不一致——原告需要适格,而被告只需明确。

但本文认为,《民事诉讼法》第122条第2项之所以如此规定,是囿于立案审查时只能围绕原告的起诉材料展开,无法准确地审查被告的适格条件,因而不能将被告适格与否明确作为立案审查的内容,立法上也就未将其作为起诉受理条件。但是,在实践中,如果法院在立案审查时发现原告起诉明显错误,依然会要求其变更被告,否则不予受理,这正是因为被告适格本质上仍属于起诉受理条件,而非本案要件,所以在后续的审理过程中,如果法院发现被告不适格,依然应当基于起诉受理条件不满足认定该诉不合法,从而裁定驳回起诉,原因如下:

第一,《民事诉讼法》第122条第1项可以作为被告适格的法律基础。根据我国通说,当事人适格的判断标准是当事人是不是争议法律关系的主体。易言之,在原告通过起诉状记载的争议法律关系中,主体正是原被告双方。由于要求在起诉时双方主体都必须明确,因而一旦被告不适格,则意味着该法律关系并不存在(或者存在但无争议),也就必然导致原告不能成为该争议法律关系的主体。正因为原被告双方在适格的问题上一荣俱荣、一损俱损,德国的当事人适格理论才将原告适格称为主动适格,将被告适格称为被动适格,将原告、被告适格作为一物的两面。

第二,被告适格与否属于法院应当依职权审查的对象。如果将被告适格与否当作本案要件,那么对被告适格与否的认定就应当根据辩论主义加以展开,法院不得主动审查,但这显然不符合实际情况。例如,在一场请求合同继续履行的诉讼中,如果原告、被告纠缠于履行是否完成的事实问题,但双方都未意识到合同因其内容属于《民法典》规定的合同无效情形而归于无效,而法官根据双方提交的合同已经发现了合同无效的情形。此时法官显然不会无视合同的效力问题、继续陪同当事人关注履行事项,更不会作出被告应当继续履行的判决,而应当直接以合同无效为由驳回原告的起诉,否则就将导致裁判明显有悖于一般法律规则和社会风俗。

第三,从当事人更换制度的角度,也可以论证被告适格应该作为我国的起诉受理条件。在《民事诉讼法》试行之初,在依职权更换当事人制度的配合下,基于我国当事人的诉讼能力考量,起诉仅要求被告具有特定性而非妥当性。此后,由于依职权更换当事人制度有悖于民事诉讼处分原则,故该制度被废除。但如果只要被告明确就能进入实体审理并且作出本案判决,那将不可避免地导致审判资源的浪费,同时造成当事人审查标准和裁判方式的内在冲突。鉴于我国起诉条件的先决性和特殊的受理审查构造,以及缺乏原告和被告确定标准区别的必要性和理论依据，应当将被告明确解释为被告适格。①

具体到本案当中，本案的共同被告是丙和丁，需要分别进行分析。首先分析丙，根据《民法典》第1248条，丙为该侵权损害赔偿法律关系中的侵害责任承担一方，故丙在本案中可以以被告的身份参与诉讼，是适格的被告。其次分析丁，根据《民法典》第1248条，该请求权仅针对动物园本身发生，并没有针对动物园具体工作人员的请求内容。由此可见，乙以《民法典》第1248条作为请求权基础提起民事诉讼时，仅能以丙为被告，无法以丁为被告。

4. 小结

综上所述，应当追加甲的儿子戊为共同原告，否则将导致原告不适格。丙为适格的被告，丁并非适格的被告。

（二）与法院有关的起诉受理条件

与法院有关的起诉受理条件具体包括法院的主管及管辖要件，我国《民事诉讼法》第122条第4项对此作出了明确规定：属于人民法院受理民事诉讼的范围和受诉人民法院管辖。

1. 人民法院主管

（1）中国法院具有管辖权

中国法院具有管辖权，是指中国法院对该纠纷具有主管权限。对于具有涉外因素的案件，需要根据其是否构成外交豁免情形（消极要件），以及是否与中国之间存在法定的联系（积极要件），判断中国法院是否享有对特定涉外案件的管辖权。在2023年修法前，《民事诉讼法》对于中国法院管辖权的规则设置较为简略和保守。值得注意的是，在"统筹推进国内法治和涉外法治"的政策指引下，2023年的《民事诉讼法》修改聚焦于涉外编的内容，充实了涉外民事案件管辖权规则体系（第276—279条），并承认平行诉讼（第280条）与不方便法院原则（第281条）等，积极拓展了中国法院对于涉外民事案件的管辖范围，顺应了高水平对外开放格局下我国司法的国际公信力和影响力持续提升的趋势。② 此外，中国法院民事管辖权的规则还散见于《中华人民共和国海事诉讼特别程序法》与最高人民法院《关于适用〈中华人民共和国民事诉讼法〉的解释》（以下简称《民诉法解释》）等法律、司法解释及国际条约中。

由于本案无涉外因素，故中国法院具有管辖权。

（2）法院主管的范围

我国关于人民法院民事裁判权主管的事项，主要规定于《民事诉讼法》第3

---

① 参见段文波：《论民事诉讼被告之"明确"》，载《比较法研究》2020年第5期。

② 2023年《民事诉讼法》修改对于涉外编规则完善的详细介绍，可参考沈红雨、郭载宇：《〈民事诉讼法〉涉外编修改条款之述评与解读》，载《中国法律评论》2023年第6期。

条和第 127 条第 1—3 项,也散见于其他法律和司法解释的特殊规范。[①] 此外,根据《中华人民共和国人民法院组织法》和相关司法解释,我国还设有军事法院、海事法院、金融法院、知识产权法院等专门法院,其与普通民事法院有不同的主管权限,如果案件属于其主管范畴,将排除普通法院的主管权。

本案中的主体为自然人和法人,涉诉法律关系为侵权损害赔偿法律关系,属于平等主体之间因财产关系引发的实体权利义务争议,也不存在其他排除普通民事法院主管的情形,故应属于普通民事法院主管范围。

2. 管辖

管辖须从地域管辖和级别管辖两个方面确定。

(1)地域管辖

①判断该诉是否属于专属管辖

根据《民事诉讼法》关于专属管辖的规定,本案不涉及专属管辖。

②判断该诉是否存在协议管辖

本案并未给出相关信息,姑且认为当事人之间并无管辖协议的存在。

③判断该诉是否存在特殊地域管辖

特殊地域管辖包括一般合同纠纷、保险合同纠纷、票据纠纷、公司诉讼、运输合同纠纷、侵权行为诉讼以及交通事故损害赔偿诉讼等几种类型,本案属于侵权行为诉讼。《民事诉讼法》第 29 条规定:"因侵权行为提起的诉讼,由侵权行为地或者被告住所地人民法院管辖。"《民诉法解释》第 24 条进一步明确,《民事诉讼法》第 29 条规定的侵权行为地"包括侵权行为实施地、侵权结果发生地"。本案中,侵权行为发生在丙动物园内,故侵权行为实施地即为丙动物园所在的北京市延庆区。猴子在攻击甲时,甲受伤的事实就已经形成,侵权结果就已经发生,故侵权结果发生地同样为丙动物园所在的北京市延庆区。因此,北京市延庆区人民法院具有基于特殊地域管辖而生的管辖权。

④适用一般地域管辖规则确定该案的管辖

一般地域管辖适用的原则是"原告就被告",《民事诉讼法》第 22 条第 1 款就规定,"对公民提起的民事诉讼,由被告住所地人民法院管辖;被告住所地与经常居住地不一致的,由经常居住地人民法院管辖。"实行这一原则,除了法院传唤被告、对诉讼标的进行保全或勘验、执行等会更为容易外,还有一个理由就是抑制原告滥诉,使被告免受原告不当诉讼的侵扰。[②] 此处避免侵扰的考虑主要是站在被告角度来说的,但是对于该地域管辖的前提,即谁为被告,却考虑得

---

① 也有学者建议用可诉性来替换主管概念,参见傅郁林:《中国民事诉讼立案程序的功能与结构》,载《法学家》2011 年第 1 期。

② 参见江伟、肖建国主编:《民事诉讼法》(第 8 版),中国人民大学出版社 2018 年版,第 100 页。

并不是很多。我国《民事诉讼法》第122条关于被告的要求仅仅是明确，而我国主流教材中也并没有对其中第2项“有明确的被告”作进一步解释，仅仅是停留在能够使被告特定化[①]、能够送达诉讼文书[②]即可。因此，在适用地域管辖原则时，就会面临两种选择，即被告是原告在起诉状中提到的、和起诉的案件事实有些许关系的被告，还是适格的被告？

以本案为例，原告在起诉状中欲起诉的被告有二，对适格当事人进行考察后得出的结论则是仅有一名被告——丙动物园为适格当事人，而另外一名被告——饲养员丁则不是适格当事人。如果以原告起诉状上列明的被告来确定管辖法院，那么依据饲养员丁的住所地，即海淀法院就可以取得管辖权。但由于丁并非本案的适格被告，如果认为海淀法院具有管辖权，那么地域管辖制度设计的初衷，即以法院辖区和民事案件的隶属关系为主的目的则无法实现。[③] 相反，如果以适格的被告作为确定地域管辖的标准，那么本案的管辖法院就应当是丙动物园住所地的法院，这样更容易实现地域管辖规定的初衷。因此，在考察一般地域管辖时，应当以适格的被告为准，而并不是直接以原告在起诉状中提到的被告为准。

丙动物园作为本案的适格被告，其住所地为北京市延庆区，故北京市延庆区人民法院具有基于一般地域管辖而生的管辖权。

（2）级别管辖

《民事诉讼法》第18条规定，“基层人民法院管辖第一审民事案件，但本法另有规定的除外。”级别管辖的例外情形分别规定于《民事诉讼法》第19条（中级人民法院管辖的第一审民事案件）、第20条（高级人民法院管辖的第一审民事案件）以及第21条（最高人民法院管辖的第一审民事案件）。

根据该案情，乙的诉讼请求为10000元，根据司法解释关于级别管辖标的额的有关规定，并不存在诉讼进入中级人民法院或者更高层级人民法院的情形，因此，本案应由基层人民法院管辖。

3. 小结

北京市延庆区人民法院对于该案有管辖权，海淀法院对于该案没有管辖权。

（三）与诉讼标的有关的起诉受理条件

1. 未有诉讼系属

《民事诉讼法》第127条第5项规定，“对判决、裁定、调解书已经发生法律效力的案件，当事人又起诉的，告知原告申请再审，但人民法院准许撤诉的裁定

---

① 参见江伟、肖建国主编：《民事诉讼法》（第8版），中国人民大学出版社2018年版，第292页。

② 参见张卫平：《民事诉讼法》（第5版），法律出版社2019年版，第302页。

③ 参见张卫平：《民事诉讼法》（第5版），法律出版社2019年版，第109页。

除外”。在民事诉讼法学界,该项规定一般被称为“一事不再理”条款。“一事不再理”要求当事人在诉讼系属期间不得重复起诉。所谓诉讼系属,是指“作为单个行为的起诉具有使某种有长期效力的程序开始的后果”[①]。在我国,诉讼系属始于法院的受理行为,终于法院对本案的实体问题作出生效裁判、调解书或者诉讼终结等特殊情形。《民事诉讼法》是否规定了诉讼系属是存在争议的,但事实上,基于第127条第5项能够发生“一事不再理”效力的不仅限于发生既判力的判决,还有裁定。因而,可以将法院的立案行为理解为一种确定案件诉讼系属的裁定,从而使之产生“一事不再理”的效力。[②]

根据本案案情可以得知,法院受理乙的诉讼之时,乙并未去其他法院提起诉讼,该案未有诉讼系属。

2. 无生效既判力的判决

《民事诉讼法》第127条第5项规定,“对判决、裁定、调解书已经发生法律效力的案件,当事人又起诉的,告知原告申请再审,但人民法院准许撤诉的裁定除外”。该条系生效判决既判力消极效力的规定,即若对某一诉讼已经有了终局判决,则不得对其再次提起诉讼或要求重新审判。

根据本案案情可以得知,法院受理乙的诉讼之时,乙并未去其他法院提起诉讼,因此本案是首次进行诉讼,故针对本案而言,不存在已经生效的、具有既判力的判决。

3. 权利的禁诉条件

《民事诉讼法》第127条第6项规定:“依照法律规定,在一定期间内不得起诉的案件,在不得起诉的期限内起诉的,不予受理。”

根据本案案情可知,本案的请求权不具备我国《民事诉讼法》规定的禁诉条件,因而可以提起诉讼。

4. 权利保护必要(诉的利益)

权利保护必要,又称诉的利益,是当事人要求法院就其私权主张作出判决所必须具备的必要性。无论当事人对请求法院承认和保护的权利是否有管理权,

---

① [德]罗森贝克、施瓦布、戈特瓦尔德:《德国民事诉讼法》(下),李大雪译,中国法制出版社2007年版,第713页。我国民事诉讼法学界通常不直接使用这一概念,但都承认法院受理起诉以后,结案以前,纠纷进入诉讼状态,各诉讼主体获得诉讼法上的地位。参见张卫平:《民事诉讼法》(第5版),法律出版社2019年版,第308页;江伟主编:《民事诉讼法》(第3版),高等教育出版社2007年版,第285页;刘家兴、潘剑锋主编:《民事诉讼法学教程》(第5版),北京大学出版社2018年版,第200页。

② 然而,现实中人民法院在决定立案时,并不出具书面裁定,而是代替为《立案通知书》(《受理案件通知书》),主要内容是告知当事人相关诉讼权利义务和注意事项。但是,应当区分裁定和裁定书,没有书面裁定并不意味着受理这一审判行为不需要通过裁定的形式作出。尤其是《民事诉讼法》第157条明确规定了不予受理应当适用裁定,那么与之对应的受理行为,自然也应当通过裁定的形式发生效力。

只要有诉的利益,该当事人即为适格当事人。诉的利益实质在于解决纠纷的必要性与实效性。[①]

本案中,乙的诉讼请求为丙与丁连带赔偿损失10000元,即主张给付请求权,要求法院对此作出给付判决。该给付请求权产生于侵权结果发生之时,故该诉为现在给付之诉,存在诉的利益,有保护的必要。

5. 小结

与诉讼标的有关的起诉受理条件全部满足。

四、结论

应当追加戊为共同原告,否则将导致原告不适格;丁并非适格被告;海淀法院对于该案没有管辖权。

因此,海淀法院不应当受理该案。

补充说明

民事诉讼的起点是原告的起诉。只有起诉符合法定的条件,方能通过法院的审查,并最终获得立案,从而开启诉讼的大幕。即便在"立案登记制"实施后,根据最高人民法院的司法解释,法院依然保留了对原告起诉予以审查的权利。但是,起诉受理究竟需要满足哪些法定要件?我国现行民事诉讼法学教科书提及的往往只是《民事诉讼法》第122条和第127条的规定,这两条规定也因此被作为受理的积极要件和消极要件而被法官和律师周知。然而,如果观察现实的司法实践,不难发现,仅仅依靠这两条规则并不能够全面覆盖法院不予受理原告起诉的情形。在大陆法系的法律理论中,诉讼要件是与我国的受理条件有紧密联系但又有明显不同的理论,它是决定法院能否对本案进行审理并作出裁判的前提性问题。具体而言,诉讼要件是指从诉讼法的角度判断诉是否合法、有效的标准和根据,是法院对实体权利义务争议作出判决必须具备的前提性程序事项。

---

① 参见张卫平:《诉的利益:内涵、功用与制度设计》,载《法学评论》2017年第4期;江伟、肖建国主编:《民事诉讼法》(第8版),中国人民大学出版社2018年版,第124页;周翠:《民事诉讼中诉的利益:判例与学说》,载《人民司法》2022年第16期;刘敏:《论诉的利益之判断》,载《国家检察官学院学报》2012年第4期。

目前我国理论界对该理论只有一些较为粗浅的介绍①,本文希望结合案例,借鉴大陆法系诉讼要件的理论框架(与法院有关、与当事人有关、与诉讼标的有关),辅以中国现行法律条文,对我国的起诉受理条件的分析方法作出较为全面的梳理,以供法律执业人员在司法实务中能够准确地判断原告的起诉是否满足条件,进而正确地选择继续审理或是作出不予受理、驳回起诉的裁定。但由于本文并非关于诉讼要件的阐释论文,因此避免使用"诉讼要件"这一大陆法系的理论概念,而是依然采用"起诉受理条件"这一中国法上的通常概念。

在起诉受理条件的讨论中,诉讼标的是一个无法绕开的问题,而诉讼标的在理论上和实践中的复杂性,都导致其在任何一个案例中都可能成为最引人关注的难题。以动物园案为例,由于《民法典》专门规定了"饲养动物损害责任",因此本案存在多个请求权基础,完全可能构成请求权竞合,进而引发诉讼标的难题。如果诉讼标的无法厘清,那么起诉受理条件的讨论将变得波诡云谲、充满争议。因此,我们在本案设问时,采取了明确诉讼标的的方法,设定起诉状上原告明确以《民法典》第 1248 条作为请求权基础。在本文的讨论中,也摒弃理论争议,统一采取"旧实体法说"。因此,本案的诉讼标的在设问之时就已经得到确定。当然,司法实务中很少会有原告在起诉状中明确自己的请求权基础,也正是因为诉讼标的的不明确,加上法院希望一次性解决纠纷、案结事了的冲动,导致了很多个案审判中的现实问题。但本文只是关于起诉受理条件的教学分析,而非对中国司法过程的理论剖析,因此体系的周延和清晰是我们的首要考量。至于诉讼标的的疑难问题,在北大的民诉案例研习课程中,还有其他的案例作业专门讨论。

从体系完整、案情简化的角度,起诉受理条件的讨论原本应当针对单一的诉,而不涉及诉的合并问题。前述关于诉讼标的的说明,即是在客体上明确本案是单一之诉。但为了增加"与当事人有关的条件"的讨论内容,本案在设计时让原告起诉了丙、丁两个被告(虽然根据诉讼标的的分析,很容易排除其中之一),同时又在原告之外设计了可能存在的另一权利人,因而存在可能构成必要共同

---

① 关于这一概念本身的定义尚存在不同的认识。如德国的罗森贝克主张"程序(诉讼)的合法性的前提条件是若要程序合法,一些条件必须存在,或者一些条件不允许存在。如果它们应当由法院依职权注意,则叫作诉讼前提条件或者程序前提条件"。日本学者一般直接采用"诉讼要件"这一概念,如新堂幸司认为诉讼要件,是法院在审理及判断是否认可该权利主张时必须具备的事项,但他在认可诉讼要件是本案判决要件之余也主张其为本案审理要件,因为他认为当发现欠缺诉讼要件时,法院无须进入或继续本案审理,就这个意义而言,诉讼要件则构成了本案审理要件,中村英郎也认为"由于必须具备起诉要件后,才能就本案进行审理、判决,因此也可称为本案审理判决要件"。台湾学者多数采用"诉讼要件"一词,但也存在称之为"诉讼成立要件"的学者,即"合法之诉讼,所应具备之要件谓之诉讼成立要件"。而在我国大陆基本沿用"诉讼要件"这一概念,但张卫平教授在《民事诉讼:关键词展开》一书中采用"实体判决要件"代替"诉讼要件"的说法。

诉讼的情形。这实际上构成了多数人诉讼,也即诉的主体合并。多数人诉讼中当事人地位的分析框架也是北大民诉案例研习课程中的一个重要部分,相关的案例分析报告业已发表。[①] 同学们需要对此有所学习,并综合使用各个分析框架来确定诉的合法性条件和合并条件。

动物园案是北大民诉案例研习课程开课伊始就设计的案例。经过七八年的磨合,无论是案情还是答案,与教师最初的教学设计相比,都有较大幅度的修改变动,这离不开所有参与课程的同学和助教的研讨和奉献。这份参考答案公布之时,也是这一案例退出北大课程之日,但该案例承载的起诉受理条件的分析框架可以贯穿于任一民事诉讼的案例分析之中。和各位老师、助教、同学在研讨该案中的各种争吵、碰撞,也是我教学生涯中永难忘怀的回忆。

---

① 参见刘哲玮:《代办托运案例研习报告——复杂诉讼中当事人地位的确定方法》,载《燕大法学教室》2021 年第 1 期。

“法理学专题”期末考题评析

（研究生 2019 年秋季学期课程）

戴　昕*

《法理学专题》期末考题

考试日期:2019 年 12 月 29 日

考试时间:早 8:00 至中午 12:00

考试地点:考生自主选定

考试注意事项

1. 本次考试试题将于 2019 年 12 月 29 日上午 8:00 以电子文档形式发送给考生。考生应在当日上午 11:00 至中午 12:00 之间提交以打印好的纸质文档为形式的答案,交卷地点为理教 206 教室。

2. 本次考试采取完全开卷的形式,且考生可自行决定在任何地点答题。考生答题时可以参考、查阅任何纸质或电子形式的书籍、资料和其他信息,包括网络信息,但不得抄袭(如直接复制摘抄网络文字);否则,视抄袭行为的严重程度,任课教师将对相关考生处以减分乃至取消考试成绩的处理。需要提示的是,本次考试的考察范围以课堂讲解和课下布置阅读的内容为限,考生可以但完全不必要在答题中过多查阅、引述自身在本课程外了解到的理论知识、实定法知识或经验事实信息。如考生决定作此类引述,应以与答题论述相关为限。罗列与题目无关的理论知识、实定法规则或经验事实信息不构成加分因素,反而更可能因为占用宝贵的答题时间而影响得分。因此,答题前请认真阅读试题,准确理解答题要求。

3. 考生必须完全独立地完成本次考试,在考试期间不得与包括其他考生在内的任何人就试题内容、答题思路、答题方法等进行交流、沟通、合作,也不得抄

* 北京大学法学院长聘副教授、博士生导师。

袭他人答案。任课教师如发现多名考生的答案存在疑似因抄袭而导致的雷同或近似,将对所有涉事考生按严重作弊处理,直接取消考试成绩。

4. 任课教师在考试期间不会回答考生提出的与试题有关的任何问题。考生在答题时如果认为试题有错误,或者试题中包含的信息不充分,可在答案中指出自己认为试题有何错漏、相关错漏对答题有何影响,并通过作出合理假设的方法规避相关错漏,完成答题。

5. 考卷包含两道论述题,第一题满分 50 分,第二题满分 50 分,请考生合理分配答题时间。清晰的逻辑结构和语言表达是答题中的加分项,建议考生在动笔之前花些时间做整体构思。

6. 请考生在答题时注意每道题的答案字数限制,并在自己提交的答案上注明每道题答案的实际字数。超出字数限制的答案将被扣分,未准确注明其答案实际字数的也将被扣分。

7. 原则上考生应亲自现场提交答案,并在提交的答案上签名。如有特殊需要,考生应在 12 月 28 日下午 5:00 之前以邮件或微信等书面形式告知助教,其将委托其他考生(但不得委托未选修本课程、不参加本次考试的其他人)代为提交答案。代为提交答案者在其代交的他人试卷上应签署自己的姓名,并手写如下字样:"本人承诺并未从事与答题人某某合作答题等违反考试纪律的行为。"

8. 禁止在考试答案中或考试结束后向任课教师提出在分数上予以照顾的要求,违者参照作弊处理。

一、论述题(50 分)

请阅读以下虚构的案例,并回答案例后的问题:

超级人口大国 Y 国国民中八成为飞天面条教教徒,两成为无神论者。与 Y 国接壤的三个邻国 A、B 和 C,其各自人口中无神论者均占八成,飞天面条教教徒只占两成。多年来,由于 Y 国经济发展迅速,A、B、C 三国公民通过非法方式私自越过边境进入 Y 国谋生者众。这些非法移民在 Y 国长期滞留,但又没有合法身份,很多人处境艰辛,也生出大量社会问题。

2020 年年初,Y 国多家主流大报头版竞相刊发一则新闻,报道了一位原本家住 A 国、信仰飞天面条教的女子的遭遇,该女子因不堪在其本国占多数的无神论者压迫而逃离 A 国、潜入 Y 国,但因其非法移民的身份而无法在 Y 国从事正当职业,被迫沦为色情业工作者。该则报道在 Y 国引发了重大舆情。

Y 国政府顺势推动议会制定了新的《公民权确认法》,该法要求政府对从 A、B、C 国进入 Y 国的非法移民开展全面的宗教信仰排查,以排查结果为基础,授予非法移民中的飞天面条教教徒以 Y 国公民身份,使其享受与所有 Y 国国民相同的公民权利。

然而,《公民权确认法》颁布实施后引发严重社会对立。Y 国政府和该法的支持者主张,该法追求实现帕累托改进,无可厚非。反对者则认为,该法有宗教歧视性质,缺乏道义基础,必须废除。

请结合本课程讲授的理论知识和视角,分析上述支持与反对《公民权确认法》的两类观点,指出二者各自的合理之处以及值得商榷或不合理之处。(提示:答题时请一定注意结合本学期的授课内容;纯粹发表个人见解、完全不讨论课程相关理论知识的答案,即使有道理,也会被扣除至少一半分数。)

(字数限制:1500 字)

二、论述题(50 分)

请阅读以下虚构的案例,并回答案例后的问题:

X 国国民自杀问题日益严重,该国公共卫生部门一直寻求对公民自杀进行更为有效的干预。该国许多有自杀倾向者都有在网络社交平台“吐露心声”的行为习惯。据此,有研究人员开发了一种人工智能算法,该算法能够通过分析网络社交平台用户在使用平台时的发言信息,识别出有严重自杀倾向、需要通过即刻干预予以挽救的用户。

在了解到该款算法产品后,公共卫生部门立刻对其加以采用,根据算法对网络社交平台信息的实时监测和分析结果,调动相关公共资源,对被算法识别为有严重自杀倾向的用户采取即刻的线下干预措施。

上述自杀干预工作机制投入运行一年来,X 国全国共有超过 1000 人因此获得了及时干预和有效救助。但同一时期,公共卫生部门也面临众多相关投诉甚至起诉。人们对该工作机制不满的原因各不相同:

1. 一些被算法正确识别出有严重自杀倾向的个体,在其自杀行为因政府干预而未能完成后,极度不满,称政府的干预不尊重个体自由,使其求死不得,毫无人道可言。一些人称,自己本是要在工作场所自杀,死后其经济困难的家人就能从雇主处获得一笔补偿款,但政府干预使其一家子都活不下去了。

2. 有时,算法未能识别出一些有严重自杀倾向的个体,政府也因此未能及时干预。这些人自杀身亡后,其家属认为政府失职,愤然讨说法。

3. 又有时,算法错误地将某些社交平台用户识别为有严重自杀倾向,工作人员据此错误地发动干预,招致相关个体极度不满,认为其隐私和自由受到了政府的不当侵犯。

4. 还有投诉者认为干预机制的程序存在问题,相关部门明知机器算法可能出错,仍完全依赖算法作出干预与否的决定。有批评者认为,是否干预的决定应由一个专家和/或专业官僚组成的机构最终作出,该机构在决策时可参考、但不受限于机器算法的分析结论。

上述算法的精确性预计在未来一年内无法获得系统性改进。这意味着,如果要通过技术调适的方法减少算法遗漏识别严重自杀倾向个体的错误("假阴性"),则必定会增加将无严重自杀倾向个体识别为有严重自杀倾向这另一类错误("假阳性")。

在上述前提下,你认为X国政府在接下来的一年中是否应继续使用这一算法开展自杀干预工作?相关自杀干预机制有无可改进之处?请结合本课程讲授的理论知识和视角进行分析。(字数限制:1500字)

《法理学专题》期末考题评析

致:2019年秋季学期研究生"法理学专题"课程修课同学

自:戴昕(任课教师)

关于:"法理学专题"课程期末考试及成绩说明

日期:2020年1月6日

首先要感谢各位同学对本学期教学工作的支持和配合。以下就"法理学专题"期末考试的试题和成绩评定等情况作简要说明,主要目的是在分数之外为大家提供更多与课程学习相关的反馈。考试说明正文后附上期末考试试题,方便大家参考。

一、分数构成、阅卷过程和成绩分布

如课程大纲介绍,最终成绩以每位同学在期末开卷考试(百分制)中的表现为依据。考虑到授课进度等因素,本学期授课过程中我为选课同学提供的课堂发言机会较少,只有四位同学因课堂发言质量较好而获得了成绩提高半档(如从B+提高到A-、从B提高到B+)的奖励。

期末试卷的审阅打分全部由我本人完成,无助教或他人参与。每位同学每一题的答案我都完整读过两遍,在此基础上给出初评成绩,之后又对高分(A-以上)和低分(B-及以下)试卷再次浏览确认,最终给出的成绩同时反映了每份答卷答题的绝对质量和相对(与其他同学横向比较)质量。班上成绩分布见表2-2。

表 2－2　成绩分布

A＋	A	A－	B＋	B	B－	C	C－
2	2	7	13	21	9	2	1

鉴于期末复习和考试答题时间均较为有限，同学们的答题表现总体上还算令人满意。得到 A＋的同学对课程讲授的理论知识掌握较为准确、全面，且表现出不错的灵活运用能力，但并不完美。得到 C 和 C－的同学存在两道题中至少有一题明显没来得及展开、完整作答的情况，看来是时间控制还需加强。此外，有少数同学在考试时没有根据要求注明答案字数，或答案超出字数限制，我在给分时也做了酌情扣分（但未必导致减等）。

需要再次强调，考试成绩本身的意义主要在于横向比较，但学习的真正目标应是自身学识和能力获得持续的纵向提高。

二、一般性建议

正如霍姆斯所说，四下寻觅巨龙的意义不在于找到后欣赏把玩，而是要么消灭作恶的猛兽，要么将其驯化为有益的家畜；法律人学习理论的价值在于运用理论概念、视角和工具，思考、分析现实制度问题。两道题中的虚构案例均取材于时事新闻，但在改编为考题时作了一些或为简化、或为增加复杂性的变动。尽管我原先预计同学们对这种考试形式未必熟悉，但从答题表现来看大家还是比较适应的。另外，如课上所说，限定时间和题目完成有篇幅限制的分析性文字材料，对于已有工作经验的同学来说确实也应是家常便饭。

话虽如此，几个或多或少具有一般性的问题还是值得在此提出，供同学们未来在撰写类似书面材料时参考：

1. 结构安排：两道题在答题时均明显可以拆解成若干子题加以分析解答。绝大多数同学都能通过较为恰当地使用一级或两级小标题，清晰地呈现出答案的内在逻辑结构。但也有接近 1/3 的同学，或许是由于时间紧迫，只是把自己想到的所有知识点一股脑打上去，甚至连恰当分段都做不到。这不只是让阅卷人读着累，而且答卷人自己写起来也很容易错乱，倒不如在最开始先冷静一下，花些时间筹划好文字的整体结构安排。

2. 文字表达：有些同学行文清晰、流畅、简明，读起来让人舒服，而另一些同学的文字表达能力则稍弱，除了文法不通、行文粗糙等问题之外，文字还经常呈现出其背后的思维本身不连贯，例如上下句之间语义过度跳跃。在限时完成的考试中出现这种情况可以理解，但一般来说，文字作品完成后应尽量通过自行审读、润色避免或减少这类问题。

3. 逻辑一致:两道试题都是开放式的,这意味着答题人给出什么结论本身并不重要,其在分析后给出条件式的结论(如"当……成立时,……")也没有问题——甚至第一题本身就要求答题人作正反两面分析。但开放式论证、分析正反两面,不意味着答题人可以在论证中自相矛盾。尤其在进行正反两面式分析时,只有清晰交代每个具体分析的前提和假定,才能确保分析在逻辑上不会显得自相矛盾。举例来说,答第一题时,如果前一句刚说法律的实施可以实现帕累托改进,下一句立刻接着说法律的收益大于成本,这显然就是自相矛盾(帕累托改进意味着没有成本);这两个观点需要不同的事实假定作为分析前提。

4. 深度与广度:阅卷时我并没有"踩点给分",而是以答卷的整体效果为基本依据。我所预期的高质量答案应兼顾广度和深度,既要通过覆盖足够多的议题来展现答卷人知识掌握的全面程度,又要对答卷中提及的每个理论议题做足够充分的解说,以真正体现出自己对相关问题的理解。有些同学在答题时把过多的篇幅放在某个单一维度的理论分析上,也有同学只是蜻蜓点水般地触及了许多理论知识点,二者都不是理想的答题策略。

三、试题和评分说明:第一题答题要点

(一)分析支持《公民权确认法》的观点

1. 帕累托改进意味着法律和公共政策所引起的社会资源配置变动没有造成任何社会成员福利减损且至少有一人福利提升。支持者所谓该法追求帕累托改进的观点,其基本逻辑显然是说该法旨在改善一部分人(非法移民中的飞天面条教教徒)的处境,而该法不覆盖无神论者的结果,只是使后者的福利未获得改善而已,并未使其遭受福利减损。

(1)大多数同学答题时都能够正确描述帕累托改进的定义。但分析支持者观点的合理性时,需要转换到这些论者的视角,去分析他们基于什么样的逻辑才会认为该法有可能被理解为追求帕累托改进。

(2)少数同学没有正确理解帕累托改进的含义,认为帕累托改进仅仅意味着法律实施将产生的收益会大于成本。

2. 多数同学正确指出,支持者对该法在福利层面的后果理解过于简单。很多同学提到,现实中任何法律或公共政策都很难实现帕累托改进。但更重要的是具体分析为什么《公民权确认法》本身不会带来帕累托改进:尽管该法会改善许多个体的处境,但因为一些显而易见的原因,它无法避免使另一些人处境变糟。

(1)近半数同学能够正确指出,该法出台后引发严重社会对立,本身已经意味着所谓"帕累托改进"在现实中并不存在。很多同学分析认为,由于Y国已是

超级人口大国,整体资源有限,给予更多非法移民以公民待遇可能增加所有国民的经济负担,还会增加社会治安等方面成本。这当然是有道理的,但少数更好的答案会提及,在动态意义上,增加移民可能本身有助于经济整体增长,因此长期看倒未必会导致所有人负担更多。

(2)法律基于宗教信仰对不同人群区别对待,本身会使得对于平等、无歧视待遇有偏好的个体的主观福利下降。还有一些同学正确指出,仅授予飞天面条教教徒以公民身份,会导致无神论者在 Y 国总人口中的比重下降,由此成为处境更加艰难的少数派。一些同学引入了“相对剥夺”概念,虽然课上没有着重介绍过,但此处确实相关。

(3)从动态视角来看,该法的实施有可能激励飞天面条教教徒从 A、B、C 三国迁入 Y 国,这在一定时期内可能加剧 Y 国的资源紧张,恶化作为少数派的无神论者面临的歧视性待遇。

不过,与此同时,如果该法会降低 A、B、C 三国无神论者前往 Y 国的激励,这是否构成一种有效率的父爱主义(如果对于这些无神论者来说,移民到 Y 国成为少数其实并非理性的选择)?

3. 大约有 1/4 的同学完全没能具体分析为什么该法不会带来帕累托改进。

(二)分析反对《公民权确认法》的观点

1. 反对观点是比较典型的义务论,即以特定的规范原则——禁止基于宗教信仰的歧视性待遇——为依据判断法律和政策可否获得证立,或是否具有“正当性”。所谓“道义基础”,只是义务论思维的一种通俗表达。

2. 大约一半同学正确指出,反对观点将特定的道德规范视为可以评价法律本身正当性的上位规范,具有合理性,因为法律理论通常都认为法律在一定程度上会受到道德观念影响和约束,二者不可能完全分开。

(1)不少同学同时正确指出,义务论论证的说服力在很大程度上取决于人们对不同规范价值位阶高低的理解,因此常常是有限的。

(2)一些同学提到了富勒有关法律内在道德性的观点。但需要注意的是,《公民权确认法》尽管很可能不符合富勒所说的“愿景式的道德”,但未必违反富勒意义上的“内在道德性”——后者只是对于法治的最低限度要求。

3. 绝大多数同学在分析反对观点的不合理之处时都提到,这种观点有可能未必是道德论证的后果,而只是反映了论者的道德直觉,遵循道德直觉进行政策制定未必符合理性要求。这虽然有理,但仅此太过泛泛。更好的答案会进一步分析,为什么基于这种道德义愤反对该法、并要求必须将其废除的观点很可能不合理——结合该法可能带来的各类后果,即使其无法带来帕累托改进,但并不排除有可能带来卡尔多－希克斯改进,即受益者福利的改善程度超出受损者福利减损的程度。如果社会福利总体能够提高,那么就不应仅以“宗教平等”或其他道义、公平原则作为独立的尺度否定该法的可欲性。

(1)指出该法可能的受益者及其受益的具体内容是从福利主义的角度入手分析反对观点不合理之处的关键。除了之前已经分析过的一些角度外,此处还可看到,正如题中交代,飞天面条教徒和无神论者进入Y国的动因可能不同,后者也许只是因为经济因素(甚至可能是对经济前景的错误预期),前者则还因为其在原所在国面临宗教压迫。基于此,对二者的区别对待是否可能带来总体社会福利的净增加是有讨论空间的。

(2)个别同学认为该法不可能带来卡尔多－希克斯改进,因为受益者不会实际补偿受损者,这是对基本理论概念较为严重的误解。

(3)有三位同学更为精细地讨论了福利分析的范围问题:到底是以Y国为限,还是将A、B、C、Y四国作为一个整体,来评价法律的福利后果?毫无疑问,即使以四国为整体,该法的效果也并非帕累托改进,但是否卡尔多－希克斯更优则可再作分析。

(4)个别同学分析指出,如果人们被放到“无知之幕”背后,恐怕都会接受该法,这是很好的思路。

(5)有些同学指出,以宗教信仰划线筛查的合理性在于其制度实施成本较低。这有道理,不过“规则 v. 标准”这一分析角度本次课程没有来得及讲授。

(6)一些同学提及,如果该法案是“恶法”,人们习惯于诉诸道德直觉本身可能是这一“恶法”问世的直接动因或契机。这是一个枝节性的讨论,虽然有道理,但和主线分析关系不大。

四、试题和评分说明:第二题答题要点

(一)回答本题的第一步是选择适当的规范框架:政府在决策是否要继续采用相关自杀干预机制时,是应以综合权衡各方因素的成本收益分析为决策基础,还是应基于某种特定的道德原则,对生命、自主、自由等价值和权利进行排序?

1. 绝大多数同学明确地认为应当综合权衡成本收益。少数同学虽然提出生命法益需要获得绝对保护,但同时也仍花时间分析了为什么在此题的语境中,为保护生命价值而导致的对其他价值的减损,本身并不严重。还有一些同学虽然认为个体享有结束生命的自由和自主更为重要,但同时也指出其结论的前提是个体结束生命的行为本身并不带来较为严重的外部后果,例如坠楼自杀时砸死砸伤他人。由此看来,即使是这些行文表述中呈现出对义务论持认同态度的少数同学,其在潜意识中也并不纯粹坚持义务论,即对特定价值实现的追求不以利益权衡为前提。

2. 在进行综合权衡成本收益分析时，挽救生命产生的社会收益本身其实不需要过多讨论——这是比较显而易见的。多数同学讨论了自杀行为的社会成本。这类成本包含自杀者自身的效用损失——尽管自杀者常常预期到继续生活的效用未必很高，但这种预期本身可能是有限理性甚至非理性的结果。而自杀行为的外部性也是社会成本的一部分，例如对家人造成的情感和经济压力，对社会第三方的直接或间接伤害，等等。但正如一些同学正确指出的，这些外部性本身可能未必有想象得那么大，或未必都构成需要国家积极采取干预措施的理由。

3. 要注意的是，本题要求答题人分析的是一种特定自杀干预机制的合理性，而不仅仅是干预自杀在一般意义上是否合理。一些同学在答题时把超过一半篇幅都放在一般性地分析自杀行为的福利意义上了，没有把握好答题侧重。

（二）分析相关自杀干预机制的成本时，可以以案例材料中不同的“投诉”意见为线索展开。

1. 对于一些坚定追求自杀的人而言，自杀干预的成功实施使其“求死不得”，确实体现出国家保护生命利益的家长主义与个体生命自决之间的某种冲突。如果在规范意义上个体生命自决的权利确实有极高的价值，那么至少此类个案中，国家干预所对应的成本就可能过高。但是，在系统意义上，政府如果很难准确判断自杀者之间的个案差异（谁是“真诚求死者”，谁是“一时想不开”），那么不分动机一律采取干预本身就有很高的政策合理性——这涉及下文有关两类错误权衡的讨论。

一些个体之所以追求自杀是希望借此为家人获得金钱补偿，对这种行为的分析有两个角度：其一，这可能体现了个体本身的非理性；其二，即使个体的此种判断是理性的，这种交易本身在系统意义上也并不具有可欲性。此处可讨论为何禁易规则（inalienability）对于保护生命权益具有合理性。

2. 算法犯下“假阴性”错误，导致一些有严重自杀倾向的个体未能被识别出来，当然是不理想的后果。但几乎所有同学都能正确指出，仅此不构成放弃使用算法的理由，因为如果不使用这一算法的话，未被识别出的潜在自杀者只会更多。虽然这听上去是一个很简单的道理，但现实中对各类政府作为的类似指责非常多。这类控诉并非一律没有道理，但其核心在于机会成本：如果政府不采用现有手段，是否还有更好的替代性措施？

只有一位同学正确地指出，仅基于假阴性错误指责算法的观点，可能与课上曾讲到的与“作为（act）v. 不作为（omission）”相关的心理偏误有关。

3. 算法犯下“假阳性”错误，由此发动错误干预，会在个案中构成对个体隐私和自由/自主权的侵犯。但这种侵害本身程度有限，甚至可能只会影响到高度敏感的个体。

（1）有一半左右的同学能够准确地指出，干预算法对隐私和自由的侵犯还会体现在系统性监控的层面,即政府虽是追求自杀干预这一特定政策目标,却无法避免对网络社交平台的内容实施了广泛监控,这种监控会涉及与自杀行为和自杀高风险人群无关的言论和行为。系统性监控必然有负面社会后果,这种负面社会后果需要与其正向社会收益之间进行比较。

(2)有大约十位同学正确指出,更微妙的是,这一算法可能导致自杀者转而不再使用网络社交平台,这可能使得自杀风险识别、预警以及干预变得更为困难。

4. 干预机制作出干预与否的决策程序是否合理?

就此问题应从两个角度加以分析:

(1)当前完全基于机器的决策是不完美的,而在其绝对精确性无法提高的情况下,是否应该进行题中所说的技术调适?约有10位同学正确地联想到课程在讲授刑事诉讼证明标准时介绍的如何权衡"假阴性"和"假阳性"错误的方法,甚至有几位同学自行尝试建构了类似模型,由此推导出,当这一算法的识别准确性达到特定水平时,就符合使用算法收益大于成本的福利标准。进行模型和数字示例建构的关键,是要对不同错误对应的实体价值给出合理和明确的假设,并且要清晰交代这些假设可能隐含的现实局限,否则读者无法确定模型的意义。少数进行此类尝试的同学对分析给出了较为完整的交代。一位同学将对于实体价值的讨论直接纳入了程序模型的建构和描述之中,这也是一种可行的答题策略。

(2)是否应当引入人工决策,甚至使人工决策具有决定性,而机器只是辅助?这取决于人工决策与机器决策二者在相对意义上的成本收益比较。有不少同学含混地认为引入人工决策必定有益,却没有给出足够清楚的解释。"人机合作""人机团队"确实是人工智能领域的一派重要观点,但题目中建议的机制看上去还是传统的以人为主。有大约1/3同学能够明确地指出,人工决策本身未必能够提高,甚至可能降低识别准确性,且同时必然会带来成本的提高,未必是合理的改进方向。

(三)如果决定继续使用这套算法,是否有对相关干预机制作出继续改进的空间?回答这一问题时应尽量结合此前有关干预机制的成本收益分析,因为其中讨论已涉及干预机制现存并有可能获得改进的缺陷。

1. 有同学指出应提高算法精确性,这属于审题不仔细——题目中非常清晰地强调了算法在未来一年内无法提高精确度这一约束条件。

少数同学提出的改进算法的方案是使其能够更细致地对潜在干预对象进行风险分级。如能实现这样的改进当然很好,但这样的改进会比题中所说的技术上做不到的"提高精确性"更容易吗?

2. 有少数同学认为确实应当引入人工判断。但如前所述,引入人工判断的意义何在？根据题中干预机制的基本设计，人工判断显然不可能降低“假阴性”错误（算法不首先预警则无从发起人工判断）。而人工判断如果被用于在一些个案中否定算法的预警，那么这样做的收益仍然需要和这样做可能的成本——增加的“假阴性”错误——进行比较。甚至，还需要注意，如果在所有个案中均引入人工判断，这还意味着干预启动的速度将会显著变慢，这也可能导致在一些时候，即使人工判断与机器预警结论一致，干预也可能因未在第一时间启动而无法取得最佳效果。

3. 很多同学都提出，因为这一干预程序本身产出巨大社会价值，所以国家在继续使用的同时，可以借助补偿机制应对相关不满。这种补偿机制确实可理解为“责任规则”，其性质类似国家对所有人的隐私、自由等利益在不经其同意的情况下予以强制征收，而征收后国家对其给予补偿。但补偿机制或“责任规则”的引入，意味着公共政策成本的增加。同时，受到错误干预的个体遭受的损失往往是主观价值，因此相关补偿机制的设计也会较为困难，制度运行成本也较高。而没有补偿机制的自杀干预机制，相当于将“征收”的权益直接配置给国家，即为了实现对有自杀倾向个体的救助，国家有权要求社会其他成员承担监控和错误干预成本。这种“财产规则”可能比前述责任规则更有效率。

还有一些同学讨论“责任规则”时提出由自杀者自行负担赔偿责任，补偿社会为挽救其生命而付出的各种成本。抽象想来有一定道理，但很难操作，特别是可能会严重破坏自杀干预的效果（一听说还要出钱赔偿社会，转身寻求二次自杀）。

4. 一些同学建议应为自杀干预机制设置“自愿退出”（opt－out）选项，以保障、尊重一些个体的自由和自主。但自愿退出在此语境中应如何实现？一种想来可行的方案是，要求每个社交媒体用户在注册时或登录服务时勾选是否接受国家为自杀干预而实施的基于机器的信息监测以及后续干预措施。但如果特定用户选择不接受，国家仅凭这一点就可以不再关注其自杀风险了吗？如果算法经过分析发现，选择不接受监测、干预与高自杀风险之间高度相关，此时国家应作何抉择？

5. 有不少同学提出政府应就自杀干预机制增加信息披露，这可能有意义。但少数同学准确地结合课堂讲授，指出信息披露对普通人行为的影响存在严重局限，未必真有用。

6. 另一种较多同学提出的改进建议是在自杀干预后对相关个体予以更多关怀帮助；还有同学认为真正重要的不是风险识别和干预，而是在干预之前更加系统的心理卫生建设和预防。这些想法都没错，但不同政策手段之间未必是相互替代的关系——任何措施的效果都有其局限，社会增加普遍性的关爱，不意味着针对特定个体的风险识别和干预就不再必要。

（四）有十几位同学运用比例原则分析自杀干预机制的正当性和合理性。这些同学可能第一次课没有来听，事后看了课件，误以为比例原则是课程介绍的理论知识之一。实际上本次授课仅在第一次提及比例原则，针对这一流行的理论框架提出了一些批评。不过，凡运用比例原则答题者，如其在分析中有关各成本收益因素的讨论本身合理，也不会影响答案得分。

五、总结

考试成绩本身能够传达的信息有限，而提供这份说明则是为了进一步提高考试本身的教学价值。前文中的试题分析综合了出题人和答题人的视角，本身并不能与具体某位同学的成绩评定依据直接形成对应。任何同学如对成绩本身有质疑，建议直接依据教务方面的规定走查询质疑流程，无须找任课教师探讨。而鉴于各位已经进入研究生学习的后半程，基于沉没成本不应纳入向前决策的原理，建议大家把有限的时间精力放在比纠结考试成绩更有产出的领域。

最后，再次感谢大家对本学期教学工作的支持。祝大家新年快乐、学业进步！

“民法总论”期末考情说明及问答精选

（本科生2023年春季学期课程）

朱庆育*

一、南京大学法学院本科“民法总论”期末考试试卷（A卷）

【答题要求：(1)每个问题都不能仅仅提供一个简单的回答，而需要显示理由，即需要对自己的回答作出论证。仅仅简单回答而无理由的，得分不超过问题分值的1/4。(2)鼓励体现独立思考的回答。】

（一）实例分析（实例一25分，实例二20分，共45分）

本题可能涉及的法条：

《中华人民共和国民法典》（以下简称《民法典》）第142条

有相对人的意思表示的解释，应当按照所使用的词句，结合相关条款、行为的性质和目的、习惯以及诚信原则，确定意思表示的含义。

无相对人的意思表示的解释，不能完全拘泥于所使用的词句，而应当结合相关条款、行为的性质和目的、习惯以及诚信原则，确定行为人的真实意思。

《民法典》第147条

基于重大误解实施的民事法律行为，行为人有权请求人民法院或者仲裁机构予以撤销。

《民法典》第224条

动产物权的设立和转让，自交付时发生效力，但是法律另有规定的除外。

《民法典》第472条

要约是希望与他人订立合同的意思表示，该意思表示应当符合下列条件：（一）内容具体确定；（二）表明经受要约人承诺，要约人即受该意思表示约束。

---

* 南京大学法学院教授、博士生导师，北京大学国际法学院访问教授。

《民法典》第479条

承诺是受要约人同意要约的意思表示。

《民法典》第483条

承诺生效时合同成立,但是法律另有规定或者当事人另有约定的除外。

最高人民法院《关于适用〈中华人民共和国民法典〉总则编若干问题的解释》第19条

行为人对行为的性质、对方当事人或者标的物的品种、质量、规格、价格、数量等产生错误认识,按照通常理解如果不发生该错误认识行为人就不会作出相应意思表示的,人民法院可以认定为民法典第一百四十七条规定的重大误解。

行为人能够证明自己实施民事法律行为时存在重大误解,并请求撤销该民事法律行为的,人民法院依法予以支持;但是,根据交易习惯等认定行为人无权请求撤销的除外。

1. 实例一

法学院教授甲和青年教师乙系忘年交,甲对乙的学识才情颇为赏识。甲拥有一座图书馆和一座酒窖,甲、乙二人常在图书馆谈古论今,在酒窖品茗佳酿,均感其乐无穷。为增加雅兴,二人形成仅适用于彼此的"暗语":用酒窖指称图书馆,用图书馆指称酒窖。甲的家人皆知二人这一特别语词用法。甲去世后,留下遗嘱称:"酒窖遗赠与乙,其余财产由法定继承人继承。"法定继承人与乙就"酒窖"所指发生争议。回答下列问题并说明理由:

(1)甲的法定继承人和乙是否属于遗嘱的相对人?(5分)

(2)若法定继承人主张"酒窖"意指图书馆,而乙主张"酒窖"即是酒窖,应作何种解释?(10分)

(3)若法定继承人主张"酒窖"即是酒窖,而乙主张"酒窖"意指图书馆,应作何种解释?(10分)

2. 实例二

甲、乙是法学院同事,关系融洽。甲养有一只英国短毛母猫,母猫每年所生小猫均被甲出售,所得价款用作母猫生活费。某日,乙到甲家串门,看到刚刚出生两个月的小猫,爱不释手。甲见状,称:"一共生了三只,另外两只都已经卖了,现在就剩这只。喜欢是吗?归你了。"乙大喜,携小猫而归。一个月后,甲要求乙支付小猫款3000元,乙拒绝,并谓赠与。根据意思表示解释基本原理以及负担行为与处分行为区分原理,回答下列问题并说明理由:

(1)在负担行为层面,甲、乙之间是否成立合同关系?如果是,成立何种合同关系?(提示:依意思表示解释中的意思主义、表示主义及效力主义不同进路分别作出分析,在此基础上表明自己的立场。)(10分)

(2)在处分行为层面,小猫所有权是否已移转?(10分)

（二）法条分析（25分）

阅读《民法典》下列法条，根据法条提供的信息回答问题并说明理由：

第157条

民事法律行为无效、被撤销或者确定不发生效力后，行为人因该行为取得的财产，应当予以返还；不能返还或者没有必要返还的，应当折价补偿。有过错的一方应当赔偿对方由此所受到的损失；各方都有过错的，应当各自承担相应的责任。法律另有规定的，依照其规定。

第171条

行为人没有代理权、超越代理权或者代理权终止后，仍然实施代理行为，未经被代理人追认的，对被代理人不发生效力。

相对人可以催告被代理人自收到通知之日起三十日内予以追认。被代理人未作表示的，视为拒绝追认。行为人实施的行为被追认前，善意相对人有撤销的权利。撤销应当以通知的方式作出。

行为人实施的行为未被追认的，善意相对人有权请求行为人履行债务或者就其受到的损害请求行为人赔偿。但是，赔偿的范围不得超过被代理人追认时相对人所能获得的利益。

相对人知道或者应当知道行为人无权代理的，相对人和行为人按照各自的过错承担责任。

1. 如何理解《民法典》第171条第1款所称“对被代理人不发生效力”？（5分）

2.《民法典》第171条第2款第1句之“催告”的法律性质是什么？为何追认期自“收到通知之日”起算而非自“发出通知之日”起算？第2句中，催告后，为何“被代理人未作表示的，视为拒绝追认”而非“视为追认”？（10分）

3. 依《民法典》第171条第2款第3句，为何仅善意相对人享有撤销权？此处所称“撤销”与第157条之“撤销”有何区别？（10分）

（三）论述（30分）

与德国民法典对比，简要评价我国民法典总则编。

二、期末考试情况说明

（一）

最终选课人数122人。2人缺考、2人缓考，均计零分。最高分94，最低分33。90分以上8人，占比6.4%；80～89分16人，占比12.8%；70～79分38人，占比30.4%;60~69分45人,占比36%;不满60分15人(含缺考、缓考4人),占比12%。55~59分提为60分18人,为示区别,60分提为61分。

和往年一样,本班期末总成绩由试卷成绩(80分)和读书报告成绩(20分)组成。考虑到教务处要求卷面成绩和最终成绩一致,简便起见,我将试卷最后一道论述题设置为30分,判卷时,论述题本身分值为10分,另20分是读书报告,两项相加即为该题得分。因此,卷面成绩是试卷得分加读书报告得分之后的最终成绩。

(二)

读书报告就指定的四部教科书中任选一部完成。开学之初我依旧承诺:通读并提交全部四部教科书读书报告的,成绩90分起评;通读2~3部者,成绩酌情优待,具体操作上,读书报告成绩一般给满分20分,如果卷面成绩88分或者89分,提为90分。

去年有一名同学提交四部教科书的读书报告,最终成绩为全班最高分94。也许部分受此激励,今年有五名同学通读四部教科书,另有五名同学通读两部教科书。这十名同学中,七名最终成绩在90分以上。

但稍令人遗憾的是,另外三名在读书报告满分的情况下,最终成绩仍刚过及格线。同样稍令人遗憾的是,即便是通读四部书的同学,仍有两名在回答考卷第一问时出现低级错误,将遗赠混淆为赠与。这个问题不仅任何一部教科书都会提及,课堂上也曾数次作出分析。这也许说明读书与听课认真程度有待加强,也许也说明阅读未必有立竿见影的效果,知识转化需要时间。

读书报告已行之有年,不妨多说几句。

初学者往往不知如何撰写读书报告。文无定法,确实很难说哪种属于标准写法。不过,万变不离其宗,只要了解读书报告的"规范意旨",以自己所能运用的最合乎意旨的方式完成即可。读书报告的"规范意旨"体现在"读书"和"报告"两方面:与课堂讲授相配合的"读书",在听课与阅读的相互启发下,帮助学生走进学术阅读,为自主获取知识之路铺下第一块砖;"报告"则希望通过重述阅读文本,初步训练学术概括与表达能力,迈出学术论证的第一步。

有不少学生习惯于制作思维导图。我之前的态度是不提倡,但也不特别反对。这学期经过反复考虑,计划从下次开始,明确要求必须用文章表达,禁止思维导图。原因是,思维导图容易将知识点状化,难以训练连贯的学术论证能力,亦难以锻炼连贯的文字表达能力。

我相信,在学生的眼中,读书报告属于不得不完成的强制作业。一旦打上强制性烙印,被动乃至消极对抗的情绪也就在所难免。虽然有激励,但对于不习惯读书的学生而言,通读一部书就已经耗尽洪荒之力,四部书何异于天方夜谭?况且,90 分的许诺听起来太不靠谱,万一真的一学期焚膏继晷、夜以继日通读四部书,承诺却不能兑现,岂不是大大的中计?

直到去年,当一名学生第一个吃下螃蟹时,激励被激活了,读书的热情也一起被激活了。学生发现,不仅通读四部书没有看上去那么遥不可及,听着不靠谱的承诺竟然也兑现了。本学期登记阅读书目时,许多同学登记了 2 ~4 部。虽然并非所有同学都完成了阅读计划,但无论如何,局面较之以往已有可喜的改观。

以上纯属猜测。我当然希望,局面改观是学生单纯基于知识好奇心的内在动力所致。不过纵非如此,也无伤大雅。无论基于何种动机,能认真读书就是好事。更重要的是,希望学生在此过程中体会到读书的乐趣,从而具备“自动续航”能力,不会因为课程结束而停止读书。

解释无处不在,本学期的教学实践再次印证了这一解释学命题的正确性。关于读书报告的解释问题每年都会新增,这学期又有两项新的解释需求让我心生感慨。助教收到学期中第一份读书报告后,发现一个难以处理的问题:部分学生登记数部阅读书目,所提交的读书报告亦涉及该数部阅读书目,但报告篇幅只符合一部书的最低字数要求,如何认定? 期末时,助教又收到一个棘手的咨询:如果申请明年重修,重修时提交四部书的读书报告,是否依然适用 90 分起评的规则? 从这些解释学现象中,既可略窥解释无处不在的缘由,更可进一步理解规范意旨在解释中的重要性。

(三)

每次结课,我都会说:授课用意有二,一是尽己所能展示民法的体系之美,二是帮助同学们感受到思辨的乐趣。与之相应,我的授课重心放在规范正当性之探寻,通过诉诸规范意旨而理解规范本身,同时也总是强调独立思考的重要性。我也一直希望这样的追求能反映到试卷上。

旁人不了解内情,但作为参与者的课上学生应该很清楚,绝大多数看起来需要“独立思考”的试题,在课堂上都分析过,或至少提示过。这样的试题离真正的独立思考还差得很远,因为,只要在课堂上分析过,无论题目显得多么需要“独立思考”,答题基本上都还只是记忆的功夫。

例如,实例二涉及负担行为与处分行为,这是历年命题出现频率最高的知识点,几乎每年都会以各种方式正面或侧面考察,但无论以何种方式考察,也几乎每年都会有考生以不变应万变,不管问什么、怎么问,上来就是概念、特征、区别。之所以如此,我猜测,除了年复一年的考试规训已深入骨髓外,还可能是因为,考生拿不准自己的答案是否正确,为了表明了解相关知识,能写的都尽量写上去,有枣没枣打三杆子再说,即使离题万里,根据文科惯例,只要写字了,多少总能得点“墨水分”。

在确保学生成绩不至于太难看的前提下,我每年都会试着留出一点缝隙,期待从中看到惊喜。

今年的缝隙是第一道实例分析的第三问。这一问看起来和第二问并无实质差异,无非提问角度略有不同而已。学生答题时,可能会略感诧异,但相信也仅限于略感诧异而已,并未因此认真考虑:如果答案一致,为什么会重复提问?难道仅仅是因为善良的朱老师在用这种方式送分?或者即使认真考虑过,也因为想不到其他的可能性,而愿意相信这是命题者“实则虚之、虚则实之”的命题策略。例如,几乎没有人去想:既然遗嘱是无相对人的意思表示,为何遗嘱人与受遗赠人的语词特别用法对于遗嘱的解释会是重要的因素?

这道题可以用来送分,但我本意不在于此,而在于暗自希望,提问角度的改变也许能启发课堂上未提及的另外一种思考可能。另外一种可能正确与否不重要,重要的只是,解释者是否有能力看到解释的多样性并加以论证。

惊喜没有出现。几乎所有考生都把第二问的答案抄了一遍,也因此成就了我的善良。而在回答第二问时,记忆力好的考生,甚至能将课堂上添加的额外信息在答案中补足。当然,问题的难度系数比较高,指望初学的本科生带来惊喜,原本就不切实际。

如果非要从这件事中总结出什么,也许是,在缺乏必要知识储备的情况下,解释方法并不足以提升解释能力,而独立思考云云,也必定只是一句空话。

2023 年 6 月 20 日初稿
2024 年 1 月 24 日增删修订

三、问答精选

问:您在试题中设置了三大类问题——案例分析、法条解析和论述题目。一种经典的设置案例分析题目的方式是,通过一个包含环环相扣、引人入胜的故事情节的大案例,让学生基于案情分析相应的问题。然而,您设计的案例分析题目似乎与此有所不同。请问您在设计案例题目时,主要考虑的是什么?您想通过这种方式检验和培养学生哪些具体的能力?

答:你说的那种大案例好处很明显,可以综合考察很多知识点,引人入胜的故事情节则增加可读性,改善法学呆板的外在形象,让法学变得有趣。我很佩服这样的老师,他们的编剧和叙事能力非我能及。我是个无趣的人,喜欢单刀直入,所以在设计案例时更注重简洁。简单地说,我命题的大致想法,就是希望案情中出现的每一句话、每一个信息,都是处理案件时需要用到的,在此前提下适当考虑文字的可读性。

以这套试卷中的小猫案为例。“甲、乙是法学院同事,关系融洽”想要传达两个信息:一是给小猫的时候,双方没说清楚卖还是赠,并不反常;二是暗示存在赠的可能性。“甲养有一只英国短毛母猫”——英短价格不菲,可能不会轻易赠人。“母猫每年所生小猫均被甲出售,所得价款用作母猫生活费”——进一步表明可能不会轻易赠人。“某日,乙到甲家串门,看到刚刚出生两个月的小猫,爱不释手”——引发甲想把小猫卖给乙的念头。“一共生了三只,另外两只都已经卖了,现在就剩这只。喜欢是吗?归你了”——另外两只都卖了,继续表明不会轻易赠人;“归你了”这样的含糊用语,既表明两人关系融洽,同时制造了纠纷。“乙大喜,携小猫而归”——“大喜”暗示理解为赠与,“携小猫而归”而未询价,进一步表明理解为赠与;“携小猫而归”表明已交付,由此涉及所有权移转问题。案例题是要考察结合具体情境运用法律知识的能力,这是法律人的标志性能力。不过,测试目标很难实现。学生习惯于把事先背诵过的概念写上去,然后直接得出结论,把案例分析题变成考察知识内容复述能力的简答题,而忘记结合具体案情作出具体分析。

问:在法条分析的题目中,您如何从学生的答卷中识别出他们是在进行实质性的分析还是在“记忆、背诵和复述”?您希望通过“法条分析”来考察、检验同学们的何种能力?法律解释的能力是在法律学习时最为重要的能力。您认为,在学习民法的过程中,我们应当如何一步步培养自己法律解释的能力?

答:无论什么题型,要看出是不是凭“记忆、背诵和复述”其实都很简单。考卷上的题大部分都在课堂上分析过,考生的回答,如果是我的课堂原话或者风格相似,大概率是背笔记的结果。还有的学生拿不准哪些内容适合答题,会把相关的笔记内容都写上去。另外,我出题的时候,经常会稍微变换一下案情或提问方式,或者增加另外一种可能(如酒窖案),如果不是自己独立思考的结果,答题的时候往往注意不到这些变化,或者没有能力处理另外一种可能,而是自顾自地背笔记,“以不变应万变”地将概念、特征一路往下写,形成“你问你的、我答我的”这样的有趣局面。

顺便说一下,课堂上埋头记笔记是个不太好的听课习惯。我们经常抱怨讲授课满堂灌,是灌输式教学,这一方面有教师的原因,另一方面也离不开学生的“配合”。埋头记笔记就是这种“配合”行为,把思考的过程变成机械的知识复述。我在课堂上经常提醒同学们不要记笔记,应该跟着我的讲授思路、跟着我的设问往下思考,但一直以来也都没办法改变同学们多年形成的学习习惯,有些学生还会因为授课风格不便于记笔记而感觉恐慌。

法条分析是我近些年的必考题型。也很简单,就是希望培养学生直面法条的能力。所谓法教义学,离开法条都是空谈。没有直面法条、从法条中解读出信息的能力,法教义学的训练就是失败的。课堂上,我会挑一些比较有说明价值的法条展开分析，以作示范。通过示范，善于思考的学生可以从中举一反三，逐渐形成自己的理解。命题时，为了避免学生面对法条茫然不知所措，我会把法条中一些关键信息拆解成一个个小问题，提示分析方向。但这种拆解，往往又会让学生把法条分析当成简答题，概念、特征一路往下背，这还是不会运用知识从而只能依靠机械记忆的表现。

解释能力的培养非朝夕之功，需要在解释学原理和具体解释实践之间不断往返。同时要注意，解释能力以知识量为基础——知识越丰富，解释能力越强。

问：您在试题中专门设置了一道分值较重的论述题，题目可涵盖、容纳非常多的想法。我们非常好奇，您设置这类题目的目的是什么？您最期望通过论述题训练、考察学生的什么能力？

答：设置论述题就像你说的，是想看看学生会有什么样的想法呈现出来，同时也用来考察文字组织和论述能力。很可惜，这方面的考察目标同样一直都没有实现：一方面，学生几乎不会有什么想法，或者即使有想法也不敢往试卷上写，也几乎不会运用所学知识就某个论题展开论证，或者原本就没有知识可供运用；另一方面，也是受多年考试的规训，学生拥有把一切题型变成简答题的能力，论述题同样如此。回答论述题时，学生总是习惯性地搜索大脑中的记忆，看看有哪些可能是“正确答案”可以往上写，并且喜欢“踩点”回答，猜测得分点然后一条一条拼上去。到现在为止，大部分学生的论述题都不存在哪怕是最低限度的“论述”，最常见的场景是，在一大片留作论述之用的空白答卷上，孤零零地站着几条“要点”。

无论是作为文科生，还是法科生，运用论据展开论证的能力都是至关重要的，但我们的学生好像正在失去这种能力，甚至连基本的文字表达能力好像都在不断削弱，以至于很多文科大学生乃至研究生连一句通顺的话都写不出来。这些年我也一直在观察、反思。从 2023 年开始，我明确禁止用思维导图的形式撰写读书报告，主要原因即在于此。

目前的情况是，论述题所起到的最大作用是调剂分数，以免学生成绩太难看。

问：您建议本科生阅读四本重要的法学著作，并且撰写读书报告。这些著作涵盖中西，您认为，在阅读涉及不同法系的著作时，我们应该用什么样的视角去理解和分析？

答：就像我在开学之初的课程说明里会提到的，法学一方面有科学的特点，存在普适的基本原理，另一方面又是一种地方性知识，需要与本国实证法相结合。

阅读德国法著作，希望理解其中蕴含的普适原理，以便观察科学意义上的法学，同时我也要求学生阅读的时候，手边准备两本法条书，一是《德国民法典》，二是中国的《民法典》,以便随时对照德国法和中国法的异同,以此理解法学的科学性和地方性两个面向。

对于我国台湾地区的著作,除了有和德国著作相似的阅读期待和要求,另有两点:一是我国台湾地区的著作亦属汉语写作作品,所依托的具体规则及社会交往伦理和我们关系密切,这方面的参考价值很大;二是我国台湾地区的具体规则属于典型的继受,从中可以看到继受中的各种经验教训,这方面的参考价值也很大。

“债权法”期末考后总结及重点考题评析

（本科生2024年春季学期课程）

许德峰*

本学期所授内容和所考察的问题，虽然都是债法基础，但对于正慢慢从基础教育（关注是什么而不是为什么，关注接受而不是批判）走出来的大一同学来说，是非常难的。大家学习中可能也感受到过我作为一个研究者时时会苦恼的状态：在一些领域，我们目前的认识已经到了已知和未知的边界，已没有既定的理论或知识可以为我们提供指引。从考试的角度来说，这是讨厌的不确定性，但从社会发展的角度来说，这又是一个无比有趣的状态，会激发我们的好奇心，让我们感受到美和快乐。

教完这学期的债法，我所担心的其实不是各位没学好或没学会债法。各位特别努力，学得很好啦，做老师的很欣慰，也为你们骄傲！正如在课上所提及的，债法、民法乃至所有大家想学的知识，会安静地等在那里。我自己也感恩这些知识的不弃，在学生时代的晚期（大概都博士一、二年级了），才慢慢入门。我所担心的，是各位的视野被局限于法律，局限于债法，甚至局限于绩点乃至未来特定的、现在觉得是优质工作的选择。当然，这仍然不是各位的错，而是我们的时代、大学体系以及这所大学里包括我在内的老师没有提供更好的引导，或做好自己的工作。其实，大学本科阶段的学习，并不应当决定未来的专业选择。很多从众的选择，就像开车一样——在路上远远地看到绿灯并不是好兆头，你到路口可能就变成红灯了（现实中更多的情形，是完全没有可以作为指引的红绿灯）。我所担心的，甚至是人们一定要在大一阶段就设定某种具体的远期目标（有的可能高中就有了吧）。不要忘了，今天的你们其实拥有无限可能，任何今天（t_0）设置的具体目标，都可能是对未来（t_1）的你的不当束缚。

期末考题中的第二题（桌椅买卖案）、第三题（债权让与案）都是我用ChatGPT－4o生成初稿后再修订而成的。虽然不知道未来需要怎样的技能，但

---

* 北京大学法学院教授、博士生导师。

独立思考(GPT 还只能在既有材料上生成)、创造(像 $E=mc^2$ 一样超越既有的知识框架)和沟通交流(同理和说服)等能力,一定是不可或缺的。比较而言,学习知识,获得高分,只占并不那么重要的比例(也都是各位的长项了)。

教学相长,这个学期的授课让我本人受益良多。债法体系严整,规则繁复,在撰写讲义、授课、批改作业、试卷及回答提问的过程中,总能遇到同学们闪光的思考,督促我把问题想透彻,讲清楚。当然,仍然有很多我还没弄懂的地方。另外,大家别学我,我私下里觉得人可能就是生而为西西弗斯,周而复始,没有停歇的命,卷会抱怨卷,躺平会抱怨躺平,所以不如平静地做好自己应该做的事情。我还要特别感谢我的 12 位助教(柳昊芃、王萌、曹舒然、杨震宇、郑博元、袁博文、王凯斌、李滕、马越、韩时东、王思庆、廖鸿宇),如课上所说,这是我能在这个学院找到的最出色的年轻法律人了,我每一章的讲义,都得益于他们的助研工作,在与他们的讨论中,也深刻地感受他们的热爱以及他们带来的新知识的冲击。期待各位在后续的学习、生活和工作中,有鸿鹄之志,胸怀天下!祝一切顺利,幸福顺心!

附:前文提到的"2024 年春季学期债权法期末考题第二题(桌椅买卖案)、第三题(债权让与案)"原题目及答案要点

2024 年春季学期债权法期末考题
第二题(桌椅买卖案)
原题目及答案要点

第二题 桌椅买卖案(题目)(6 分)

甲是一家家具制造公司(A 公司)的老板(为控股股东、担任执行董事及法定代表人),A 公司提供高质量的办公家具。乙是一家初创公司(B 公司)的 CEO,正在为 B 公司购置新的办公桌。2024 年年初,乙打电话向 A 公司询问购买办公桌事宜。此后,2024 年 5 月 1 日,甲通过微信向乙提供了办公桌的样式和报价,声明愿意出售 100 张办公桌,每张办公桌价格为 500 元(合计 50000 元)。2024 年 5 月 2 日,乙在微信上回复表示他只需要 80 张办公桌,并愿意以每张 450 元的价格购买(合计 36000 元)。2024 年 5 月 3 日,甲在微信上回复说她可以接受 80 张办公桌的订单,但每张价格必须是 480 元(合计 38400 元)。2024 年 5 月 4 日,乙在微信上回复说他最多能支付 470 元每张办公桌(合计 37600 元),

并要求包含免费送货服务(运费通常为500元)。2024年5月5日,甲在微信上提出可以以每张475元的价格提供80张办公桌(合计38000元),但不包括免费送货。2024年5月6日,乙在微信上回复说他愿意支付每张470元(合计37600元),并额外支付250元的运费。2024年5月7日,甲在微信上表示,她可以以每张473元的价格提供80张办公桌(合计37840元),并要求乙支付300元的运费,其余运费由A公司承担。2024年5月8日,乙在微信上回复说他同意这些条件,前提是5月22日以前交付全部办公桌,自己在5月30日支付全部价款。甲没有在微信上回应乙的上述信息,乙亦未进一步追问。不过,尽管没有签署正式的协议,甲自5月8日开始便指示A公司生产部门准备交付办公桌,并在1周后(2024年5月15日)将60张办公桌送到了乙的公司(为此支付运费500元)。B公司接收了这些办公桌并开始安装使用,乙同时询问剩下20张办公桌何时运到,A公司送货人员丙表示"尽快",乙表示"好的"。2023年5月31日,甲交付剩余20张办公桌,并要求乙支付全部货款(37840元)及运费300元,乙拒绝接受,并表示已从其他公司购买了20张同型办公桌(价格为500元每张),该批20张办公桌已于5月30日送到,现在已不再需要A公司送来的这20张办公桌。A公司遂将20张办公桌运回(20张办公桌的往返运费为400元),并将20张办公桌以450元的价格(设前述同型办公桌500元的价格,及此处450元的价格均为通常的市价,即有关办公桌的价格会因协商而略浮动)售出。

问:

1. A公司可否请求B公司支付办公桌的价款?数额是多少(若可以请求)?(3分)

2. A公司可否请求B公司赔偿其损害?数额是多少(若损害赔偿请求权可获得支持)?(3分)

第二题　桌椅买卖案(答案要点)

1. A公司可否请求B公司支付办公桌的价款?数额是多少(若可以请求)?(3分)

【1分】

考察A和B之间订立合同的过程:对于乙于5月8日的微信消息,甲未回复,故此时未成立合同。不过,甲于5月15日的行为可视为以履行的方式发出了新要约。应当注意的是,甲的行为似乎难以认为是对乙此前要约的有效承诺,因为根据《中华人民共和国民法典》(以下简称《民法典》)第481条,要约没有确定承诺期限的,承诺应在合理期限内到达,而在本案中,距离要约发出已经过一周时间,因而已超出合理期限,即使构成承诺亦无效。因此,乙接受甲的履行,可视为承诺,此时双方成立合同,内容为:A 交付 80 张办公桌,价格为 37840 元,B 承担运费 300 元,A 应在 5 月 22 日前交付。

【给分细则】

(1)如果未提及甲的履行不构成对合理期限内对乙5月8日要约的承诺,只笼统地说合同因“甲的履行和乙接受履行”而成立,表明学生可能未掌握承诺的期限、承诺的通知等问题,扣0.5分。

(2)如果认为一周时间并未超过合理期限,因此甲的行为构成承诺,则只要说理明确,也不扣分,未提到“合理期限”扣0.5分。

(3)如果认为甲在5月8日指示准备交付的行为构成以意思实现的形式作出的承诺,表明学生可能未掌握意思实现适用场景,扣0.5分。

【2 分】关于 A 公司可请求多少数额办公桌价款:

合同中关于第一次未交付的 20 张办公桌的内容是否构成部分解除:

答案一(合理情形):合同由 A 部分解除。原因:B 对于 A 的履行拒绝受领,构成违约,A 据此取得部分解除权;A 将 20 张办公桌另行转卖,可视为对解除权的行使,解除对象为关于剩余 20 张办公桌的交付义务,B 相应的价款义务随之消灭。因此 A 可以请求 B 支付 60 张办公桌对应的价款。

【给分细则】

(1)不认为构成部分解除,但写到 20 张办公桌给付义务未履行,对应价款负担同时履行抗辩或有类似表述,同样得 2 分。

(2)只写到可以请求已履行的 60 张办公桌对应价款的对待给付,而未写到 20 张办公桌究竟是因为合同部分解除,还是因为同时履行抗辩而不得请求对应价款,扣 0.5 分。

答案二(略牵强):合同由 B 部分解除。原因:A 的交付义务构成绝对定期行为,迟延交付构成根本违约(需论证为何属于绝对定期行为:乙于 5 月 8 日在微信中强调,其同意甲所提条件的前提是甲须定期交付,甲可由此知晓履行期限对乙的重要性,可能构成绝对定期行为;另外,鉴于 5 月 15 日乙又询问甲剩余办公桌何时运到,并于 5 月 30 日采取替代交易,可知 B 的确对于履行期限存在严格要求),因此 B 可以解除合同,解除对象为关于 20 张办公桌的价款义务,A 仅可请求 B 支付 60 张办公桌对应的价款。

【1 分】

A 可以请求 B 支付 60 张办公桌对应的价款即 $37840 \times 60/80 = 28380$ 元。

【给分细则】

本问的问题只涉及“办公桌的价款”,无论是否考虑到运费 300 元,均不影响得分。

【典型错误】

(1)以甲指示准备交付的时点作为承诺时点。

(2)在讨论为何仅需支付60张办公桌的价款时,未论述为何剩下20张办公桌的价款不可主张。

2. A公司可否请求B公司赔偿其损害,数额是多少(若损害赔偿请求权可获得支持)?(3分)

【2分】

(1)答案一(合理情形):A公司可以请求B公司赔偿其损害。赔偿数额为转卖差价和返程运费,共计660元。

原因:5月22日,A还有20张办公桌没有交付,此后A陷入履行迟延,若其因履行迟延而给B造成损害,应向B承担违约损害赔偿责任。但是,B尚未向A催告,故B不能依据《民法典》第563条第1款第3项部分解除合同。损害赔偿数额应为20张办公桌的转卖差价加上返程运费,即(473－450)×20＋(400/2)＝660元。

(2)答案二(略牵强,将5月22日交付全部桌椅理解为绝对定期行为):A公司不可以请求B公司赔偿其损害。

(需论证为何属于绝对定期行为:例如,5月8日乙在微信中强调同意数量和价款条款的"前提是5月22日以前交付全部办公桌",这意味着按时交付全部数量的办公桌可能已经纳入了合同对价的考量部分;5月15日乙询问甲剩下20张办公桌何时运到;5月30日B替代购买的20张办公桌已经送到,说明B急于买到这20张办公桌)

原因:5月22日,A还有20张办公桌没有交付,此后A陷入履行迟延,且构成根本违约,B可以依据《民法典》第563条第1款第4项部分解除合同(20张办公桌对应的合同部分)。合同解除后,A向B交付20张办公桌的义务消灭,5月31日A不应该向B履行,不能请求B赔偿其转卖差价及运费。

(提醒:此时A不仅不能请求B赔偿,还应该向B赔偿B为20张办公桌所多支付的价格,即(500－473)×20＝540元,该点不属于设问范围,不计分)

(注1:未论证绝对定期行为和B因办公目的不能实现、A根本违约取得法定解除权,只简单认为A构成迟延履行,B能够解除,从而得出A不能请求B主张损害赔偿,在原因的2分和赔偿责任2分共4分中,最多得2分)

(注2:未论证绝对定期行为和根本违约,提到B违反保护义务未及时通知解除,赔偿400元的,在原因2分和赔偿责任2分共4分钟,最多得2分)

【典型错误】

(1)关于解除权的主体前后论证矛盾,如第一问认为B有权以A迟延为由解除合同,第二问又认为A有权以B拒绝受领为由解除合同。需要注意,B须向 A 赔偿所对应的情形是,A 交付办公桌非为绝对定期行为,因而 B 不可解除的情形;而 A 须向 B 赔偿所对应的情形,则是构成绝对定期行为,因而 B 可解除的情形,两者不可混淆论证。

(2)有同学认为,由于 A 迟延违约,无权要求 B 赔偿。但是在非绝对定期、B 无解除权的前提下,B 拒绝受领也构成违约,对于 B 的违约行为,A 也可以向 B 主张违约责任。

(3)在认为 B 有权以 A 迟延给付为由解除合同后,又认为 B 违反及时通知解除义务,因而须赔偿运费。注意,B 有权解除的前提是 A 交付办公桌构成绝对定期行为,迟延即导致履行不能,A 所遭受的运费损害应归责于其自身。

注:第一问和第二问的逻辑应该保持一致(如,第一问回答 B 有权基于根本违约而部分解除合同的,第二问应回答 A 不能请求 B 赔偿),未保持对合同解除和解除权的一致态度是很多同学存在的典型错误。

2024 年春季学期债权法期末考题

第三题(债权让与案)

原题目及答案要点

第三题　债权让与案(题目)(7 分)

2023 年,高科技电子设备制造商甲公司面临财务困难,故寻求外部融资以解决流动性问题。为此,甲公司进行了多方交易,涉及的当事方包括甲公司(债务人)、乙银行(债权人)、丙有限公司(供应商债权人)、丁公司(保理公司)和戊公司(客户即高科技电子设备购买人)。

有关交易背景如下:2023 年 1 月 1 日,甲公司从乙银行借款 700 万元人民币。为担保该贷款的归还,甲公司与乙银行订立债权转让合同,约定将甲公司的部分既存应收账款和未来的部分销售电子设备的应收账款转让给乙银行,上限为 1000 万元。在签署贷款协议时,甲公司提供了其主要客户(A 和 B)的应收账款明细(数额分别为 350 万元,共计 700 万元)及相关合同书原件,以及与客户 C 订立的关于未来签署电子设备买卖合同的预约合同(合同价款为 300 万元)。乙银行同时要求甲公司向自己提供“债权让与通知”三份,通知的抬头写明“A 公司”“B 公司”“C 公司”,内容为“本公司已将对贵司的债权(数额、合同号、合同签订日期)让与给乙银行,请根据乙银行的要求,向乙银行履行义务”,甲公司同时在该通知上加盖公司公章。双方同时还在贷款协议中明确约定,甲公司不得未经乙银行同意转让或出售应收账款,不得以上述应收账款为他人设置担保。

另查明:2022 年 12 月 20 日,甲公司与丙公司签订了一份价值 350 万元人民币的原材料供应合同,约定丙公司向甲公司提供原材料,合同签订后次日交货,甲公司支付 350 万元价款,支付期限为合同签订后 20 天。在供应合同协商过程中,丙公司要求甲公司提供付款担保,甲公司遂将其分别对客户 A、B 的应收账款(共计 700 万元)转让给丙,并向丙提供了甲与客户 A、B 的合同原件及应收账款明细。丙公司同意了这一安排。

第一问:2023 年 1 月 15 日,因甲未支付货款,丙公司通知 A、B(当日到达),要求 A、B 向自己履行义务,同时向 A、B 提供了有关合同的复印件及甲公司提供的应收账款明细复印件。2023 年 1 月 16 日,乙银行将甲公司写好的针对债务人 A、B 的通知发送给 A、B(当日到达),要求 A、B 向自己履行义务。在短时间内收到两份债权让与通知的情况下,A、B 不知所措。考虑到银行的强势地位,A、B 遂于 2023 年 2 月 20 日向乙银行履行了债务共计 700 万元。

问题:在这种情况下,丙公司应如何寻求救济?(3 分)

第二问:在前述事实的基础上,2023 年 1 月 10 日,甲公司与丁公司签订了保理协议,以折扣价出售其对客户 A、B、C 的应收账款 1000 万元。丁公司同意预付发票价值的 80%,并在收到账款后支付剩余的 10%(其余 10% 为保理费)。保理协议中还约定了如下条款:丁公司可直接向甲公司的客户 A、B、C 索取应收账款。保理协议中还包含了对丁公司在应收账款收回失败时的补偿条款和相应违约责任条款。2023 年 1 月 11 日,甲公司向 C 出售价值 300 万元人民币的高科技组件,付款期限为 60 天。2023 年 1 月 12 日,甲公司配合丁公司办理了针对 A、B、C 应收账款的保理登记。同日,丁公司向甲公司支付了 800 万元人民币(应收账款的 80%),但未通知各债务人。至 2023 年 2 月 21 日,丁公司拟寻求甲公司配合通知 A、B、C 有关债权让与的事项时,发现上述 A、B 已向乙银行作出了清偿。C 则主张,有关高科技组件存在质量瑕疵,自己只需要支付 250 万元。

问题:

1. 就 A、B 拒绝履行的债务,丁公司应如何寻求救济?(3 分)

2. 假设 C 的主张成立,就 C 无须支付的部分,丁公司应如何寻求救济?(1 分)

第三题 债权让与案(答案要点)

第一问:在这种情况下,丙公司应如何寻求救济?(3 分)

丙公司(受让人)仅提供债权让与及应收账款明细复印件,不构成充分证据,不属于有效通知(0.5 分)。

可以继续讨论丙公司是否可以通过起诉的方式通知债务人 A、B,就此需进一步分析乙银行的通知是否有效,A、B 向乙银行的给付是否消灭债务。部分同学认为,乙银行的通知属于受让人的通知,在 A、B 没有向甲公司核实的情况下该通知不发生效力。老师认为,乙银行的通知确实属于受让人的通知,但具有证据上初步的充分性,原则上发生效力。只有债务人 A、B 向甲公司核实时甲公司表示反对,此时通知才例外地不发生效力。因此,老师认为,本案乙银行的通知是有效的,丙公司也无权通过起诉的方式要求债务人清偿。(1 分,认为乙银行通知无效的观点若说理较为充分,酌情给 0.5 分)

丙公司可以基于供货合同(债权转让的基础关系),请求甲公司承担违约责任。(1 分)部分同学认为甲公司一债二卖,构成背俗侵权,此点不扣分。

丙公司无权请求乙银行返还受领的给付,依据为最高人民法院《关于适用〈中华人民共和国民法典〉合同编若干问题的解释》(以下简称《合同编解释》)。(考虑到部分同学反映这是一个消极观点,考试时没有意识写,故该点计为 0.5 分)。

【典型错误】

(1)认为丙公司与乙银行的通知都有效,由于丙公司通知在先,债务人 A、B 清偿错误,因此丙公司有权请求债务人 A、B 继续履行。

错误点在于,预设了丙公司通知的有效性。丙公司仅提交了债权让与合同的复印件,此种证据不足以充分证明债权让与事实的存在,也给债务人的判断施加了很大负担,不能发生通知效力。

(2)认为丙公司作为先通知的受让人,应当优先于后通知的乙银行,因此丙公司可以请求乙银行返还不当得利。

错误点在于,首先丙公司的通知不发生效力;其次,即使丙公司的通知发生效力,《合同编解释》第 50 条也存在特殊规定。

(3)认为丙公司可依据不法管理向甲公司主张责任。

错误点在于,不法管理的前提是管理他人事务,本案甲公司"一债多卖"的行为并未管理他人事务。

第二问:

(1)就 A、B 公司拒绝履行的债务,丁公司应如何寻求救济?(3 分)

丁公司可以基于保理协议要求甲公司承担违约责任(1 分)。

丁公司可以基于不当得利请求乙银行返还 700 万元,理由是对登记优先原则的保护,此时不类推适用《合同编解释》第 50 条(1 分)。

丁公司无权要求 A、B 继续履行合同,理由是 A、B 已依据有效的通知向银行作出给付,该给付发生消灭债务的效果,债务人 A、B 无查询登记的义务(1 分)。

(2)假设 C 的主张成立,就 C 无须支付的部分,丁公司应如何寻求救济?(1 分)

债务人 C 对债权人甲公司的抗辩,可以继续对保理人丁公司主张。就此部分的损失,丁公司有权要求甲公司承担违约责任(1 分)。

【典型错误】

(1)在第一小问中认为丁公司作为登记在先的受让人,可以根据《民法典》第 768 条要求 A、B 继续向自己履行债务。实际上,作为债务人的 A、B 没有义务查询登记簿,只要债务人根据值得信赖的债权转让通知提供给付,就足以消灭债务。

(2)在第二小问中认为丁公司可以要求债务人 C 向自己足额履行债务,忽略了债务人对债权出让人的抗辩可以继续对债权受让人主张。

“民事诉讼法”期末考题评析

（本科生2021年秋季学期课程）

傅郁林　曹志勋*

【特别说明】“参考”答案并非“标准”答案——既非相关问题的标准或唯一答案，也非本次试题评分的全部考量因素。一方面，满分答题并不必须包含参考答案中所有的要点，只要答对核心内容或主要内容即可；另一方面，除知识“点”之外，表述的清晰度和逻辑性也是评分的重要考量因素，特别是论述题的作答，围绕核心要点展开有理有据、富有逻辑的论证，可能要比全部“点”都踩上了但几乎没有论证甚至完全不理会正常的表述逻辑，得分更高。此外，答案中超越本参考答案内容但提出充分理据和具有说服力的也可能补足得分。但总体上，对待知识点与论证逻辑未能兼得的答卷，我们采取了有利于考生、取其优势的评分倾向。

一、简答题（共40分）

（一）请辨析（主观）举证责任转移与（客观）证明责任倒置（15分）

答案来源：张卫平：《民事诉讼法》（第5版），法律出版社2019年版，第246－248页。

1.（客观）证明责任倒置

概念：客观证明责任是指法律规定当某一要件事实（或主要事实）的存在与否处于真伪不明的状态时，应由哪一方当事人承担败诉后果的一种负担。比如，按照法律要件分类说，适用权利成立规范所需的全部要件事实，由主张权利成立的一方当事人承担证明责任；而适用权利消灭、权利妨碍或权利排除规范所需的全部要件事实，由提出上述主张的一方当事人承担证明责任。

证明责任倒置是指法律针对一些特殊案件的证明负担作出的特殊规定，亦

* 傅郁林老师，北京大学法学院教授、博士生导师；曹志勋老师，北京大学法学院长聘副教授、博士生导师。本门课程助教：高旭、张弛、朱禹臣。

即在证明责任分配的通常原则下本应由一方当事人负担全部要件事实的证明责任，改由对方当事人负担部分要件事实证明责任。因此，证明责任倒置规则是证明责任分配一般规则的特殊规则，是法律规范就其适用的部分要件的证明责任进行特殊分配的规则。

原因：影响客观证明责任倒置与否的主要因素是双方当事人证明的难易、盖然性的高低、距离证据的远近以及谁承担证明责任更有利于权利的公平保护与实现等。

法定：证明责任倒置是对证明责任分配原则的修正，必须有法律的规定，法官不可以在诉讼中任意将证明责任分配加以倒置（须区分证明责任倒置规则与妨碍证明的制裁规则）。

举例：(1)因新产品制造方法发明专利引起的专利侵权诉讼，由制造同样产品的单位或者个人对其产品制造方法不同于专利方法承担举证责任。(2)因环境污染引起的损害赔偿诉讼，由加害人就法律规定的免责事由以及加害人行为与损害结果之间不存在因果关系承担举证责任。对不同的法定规则，可逐项区分不同要件事实是否构成证明责任倒置。

2.（主观）举证责任转移

概念：（主观）举证责任转移是指在具体的诉讼过程中，当事人为了避免败诉的危险，而向法院提出证据，证明其事实主张的一种行为责任。

举证责任转移是在证明过程中，负担举证责任的当事人提供的"本证"与对方当事人提供的"反证"围绕以证明标准（证明尺度）为中心形成的法官临时心证展开的对抗。当负担举证责任的当事人提供的被称为"本证"的证据和证明，足以使法官形成临时心证时，主观证明责任即转移到对方当事人，对方当事人需要提供被称为"反证"的证据，以阻止由本证方证明而形成的法官临时心证成为永久心证；而当反证方提出的证据和证明足以动摇法官临时心证时，主观证明责任再次回到本证方。如此往复，直至证明过程结束，法官就事实真相形成永久心证。

（二）请结合你对实体法规定的理解和可能的案件类型，谈谈必要共同诉讼与普通共同诉讼的区别（10分）

答案来源："复杂诉讼－当事人"课件第2－21页；张卫平：《民事诉讼法》（第5版），法律出版社2019年版，第148－156页。

1. 概念

法律依据：2017年修正的《中华人民共和国民事诉讼法》（以下简称2017年《民事诉讼法》）第52条第1款规定，"当事人一方或者双方为二人以上，其诉讼标的是共同的，或者诉讼标的是同一种类、人民法院认为可以合并审理并经当事人同意的,为共同诉讼。”

必要共同诉讼,是指当事人一方或者双方为两人以上,诉讼标的是共同的,人民法院必须作为一个案件合并审理的共同诉讼。普通共同诉讼,是指当事人一方或者双方在两人以上,诉讼标的属于同一种类,人民法院认为可以合并审理的,当事人也同意共同审理的共同诉讼。我国理论界又主张将必要共同诉讼区分为固有的必要共同诉讼和类似的必要共同诉讼。

2. 区别

第一,诉讼标的数量不同。必要共同诉讼只有一个诉讼标的,普通共同诉讼却至少有两个以上的性质相同的诉讼标的。

第二,共同诉讼人与诉讼标的的关系不同。必要共同诉讼下当事人对诉讼标的有共同的权利和义务:固有必要共同诉讼下,诉讼实施权由全体当事人共同行使,全体当事人须一同起诉或应诉才适格;类似必要共同诉讼下,法律规定部分当事人有独立的诉讼实施权,但裁判结果将对所有当事人合一确定。各普通共同诉讼人与对方当事人之间均有一个独立的诉讼标的存在,普通共同诉讼人并没有共同的实体权利和义务,普通共同诉讼的合并是出于程序效率的考量。

第三,共同诉讼人之间的关系不同。必要共同诉讼人之间紧密相连、不可分割,一人的诉讼行为只有经全体同意或者认可才对全体发生效力。普通共同诉讼人之间没有共同的权利义务关系,各自处于独立地位,每个人的诉讼行为由各自负责,不对他人产生法律效力。

第四,是否必须合并审理不同。必要共同诉讼必须合并审理,当事人对诉讼的形式没有选择权。而普通共同诉讼既可以合并审理,也可分别审理,当事人对诉讼的形式有选择权。

第五,裁判的作出不同。必要共同诉讼的裁判必须统一作出。而普通共同诉讼的裁判应当分别作出,对各个共同诉讼人的裁判分别对各个共同诉讼人发生法律效力。

3. 举例

必要共同诉讼的情形:共有物分割之诉(固有必要共同之诉)、公司瑕疵决议撤销之诉(类似必要共同之诉)。

普通共同诉讼的情形:一人侵害多人权利。

(三)试比较第三人撤销之诉、案外人申请再审与案外人执行异议之诉(15分)

答案来源:“第三人撤销之诉”课件第3页;张卫平:《民事诉讼法》(第5版),法律出版社2019年版,第409－418、587－590页。

1. 法律依据

第三人撤销之诉:2017 年《民事诉讼法》第 56 条第 3 款规定:“前两款规定的第三人,因不能归责于本人的事由未参加诉讼,但有证据证明发生法律效力的判决、裁定、调解书的部分或者全部内容错误,损害其民事权益的,可以自知道或者应当知道其民事权益受到损害之日起六个月内,向作出该判决、裁定、调解书的人民法院提起诉讼。人民法院经审理,诉讼请求成立的,应当改变或者撤销原判决、裁定、调解书;诉讼请求不成立的,驳回诉讼请求。”

案外人申请再审、案外人执行异议之诉:2017 年《民事诉讼法》第 227 条规定:“执行过程中,案外人对执行标的提出书面异议的,人民法院应当自收到书面异议之日起十五日内审查,理由成立的,裁定中止对该标的的执行;理由不成立的,裁定驳回。案外人、当事人对裁定不服,认为原判决、裁定错误的,依照审判监督程序办理;与原判决、裁定无关的,可以自裁定送达之日起十五日内向人民法院提起诉讼。”

2. 区别

(1)针对对象

第三人撤销之诉:已经发生法律效力的判决、裁定、调解书。

案外人申请再审:已经发生法律效力的判决、裁定、调解书。

案外人执行异议之诉:执行行为所指向的执行标的。

(2)提出主体

第三人撤销之诉:未参加原审的第三人。

案外人申请再审:对法院驳回其执行异议的裁定不服,认为原判决、裁定、调解书内容损害其民事权益的案外人。

案外人执行异议之诉:执行当事人以外的其他人。

(3)管辖法院

第三人撤销之诉:作出生效判决、裁定、调解书的人民法院。

案外人申请再审:作出原判决、裁定、调解书的人民法院。

案外人执行异议之诉:执行法院。

(4)提出时间

第三人撤销之诉:第三人知道或者应当知道其民事权益受到损害之日起 6 个月内。

案外人申请再审:自执行异议裁定送达之日起 6 个月内。

案外人执行异议之诉:自执行异议裁定送达之日起 15 日内。

(5)条件

第三人撤销之诉:

①第三人因不能归责于本人的事由未参加诉讼;

②发生法律效力的判决、裁定、调解书的全部或者部分内容错误；

③发生法律效力的判决、裁定、调解书内容错误损害第三人民事权益。

案外人申请再审：

①案外人的执行异议申请已经被人民法院裁定驳回；

②认为原判决、裁定、调解书内容错误损害其民事权益；

③自执行异议裁定送达案外人之日起六个月内。

案外人执行异议之诉：

①案外人的执行异议申请已经被人民法院裁定驳回；

②有明确的排除对执行标的执行的诉讼请求，且诉讼请求与原判决、裁定无关；

③自执行异议裁定送达之日起15日内提起。

(6)当事人

第三人撤销之诉：原告是起诉的第三人，被告是生效判决、裁定、调解书的当事人，第三人是生效判决、裁定、调解书中没有承担责任的无独立请求权的第三人。有独立请求权的第三人也应该列为被告，因为提起诉讼的第三人也是不同意有独立请求权第三人的主张的。

案外人申请再审：申请人是提出申请的案外人；被申请人是再审申请人针对的人；原审其他当事人未提出再审申请或者未被列为被申请人的，按照其在一审、二审中的地位依次列明。

案外人执行异议之诉：原告是起诉的案外人，被告是申请执行人、反对案外人异议的被执行人，第三人是不反对案外人异议的被执行人。

(7)立案审查期限

第三人撤销之诉：收到起诉状之日起30日内决定是否立案。

案外人申请再审：收到再审申请书之日起3个月内审查(特殊情况经院长同意可延长)。

案外人执行异议之诉：收到起诉状之日起15日内决定是否立案。

(8)审理程序

第三人撤销之诉：普通程序。

案外人申请再审：审判监督程序，应当另行组成合议庭。

案外人执行异议之诉：普通程序。

(9)原生效法律文书是否中止执行

第三人撤销之诉：受理后，原告提供相应担保，请求中止执行的，法院可以准许。

案外人申请再审：当事人申请再审的，不停止原判决、裁定、调解书的执行。但决定再审后，则裁定中止原判决、裁定、调解书的执行，但追索赡养费、扶养费、抚育费、抚恤金、医疗费用、劳动报酬等案件,可以不中止执行。

案外人执行异议之诉:案外人执行异议之诉审理期间,法院不得对执行标的进行处分。申请执行人请求法院继续执行并提供相应担保的,法院可以准许。

(10)裁判结果

第三人撤销之诉:改判、撤销、驳回。

案外人申请再审:维持、撤销、更正。

案外人执行异议之诉:判决不得执行、判决驳回,可以同时判决确认权利。

(11)能否上诉

第三人撤销之诉:可以上诉。

案外人申请再审:案外人申请再审,如果是按照二审程序审理的,则不能再上诉;按照一审程序审理的,可以上诉。

案外人执行异议之诉:可以上诉。

3.联系

(1)案外人申请再审与第三人撤销之诉均受理时的处理原则

依据:最高人民法院2020年修正的《关于适用〈中华人民共和国民事诉讼法〉的解释》(法释〔2020〕20号,以下简称2020年《民诉解释》)第301条:第三人撤销之诉案件审理期间,人民法院对生效判决、裁定、调解书裁定再审的,受理第三人撤销之诉的人民法院应当裁定将第三人的诉讼请求并入再审程序。但有证据证明原审当事人之间恶意串通损害第三人合法权益的,人民法院应当先行审理第三人撤销之诉案件,裁定中止再审诉讼。

①再审吸收第三人撤销之诉,以两个案件均已被受理为前提。如果第三人撤销之诉还没有立案,或者当事人申请再审仅仅进入审查阶段还没有裁定再审,均不发生案件合并。

②第三人的诉讼请求并入再审程序审理,应当在再审裁判作出之前进行。第三人撤销之诉在一审终结前并入再审的,没有什么问题。但第三人撤销之诉在一审判决已经作出后,是否还需要并入再审程序,值得进一步研究。

③并入的例外,即有证据证明原审当事人之间恶意串通损害第三人利益的情况,应当先行审理第三人撤销之诉,再审案件应当中止诉讼。

(2)第三人撤销之诉与案外人申请再审的选择问题

2020年《民诉解释》第303条规定,第三人提起撤销之诉后,未中止生效判决、裁定、调解书执行的,执行法院对第三人依照2017年《民事诉讼法》第227条规定提出的执行异议,应予审查。第三人不服驳回执行异议裁定,申请对原判决、裁定、调解书再审的,人民法院不予受理。案外人对人民法院驳回其执行异议裁定不服,认为原判决、裁定、调解书内容错误损害其合法权益的,应当根据2017年《民事诉讼法》第227条规定申请再审,提起第三人撤销之诉的,人民法院不予受理。

①先启动执行异议程序的，对驳回其执行异议裁定不服的，按照 2017 年《民事诉讼法》第 227 条的规定启动审判监督程序救济，即案外人申请再审；先启动第三人撤销之诉程序的，即使第三人又在执行程序中提出执行异议，第三人撤销之诉继续进行，第三人不能再按照 2017 年《民事诉讼法》第 227 条规定申请再审。

②没有走执行程序，先提撤销之诉，可以再提执行异议，但不能再申请再审；已经走了执行程序，又对裁定不服，只能申请再审，不能再提第三人撤销之诉。

二、论述题（60 分）

（一）请论述一审程序与二审程序的区别与联系（30 分）

答案来源：江伟主编，傅郁林副主编：《民事诉讼法》（第 3 版），北京大学出版社 2015 年版，第 287 – 288 页；张卫平：《民事诉讼法》（第 5 版），法律出版社 2019 年版，第 378 – 379 页；2021 年《中华人民共和国民事诉讼法》（以下简称 2021 年《民事诉讼法》）修改前后的内容。

1. 区别

（1）审级和管辖权不同

第一，一审适用于各级法院，上诉程序适用于中级以上的法院。

第二，一审管辖权由法律规定，一审由原告向有管辖权的法院起诉而启动，超过诉讼时效只产生被告的时效抗辩权，并不影响管辖权本身。二审管辖权建立在一审管辖权的基础上，二审法院为一审法院的上一级法院，二审由当事人在上诉期限内提起上诉而启动，超过上诉时效将导致上诉权和上诉管辖权的丧失。

（2）程序发生的根据和目的不同

第一，一审程序发生的根据是诉权，其目的是请求一审法院对双方当事人之间的实体权利义务纠纷作出裁判，其裁判对象为诉讼标的。

第二，上诉程序发生的根据是上诉权，即不服一审判决的一方当事人提起的针对一审法院的上诉，是诉权的延伸。二审的目的是请求二审法院对一审判决正确与否作出裁判，撤销或变更一审判决。二审的裁判对象是一审裁判，包括实体裁判结果和程序行为，二审改判情形下裁判对象也包括诉讼标的本身。

（3）程序的运作方式不同

第一，一审程序分为普通程序和简易程序，前者适用合议制，后者适用独任制，二者都必须以庭审方式进行审理，特别强调直接原则和言辞原则，所有证据须经过法庭质证，证人原则上必须出庭接受质询，法庭调查和辩论基本上围绕证据和事实一一展开。

《民事诉讼法》2021 年修改后：

一审程序分为普通程序和简易程序。适用简易程序审理的民事案件,由审判员一人独任审理。基层人民法院审理基本事实清楚、权利义务关系明确的第一审民事案件,可以由审判员一人适用普通程序独任审理(法律依据:2021年《民事诉讼法》第40条第2款)。二者都必须以庭审方式进行审理,特别强调直接原则和言辞原则,所有证据须经过法庭质证,证人原则上必须出庭接受质询,法庭调查和辩论基本上围绕证据和事实一一展开。

第二,上诉程序分为开庭审理和径行判决,全面使用合议制。庭审程序与一审程序遵循相同原则,但对新证据的提交采取严格限制,法庭调查和辩论主要针对一审判决在采信证据和认定事实方面是否正确、公正而展开。径行判决不必经过正式开庭,而采用书面审理或非正式开庭的方式,不接受新证据,也很少涉及事实问题。

《民事诉讼法》2021年修改后:

上诉程序分为开庭审理和径行判决,其中中级人民法院对第一审适用简易程序审结或者不服裁定提起上诉的第二审民事案件,事实清楚、权利义务关系明确的,经双方当事人同意,可以由审判员一人独任审理(法律依据:2021年《民事诉讼法》第41条第2款)。庭审程序与一审程序遵循相同原则,但对新证据的提交采取严格限制,法庭调查和辩论主要针对一审判决在采信证据和认定事实方面是否正确、公正而展开。径行判决不必经过正式开庭,而采用书面审理或非正式开庭的方式,不接受新证据,也很少涉及事实问题。

(4)裁判方式和效力不同

第一,一审程序作出判决分为两类:立即发生法律效力的裁判和允许提起上诉以阻断法律效力的裁判。前者由法律规定不允许提出上诉;后者是否发生法律效力则取决于当事人在上诉期限内是否提起上诉,期限届满未被上诉者即发生法律效力。

第二,上诉程序作出的判决和裁定都是终审的、不得上诉的、发生法律效力的判决。即使发回重审,对案件的处理仅为程序性处理,故适用裁定而非判决。即使对上诉裁判提起再审,再审程序的发生也是以上诉判决或裁定发生法律效力为前提,因此再审程序只是两审终审制之外的补充救济机制,而不是审级制度之内的通常救济程序。

2. 联系

(1)从比较法上看,各国在一审和二审关系的法律安排上有三种模式:

第一,复审制:二审是对案件的重新审理,应根据重新调查收集的资料作为裁判的事实基础,完全不考虑一审法院的裁判,独立对事实认定和法律适用作出判断。

第二,事后复审制:二审只能以当事人在第一审中提出的诉讼资料为依据,不允许当事人在二审中提出新的诉讼资料；二审只能对一审适用法律是否正确进行审查，不审查一审法院认定的事实。

第三，续审制：具有折中复审制和事后复审制的特点，包括：a. 二审以一审诉讼资料为基础；b. 当事人在一审中的诉讼行为仍有效，二审是一审的延续；c. 以二审辩论终结时为判断当事人上诉请求是否正当的标准时；d. 当事人可以在二审提出新的事实主张，即提出新的攻击防御方法；e. 对提出新的攻击防御方法有一定限制——对方当事人提出异议时，提出者应当予以说明。

(2)一审程序是上诉程序的前提和基础，没有一审程序，上诉程序即无从发生。在续审制模式上，上诉程序是一审程序的继续，第二审法院审理上诉案件，除依照关于第二审程序制度的章节规定外，适用第一审普通程序。

(3)一审程序与二审程序同属于诉讼案件的审判程序，二者构成审级制度内的通常救济程序。

(4)二审法院审理上诉程序案件，首先适用上诉程序的有关规则；上诉程序没有规定的，要适用一审普通程序的规定。

(5)上诉案件的审理对象是上诉请求是否成立，由于上诉请求是针对一审裁判不服，因此上诉审理的内容实际上是围绕一审裁判的妥当与否。

(6)根据2021年《民事诉讼法》，在审判组织上一审程序和二审程序都新增了独任制的适用范围。基层人民法院审理的基本事实清楚、权利义务关系明确的第一审民事案件，可以由审判员一人适用普通程序独任审理(法律依据：2021年《民事诉讼法》第40条第2款)；中级人民法院对第一审适用简易程序审结或者不服裁定提起上诉的第二审民事案件，事实清楚、权利义务关系明确的，经双方当事人同意，可以由审判员一人独任审理(法律依据：2021年《民事诉讼法》第41条第2款)。同时，2021年《民事诉讼法》也规定了不得适用独任制的情形：涉及国家利益、社会公共利益的案件；涉及群体性纠纷，可能影响社会稳定的案件；人民群众广泛关注或者其他社会影响较大的案件；属于新类型或者疑难复杂的案件；法律规定应当组成合议庭审理的案件；其他不宜由审判员一人独任审理的案件(法律依据：2021年《民事诉讼法》第42条)。

(二)案例分析

在指导案例170号(饶国礼诉某物资供应站等房屋租赁合同纠纷案)中，存在较为复杂的诉讼请求/诉讼标的问题，这也可能体现出相关的事实问题。请阅读以下材料，并回答问题。(30分)

在该案中，晶品酒店组织形式为个人经营，经营者系饶国礼，经营范围及方式为宾馆服务。2011年7月27日，晶品酒店通过公开招标的方式中标获得租赁某物资供应站所有的南昌市青山南路1号办公大楼的权利，并向物资供应站承诺中标以后严格按照加固改造方案对办公大楼进行科学、安全的加固。2012 年 1 月 3 日，在加固施工过程中，案涉建筑物大部分垮塌。此前，江西省建设业安全生产监督管理站曾于 2007 年 6 月 18 日出具《房屋安全鉴定意见》，鉴定结果和建议是：该大楼主要结构受力构件设计与施工均不能满足现行国家设计和施工规范的要求……该大楼未进行抗震设计……该大楼按房屋危险性等级划分，属 D 级危房，应予以拆除……建议尽快拆除全部结构。

饶国礼向一审法院提出诉请，要求解除其与某物资供应站于 2011 年 8 月 29 日签订的《租赁合同》，返还其保证金 220 万元，并且赔偿其各项经济损失共计 281 万元。某物资供应站向一审法院提出反诉，诉请判令饶国礼承担侵权责任，赔偿其 2463.5 万元。再审中，饶国礼将其解除合同的诉讼请求变更为确认案涉《租赁合同》无效，某物资供应站亦将其诉讼请求变更为：饶国礼赔偿某物资供应站损失 418.7 万元。

最高人民法院在指导案例的裁判要点部分表示，“违反行政规章一般不影响合同效力，但违反行政规章签订租赁合同，约定将经鉴定机构鉴定存在严重结构隐患，或将造成重大安全事故的应当尽快拆除的危房出租用于经营酒店，危及不特定公众人身及财产安全，属于损害社会公共利益、违背公序良俗的行为，应当依法认定租赁合同无效”。

1. 从诉的理论来看，饶国礼要求解除其与某物资供应站于 2011 年 8 月 29 日签订的《租赁合同》的诉讼请求和确认案涉《租赁合同》无效的诉讼请求，分别属于何种诉的类型？请简要说明理由。（10 分）

答案来源：课程中关于诉的类型的授课内容；刘哲玮：《形成之诉诉讼标的考辨——以合同解除权为例》，载《民事程序法研究》2014 年第 2 期。

要求解除合同，属于确认之诉。合同的解除权属于形成权，但形成权内部存在普通形成权与形成诉权的区别：普通形成权依照一方意思表示即可行使，而形成诉权则须通过诉讼方能行使；只有形成诉权所对应的诉讼才属于形成之诉。对于形成诉权的判断，以法律（可扩大至司法解释）的明确规定为标准，如撤销权、基于情势变更的解除权［《中华人民共和国民法典》（以下简称《民法典》）第 533 条］。

从客观范围上看，将合同解除之诉定位为确认之诉或者形成之诉没有太大的区别，二者都会针对合同解除权进行审理和裁判。但在主观范围上，通说认为，给付之诉和确认之诉的判决的效力具有相对性，只对参加诉讼的当事人发生效力；形成判决则不同，形成力具有绝对效力，不仅及于当事人，也及于一般第三人。形成判决具有公权性，故而在程序严格的基础上，具有更强的效力；而确认判决更多的是私权自治在民事诉讼中的体现，需要充分尊重当事人的处分权，同时通过效力范围的限制，来保护当事人之外第三方主体的权益。在这个意义上，合同解除权应当被认定为普通形成权。而在时间效力上，确认之诉是对既有民事权利和法律关系的认定，因而判决是对过去的回应；而形成之诉则是对法律关系的变更，故判决是面向未来的创造。事实上，原告希望确认的是在诉讼的标准时前，解除通知已经到达被告，已经发生解除效力；而非希望通过判决解除合同，在判决生效之时方发生解除效力。而解除通知具体到达被告的节点，就是法院完成向被告送达起诉状副本的时间(《民法典》第565条第2款)。

因此，合同解除权属于普通形成权，要求解除合同的诉讼属于确认之诉。

确认合同无效，属于确认之诉。从时间范围看，违法、行为能力等无效事由早已发生，原告只希望确认这些事由已经导致合同无效，而不是希望通过判决在判决生效的时候使合同无效。因此，确认合同无效也属于确认之诉。

2. 假设某物资供应站提出反诉，诉请判令饶国礼承担侵权责任并赔偿其2463.5万元，法院判决驳回了该诉讼请求。结合2020年《民诉解释》第247条的规定，你认为某物资供应站还可以另行起诉，诉请判令饶国礼承担违约责任并赔偿其2463.5万元吗？请简要说明理由。(10分)

本题涉及重复起诉的识别标准，具体与诉讼标的的识别理论和司法解释条文的解释有关。本题采取开放式答案，主要考查对所主张学说的理解及应用是否自成一体，以及在对如反诉、诉讼要件等理论问题作出与题目相关的阐述时，是否准确理解了相关理论。

答案一：

如果采取“二同说”的理解，将诉讼请求认定为与诉讼标的同义，以旧实体法说作为诉讼标的的识别依据，那么在本案中，物资供应站反诉和另诉虽然当事人相同(某物资供应站和饶国礼)，但诉讼标的不同——反诉的诉讼标的是侵权损害赔偿请求权，而另诉的诉讼标的是违约损害赔偿请求权。故前后诉不属于重复诉讼。

答案二：

如果采取“三同说”的理解，将诉讼请求理解为诉的声明，同时以旧实体法说作为2020年《民诉解释》第247条第1款第2项中的“诉讼标的”的识别依据，那么在本案中，某物资供应站反诉和另诉虽然当事人相同(某物资供应站和饶国礼)，诉讼请求(诉的声明)相同(均为要求饶国礼向其作2463.5万元的给付)，但诉讼标的不同——反诉的诉讼标的是侵权损害赔偿请求权，而另诉的诉讼标的是违约损害赔偿请求权。故前后诉不属于重复诉讼。

答案三：

如果采取“二同说”的理解，将诉讼请求理解为诉的声明，同时以诉讼法说作为2020年《民诉解释》第247条第1款第2项中的“诉讼标的”的识别依据，那么在本案中，某物资供应站反诉和另诉的当事人相同(某物资供应站和饶国礼),诉讼请求(诉的声明)相同(均为要求饶国礼向其作 2463.5 万元的给付);尽管请求权基础不同,但对应的生活事实相同,因此属于同一诉讼标的。故前后诉属于重复诉讼。

答案四:

如果采取"三同说"的理解,将诉讼请求理解为诉的声明,同时以新实体法说作为 2020 年《民诉解释》第 247 条第 1 款第 2 项中的"诉讼标的"的识别依据,那么在本案中,某物资供应站反诉和另诉的当事人相同(某物资供应站和饶国礼),诉讼请求(诉的声明)相同(均为要求饶国礼向其作 2463.5 万元的给付);并且基于同一事实,尽管前诉的请求权基础是违约损害赔偿请求权,后诉的请求权基础是侵权损害赔偿请求权,但在新实体法说下只存在一个损害赔偿请求权。故前后诉属于重复诉讼。

3. 再审程序中,就某物资供应站请求饶国礼赔偿损失 418.7 万元的反诉,饶国礼以双方签订的合同及《房屋安全鉴定意见》主张《租赁合同》无效,该事实主张属于否认还是抗辩?相应证据属于本证还是反证?请简要说明理由。(10 分)

答案来源:张卫平:《民事诉讼法》(第 5 版),法律出版社 2019 年版,第 230 页;证据部分的授课及 PPT,曹老师课后答疑(已上传教学网);袁琳:《证明责任视角下的抗辩与否认界别》,载《现代法学》2016 年第 6 期。

否认,是指自己对该事实主张不承担证明责任,只试图攻击本证方提出的证据,并确保法官就该事实形成的心证不超过证明标准;此时该方提出的证据是反证。抗辩,是指自己对该事实主张承担证明责任,必须提出证据确保法官就该事实形成的心证超过证明标准;此时该方提出的证据是本证。

本证和反证的区分与证明责任分配标准中的待证事实分类说有关,即以罗森贝克的法律要件分类说或者 2020 年《民诉解释》第 91 条的规范为依据——本证是指在民事诉讼中负有证明责任的一方当事人提出的用于证明自己所主张事实的证据,反证则是指没有证明责任的一方当事人提出的为证明对方主张事实不真实的证据。

在本案中,从某物资供应站请求饶国礼赔偿损失 418.7 万元的反诉来看,主张《租赁合同》无效是对损害赔偿这一诉讼请求的要件事实的攻击,其并非否认《租赁合同》本身的不存在,而是认为合同属于无效合同,对该合同的法律效果进行排斥,属于抗辩。由此,考虑到饶国礼提出将双方签订的合同及《房屋安全鉴定意见》作为认定合同无效的证据,其主张是为了对抗某物资供应站基于《租赁合同》提出的违约损害赔偿请求,其所依据的规范在性质上属于权利妨碍规范,故其对该证据应承担证明责任,即相应证据属于本证。

附上袁琳老师观点:

否认和抗辩的区别在于对请求原因事实的攻击路径显著不同:抗辩排斥请

求原因事实发生的法律效果,承认请求原因事实的客观存在,毕竟只有请求原因事实存在,抗辩才有必要性和现实性;否认直接排斥请求原因事实本身,也就谈不上对于请求原因事实的法律效果有何争执态度了。

“刑事诉讼法”课程答疑

（本科生 2024 年春季学期课程）

吴洪淇*

一、关于刑事诉讼法学习方法的讨论

（一）程序法学习的重点是什么？

问：实体法和程序法的学习方法是否存在差异？如果存在，程序法学习的重点是什么？

答：我认为，实体法和程序法的思维存在显著差异。刑法思维以给定事实为前提，是在事实既定的基础上判断行为人的行为是否符合犯罪构成要件，如果符合犯罪要件，应该判处什么样的刑罚。但从刑事诉讼法的角度来说，案件事实不是天然存在的，不是既定的，而是需要证明的。所以刑事诉讼法跟刑法之间最大的思维差异在于，刑事诉讼法的事实前提是不存在的，它对事实的判断是一个过程性的。这个过程性体现在不同刑事诉讼阶段中不同刑事诉讼主体的不同判断。这个判断的变数主要在于辩护律师。这也是为什么律师要及早地介入刑事诉讼之中，由此律师可以参与案件事实的形成过程与评判过程，进而可以去影响公安司法机关的判断。比如律师可以提交犯罪嫌疑人不在犯罪现场的证据，促进犯罪嫌疑人获得无罪判决。

总的来说，刑事诉讼是一个流变的过程。在这个过程中，所有人都处于一个互动的状态，我们所谓的案件事实和对案件事实的法律判断就形成于这一互动过程之中。在这个过程中，我们还要去考虑哪些因素会影响案件事实的形成，其中有主体的因素，有程序的因素，有证据的因素，实际上这几个因素只是同一个刑诉过程的不同侧面。同学们以后如果去做法官、检察官、律师，就会发现案件事实其实都不是给定的，它需要有诉讼主体去收集证据，并在不同主体的互动中慢慢形成。

---

* 北京大学法学院研究员、博士生导师。本门课程助教：方鑫汇、王子彧。

（二）背诵为主还是理解为主？

问：刑事诉讼法的学习是以背诵为主还是理解为主？

答：在我看来，学习刑事诉讼法，肯定要熟悉条文，但在要理解的基础上加以记忆。同学们之前可能觉得刑事诉讼法都是干巴巴的法条，学起来比较枯燥，但学习的关键是把刑事诉讼法代入具体的案件情境当中，理解法条背后的原理。这样一来，大家会发现刑事诉讼法其实不是单纯的法条，而是长期司法实践所积累出来的一个个鲜活的案子，是一个个控辩双方会寸土必争的实际问题。比如管辖权问题，为什么控辩双方的争议这么巨大，因为谁来管辖，谁就决定了案件的结果。

只有将刑事诉讼法融入案例之中，我们才能真正地理解刑事诉讼法的原理。同学们很少接触实务，远离司法情境，跟公检法打交道打得少，所以不熟悉实务人员的思维方式。那么通过具体的案例分析，大家在个案中不仅能够看到案件本身，还可以看到案件背后的人，看到案件所构建出来的特定社会生活场景。大家会发现，办案人员也是活生生的人，他们也有趋利避害的本能，他们也有自己所要面临的选择。而这种选择，恰恰受到了刑事诉讼法制度环境的重大影响。由此，我们就可以理解实务人员的行为逻辑。比如黎庆洪案，原审法院为什么要在上诉案件被贵州省高级人民法院发回重审后将它退到下级法院审理，因为原审法院希望以此规避高院审判，免得当事人再次上诉后高院又一次发回重审。

（三）基础知识为重还是深层原理为重？

问：现阶段的刑诉学习应该以应用为目的、更注重抓住中国法学习必备知识，还是更应该打开视野、广泛学习各种学说？

答：我认为，在本科阶段，同学们首先要掌握中国现有的刑事诉讼法的法律体系与基本制度。在这个基础上，务必要理解中国法背后的原理。接着，同学们需要了解域外的一些学说与实践。

强调基本原理的原因在于，基本原理是我们分析现行规范与司法实践是否合理的工具，借此发现不足并进行相应的改革。基本原理是理论界的共识，具有普遍的正当性，但中国法未必符合基本原理，有些甚至是背离基本原理的。比如强制措施的模式，很多国家采取申请权与决定权相分离的令状主义，但中国就并非如此。那么通过基本原理，我们可以发现自己的制度存在哪些不合理的地方。所以我在给大家讲解知识的同时，也会介绍正在进行的改革，这些改革恰恰说明我们已经认识到自己存在的问题。那我们又怎么判断改革的合理性呢？同样需要运用这些基本原理。

要求掌握比较法的理由在于，很多同学今后可能还会出国深造，代表中国跟其他国家进行对话。那么就需要大家具备国际视野，要知道其他国家的法律概况，要了解不同文化下的法律差异。这并不是说，我跟你不同就一定是我不好，有时是出于我们当前的需要。所以还是应该尊重事实，承认既有制度的现实需要，同时发现我们不足的地方，然后不断进行改革，走上进步的道路。

（四）如何备考刑诉方向的研究生？

问：如果研究生阶段想要继续学习刑事诉讼法，现阶段能做哪些准备呢？

答：我很欢迎感兴趣的同学在刑事诉讼法领域进一步深造，同学们可以考虑从两方面准备：第一，要夯实基础。研究生考试的内容以基础理论为主，主要考察两大块，一个是刑事诉讼法的知识，另一个是刑事证据法的知识。所以建议同学们修读证据法课程，这对完善刑事诉讼法的知识体系至关重要。第二，在夯实基础的前提下，适当地扩展对前沿问题的了解。以管辖权异议为例，第一个层次是要知道管辖权异议的概念以及经典案例。第二个层次是要进一步地了解管辖权异议的域外制度、中国的前沿问题以及最新的改革动向。可以说，知识点还是那个知识点，但对知识点的要求掌握程度随着年级的升高而越来越深。如果是博士论文写管辖权异议，那么它就不是一个单纯的管辖权异议问题，而是一个问题群。比如管辖权异议的适用范围，管辖权异议的方式，管辖权异议的效力等等，从而建立一套较为完整深入的知识体系。

二、关于刑事诉讼法基础理论的讨论

（一）如何理解刑事诉讼价值的适用范围？

问：刑事诉讼法的价值主要是对法院的要求吗？这可能与“以审判为中心”的诉讼制度改革相契合，但是否会对公安机关和检察院的约束不足呢？

答：我认为，刑事诉讼法的价值不仅是对法院的要求，而是贯穿于整个刑事诉讼的过程中。刑事诉讼程序有一个比较大的分野，也就是审前和审判两个阶段。在审判阶段，刑事诉讼的价值确实主要体现在法院方面，因为审判阶段具有比较完整的三方构造，法院在其中是典型的中立第三方。在审前阶段，刑事诉讼价值主要是快速破案，适用于公安机关的侦查活动。还有一个重要价值是保障公民的基本权利，特别是在侦查领域。而在追求案件真实方面，实际上审前阶段是最根本的。因为法庭审判只是对审前工作的再检验，很多工作如果等到法庭审判再去开展，通常已经为时过晚。比如证据的收集，如果等到法庭发现证据没收集完整，再回到庭前去收集，由于时过境迁，很多证据可能都无法找到了。

目前，在以审判为中心的改革背景下，由于司法资源有限，案件会先进行分流，也就是大部分案件适用认罪认罚从宽程序快速处理，余下的再以复杂的普通程序进行审判。现在百分之八九十的刑事案件都是认罪认罚案件,其中可能只有百分之三四会发生变化。这意味着绝大部分刑事案件实际上在庭前已经解决。那么在认罪认罚案件中,我们同样要保障被追诉人认罪认罚的自愿性,以及案件的证据确实、充分。所以,刑事诉讼价值并不是单纯的对于法院的要求,对公安机关和检察院同样有要求,而且也十分重要。

(二)如何理解刑事诉讼中的法院独立性?

问:马树山案件中,县法院能否独立地推翻县检察院的决定?

答:根据我的理解,从制度设计的角度来说,我们把法院称作维护社会公平正义的最后一道防线,是希望法院能够作出一个独立的判决。无论是独立于检察院还是独立于县政府,法院都应该是相对独立的。我们过去很多的改革,都是为了保障每一个检察官和每一个法官在办理案件时,能够独立地作出判断。比如省级以下人财物统一管理制度,要求人财物不由地方政府来负责,而由省一级的机构统一管理和保障。

但是目前很多地方还是做不到,因为县检察院、县法院没有办法完全剥离其所在地方的影响,它的人财物跟地方政府还是存在很多的关系。特别是基层司法机关在案多人少的情况下,它得获取县政府的财政支持。同时,基层司法机关也必须参加县政府组织的许多活动。所以,县检察院、县法院在一定程度上带有很强的地方附属色彩。这就解释了为什么基层司法机关在马树山案中很难做到独立。对于这种案件,最好的方式是指定其他地方管辖,否则由该地方管辖,很难摆脱不中立的色彩。

还有一个需要注意的区分是,检察院与法院系统的上下级关系有所不同。检察院系统实施“检察一体”,整个检察院系统被视为一个整体,所有权力都集中在检察长手中,他可以授权下级行使相应的权力。在这种体系下,上级检察院对下级检察院具有一个上命下从的指令权,所以最高检可以一竿子捅到底,直接干涉基层检察院的案子。与检察院不同,法院内部是指导关系,上下级法院之间没有直接领导的关系。这是因为检察院和法院的性质不尽相同,检察院不完全是一个司法机关,它还有行政机关的属性。具体来说,尽管检察院也承担了一部分司法职能,比如在审查批准逮捕时扮演中立的裁判者角色,但其在行使起诉职能、侦查监督职能时,实际上更多地扮演了行政机关的角色。

(三)如何看待被告人的阅卷权?

问:学界关于自行辩护有涉及被告人是否具有阅卷权的探讨,请问被告人是否应当具有阅卷权?

答:我的看法是,目前之所以不允许被告人阅卷,是因为办案机关担心被告人阅卷后翻供、串供。被告人通过阅卷,可以获悉控方的证据情况,就有可能改变供述。所以不允许被告人阅卷,是为了使其处于一种信息隔离、封闭的状态。要说根本原因,是我们的办案过度依赖口供,将口供放在证据体系的核心位置。这就类似于17世纪、18世纪英国不允许被告人委托律师辩护,因为一旦律师介入,被告人就容易改变供述。也类似于我们国家过去不允许律师于审前阶段介入案件,同样是担心律师介入后,口供会发生改变,导致案件无法定罪。

从辩护的角度来说,被告人应当有阅卷权。毕竟通过律师来转述案卷信息,肯定跟被告人自己阅卷的效果是不一样的。这里面又涉及辩护律师核实证据权的问题:律师能够核对哪些证据?侦查阶段制作的讯问笔录能不能核对?证人的询问笔录能不能核对?公安机关与检察机关目前都认为,律师只能核对客观证据,不能核对言词证据,实际上还是为了避免翻供。

在未来,随着办案机关对口供的依赖程度逐渐减小,可能就会慢慢承认被告人的阅卷权。比如,为什么我国现在允许律师提前至侦查阶段介入案件,为什么英美规定了律师的讯问在场权,其实都是因为办案机关没有那么依赖口供。当办案机关越来越容易通过口供以外的其他方式来证明案件事实,或者通过辩诉交易、认罪认罚的方式获得口供时,可能就不再会为了口供的稳定性而设置重重障碍。

(四)如何理解被害人的诉讼地位?

问:刑事诉讼是国家追诉,似乎被害人的意志在原则上不应该影响判决结果。但被害人及其家属的态度似乎也很重要,因为如果他们不服结果,坚持上诉上访,那么案件将始终无法"案结事了"。如果某案中被害人及其家属不同意谅解和解,那么被害人及其家属的意见就不会被考虑了吗?

答:我的观点是,从刑事诉讼发展史来看,在18世纪到19世纪的很长一段时间内,由于犯罪由国家代为追诉,被害人是被忽略的。19世纪以后,人们开始重视被害人的利益,逐渐形成一种保护被害人的大趋势。20世纪中叶以来,国外开始产生并兴起一门学科叫"被害人学",专门研究被害人在犯罪中所遭受的伤害,并从社会角度给予一定的补偿。同时,一种叫"恢复性司法"的理念也开始流行,主张在刑事诉讼中更多地考虑被害人利益,特别是对被害人的意愿给予更多的考虑。

我国已经在保护被害人利益的方面作出了一些努力,但仍然存在一些可以改进的空间。自2012年刑事诉讼法的修改以来,一个明显的趋势是不断加强被害人在刑事诉讼中的影响力。一个具体的正式制度就是刑事和解,但实际上在许多无法适用刑事和解制度的案件中,被害人的谅解也会对检察官的量刑建议以及法官的量刑决定产生重要影响。另外,如果侦查机关、检察机关都不予追究刑事责任,被害人可以通过自诉来表达诉求。如果被害人对裁判结果不满意,可以向检察院申请抗诉。可以说,我们现在比过去更加重视被害人的利益,这可能与整个社会对案结事了的追求有很大的关系。

但还是有进一步发展的空间。比如,在刑事附带民事诉讼当中,被害人获得民事赔偿的诉求往往很难得到充分的满足。此外,在刑事侦查中被害人权益的保障方面,尤其是未成年人案件和性侵案件中对被害人隐私利益的保护,现在实际上做得还不太够。

三、关于刑事诉讼法具体制度的讨论

(一)管辖权异议制度是否可行?

问:为什么刑事诉讼法不像民事诉讼法那样设立当事人提出管辖权异议的制度,是不是考虑到刑事诉讼遵循国家追诉原则,管辖权异议制度会产生当事人干涉国家机关的权力问题,还是有其他方面的考虑?

答:我想从两个层次进行解答。第一个层次是为什么现行法没有赋予律师提出管辖权异议的权利。这很大程度上是法院从职权主义的便利自身角度考虑,担心律师会滥用管辖权异议。特别是一些律师动辄提起管辖权异议后,会导致诉讼严重拖延。在此可以联想最高人民法院在回避问题上的自我扩权,法院对于不属于《刑事诉讼法》第 29 条、第 30 条的回避申请,可以当庭驳回。为什么要这么做?因为每当律师提出一个回避申请,就需要由相关权力主体就相关回避事项进行裁决,案件的审判就此中断。如果这个律师比较极端,对检察官、法官、鉴定人全都提出异议,那么庭审可能就无法进行下去。除此之外,如果赋予律师管辖权异议的权利,那么在律师提出异议的申请后,可能还需要上级法院裁决是否指定管辖到其他法院。这样一来一回,中断的诉讼时间就更长了。

第二个层次是应不应当确立管辖权异议制度。在特定情形下,应该要允许律师提出管辖权异议,但是关键在于如何设置这样一个口子。最高人民法院《关于适用〈中华人民共和国刑事诉讼法〉的解释》第 18 条规定,当法院院长依法需要回避时,应当报请上级法院提级审理或者指定其他法院审理。我们完全可以考虑把这一条设置为处理管辖权异议的规范。法律由此可以开辟一道口子,给当事人一个提出异议的空间,而不是将管辖权问题仅仅局限在法院依职权主动提起。对于被告方来说,这也是比较公平的。否则很多律师为了实现异地管辖,将案件曝光到互联网上,迫使法院在舆论面前不得不指定异地管辖。这实际上也损害了法院的公信力。而如果有一个管辖权异议的出口,被告方就可以直接申请由其他法院管辖,然后由上级法院审查,就可以避免律师在庭外以互联网披露的方式将案件公之于众。

我也建议同学们去深入思考一个问题:为什么我们不敢将很多的程序性权利赋予被告方?比如管辖权异议、申请证人出庭作证的权利等。因为如果法律放开口子,有些律师可能会以不断提出申请,阻碍庭审顺利进行的方式来要挟法官。很多法官为了换取律师的配合,不得不作出一定的妥协。而如果将程序收得太紧,完全将程序的控制权交给法官,法官又有可能滥用这种裁量权,不当地限制被告方的诉讼权利。可以说,司法者和被告方在一定程度上都陷入了这种死循环中。

究其原因,这跟诉讼程序本身关系不大,而是跟参与刑事司法的人的素质有关。当我们把程序性权利交给被告方后,被告方能不能善意地使用它;而当我们把程序决定权交给法官时,法官会不会滥用它。这取决于司法者和被告方在长时间的互动之后,慢慢形成一种互信的默契,彼此都知道自己的分寸,不轻易逾越界限。这就涉及法律职业伦理的问题,它讲的就是我们法律人,包括法官、检察官与律师,在进行诉讼行为的时候,不仅要受到刑事诉讼法的约束,还得受到职业伦理规范的约束,得在自己职业规范的范围内来善意使用自己的权利。考虑到中国现阶段的法治是在很短的时间内形成,尚不成熟,因此这种良性的法治氛围仍然需要时间慢慢磨合。就好像两个人组成一个家庭,一方要去慢慢地试探另一方的边界,时间长了,就逐渐知道这个事儿能干,那个事儿不能干。

(二)狱侦耳目制度是否正当?

问:看守所里面的狱侦耳目,虽然不具备法定的侦查职能,但归公安机关管理,实质上作为一种侦查手段使用,这一问题如何看待?

答:我认为,这反映了我们过去的一个陋习。《南方周末》2011 年有一篇题为《狱侦耳目》的报道,很好地梳理了狱侦耳目制度的来龙去脉和主要内容,大家可以去看看。狱侦耳目没有被规定在刑事诉讼法,实际上只存在于公安机关的内部规定之中,它最后呈现出来的是一种合法形式的证据。比如著名狱侦袁莲芳,他是以同监室室友的面目、以证人的身份参与刑事诉讼。狱侦耳目招致了很多的批评,这个制度也确实存在很大的问题。表面上,狱侦耳目是被警方收买的罪犯,通过检举他人犯罪的方式来立功,是合法的。乍一看它跟秘密侦查制度中的线人是同一个类型,但两者不完全一样。线人是在毒品犯罪、有组织犯罪当中,由警察派到犯罪集团,要求提供情报、证据的卧底。而狱侦耳目特殊的地方在于,它是在看守所当中运用的,在嫌疑人被羁押的情况下,公安机关利用狱侦耳目进行取证。那么这会造成一种功利主义的导向,狱侦耳目很容易为了立功,以刑讯逼供的方式来制造伪证。

问:关于狱侦耳目制度的批评,除了结果上不公正外,程序上是否存在不公正的地方?

答:我个人认为存在程序上的不公。因为狱侦耳目制度会造成人和人之间的一种不信任,使人人自危,这是狱侦耳目制度最大的问题。我们要清楚,刑事诉讼法不完全以破案或者打击犯罪为唯一目的,它还要追求程序内在的善,追求社会和谐的价值。为什么律师负有对委托人信息的保密义务?是为了维护律师和当事人之间的信任关系,没有信任,两者就难以协同辩护。再比如,为什么国外在证人作证方面会规定夫妻特免权?因为不希望看到人和人之间这种基本的信赖关系,特别是婚姻之中的信赖关系遭到破坏。包括秘密侦查手段也只限于几种比较严重的犯罪当中,就是考虑到这种手段会给信赖关系造成巨大破坏。也就是说,刑事诉讼法不是为了打击犯罪就可以无所不用其极,而是要建立在多元价值平衡的基础上。

此外,从比例原则的角度来说,是否有必要通过牺牲国家信誉的方式来换取对案件的侦破?可能没有必要。因为犯罪嫌疑人已经处于被羁押的状态,如果办案机关要获得他的口供,完全可以通过其他的方式来获得,或者通过其他的方式来证明这个案件。就此我们可以发现,刑事诉讼法一个有意思的地方在于很多时候它是情境化的,情境跟情境是不一样的。那么在每一种情景背后,我们都要考量国家权力行使的正当性,它一定是以必要性为前提的。西方有一种理论叫作国家权力的纯洁性,是指国家权力的行使和人与人之间的丛林法则是不一样的,很多事情在人和人之间可以做,但对国家权力来说是不被允许的,它的行使必须有充分的正当性。

“国际经济法”课程答疑及期末考题评析

（本科生 2024 年春季学期课程）

张智勇*

第三课堂答疑会会议纪要（第一次）

一、针对课程内容的交流

问：请问老师对课程相关的阅读内容有什么建议？

答：首先是发布在教学网上的材料应该被充分利用，例如课堂上提及的案例，尤其是一些英文案例，可以加深对所学知识的理解。其次是发布的一些辅助性材料，也可以在课余时间自己看看，积累综合的知识更利于对实践进行指导。例如目前所学知识涉及的一些国际贸易案件，如何确定管辖权，如何适用法律，都需要综合地运用相关的知识而不是孤立地涉及极个别知识点。

问：请问本课程是否更重视对法的适用的学习？

答：应该说对知识的理解和应用比较重要，而不仅是单纯的记忆。例如目前所学的《联合国国际货物销售合同公约》（United Nations Convention on Contracts for the International Sale of Goods，CISG，CISG）和《国际贸易术语解释通则》（International Commercial Terms，INCOTERMS）的相关知识，就需要在具体的应用中去理解，我们课堂上也列举了不少案例，就是帮助大家了解如何在具体实践中去应用知识。此外，我们还建议大家通过对比 CISG 与《民法典》的规定去加深记忆和理解。因为本课程的内容与大家以前学过的部门法具有不同的特质，通过对比可以形成不同的知识框架。当然，记忆是运用的基础，尤其是掌握其中核心的概念是必要的。

---

* 北京大学法学院长聘副教授、博士生导师。本门课程助教：何仁平、华骏、朱笑芸。

问:我感觉目前所学的内容就是国际要素与民商法的结合,请问是这样吗?

答:确实可能呈现这样的特点,但是也有一些特殊性。受国际商业实践的影响,国家间会形成一些示范法或公约,其内容与一些国家的国内法规定确实较为接近。但也会存在一些不一致的情形,例如一国国内法律传统等特有的部分会构成影响其国际法实践的特别规定,如预期违约和不安抗辩权在不同国家的不同规定。再如,我们即将在接下来学习的一国对于贸易救济领域反补贴、反倾销的规定,虽然会和世界贸易组织(World Trade Organization,WTO)框架下的规则近似,但是对规则条款的具体解释和适用会存在差异,甚至引起国家间的争端。

问:对于目前所学的海上运输、提单等相关内容,因为此前没有接触过相关领域,学起来比较有距离感,能否介绍相关规则形成的背景?

答:对于这些规则形成的背景我没有做过系统性的研究,但是可以考虑一些相关因素进行理解。首先是交易习惯的影响,国际商事交易中的一些规则主要从交易习惯演变而来,旨在促进交易达成和保证交易的确定性;其次是历史因素,目前形成的商事交易规则可能受到历史上海上运输较为发达国家法律的影响;再次是立法理念的影响,一般来说国际商事交易规则尊重商人的自由选择,商人通常会与其选择的准据法综合考虑;最后是行业习惯等因素的影响,部分国际商事交易规则是在行业普遍选择适用后形成的。

二、针对研究方法和学业规划方面的交流

问:请问老师在学术研究中更侧重具体规则的研究还是上层理念的研究?

答:其实做学术研究的时候,对这两个方面没有严格的界限,根据自己的研究兴趣,既可以在宏观的层面展开,也可以从微观的具体规则入手。两方面都具有研究价值和探索空间。

第三课堂答疑会会议纪要(第二次)

一、针对课程内容的交流

问:关于 CISG 公约适用的问题,在双方约定适用我国《民法典》的情形下,是否意味着明确排除 CISG 的适用?

答:这是一个存在争议的问题,就学理讨论的角度而言存在不同的观点,包括对明示排除和默示排除如何认定的问题。在法院的实践中,两者并非排斥,《民法典》的内容和 CISG 公约内容可以互为补充,不应认为约定适用《民法典》就当然排除 CISG 公约的适用。在具体适用时,当《民法典》与 CISG 公约存在不

同规定时,可以视为双方当事人选择适用《民法典》中的规定。

问:最高人民法院对此类案例的裁判会影响仲裁机构的实践吗?

答:最高人民法院的裁判对仲裁机构的仲裁不具有强制性效力,但可能会存在一定的影响。仲裁庭可以从双方选择适用的规则、合同的条款以及一般原则等方面进行裁决,从利于国际商事纠纷解决的角度出发具体判断。

问:关于前述准据法排除适用的问题,当双方约定适用某国法时(非具体法律名称),法院可能认为不绝对排除 CISG 公约适用,但是当双方约定某国某一具体法律时,是否可以认为绝对排除?

答:这依然是一个可以保留不同意见的问题。我个人认为,约定适用某一具体法律,如何解释"默示排除"是一个较为困难的问题,在实际裁判中明确当事人的意思则变得尤为重要,可以在具体的审理过程中问询当事人的真实意思。同时,对于 CISG 公约和《民法典》在具体适用方面的特点,CISG 公约是充分考虑国际货物买卖合同的特点形成的规则,与我国《民法典》的立法考量和立法技术可能存在差异。大家可以进而思考一个例子,两者对于瑕疵履行的"减价权"的规定是否存在不同。

问:关于国际支付方式的问题,在实际交易过程中当事人会基于什么考虑来选取适合的支付方式?

答:根据每个案件当时的交易状况,例如母子公司的交易,可以不选择信用证,避免开证的费用;信用证一般会在当事人出于避免欺诈的考虑时选用,商事交易的当事人可以从交易的便利性、避免交易风险和减少交易成本等多角度进行选择。

问:托收的免责条款规定可以由托收行自由指定代收行,但风险由卖方承担,这与民法中委托代理关系存在越权代理时由代理人承担责任的规定不太一致,前者貌似缺乏公平性,请问原因是什么?

答:这是由商业的发展和银行与卖家实力差距等多因素决定的,考虑卖方与其托收行的密切关系,同时赋予卖方所在地银行选择权假定了银行按照指示行事的前提,如果在执行方面出现了争议可以由法律再进行调整。例如卖方与托收行之间的纠纷,或托收行与代收行之间的纠纷,可以通过相应的合同规则解决。

问:在贸易术语中,适用多式联运的 CIP Carriage and Insurance Paid to 要求投保的险别高于适用海运的 CIF Cost,Insurance and Freight 险别,然而海运风险较多式联运风险大,为何后者险别等级更低,是否与运输方式的价格相关?

答:这受商事活动的习惯和需求影响而逐渐发展形成,与市场价格没有必然的联系。同时,对于险别等级较低的情形可以由双方当事人共同约定适用更高的险别。

二、针对研究方法和学业规划方面的交流

大家在学习中感觉国际经济法的知识分散、不成体系是很正常的，国际经济法的大部分内容是根据国际商事关系的链条发展形成的，国际商事实践中面对的多重问题，当事人相应地加以约定，逐渐形成特定的可以普遍适用的规则。同时，不仅国际商事活动可能受到外国法的影响，国内的商事交易也存在受外国法约束的情形，例如受外国法的域外效力影响对国内企业形成规制效果，因此对国际经济法的学习和认识应当从多个维度展开。

《国际经济法》课后习题及参考答案

一、请按照附件所列栏目列表比较《民法典》和 CISG 的相关内容。《民法典》的内容为第三编（合同）第一分编（通则）相关条款以及第二分编第九章“买卖合同”。比较内容和格式参照附件的文档列表（只比较《民法典》和 CISG）。请用英文作答

列表对比参考答案（见表 2－3）

表 2－3　《民法典和 CISG 相关内容比较》

Contract Provision	民法典	CISG
Sale is a passage of title for a price.	Yes	Yes
Goods are movable and tangible things.	两种回答均可给分：①回答“没有规定”可以给分。②有同学从《民法典》整体结构安排的角度说《民法典》事实上“有规定”，这种回答也可以给分	Yes
Mixed sales and service transactions that predominantly involve the delivery of goods are governed by sales law provisions.	No explicit provision	Yes
Sales law applies only to merchants.	No	Yes

续表

Contract Provision	民法典	CISG
A merchant is:	两种回答均可给分:①回答没有明确定义,可以给分;②回答有规定,就是“买方和卖方”,也可以给分	A person who has a place in business.
Parties must act in good faith.	Yes	Yes
Unconscionable contracts are unenforceable.	Yes	Yes
A sales contract must be memorialized in a writing signed by the party against whom it is being asserted.	No	No
Subjective intent of parties may be used to interpret contracts.	Yes	Yes
Parol evidence is admissible to interpret written contracts the parties intended to be a final expression of their agreement.	Yes	Yes
A contract may be explained or interpreted by a course of performance, a course of dealing, and a usage of trade.	Yes	Yes
Terms that should not be left open are:	两种回答均可:①No explicit provision; ② Name, subject matter, quantity(《民法典》其实没有规定。我国司法解释中规定的是合同规定“名称、标的和数量”的话,一般应当认定合同成立。这些可以反推为必备条款。所以这么回答也可以给分)	Price and quantity
Firm offers can be made by:	三种回答均可给分:①Anyone;②A civil subject;③Not mentioned	Merchant
If offeror does not specify a medium for acceptance, any reasonable medium may be used.	Yes	Yes

续表

Contract Provision	民法典	CISG
An offer may be revoked prior to an acceptance's:	Dispatch	Dispatch
Acceptance is effective upon.	Receipt	Receipt
Acceptance is valid even if it contains additional terms:	No	No
Additional terms in an acceptance become proposals for addition that offeror may accept or reject.	Yes, subject to some limitations	No
Additional terms become part of a contract unless promptly objected to by offeror.	Yes, if additional terms do not substantially modify the contents of the offer	No
Offeree who accepts by performance must notify the offeror within a reasonable time after beginning performance.	No	Yes
The scope of a specific performance decree is to:	Where a party fails to perform the non – monetary obligations, or fails to perform the non – monetary obligations as agreed, the other party may request it to perform except under any of the following circumstances: (1) It is unable to be performed in law or in fact; (2) The subject matter of the obligation is unfit for enforcement or the performance expenses are excessively high; (3) The creditor does not request performance within a reasonable time limit. If any of the foregoing circumstances makes it impossible to achieve the purpose of contract, the people's court or arbitration institution may terminate the relation of contractual obligations and rights at the request of either party, without affecting the assumption of the liability for breach of contract.	Same as local law

续表

Contract Provision	民法典	CISG
	《民法典》第 580 条。这一栏目指的是实际履行的范围问题。学生的答案应当会很不统一,酌情评分即可	
Place for delivery.	(1) As specified in contract; (2) If the subject matter needs carriage, the seller delivers the subject matter to the first carrier so as to hand it over to the buyer; (3) If the subject matter does not need carriage, ① known location of goods; ② seller's place. 回答提到这四点即可	(1) As specified in contract; (2) Carrier's business place; (3) Known location of goods
Time for delivery.	(1) As specified in contract or supplementary contract; (2) If the contract does not specify time for delivery, depending on trading habit; (3) If the contract does not specify time for delivery, time for delivery can be at any time, but provided that he shall give the other party necessary time for preparation 回答涵盖这些点即可	(1) As specified in contract; (2) Reasonable time after contracting
Conformity of goods (guarantees and warranties).	(1) As specified in contract; (2) conform to mandatory national standards; (3) conform to recommended national standards; (4) conform to industrial standard; (5) Fit for ordinary purpose or a particular purpose 回答大致能涵盖这些点即可	(1) Fit for ordinary purpose; (2) Fit for a particular purpose
Waiver of guarantees conformity requires use of specific words.	No	No
Waiver of guarantee of conformity must be made expressly.	No	No
Buyer must promptly notify seller of any nonconformity.	Yes	Yes

续表

Contract Provision	民法典	CISG
Seller may cure defects before delivery time.	No 其实《民法典》是没有明文规定的，但大部分学生应该都写的是 yes，酌情扣分即可	Yes
Seller may cure defects after delivery time.	No	No
Time and place when buyer must pay is:	Time: (1) As specified in contract; (2) In accordance with usage of trade; (3) At the same time it receives the subject matter or the document for taking delivery thereof. Place: (1) As specified in contract; (2) In accordance with usage of trade; (3) Seller's business place; (4) The place where the subject matter, or the document for taking delivery thereof, is delivered 大致涵盖这些内容即可	Delivery
Seller must make formal demand for payment.	No	No
Buyer must pay price once risk passes.	No	Yes
Risk passes when goods are delivered.	Yes	Yes
Risk passes for goods sent by carrier when the goods are identified to contract and delivered to carrier.	Yes	Yes
Remedies and damages are cumulative.	Yes	Yes
A period of grace is available to delay the granting of remedies.	Not mentioned	No

续表

Contract Provision	民法典	CISG
Nonconforming party is entitled to Nachfrist notice.	Yes	Yes
Buyers' remedies include price reduction.	Yes	Yes
General remedies include suspension of performance and anticipatory avoidance.	Yes	Yes
Injured party has duty to mitigate damages.	Yes	Yes
Excuse of force majeure is available.	Yes	Yes

在列表之后,请用中文回答:在国际货物买卖合同中,从中国公司作为合同当事方的视角,你倾向于选择中国《民法典》还是 CISG 作为合同的准据法? 为什么?

合同准据法的选择参考答案

回答任何一种均可,根据分析论证的细致程度酌情评分。

选择 CISG 的参考理由:(1)国际性和统一性的考虑;(2)CISG 的条款内容更加合理;(3)在实际谈判中更容易被外国当事人接受,提高谈判效率等。

选择中国法的参考理由:(1)《民法典》等中国法的规定更符合中国的国情,更有利于维护我国当事人的利益,例如有同学分析合同解除规则等,都是可接受的答案;(2)CISG 中本身存在一些规则上的缺漏等。

二、请根据"笙华国际物流有限公司信用证纠纷"二审民事判决书认定的事实,回答:

1. 笙华国际物流有限公司与该案基础交易买方的货物买卖合同,如果当事人没有约定合同的准据法,在中国法院审理的话,如何确定准据法? 你认定的准据法是什么?

问题 1 参考答案:货物买卖合同的准据法

(1)根据 CISG 第 1 条分析公约在本案的适用可能:①回答出因为买方公司营业地在英国,英国不是 CISG 缔约国,故不适用 CISG 第 1 条第 a 款;②然后回答出因为我国对 CISG 第 1 条第 b 款做出了保留，因此 CISG 第 1 条第 b 款国际私法规则亦不适用。总结，本案不适用 CISG。（注）没有回答出 CISG 第 1 条第 b 款不扣分，但回答出来的话，最终整体评分可以适当提高。

（2）根据冲突规范分析国际货物买卖合同关系的法律适用，具体包括当事人意思自治、特征履行与最密切联系原则。（注）若作业指出冲突规范适用法院地法，即中国法的话，最终整体评分可以适当提高。因为冲突规范本身也存在到底适用何处的冲突规范的法律适用问题，一般规则是适用法院地冲突规范。

（3）根据上述规则得出适用中国法的结论。

2. 你是否认同判决书摘录的审理货物买卖合同争端的仲裁庭的观点？

问题 2 参考答案：对仲裁庭观点的分析

（1）总结梳理案情与仲裁庭观点。

（2）第一种答案，如认同仲裁庭的观点，即中国卖方无须承担违约责任，给分点如下：首先，依据信用证的独立性，买卖合同欺诈与信用证欺诈相互独立。不能简单地因为卖方实施了信用证欺诈，就直接认定卖方在买卖合同这一基础交易下也实施了欺诈并需承担违约责任。卖方是否承担违约责任需要依据基础交易的事实进行判断。其次，依据基础交易的事实，卖方伪造了提单，导致买方无法使用从信用证开证行处取得的提单提取货物，表面上看卖方构成了违约；最后，但依据基础交易的事实，前提是买方在明知实际上真实的装船日期的情况下、仍执意开具不符合约定的信用证，导致卖方不得不伪造提单，否则卖方将无法取得信用证下的货款。虽然卖方的选择是次优选，但卖方如此行为是由于买方先设置了交易陷阱。换言之，买方存在过错。如果买卖合同纠纷适用中国法，在债权人存在过错的情况下，债务人免除违约责任。据此，本案卖方无须承担违约责任。

第二种答案，如不认可仲裁庭的观点，给分点如下：首先，卖方未能及时表示不接受买方对信用证的修改，事实上默认了信用证修改导致买卖合同关系下的权利义务；其次，卖方事实上伪造了提单，导致买方无法使用被伪造的提单提取货物，遭受了损失；卖方作为违约行为的受害方存在过错，可结合实体法规则分析买方承担损害赔偿的责任范围。

3. 中国公司应从该案吸取什么教训？

问题 3 参考答案：吸取的教训

可考虑的点：（1）作为国际货物销售合同的当事方，在合同签订阶段中国公司应当与对方协商一致合同适用的准据法，增强后续履约的可预期性。（2）在合同履行阶段，注意审查信用证与买卖合同的一致性，在买方提出修改信用证导致与买卖合同不符时应当明确告知买方与银行表示不接受修改，并要求买方按照买卖合同约定修改信用证。(3)同时,卖方不应以伪造单据的方式取得货款,避免构成信用证欺诈,可采取诉讼、仲裁等方式主张自身合法权益。

三、简述国际贷款合同中消极担保条款和比例平等条款的含义与作用

消极担保条款:在偿还贷款前,借款人不得在其资产上设定任何抵押权、质权或其他担保物权,也不得允许担保物权的继续存在。作用:适用于无担保的贷款,防止借款人为其他债权人设定担保,从而使贷款人受偿地位落后;保持同一类债权人之间的同等地位;对借款人过度借贷的间接限制。

比例平等条款:借款人在贷款协议下的债务和其他所有无担保的债权人处于同等地位。作用:保证无担保的债权人平等受偿,该条款不能改变法律规定的受偿顺序,只能作为借款人和贷款人之间的合同约定。

四、我国和加拿大的《促进和相互保护投资协定》第6条第1款和第2款规定:"任一缔约方给予另一缔约方投资者在扩大、管理、经营、运营和销售或其他处置其领土内投资方面的待遇,不得低于在类似情形下给予其国内投资者的待遇。任一缔约方给予涵盖投资在扩大、管理、经营、运营和销售或其他处置其领土内投资方面的待遇,不得低于在类似情形下给予其国内投资者投资的待遇。"请回答这属于投资协定的哪一类待遇,并列出我国《外商投资法》的相关规定进行比较

属于准入后国民待遇。学生答出国民待遇,并在后面指出与中国法的准入前国民待遇的区别也可给分。

中国《外商投资法》的规定:国家对外商投资实行准入前国民待遇加负面清单管理制度。准入前国民待遇,是指在投资准入阶段给予外国投资者及其投资不低于本国投资者及其投资的待遇。负面清单,是指国家规定在特定领域对外商投资实施的准入特别管理措施。国家对负面清单之外的外商投资,给予国民待遇。外商投资准入负面清单规定禁止投资的领域,外国投资者不得投资。外商投资准入负面清单规定限制投资的领域,外国投资者进行投资应当符合负面清单规定的条件。外商投资准入负面清单以外的领域,按照内外资一致的原则实施管理。

比较:投资协定为准入后国民待遇,我国《外商投资法》为准入前国民待遇,国内法的开放程度更高。回答出其他合理的区别也可得分。

五、请阐述WTO的争端解决机制并进行评述

WTO的争端解决机制:《WTO协定》附件二"关于争端解决规则与程序的

谅解”(DSU)是适用于所有 WTO 成员的争端解决机制。适用于根据该谅解附件 1 所列各协定中的磋商与争端解决规定而提起的争端。这些协定为:《WTO 协定》及其附件一、附件二、附件四各协定(也称“适用协定”)。DSU 还建立了争端解决机构(DSB)。DSB 有权成立专家组,通过专家组和上诉机构的报告,监督裁决和建议的执行,并根据适用协定授权中止减让或其他义务。争端解决程序:(1)磋商。(2)成立专家组。DSB 将在反向一致的基础上决定专家组的成立;DSB 通过专家组报告也是以反向一致的方式做出,如果任一争端当事方对专家组报告有异议,就可以提起上诉。此时,DSB 也将暂不通过专家组报告。(3)上诉。上诉限于专家组报告中涉及的法律问题和该专家组所做的法律解释。对于上诉中没有提及的法律问题,上诉机构不能进行裁决。上诉机构可以维持、修改或推翻专家组报告中的法律观点和结论。DSB 也以反向一致的方式通过上诉机构报告。(4)专家组或上诉机构的报告经 DSB 通过后,报告中的建议或裁决也就成为了 DSB 的建议或裁决,作为争端当事方的 WTO 成员必须遵守和履行。原则上,败诉方应当立即执行裁决或建议。(5)败诉方不履行裁决或建议,胜诉方就可请求 DSB 允许其对败诉方采取“中止减让或义务”的措施。DSB 的批准也是反向一致的。

评述:根据作答实际情况给分。比如,指出 WTO 争端解决机制的特色:专门的 DSB 和统一的争端解决规则;设立专家组不需要争端当事方的同意,具有“强制管辖”的特征;设立了上诉机构,司法色彩加重;专家组报告和上诉机构的裁决的“准自动”通过等。回答指出 WTO 争端解决机制存在的问题也得分。

六、请阐述 ICSID 的仲裁机制并进行评述

ICSID 的仲裁机制:ICSID 是根据《关于解决国家和他国国民之间投资争端的公约》成立的。中心的管辖适用于缔约国和另一缔约国国民之间直接因投资而产生并经双方书面同意提交给中心的任何法律争端。双方同意根据本公约交付仲裁,应视为同意排除任何其他救济方法而交付上述仲裁。缔约国可以要求以用尽该国行政或司法救济作为其同意根据本公约交付仲裁的条件(不是必须)。仲裁庭应依照双方可能同意的法律规则对争端作出裁决。如无此种协议,仲裁庭应适用作为争端一方的缔约国的法律(包括其冲突法规则)以及可能适用的国际法规则。裁决对双方具有约束力。不得进行任何上诉或采取除本公约规定外的任何其他补救办法。除依照本公约有关规定予以停止执行的情况外,每一方应遵守和履行裁决的规定。一缔约国应承认依照本公约作出的裁决具有约束力,并在其领土内履行该裁决所加的金钱义务,正如该裁决是该国法院的最后判决一样。争端任何一方可以根据下列一个或几个理由,要求撤销裁决:(1)仲裁庭的组成不适当;(2)仲裁庭显然超越其权力;(3)仲裁庭的成员有受贿

行为;(4)有严重的背离基本程序规则的情况;(5)裁决未陈述其所依据的理由。

评述:根据作答实际情况给分。比如肯定争端解决机制的作用,指出争端解决机制存在的问题。比如:东道国的规制权受到了限制。如果东道国规制社会经济活动的措施或决定被裁定违反了投资协定,东道国的规制权就被剥夺了。即使是同一个投资协定,不同的仲裁庭也会对相同的条款做出不同的解释,或者基于相同的事实得出不同的结论。这就导致了投资协定条款解释的不确定性,也无法为将来的案件中适用这些协定提供可预见性。仲裁缺乏透明度和上诉机制。

课堂札记

我在北大教劳动法

阎　天*

从2017年春季开始,我在北大教劳动法。先是教基础课,后来开设了进阶和高阶的新课,还在指导学生尝试学术研究和写作。这些工作都是职责所在,做好做实都是人民教师的本分,本来微不足道。承蒙不弃,将教学中的散记简单汇总,分为基础课、进阶课、高阶课、论文指导和课外辅导五题,权作教师生涯初期的纪念,也就教于各位同行师友。

一、基础课

(一)关于这门课程

"劳动法与社会保障法"是我校一门有着光荣传统的本科课程。2004年秋天,这门课将劳动法学的种子播入我的心田。13年后,我接过了这门课的教鞭(变成了激光笔),扛起了前辈学人的期冀。

老师常说,希望劳动法学更热闹些,期待更多年轻人的关注和投入。我记住了。第一年有48位法学和元培的同学选课,如今已经发展成170多人的大课,学生来源覆盖了法学、元培、新闻、社会、信管、城环、化学、光华、国关、政管和外语共11个院系。课程还以"职场法治前沿探索"的名称进军法律硕士项目,课程的"3小时英文浓缩版"则加入北京大学留学生"中国概况"课程、中国法硕士项目"中国经济法"课程,乃至登陆海外中国法律教学和研究机构。不时有上过课的学生选择以劳动法为业——每当好消息到来,我都要吃火锅庆祝一下。

好课是人生的彼岸。学生听了课,记忆就休眠了。直到某个子夜,拖着加班后的疲惫身体走回出租屋,心里诅咒了甲方一万次,记忆突然被激活:当年听到法盲闹的笑话还挺开心的,听到劳资博弈的故事还挺入迷的,听到保护劳动者权益的理想甚至还有点热血沸腾……于是带着记忆满意地睡去,梦里什么都有。

这就行了。这门课就值了。

---

* 北京大学法学院长聘副教授、博士生导师。

（二）平时任务

我历来主张本科的“劳动法与社会保障法”课程无须布置平时任务，因为学生在专业必修课上已经承受了足够压力，还要多花精力学习某些法考中占权重多的选修课，则本课程似乎不宜“火上浇油”，能给学生留点“不务正业”的时间也算功德一件。但是今年我改主意了。每年都有学生表示，如果不安排平时任务，就相当于把所有鸡蛋都放进同一个篮子，期末考试就会不堪重负。这种声音逐年加大，而且与校方对于过程性评价的青睐相呼应。至于上述副作用，如果控制平时任务的权重和区分度，达到“绝大多数人分数差不多一样好”的效果，就可以防止学生“卷”平时成绩而过分牵扯精力。那就布置一下试试吧！

“劳动法与社会保障法”课程平时任务方案

本课程自2023年秋季起新增平时任务一次，在期末总评中占20分。除明显投入不足、态度不端或抄袭的情形外，各位同学均会获得较高分数，且分差不大，因此无须为获得高分或者分数优势而过分投入。平时任务由助教打分；有争议或拟给满分、低分的，由助教打分并经教师复核。提交时间和方式另行通知。每份答卷应当在5000字左右。

以下三题，择一完成：

1. 阅读2008年至2017年司考题和2018年至2022年法考题，撰写劳动法的真题统计、复习要点和备考建议。如能点评各大法考培训机构的类似文案，可适当加分。

2. 阅读人教版高中思想政治教科书选择性必修2《法律与生活》第七课“做个明白的劳动者”，撰写修订建议。

3. 阅读黎建飞著《劳动与社会保障法教程》第一版至第五版（分别出版于2007年、2010年、2013年、2016年和2019年），为2023年9月1日截稿的新版撰写修订建议。

（三）期末考题

2019年秋季“劳动法与社会保障法”期末考题（灵活发挥部分）

考试时，从以下8道题目中出4道，考生任选一道作答。要求：

①答案须成文，结构完整，文从字顺，少有语病；

②答案应为1500字左右；

③答案须总结学界现有观点，作出比较，提出个人看法；

④鼓励提出新观点、新论证、新论据。

1. 教科书是劳动法学的重要载体。阅读王全兴著《劳动法》第一版(法律出版社 1997 年版)和第四版(法律出版社 2017 年版)。请对比两书,总结 20 年来的主要变化,并分析其原因。

2. 某企业招聘时要求求职者必须拥有北大本科学历,被某求职者以就业歧视为由诉至法院。请为该企业应诉支招。

3. 如何评价劳动者与用人单位通过约定排除劳动者的法定权益(如最低工资、加班上限、单位缴纳社保费等)的现象?

4.《中华人民共和国劳动合同法》是否及如何影响了经济增长? 试论之。

5. 如何看待"劳动法是特别私法"的观点?

6. 如何看待我国法院在单方解除劳动合同案件中越来越多地援引诚实信用原则的现象?

7. 假设我校拟面向本科全体应届毕业生举行一次 2 小时的劳动法知识培训,请制订培训大纲。

8. 反驳本学期任课教师所讲述的一个观点,并计算杀伤力。

二、进阶课

(一)新课起步

本学期为本科生新开劳动法的进阶课,题为"职场法治前沿探索",目的是帮助学生从"听书"进步到"读书",通过读文献加入学术讨论,管窥法学的堂奥。课程分为 3 个单元,分别讨论比较研究、对策研究和学派论战。单元间穿插沙龙活动,已举办两场。3 月完成了比较研究单元,总算可以略松口气,盘点收获:

其一,课程要满足学生的"求知欲"。本科生对学术研究有没有兴趣? 这门课在周五晚上这个通常的休息时间开设,内容是劳动法这个偏门,学分不能用来满足专业必修或者限选的要求,可谓三重"debuff"(减益因素),而仍然有法学院和元培学院法学方向的十多位同学选课,到课率也比较高,还吸引了硕博学生旁听。这表明本科生的学术兴趣是真实的。选课的目的当然很多,凑学分、开洋荤、听段子的想法都可以理解,但是学生最集中的兴趣点在于批判性思维:如何跳脱教科书式的阅读方法,对文献实施"降维打击",从正反两面品评文献、学习文献? 好文献往往有大毛病,有大毛病仍然可以是好文献,这种"残缺的美"让学生感到陌生又有趣,是学术的魅力所在。

其二,课程要满足学生的"求生欲"。时下学生之忙,远非 20 年前可比。事事都要分心,否则仿佛就无法生存。即使送书给学生读,反馈也不算踊跃。作为边缘小课,要接受学生"求生欲"和"求知欲"的客观矛盾,主动调整,徐图进取。一是精简文献,每周只读一篇,力求达到"一花一世界"的效果。第一周读辛西娅·艾斯特伦德(Cynthia Estlund)写中国的书,第二周读我写美国的书,讨论不带直接比较意义的外国法研究;第三周读德里克·博克(Derek Bok)通过比较给美国找自信的文章,第四周读保罗·威勒(Paul Weiler)通过比较给美国找出路的文章,讨论比较研究的两种目的。二是精简任务,不布置期末论文,学生任务仅限于随堂报告文献大意、参加讨论和撰写两篇回应短文,每篇不超过2000字。在学生繁忙的生活里锚定坚固而宁静的一隅,这门课就存活下来了。

新课有许多尝试,比如设置先修课,比如教师主导的讨论式授课(实则我讲得有些多了),比如按照写作的常见方法设定单元等。想法杂、负重多,难免有些手忙脚乱。经过一个多月的调试,新手已经正式上路,课程有渐入佳境的迹象。我要感谢同学们的支持,还要感谢学院和同事、同行的关怀。我从本科时代就得到老师们的关照和培养,较早走上学术道路。我想把这份美好传递下去。

(二)学术初体验

本学期为本科生开设的新课"职场法治前沿探索",先后完成了比较研究、对策研究和学派论战三个单元。最后一次授课安排在6月9日晚间,以"从本科起步做学术"为题,邀请一批清北的"洋博士"青年教师举办沙龙。这门课讲到最后,目标终于清晰:比起学习劳动法,更重要的是提供学术的初体验,展现人生的另外一种可能。这种体验包括五个相互关联的要点:

一是学术阅读。严肃、繁重且艰难的阅读在当下很不讨喜,学生对此日渐陌生,这可能带来多方面的后果,首当其冲的就是失去读学术作品的能力。为此,这门课要带读几篇"硬货",特别是法经济学这种学习曲线陡峭、对初学者不甚友善的文章。第一遍读不懂,第二遍就明白些,第三遍能读进去,第四遍可能就跳出来了。这种反复成像、逐步清晰的体验,可以带来新鲜的成就感,甚至成为求职的额外竞争力——而且并不限于学术求职。

二是学术思维。学术思维的目的是创新,因而必然是批判性的。这种思维如果缺失,学生就会将一切学术文献都当成教科书来读:当作真理全盘接受而不加反思,并且以背记作为获得感的主要来源。如此就把书读死了,而且"学而不思则罔",越读越焦虑、越挫败。有鉴于此,这门课对几乎所有作品都采取了"三段式"导读:首先这是篇好文章,为什么好?进而发现其实这篇文章有许多论证的局限;再思考为什么瑕不掩瑜,这篇文章仍然能够传下来?名作是可以批评的——这本身就足以令缺少"反骨"的当代学生瞠目。从批评中获得动脑(而不是只动笔)的畅快感,获得与作者平等对话的被尊重感,获得把握文献、掌控思考的成就感,批评就会成为无法抗拒的诱惑,学术思维就开始生长。

三是学术评价。什么文章才算好?本学期除了这门新课,还参加讲授了硕士的写作课和博士的前沿课,不同学习阶段的学生都提出了这个问题,这恐怕不是偶然的。就此,学术环境所传递给学生的信号足够多,甚至太多了,而信号的模糊、扭曲和矛盾又让人无所适从。关于好文章的标准,古今中外的讨论太多,但是未必能够完全对接当下学生的实际,也容易叠床架屋、不好操作。我做了一个初步的框架:将好文章的标准分为内容和形式两方面,每方面各提四项由低到高的要求,每项要求再做细分。一般来说,本科和硕士论文达到第二个台阶的四项要求即可,博士论文应攀上第三个台阶,而最高的第四个台阶则应该成为审美的基准。这个框架肯定不全面,也谈不上深刻,但是大体管用且够用——我也就知足了。

四是学术工程。批判思维可以激活头脑,甚至引发头脑风暴,而再活跃的思想都要落实到工程层面,产出学术成果,否则只能充作谈资、昙花一现而已。工程能力主要靠手把手地在实践中传授,这是下学期论文工坊的核心;本学期课程只作了两次展示,分别介绍了我的一书一文的写作过程,自爆了不少"黑料",学生普遍表示很开眼界,看来今后应当作为一个单独的专题加以强调。

五是学术职业。这门课本想以专题讨论的形式,在每堂课都讲一点如何"以学术为业"。但是课时不够用,"坐而论道"又太乏味,我的个人积累更不足以讲满一个学期,所以作罢。真正起到展示学术职业作用的,是 3 月 31 日的沙龙"劳动法的海归之路与女性力量"。就像有的学生说的,四位女性嘉宾的形象至今都在闪亮。如果再加上将在 6 月 9 日举办的沙龙(接近男性嘉宾专场),大概足以达到让学生初步认识法学职业的目的,也就可以了。

三、高阶课

(一)从"听书""评书"到"写书"

经过反复酝酿,2023 年秋天开设"劳动法写作工坊",开展手把手的学术写作训练。为每位学生提供至少 3 次一对一辅导,再组织大约 5 次集体指导和讨论,训练强度接近我在海外见过的同类课程。从选题开始,步步为营,引导每位学生用一学期时间写出一篇高质量的劳动法论文。期末利用劳动法基础课的大课堂举行审稿会,请前辈学人评议这些年轻学生的作品,就圆满了。

从基础课的"听书",到进阶课的"评书",再到高阶课的"写书",劳动法的"三课制"设想将成为现实。基础课采取讲授(lecture)形式,依托本科选修课"劳动法与社会保障法";进阶课采取研讨(seminar)形式,依托本科选修课"职场法治前沿探索";高阶课采取工坊(workshop)形式,即"劳动法写作工坊"。高阶课以进阶课为先修课,进阶课以基础课为先修课。之前论证过包括开新课在内的 5 个方案,最终还是放在第二课堂最为可行。不计学分、不做成绩约束,固然有过分松散的隐患,但是如领导所言,这样更容易选出真正有热情的学生。至于不计工分、不算成果，比起满足心愿来实在不算什么。

为了实现一个小小的愿望，学院各位领导和教务老师多方论证、反复沟通，终于有了理想的方案。对此，一句感谢不足以表达我的心情。为了保证工坊的投入，我决定：从今年秋天起，除参加进阶课和高阶课的学生外，基本不再指导本科生论文写作（学位论文、挑战杯、校长基金等）。

我把这看作重新出发。疫情渐退，饭碗也大致稳了，中年危机如期而至。用“三课制”培养人才是我找到的意义。百年树人，我的余年显然不够，但是往前迈一两步还是够的。不开始就不会失望，可也永远不会有改变。静下来想想，还是不甘心的——大约少年气未散尽吧！16 岁的时候读太白诗：横行负勇气，一战净妖氛；又读东坡词：一点浩然气，千里快哉风。如今力不足以一战，行不能至千里，就在这三尺讲台上，从容开始一段新旅程吧。

（二）劳动法写作工坊方案（2023 年秋季学期）

2023 年春季选修“职场法治前沿探索”的全部非毕业年级学生，均申请参加秋季的“劳动法写作工坊”，其中 10 人拟今年参加，1 人拟明年参加。所有申请均获批准。限于课堂容量，所有未选修“职场法治前沿探索”的学生的申请均未获准。

写作工坊的目标是：让每位学生都写出一篇优质的劳动法论文，掌握论文写作的基本方法，获得从基础课到进阶课、再到高阶课的完整的学术初体验。论文篇幅在万字左右，可以用作本科毕业论文。

为实现目标，写作工坊的活动是：就选题（半页纸）、大纲（1 页纸）和半成稿（5 页纸），为每位学生提供 3 次各 40 分钟的一对一辅导；就学术资料的收集举行讲座，就成稿（10 页纸）举行讲评，就优秀成稿举办审稿会。教师的工作量大致相当于讲授一门 2 学分的课程。

上述活动除审稿会外，固定在周五下午举行，这是全校排课较少的时段。具体安排是：

9 月 1 日学生开始自主选题，每人提出 3 个备选题目，各撰写半页纸的说明。

9 月 15 日和 9 月 22 日，每天下午为 5 名学生提供选题的一对一辅导。辅导完毕后进入大纲写作。

9 月 29 日下午就学术资料的收集举行讲座。

10 月 13 日和 10 月 20 日，每天下午为 5 名学生提供大纲的一对一辅导。辅导完毕后进入半成稿写作。

11 月 17 日和 11 月 24 日，每天下午为 5 名学生提供半成稿的一对一辅导。辅导完毕后进入成稿写作。

12 月 22 日下午就成稿举行讲评。

12 月 26 日利用基础课“劳动法与社会保障法”的课堂(下午 7 – 9 节),举行优秀成稿的审稿会。

写作工坊获得学院“第二课堂”活动立项支持,特致谢忱。这次新尝试已经邂逅了无数的善意,我很感谢各位师友和同学们。

四、论文指导

(一)2023 年论文指导有感

2017 年第一次教本科,2019 年班上的大部分学生毕业,我也开始指导毕业论文,2020 年起各年分别指导了 15 篇、10 篇、16 篇和 22 篇。每年都要发朋友圈小结一下,今年尤其值得说一说:

1. 疫情给一代青年学生留下了不可磨灭的印记,也牵引了他们的学术思考。4 篇文章分别讨论疫情期间的个人信息采集(于沉雨)、“赋码弹窗”(蒋豪展)、新冠就业歧视(高彤玥)和劳动法制度的调整(李新阳)。疫情渐远,但是当这代人走上学术舞台,会不会成为“新冠的一代”,就像当年的“齐玉苓、张先著案一代”?

2. 青年人历来对科技发展最为敏感。3 篇文章分别研究劳动者信息的商业开发(任芷谊)、美国雇员隐私法的最新发展(程雯琪)和美国法律不规定离线权的现象(吕紫妍)。这个领域的学术研究追赶不上实务进展,同学们为这场追逐贡献了生力军。

3. 各种对劳动者不利的现象仍然是关注的焦点,包括加班(何翊华、徐怡欣)、惩戒(陈欣怡)、裁员(杜婉铮)、歧视(杨冰玉)、骚扰(曹爱宇)和霸凌(周韦琪)。各种特殊职业群体也继续获得重视,例如运动员(胡婷婷、刘萱)、高龄者(曾琼娇)和网络主播(王一琳)。

4. 在劳动法学之外,风景更加秀美多姿。赵爽郡讨论了宪法上的劳动义务,刘亦婷研究了行政协议中行政机关一方的救济途径。难能可贵的是,金文菁讨论了美国《统一商法典》背后的法理之争,李瑗希则追溯了本土资源论近 30 年的命运。理论能力是天分,也靠训练;通过写作,接受训练,兑现天分。

(二)2022 年论文指导有感

今年指导的 16 篇本科毕业论文,和往年一样颇具看点:

1. 特定群体劳动法保护问题成为最大热点。有些是因为用工性质模糊,如骑手、主播、群演、高管;有些是因为涉及知识产权法、公司法等其他部门法,如网红知产纠纷、股权激励纠纷;还有些是因为之前获得关注不够,如职校毕业生的歧视问题，盲、聋、哑人的不同保障需求问题。

2. 两篇宪法文章，一篇谈民办教育宪法地位的变迁，另一篇谈平等保护对言论自由的限制，均别出心裁。

3. 两篇行政法的“跨界”文章，一篇分析学校行政管理中的官僚制逻辑，另一篇分析村委会二重性质的历史渊源，好看且意犹未尽。

4. 认真的理论尝试有好几例，如劳动法上的“实质主义”（穿透式）监管，令人印象深刻。

（三）2021 年论文指导有感

大致完成了今年本科毕业论文的指导工作。10 篇文章，看点多多：

艺人和运动员的薪酬和健康保障成热点，“文体两开花”；

实习生写实习，体育生谈体育，尽显劳动法学“亲民”本色；

运用加速理论剖析“996”，运用指标体系测量疫情期间的政治动员，理论和方法的尝试值得鼓励；

性骚扰再成选题热点，《民法典》的影响正在高潮；

工会法律监督和混合动机歧视，“边缘”的选题遥指理论的“中心”。

（四）2020 年论文指导有感

大致完成了学士学位论文的指导工作。今年的学生颇不寻常：

1. 全部 15 篇论文中，绝大多数涉及劳动法，劳动法成为选题热点，更有 6 篇涉及广义的就业歧视问题，可谓热中之热；“996”现象、无经营资质单位的劳动关系、工会监督权等也受到关注；

2. 有学生做出认真的理论尝试，探讨歧视问题上的机会均等主义、劳动关系认定问题上的形式主义与功能主义等；

3. 有学生具备较好的社会学背景，以此研究性少数群体问题、国企改革劳动关系问题等，跨学科的视角令文章增色不少；

4. 有学生擅长结合自身经历选题和分析，讨论职业运动员劳动权保护、宅基地审批中“四邻签字”要求等问题；

5. 有学生采取跨部门法视角，讨论就业歧视民事诉讼的证明、各部门法上的从业限制等问题，展现出融会贯通的意识和能力；

6. 有学生展示了成为优秀律师的潜质，以写备忘录（memo）的方式详细梳理美国长臂管辖的法律制度和实践。

感谢同学们认真负责地完成本科的最后一份作业。祝大家毕业顺利！祝校门早日重开！

五、课外辅导

(一)公法和社会法入门

同门当班主任,介绍了个小孩过来,说是对公法和社会法研究感兴趣。这种学生可不多见。晨起在书架旁转悠,琢磨怎么跟小孩聊。

小孩已经跟着导师做过点老年人法的研究,大概对制度有起码的了解。按照霍姆斯的建议,下一步就可以由制度(现在)进入历史(过去)。公法和社会法交织的历史书,我会推荐沃尔特·特拉特纳(Walter Trattner)的标准教科书《从济贫法到福利国》(*From Poor Law to Welfare State*)。查了亚马逊的购买记录,这本书是2013年带回国的。那时我博士还没毕业,想着大概有一天会教点福利法——因为它处在我多少了解的几类法律的交点上,备一本教科书总是不错的。特拉特纳的书早在克林顿任上就出了第6版,此后一直没有更新,网上甚至有人询问作者是否健在。用必应查了一下,特拉特纳在2020年还活得挺好,住养老院,每天健走。然而到底没有熬过疫情,2021年便去世了,享年85岁。读者翘首以盼的第7版再不会有。

老爷子生前是体育达人,小孩貌似也属于这一卦,大概会喜欢他。而且他写东西特别清楚,能用四级词汇说明白问题,对小孩尤其友好——这很可能是小孩通读的第一本英文学术著作,别吓退了。至于读得怎么样,可以用写书评来检验。许多老师都强调,书评是学术的最佳起点,甚至是不可绕过的训练,我深以为然。搜了一下,这书大概有十几篇书评,可以建议小孩边读书边看一看——这个建议很不"正统",然则十多年前由一位现在清华任教的师兄传授给我,我受用不尽,所以还是再传下去吧!

但特拉特纳写到1999年就截止了。后来发生了什么?聪明小孩一定会感兴趣。费劲地从书架顶层搬下来美国公共福利法的教科书,作者是大卫·苏泊尔(David Super)。2008年秋,我在哥伦比亚大学做访问生,苏泊尔就用这本书的初稿上课。书是2017年出版的,十年磨剑,我这个老学生自然要买一本助兴,哪怕书价让我心里一哆嗦。苏泊尔在书里说,克林顿终结了福利法的"古典时代",看来特拉特纳的退场很及时。后来这个领域据说进入了混沌期,以至于苏泊尔只写了两页纸。没事儿,聪明小孩一定能自己动手,补齐残缺的图景——这本身就够得上本科毕业论文的选题。

特拉特纳是20世纪70年代初开始写那本书的。他的灵感几乎一定来自1970年的戈德伯格诉凯利案。美国最高法院在该案中认为,福利很"像"普通法上的财产权(这是"正当程序条款的实体面向"),所以应该获得相匹配的程序保障(这是"正当程序条款的程序面向")。这个"像"是取自查尔斯·雷奇

(Charles Reich)的名篇《新财产权》,我读翟小波老师的译本时还是个研究生。回国之初教过几遍行政法,讲到正当程序原则,除了翟文以外,还推荐施立栋老师翻译的判词。该案后来被马修斯诉埃德里奇案推翻。查了一下,马修斯案的判词也由石肖雪老师译成中文。两篇判词都发表在苏大学报的法学版,这本刊物还接纳了我翻译的宪法学者查尔斯·布莱克(Charles Black)的文章。编辑老师的宽容和品位自不待言。

我会推荐小孩去寻找特拉特纳的初心,读一读各位老师的译文。如果有兴趣,还可以八卦一下欧文·费斯(Owen Fiss)为啥要花一个学期讲戈德伯格案,以致"荒废"耶鲁学生的程序法课程。至于什么是和新财产权匹配的程序保障,我大概会推荐杰瑞·马肖(Jerry Mashaw)的《官僚的正义》,以及胡敏洁和罗英老师的作品。这些书和文章几乎都是在我读本科和研究生期间问世的,它们帮助我塑造了对公法的认知,也打开了通往社会法的大门。如今我要把这些都传给小孩。

小孩也可能对这些都不感兴趣。20 岁的时候,值得感兴趣的东西可真太多了。刚从教时遇到过一个比他大 5 岁的小孩,也是神奇地对公法和社会法感兴趣,成绩极好,写了篇特别有趣的本科论文,我还挂名作指导老师。后来去美国深造,又成了香港律师。虽然没有做学问,但是过上了赏心悦目的好日子,老师自然是开心的。其实光是想想这些纵横交错的学缘,重温和更新思想的旅程,就足以带来满足感。这应该是学者这个职业的优越之处。熟悉或未曾谋面的同行,为了共同的学术追求而善待彼此。这份善意,值得传递。

把书码好,顺便放上老同学刚送来的好吃的,就踏踏实实等小孩上门了。

(二)学术写作的学习

同事介绍了一个外校的小孩,说是对劳动法的研究感兴趣。小孩详细询问了学术写作的问题,今天认真做了回复。

写作归根结底要靠实践来学习,但是读点关于写作的书也确实有用,只要别把书读"死"就行。留学时最常见的写作教程,一本是给大学生的《研究的技艺》(The Craft of Research),另一本是给法学院的《法律学术写作》(Academic Legal Writing),当年都买来背回国,如今已有中译本,学起来大概会轻松些? 当然也推荐了《法意文心:法学写作思维六讲》。作为编者,我有合理推销的权利,何况多卖书也并不会多拿钱。更重要的是,这本书确实很能给人启发,包括各位作者互相的启发。

写作练习,从哪儿开始比较好呢? 从书评开始比较好,这是不少老师的共识。今天给小孩加了一条:从导师开始。两条合起来,就是从读懂、评好导师的代表作开始。小孩导师的专著是 20 年前出版的,当年不仅选题前沿,观点也有创见。20 年过去,导师研究的问题有什么进展? 当年的观点应当如何重新评价? 以近年问世的同主题著作为参照,如何客观定位导师的学术? 这不仅是一篇书评,而且可以扩展为一份综述,稍有些观点就够得上一篇像样的论文习作了。

研究导师的研究生,大概老师们都会多看一眼吧! 回想多年前立下学术的志愿,很大程度上是出自单纯的兴趣,而兴趣总有具体的指向,首先便是导师。我一直以读全、读通导师的著作为荣,而且我发现无论中外,导师们都把这当作最真诚的尊重。当然谄媚式的阅读会适得其反。当老师发现年轻的读者开动脑筋、尝试超越的时候,大概会觉得青春又回来了吧!

学术共同体就是这样生生不息。值得吃个火锅庆祝一下!

本科生法学论文写作课程的教学探索及省思[*]

尤陈俊[**]

我曾在网络上看到过一则段子，其所虚构的是一名高校教师与他的学生之间围绕后者交来的论文展开对话的场景片段：

"你的论文写得跟《红楼梦》似的。"

"谢谢老师夸奖。"

"满纸荒唐言。"

此类题材的段子在网络上还有很多，例如在另一则同样流传甚广的段子中，某位教师对其学生吐槽说："你的这篇文章对我在学术界毫无威胁，但会让我在教育界名誉扫地。"如今几乎在任何一所高校中，都时常能够听到许多教师无奈地相互调侃，每年到了要指导学生撰写毕业论文的时候，师生之间便会开启"相爱相杀"模式。一些同行还吐槽称，总有学生一直拖到院系规定截止时间的最后一刻，才将论文初稿交给自己的指导老师过目，而指导老师这时不仅被迫要熬夜批改其论文初稿，还经常被论文初稿中许多不知所云的内容表述，乃至非常明显的文字、格式错误，气得血压飙升。

对于上述情形，我时有耳闻，甚至还曾有过一些"不幸"的亲身体验。不过我也常常在反思：上述那些站在教师群体立场的吐槽，对于整个学生群体而言，会不会也可能不太公平？当老师们在吐槽学生交过来的论文如何毛病多多时，是否也有必要具体了解一下学生们的心声（包括学生有可能会怎样回应老师们的吐槽）？在这种好奇心驱使下，我经常会留意知乎、豆瓣等网站上的相关帖子，并利用各种机会，与不同学校、年级的学生们聊聊，听听他们的真实想法。

根据我所了解到的情况，除了极个别不把论文写作真正当回事而只图敷衍应付的学生，绝大部分的学生都绝非存心要拿不像样的论文稿去"刺激"自己的

* 本文系中国人民大学 2022 年度本科教育教学改革研究项目"本科生法学论文写作课程教学模式探究"（项目编号：JYXM202260）的研究成果。

** 中国人民大学法学院教授、博士生导师。

老师，而是希望自己的论文稿能够在指导老师那里顺利过关，乃至渴望获得称赞和表扬。但有一个非常普遍的现实问题是，学生们（尤其是本科生）也都程度不等地怀有如下困惑：论文得如何写，才能成为老师们眼中的好论文，或者至少是合乎基本要求而能够顺利通过的论文？只要稍想一下，如今高校当中那些讲授论文写作的讲座，其听众常常比其他许多主题的讲座要多得多，甚至还有一些学生愿意自己花钱，付费去听一些机构组织的关于论文写作主题的线上辅导，便能明显感受到学生们想多学习、了解论文写作技法的意愿有多么强烈。

上述这些是学生"需求侧"的大致情况，教师"供给侧"这边的情况又是如何呢？不少学生（尤其是低年级的本科生）抱怨说，自己也想好好写论文，但没有老师教其具体如何撰写，或者老师虽然偶尔指点几句，但并没有系统地指导其具体如何写论文。毋庸讳言，这确实是当下我国法学教育中一块明显的"短板"。时至今日，尽管已经有一些学校先后开设了法学论文写作类的课程，但此类课程在全国六百多所法学院校当中远未普及，更加不用说其课程内容体系化、科学化。甚至在国内排名前二十位的那些知名法学院校当中，迄今尚有许多家都没有专门面向本科生正式开设此类课程。当然，这并不意味着，在那些没有专门开设此类课程的法学院校当中，所有的学生就完全缺乏论文写作方面的指导。据我所知，不少认真负责的老师，平时也会给予自己的学生一些论文写作方面的指导。但个别老师平时对自己学生的这种指导，往往比较随机，通常不如正式开课时讲得那般全面，更何况并非所有学生都能有机会在论文写作上得到老师哪怕只是偶尔为之的指点。

我多年前便有感于上述这种学生论文写作指导"供给不足"的法科教育现状，故而除了平时在指导自己带的学生写论文时会有重点地予以指导外，还曾专门围绕学生论文写作中普遍存在的一些主要问题，撰写发表过《作为问题的"问题意识"——从法学论文写作中的命题缺失现象切入》（载《探索与争鸣》2017 年第 5 期）一文，希望能让看到此文的更多学生在写作论文时知道该如何"避雷"。2017 年上半年，我又在自 2015 年以来每年都给人大法学院法学硕士生们上法学论文写作课的基础上，向学院申请再开设一门专门面向本科生的法学论文写作课程。在院领导的支持下，这门课程于 2017 年秋季学期第一次面向人大法学院全体本科生正式开课。彼时，虽然市面上已经有多本讲述法学论文写作的书籍在销售（其中一些书籍据说还销量不错），例如《法学学位论文写作方法》（梁慧星，法律出版社 2006 年第 1 版，2012 年第 2 版，2017 年第 3 版）、《法学论文写作与资料检索》（陈瑞华等，北京大学出版社 2011 年版）、《法科学生必修课：论文写作与资源检索》（凌斌，北京大学出版社 2013 年版）、《法学论文写作》（何海波，北京大学出版社 2014 年版）、《经验与心得：法学论文指导与写作》（《中外法学》编辑部编，北京大学出版社 2016 年版）等，但全国各法学院校当中专门面向本科生开设了法学论文写作课程的,尚属凤毛麟角。在我的印象中,先前只有北大法学院、清华法学院曾面向本科生开设过这方面的专门课程,不过似乎也没有做到完全常规化。

考虑到论文写作的有效展开离不开文献资料的支撑,我最初在人大法学院牵头设计这门课程的教学内容时,便将文献检索方面的训练也纳入进来,以辅助论文写作方面的教学。为此专门邀请了我们人大法学院图书馆副研究馆员刘明博士加入教学团队,请她负责此部分内容的课堂教学。刘明老师先前就出版了《推开法律信息检索之门》(中国政法大学出版社 2015 年版)一书,由她来分工负责讲授法律文献检索方面的课程内容,最为合适不过。至于在这门课程内容设计中占比更大的论文写作部分的课堂教学,当时我邀请了张翔教授、陈璇教授、熊丙万教授三位本院同事一起组建教学团队。按照上述设计,我们在人大法学院新开设的这门课程,其教学内容包括了法律文献检索和法学论文写作两大块,故而课程名称当时便叫作“法律文献检索与论文写作”。此课程刚开始时为 1 学分的必修课,共 17 课时(在半个学期讲完),具体由张翔教授、陈璇教授、熊丙万教授和我分别与刘明老师搭档组合,共同面向人大法学院全体二年级本科生,分头各开设一个教学小班。四个平行课堂的上述两大块教学内容,在具体教学分工上都采用相同的模式,即由刘明老师负责上 3 次法律文献检索主题的课程(特别值得一提的是,这部分内容的课堂教学,我们是专门安排在学校机房上课,保证学生们上课时一人一台电脑,以便能够在授课教师指导下随堂实操训练),而我和其他三位老师则在自己负责的小班上,各自讲授 5 次法学论文写作主题的课程。

截至 2024 年春季学期,我们这门课程已经在人大法学院本科生当中连续开设了 8 年。在这 8 年中,教学团队、开课学期、课程性质、课程学分、课程名称等方面都发生了一些变化。最初的教学团队成员中,刘明老师、陈璇教授和我一直坚持到现在(如在 2024 年春季学期,陈璇教授和我分头与刘明老师搭档,一共开设了两个平行教学班),而由于工作单位调动及其他一些原因,张翔教授、熊丙万教授如今已不再承担这门课程的教学工作。在将这门课程上了数轮后,我们越来越感觉到,要想更好地引导学生们在法学论文写作方面真正登堂入室,需要学生们先扎实掌握最主要的几门部门法核心课程(如民法、刑法、行政法、诉讼法等)的基本知识。故而从 2023 年开始,我们将每学年这门课程的具体开课学期从秋季学期调整到春节学期,即把主要授课对象从大二上的本科生调整为大二下的本科生。数年前,人大法学院按照学校教务处要求,压缩法学专业本科生毕业需要修满的最低总学分数,于是在本科生培养方案上面将我们这门课程的性质从“专业必修”调整为“限定选修”(但仍属于专业核心课),又从 2024 级本科生开始,再调整为选修课。但上述课程性质分类方面的调整,对学生们修习这门课程的积极性看起来并没有大的影响。不仅如此,在许多学生的强烈要求下，自2024年春季学期开始，这门课程的学分数还从原先的1学分增加到了2学分，即如今已经改成了需要上一整个学期的课程。此外，为了突出课程教学内容的重心，课程名称也从最初的“法律文献检索与论文写作”改为“法学论文写作与文献检索”。

于我自己而言，从2017年秋季学期牵头组织教学团队第一次开课，到2024年春季学期，已经完成了第八轮授课，最开心的莫过于通过在人大法学院开设这门课程，帮助本院更多的本科生切实掌握法学论文写作的基本要领，并帮助其养成学术研究必须具备的学术规范意识，从而为同学们平时的论文写作，特别是到了大四时能够撰写出既符合学术规范要求、又具有一定学术质量的本科毕业论文，打下了基础。每年我在批阅这门课程的学生结课论文时，经常能够发现其中有一些同学交来的论文写得相当不错。例如2021年秋季学期这门课程班上的李雪松同学（本院2020级本科生）的结课论文《秦律中的成年、傅籍和刑事责任标准及其成因探析——对“国家认证能力”说的质疑》，在广泛搜集并仔细阅读分析了相当多的文献后，对包括我在内的一些学者的先前观点进行商榷，并提出了自己的看法。该文的质量，远远超出了绝大多数大二学生的学术水平。后来在我的推荐下，该文正式发表在《中西法律传统》2022年第1期，而且还荣获第一届陈鹏生法律史奖学金。

坚持讲授这门课程的8年来，在与一届又一届听课学生的互动，以及与其他授课老师的交流当中，我自己也对如何上好这门课程有了更多、更深入的认识和体会。在这期间，我曾根据自己对其中一些重要教学内容的理解，专门撰写了几篇文章并正式发表，例如《科学确立法学研究的问题意识》（载《人民日报》2019年7月15日，第9版）和《法学论文写作要有“论题意识”——兼谈“问题意识”与“论题意识”的关系》（载《民主与法制时报》2022年7月7日，第5版）。我还曾于2018年11月27日在人大法学院专门组织召开了“法律文献检索与论文写作”课程建设研讨会，与来自北京大学、清华大学、中国政法大学、吉林大学、北京师范大学、北京航空航天大学、对外经济贸易大学、首都经济贸易大学等其他高校法学院也开设了法学论文写作类课程的老师们一起交流开课心得，分享教学经验，共同探索教学改革。

在这里，我想再着重分享几点关于这门课程应当如何上的个人心得和省思。

第一，在教学师资方面，个人认为，最好不要采用那种由许多位教师拼盘轮流上课的形式，而是由一位认真且愿意投入精力的教师负责一个教学班，由其围绕法学论文写作主要涉及的重点方面和关键要点进行细分拆解，事先做好整体规划后，再体系性地逐一进行讲授。上述看法乃是有感于现下本科生法学论文写作课程在一些学校中的实际开课成效，尤其是许多学生的反馈。据我所知，在有些开设了本科生法学论文写作课程的法学院校当中，是由许多位教师拼盘组成教学团队,大家在一个教学班上轮流来讲,通常是每位教师各讲一到两次,且往往并没有事先就各讲的具体教学内容进行细致沟通与分工规划,由此造成的结果便是,各位老师在课上所讲内容彼此之间往往多有重复,甚至于讲来讲去都不约而同地集中在某几点上面(比如都在主要谈论文写作要有“问题意识”)。在这里,我不是说这门课程的课堂教学只能由一位教师来上,而是根据自己的经验和所了解到的情况认为,若是由许多位教师合开像本科生法学论文写作这种目前尚无公认的教科书可用的课程,要想在具体教学内容上形成科学的分工和有效的衔接,以避免不同的老师授课时所讲内容彼此多有重复,则在课前事先细致沟通具体如何分工、开课过程中实际磨合等方面所需付出的精力和协商成本将会极高,现实中非常难以真正落实。事实上,我们在人大法学院开设这门课程时,即便是检索和写作这两大块内容的各自教学在每个小课堂上如何有效分工和配合,也是经过各个平行课堂两位授课老师的多年磨合后,方才有了今天的默契。

附带再说一下,也有一些法学院校在开设这门课程时,所采取的具体形式是由主持课程的某位教师每次邀请一些校外专家、刊物编辑,以讲座的形式轮流开讲。而在这种“校外专家拼盘讲座”的开课形式当中,虽然各位校外专家所讲的具体内容通常会各有侧重,但要想每节课的所讲内容彼此形成明确的分工和无缝的衔接,几乎没有可能。因此,此类讲座更适合作为法学论文写作课程之正式课堂教学的辅助和补充,但不适合作为这门课程的主要上课形式,尤其是对于本科生而言。八年来,我用自己先后主持的两项学校教改项目的有限经费,在人大法学院创办了“法学论文写作与文献检索”系列讲座,不定期地邀请一些在此方面富有经验的校外专家来做讲座,面向全院学生进行分享。该系列讲座的各讲具体主题,包括《法学文献资源利用与论文写作》(南开大学法学院宋华琳教授主讲,2018 年 11 月 19 日晚)、《法学论文写作:问题、方法和语言》(清华大学法学院何海波教授主讲,2018 年 11 月 22 日晚)、《法学论文写作的问题意识与规范性》(吉林大学法学院苗炎副教授主讲,2021 年 11 月 24 日晚)、《法学论文写作中的“坐标系”意识与体系化》(中国社会科学院法学研究所姚佳编审主讲,2021 年 12 月 1 日晚)、《法学论文写作中的五个意识》(吉林大学法学院侯学宾教授主讲,2022 年 12 月 15 日晚)。上述这些讲座,在帮助本院同学们于课堂之外加深对法学论文写作基本要领的理解等方面,起到了非常好的辅助效果。

第二,在教学方式方面,个人认为,授课教师不能光是在课堂上讲,也不能只要求每位学生到了期末时撰写一篇论文作为结课作业上交即可,而是还应当结合各个分解讲授的具体主题,相应布置一些要求学生们在每次课后完成的小作业进行过程性练习,然后通过批阅学生们每次交来的过程性作业,及时发现其中存在的问题(特别是一些普遍存在的问题),在后续课堂上有针对性地反馈给学生们，帮助其加以纠正，或者提醒其注意"避雷"。这种过程练习性质的平时小作业，不需要设计得太复杂，也不必占用学生们课后太多的时间。例如2024年春季学期我自己在课堂上讲述《法学论文写作的"论题意识"》这节课时，给学生们相应布置的课后小作业内容为："预选2个你打算研究的问题，具体说明你的论题意识是什么及其来源，总字数控制在400～500字。"通过平时按要求认真完成这种分解式、过程性的小作业，学生们可以及时查缺补漏，从而正确掌握每次课上分解讲授的要领，到了期末撰写一篇论文作为结课作业时，也就能够知道写作时在各方面如何做才符合学术论文的真正要求。

第三，在教学理念方面，个人以为，授课教师要让学生们明确意识到，法学论文写作的真正有效展开，并非只是简单运用一些撰写技巧就能做到，而是需要建立在前期的充分学术积累之基础上。也因此，法学论文写作课程的开课目的，不能仅仅只是传授一些写作方面的技巧，而是要将帮助学生们培养阅读和写作相紧密结合的一体化能力作为关键。正是基于上述这种认识，我自己如今在上这门课程时，会花三节课的时间，专门讲授如何选取高质量的阅读文献、如何有效地阅读学术文献等内容，并布置相应的平时小作业，让学生们在课后按照要求动笔完成，我自己则在批阅全部作业后，再专门用一节课的时间，针对该次作业中存在的问题，以评点的形式在课堂上向学生们进行反馈，以此来巩固教学成效。例如2024年春季学期我上这门课程时，在进行到这个训练主题时，所布置的该次平时小作业的内容为：

参考课堂上介绍的阅读方法，仔细阅读苏力教授的《也许正在发生——中国当代法学发展的一个概览》（载《比较法研究》2001年第3期），按照如下说明，撰写以下两项文字内容：

1. 对该文主要内容进行精炼概括和客观总结，总字数不能超过400字，且须是根据你自己的理解在文字上重新加以表述，不能是从该文中直接摘抄一些原句进行拼接。

2. 用200字以内的文字篇幅，阐述你在阅读该文之后的主要收获和启发。若不同意或者不完全同意该文中的某观点，也可以指出，但须说明你的持论理由。

上面所讲的三点个人心得和省思，看似是在面向教师同行分享我自己的一些教学经验，但只要转换下角度，其中的许多内容也完全适用于学生群体。例如，同学们在修习法学论文写作课程时，不能仅仅只是在每次课堂上听老师在讲，而是还要结合老师在课上所讲的各个要点和注意事项，课后对照自己先前的写作习惯和作品进行省思，最好能够主动地在每个环节通过动笔练习来自我训练，巩固成效；除了通过这门课程掌握法学论文写作的必要技巧外，同学们平时还要广泛、有效地阅读高质量的学术文献，厚植专业知识，了解前人的研究已经得出什么具体结论和存在哪些不足,知道哪些既有的文献可以作为自己立论的论据,如此才能在自己展开写作时心中有数、言之有物。套用孔老夫子在《论语》之“为政”篇中那个耳熟能详的句式,上述这两方面概括起来讲,那就是“听而不练则罔,写而不读则殆”。

思维的炼金术:在判例中寻找法律的脉络

——剖析“法律分析、检索与写作”课程的独特价值

刘　玥*

无论在中国、美国还是跨国法律业务情境里,律师在日常工作中可能会面临各种复杂的情况,例如:

1. 当某客户在考虑一项复杂的公司并购交易时,律师需要为该客户准备一份法律意见书。在此过程中,律师需要综合公司法、合同法和证券法的相关条款,确保交易合法合规,同时最大限度地依法保护客户的利益。

2. 当一家公司因合同违约被起诉时,律师需要在法庭上为其辩护。律师需要清晰、简明地陈述案件的事实,引用相关的法律条文,并通过逻辑严密的论证来说服法官,证明客户的行为是正当的。

3. 若某客户是一家对法律术语并不熟悉的初创公司,律师在与该客户开会解释专利申请流程和商标注册的细节时,需要将复杂的法律概念转化为通俗易懂的语言,确保该客户能够理解并做出明智的决策。

4. 在代理一位向联合国难民署申请庇护的难民客户时,律师需要仔细参考1951年《关于难民地位的公约》及1967年《关于难民地位的议定书》、采集申请庇护的客户的遭遇事实、调查该客户原籍国的信息,以便为客户提供有效的法律援助。

5. 在涉及多个国家和复杂法律问题的国际贸易纠纷中,律师需要与团队中的其他成员紧密合作,协调各自的工作,分享信息和资源。在与国外律师和客户的沟通中,律师需要展示出色的跨文化沟通技巧,理解和尊重不同的法律文化和商业习惯,确保所有人都朝着共同的目标努力。

中国古语有言:“纸上得来终觉浅,绝知此事要躬行。”纸上谈兵,终究无法

---

* 刘玥老师自2017年起在北京大学国际法学院教授“法律分析、写作与检索”课程,并从2020年至2024年担任该课程主任。

应对真实的法律挑战。要专业、高效、全面地解决这些实务问题,律师既要掌握扎实的法律理论知识,还需要具备分析案情、结合事实适用法律提出解决方案的能力。

为此,美国法 J. D.(Juris Doctor)项目的传统必修课中普遍包括法律实务检索、分析、写作的课程——它同时也是美国律师协会在其法学院审批规定中明确要求的专业技能课。[①] 这样的课,北大也有。

无论哪国的律师,在思考、解决本文开头列举的法律问题时,都需要以法律规则为基础进行论证(Rule - based Reasoning)。只不过,在不同法律体系和文化之下,法律规则的来源和运作方式可能有所不同。北京大学国际法学院(Peking University School of Transnational Law,STL)开设 JD/JM 双学位项目的目标之一,便是根据国际标准培养国际化的"桥梁型法律人才"。具体而言,STL 致力于让中国学生掌握普通法体系下律师的工作习惯和思维模式,深度了解普通法的规则来源与运作,从而在跨国法律业务中具备举一反三、见微知著的能力,游刃有余地处理跨国法律业务。为实现该目标,STL 在创院初期便开设了专业技能课"跨国法律实务"(Transnational Legal Practice,TNLP),后为更精确地体现课程的内容和性质,我们将其改名为"法律分析、写作与检索"(Legal Analysis, Writing, and Research,LAWR)。

LAWR 课程采用全英文教学模式,将学生置身于美国法律体系中,致力于培养学生在普通法下法律分析和论证、法律检索、问题解决的能力,以及在法律语境中进行书面和口头沟通的能力。课程一共分为三个模块,在三个学期(Quarter)展开,学生将在老师的指导下独立完成各项课题。随着学生基本功的积累和成熟,每个模块课题的复杂程度和难度也逐渐增加。表 3 - 1 列出了每模块课程的主要内容。

---

① 美国律师协会(American Bar Association,ABA)在其每年更新的《法学院批准标准和程序规则》中规定,一个法学院应该至少保证学生获得以下最基本的学习成果。例如,《法学院批准标准和程序规则 2023 - 2024》(Standards and Rules of Procedure for Approval of Law Schools 2023 - 2024)标准 302. 学习成果.(Standard 302. LEARNING OUTCOMES):(a)熟悉并了解实体法和程序法;(b)法律分析和论证、法律检索、问题解决及在法律语境中进行书面和口头沟通的能力;(c)对客户和法律体系履行恪守职业道德的责任;以及(d)作为法律从业人员,胜任职业并恪守职业道德所需的其他专业技能。除此之外,ABA 也明确要求法学院应该在第一学年提供一门要求学生圆满完成一次写作经历的课程并由教职工进行监督。参见标准 303·课程设置(a)(2)(Standard 303. CURRICULUM (a)(2)。

表 3－1　教学任务进度

模块	教学内容	主要课题
LAWR Ⅰ	1. 介绍美国普通法体系和其各类法源的权威等级 2. 介绍并训练“客观/预测型”法律分析(objective/predictive legal analysis)的逻辑原理和结构方法 3. 介绍蓝皮书(Blue Book)引注格式标准,培养严谨引注的意识和习惯 4. 介绍法律分析报告(Legal Memo)的格式	1. 法律分析报告
LAWR Ⅱ	1. 介绍美国成文法的立法程序和汇编结构 2. 介绍 Westlaw、Lexis 等美国法律网络检索工具的使用技巧,训练对成文法和判例的检索能力 3. 加强对 LAWR Ⅰ中所学写作技巧的训练 4. 增加语言表达的精确性、简洁性	1. 限时法律检索与简易法律分析(法律邮件) 2. 法律分析报告
LAWR Ⅲ	1. 介绍美国法院上诉程序 2. 介绍法律解释(Statutory Interpretation)原理与方法 3. 介绍并训练说服性写作(persuasive writing)的技巧 4. 介绍上诉法律文书(Appellate Legal Brief)的格式 5. 训练口头陈述法律观点的能力和技巧	1. 上诉法律文书 2. 模拟法庭(Moot Court)

注:在 STL 建校初期,为了适应外籍师资的日程安排,每学年被划分为六个学期模块(modules)。这种安排导致当时的 TNLP 课程结构与现在表格中所展示的结构有所不同。随着 STL 项目逐步过渡到每年四个学期(quarters)的制度,在前课程主任 Christian Pangilinan 的统筹和革新下,TNLP 的课程结构和内容逐渐演变,以更好地与普通法 JD 项目第一年的核心基础课程相融合,并形成了目前表格中所示的结构。即使在课程名称更改为 LAWR 之后,这一结构也得以延续。同时,STL 也在致力于发展针对高年级学生的更高阶的实务技能课程。

由于篇幅所限,本文只着重介绍 LAWR Ⅰ的核心训练内容和训练模式。

一、LAWR I 总览

在具体介绍 LAWR Ⅰ之前,我需要首先解释一下普通法体制下律师的工作方式。

以美国为代表,法律权威和规则的来源不仅是宪法、立法机构制定的法条、行政部门颁布的规章,还包括法院的判例,也就是普通法。普通法最初形成于英国中世纪,由于英国当时缺乏现代立法体系,法律的制定主要是通过国王的诏令和议会的决议,因此法官们在处理案件时没有足够的成文法律依据,只得依据先前的判例和惯例进行判断。随着时间推移,这些判例逐渐形成了普通法体系,成为英国法律体系的核心部分,后来也被美国及一些英联邦国家采用。它的延续,是因为它能为法律的发展提供灵活性和适应性,确保法律体系的完善和正义的实现。如今美国的各州和联邦政府虽有立法机构制定的成文法,但普通法依旧很重要:一方面,有些领域的普通法发展尤为成熟(比如合同法、侵权法等),立法者认为已经没必要再专门立法;另一方面,现有立法的语言有时受制于时代而模糊晦涩、难以直接应用于新的情境,所以法律纠纷的解决仍需要依赖法官对判例的解释和应用。在美国律师的日常工作中,有些法律问题可直接依据成文法解决;有些则可能仅涉及判例;还有些问题既涉及法条、也需要参考解释和应用这些法条的判例。为反映此实践,LAWR 的训练计划也是循序渐进的:LAWR Ⅰ会先教授学生如何把直白、清晰的法律规则应用于法律分析中,接着就会转移到更复杂的、只涉及判例而不涉及法条的课题。LAWR Ⅱ的课题则会同时涉及法条和判例。

LAWR Ⅰ课题所要求的具体成果,是一篇美国律所内部使用的完整的法律分析报告(Legal Memorandum,简称 memo)(见图 3-1)。

Simple Sample Office Memo

MEMORANDUM

To: Aaron Attorney
From: Anne Associate
Re: Case # 13-2534 (Wheelwright); whether being asleep behind the wheel of a parked car constitutes "operating a vehicle" under Vanita's OVI statute.
Date: February 11, 2014

Question Presented

Under Vanita Rev. Code § 4511.19, which forbids "operating a vehicle" with a blood alcohol concentration (BAC) higher than 0.08%, is a person "operating a vehicle" in violation of the statute if (A) she has a measured BAC of 0.14%, and (B) she is sitting in the driver's seat of a car parked on the side of a road, with the keys in the ignition?

Brief Answer

Almost certainly yes. First, a 0.14% BAC is higher than the 0.08% needed to establish intoxication. Second, Vanita courts have held that someone is "operating a vehicle" when he or she is in control of the vehicle in some way and specifically have found that sitting in the driver's seat with the keys in the ignition constitutes control.

Statement of Facts

Wendy Wheelwright has been charged with operating a motor vehicle while intoxicated after being found asleep behind the wheel of a parked car. The following facts come from a conversation with Ms. Wheelwright and from the police report of the arrest. On September 29, of last year, at about 2:30 a.m., on-duty Officer Pat Perek was driving north on Route 23 when he noticed a car pulled off on the shoulder. He pulled ahead of the car and parked in front of it. He noticed that the car's engine was not running, but the car was still warm. When he reached the driver's side of the car, he saw that the keys were in the ignition and that a woman was in the driver's seat, apparently asleep. Her head was leaning on the door, and her feet were on the floor, although not on the pedals (automatic transmission car). Her hands were in her lap. No one else was in the car.

...

Discussion

It is an offense against Vanita Rev. Code § 4511.19 (2014) for a person to (1) have blood alcohol concentration at 0.08% or higher and (2) operate a vehicle. Here, since Ms. Wheelwright's blood alcohol concentration is 0.14%, well above 0.08%, the first element is met. The discussion will focus on Issue (2), "operating a vehicle" and explain why Ms. Wheelwright's conduct also meets this element.

A court would almost certainly find that Ms. Wheelwright was "operating" her vehicle. The statute forbids a person with a BAC higher than 0.08% from "operat[ing] any vehicle," and Vanita courts have defined the term rather broadly.

Vanita courts have interpreted the word "operate" in § 4511.19 to include sitting in the driver's seat of a car that is not in motion. *State v. McGlone*, 101 N.E.2d 355, 365 (Van. 1990). The defendant in *McGlone* was found to be operating his vehicle when he was sitting in a parked car on a side street with the keys in the ignition. *Id.* at 366. The court found that the driver was operating the vehicle, noting that "a driver who is in the driver's seat with the keys in the ignition may start the car and drive away at any time. A person who is under the influence of alcohol should not be in control of a vehicle." *Id.; see also State v. Richardson*, 111 N.E.2d 35, 36 (Van. 1992) (intoxicated driver behind wheel of car found to be "operating" when car's motor was running, even though gearshift was in park).

A person in a driver's seat will be found not to be operating only if there is no way that the car could be in operation at the time of the arrest. *State v. O'Donnell*, 112 N.E.2d 68, 71 (Van. 1993). The defendant driver in *O'Donnell* had been found asleep and intoxicated behind the wheel of a parked car. *Id.* He was found not to be operating a vehicle under § 4511.19, however, because his keys were not in the ignition. *Id.* The *O'Donnell* court specifically concluded that he was not operating the vehicle because the keys were not in the ignition: "Although it may seem to the prosecution that we are splitting hairs, it must be admitted that a driver cannot operate a vehicle while the keys are not in the ignition. Thus, Mr. O'Donnell cannot be found to have been operating a car when the car was unable to be operated." Id.

Ms. Wheelwright was in the driver's seat and had the key in the ignition, so she was probably "operating" her vehicle under the terms of the statute. Like the defendants in *McGlone* and *Richardson*, she was capable of starting the car and driving away at any time. Unlike the car at issue in *O'Donnell*, her car was capable of being operated. Thus, a court would probably find that she was operating the vehicle.

Conclusion

A court would almost certainly find Ms. Wheelwright guilty of violating Vanita Rev. Code § 4511.19(A)(2). There is no issue as to her intoxication. Further, she was sitting behind the wheel of her parked car, and Vanita courts have consistently found that this behavior constitutes "operating" a vehicle under § 4511.19(A)(2). Thus, a guilty verdict is almost certain.

图 3-1　法律分析报告示例

(截取自 Mary Beth Beazley & Monte Smith, *Legal Writing for Legal Readers: Predictive Writing for First-Year Students*, 2nd ed., Wolters Kluwer, 2019, p. 7-10;其内容经笔者按示例所需而删改。此示例篇幅较短,而 LAWR Ⅰ的课题成果一般会长一些。)

这种报告是美国律所和法律服务机构布置给实习生或初级律师的常见任务。当上级律师或合伙人在会见客户、收集到初步信息并确定客户大致的诉求之后,他们通常会布置给实习生或初级律师撰写一份法律分析报告的任务。在课程中,学生们需要把自己置身于接到这一任务的律师角色中,针对特定的法律问题进行分析,并预测法院可能的判决结果。值得注意的是,这个预测结论是客观的,它不一定要对自己的客户有利,而应当是分析者基于自己对法律的理解和适用,在权衡己方和对方论点强弱利弊之后得出的。上级将依据报告的结论作出决策,比如是否应该接受委托、接受后应该如何推进案件等。在实践中,负责这项任务的律师要自行检索相关法律,而 LAWR Ⅰ本着循序渐进的原则,会给学生直接提供普通法判例,学生的任务是依据课题材料中给定的事实和判例进行写作(在这一阶段,美国的法学院通常也会在布置的课题中直接提供判例)。我们将检索相关的教学和训练放在 LAWR Ⅱ中。

一篇法律分析报告由"Question Presented"(问题阐述)、"Brief Answer"(简要回答)、"Statement of Fact"(事实陈述)、"Discussion"(论证分析)、"Conclusion"(结论)这几个主要部分组成。题目会提供问题和事实部分,但要有结论,就要先经过论证分析。所以一篇报告中最占篇幅、也最重要的部分是论证分析,这也是 LAWR Ⅰ的训练重点。

或许你曾了解过法律分析的基本结构是"IRAC"(Issue – Rule – Application – Conclusion,即"争议点—规则—应用规则—结论"),进阶结构是"CREAC"(Conclusion – Rule – Explanation – Application – Conclusion,即"结论—规则—解释规则—应用规则—结论")。但它们只是输出论证时采用的公式,旨在确保分析的行文流畅、逻辑清晰。要做到能够套用这个公式写出有效的分析,学生还需要经历一个同样重要的步骤,那就是通过深入阅读材料,对所涉及的法律问题获得专业性理解,并对关键问题独立作出判断,例如:(1)案件争议焦点的核心问题是什么?(2)解决该核心问题所需的"规则"是什么?(3)该规则源自何处、它的权威性如何?(4)判例是如何体现相关规则在具体事实中的应用的?(5)双方的主要论点论据会是什么、法院可能会如何看待双方的主要论点论据?思考不清这些问题,就无法确立立场,更谈不上"怎么能更好地论证"。

概言之,LAWR 课程的核心目标是要培养学生在普通法体系下进行思考,尤其是"批判性思考"的能力。在 LAWR Ⅰ的学习中,学生需要首先精确地理解判例法,对课题所提出的法律问题进行批判性思考,通过找到规则、理解规则、应用规则并论证得出结论后,再把该结论和其背后的分析表达出来,而思考、论证与表达往往并不是一个单向的过程,而是互相影响和推动的。授课教师以高标准要求学生,并在过程中给予学生详细的反馈与复盘,培养学生在普通法体系下为客户解决问题的思维方式、专业素养、服务意识、职业操守和沟通能力,提高学生的思维水平、洞察力、细节能力、应变力、解决能力等。

二、法律人思维和推理概念简介

(一)批判性思维

大家对"批判性思维"这个词应该都不陌生,但是它到底代表着什么思维呢?和律师职业的关系又是什么呢?明确这一点,对于理解LAWR的课程设计很有帮助。在*Thinking Like A Lawyer: A Framework for Teaching Critical Thinking for All Students*一书中,律师、教育家Colin Seale将"批判性思维"定义为:"为了习得可以帮我们解决跨学科问题而需学习的知识,在行义兴益(而不仅是"技术正确")的基础上,所应具备的一套技能(包括推理、推断、解释、分析与对自己思考过程的认知)和态度(包括好奇心、寻求真理、自信与成熟)"。更为具体的描述可见于《批判性思维工具》一书,Richard Paul和Linda Elder列出了"批判性思维"应具备的七大思维特质:其一,思维谦逊,指的是对于自己的所知与所不知有明确的判断力;其二,思维勇气,指的是敢于质疑自己信念的品质;其三,思维换位思考,指的是能够包容与自己不同的观点;其四,思维正直,指的是对自己和他人使用同一要求标准;其五,思维坚毅,指的是克服困难和挫折以解决复杂问题的思维品质;其六,对推理的信心,这一点建立在一种信念基础上,这一信念认为给予人们自由推理的机会能够满足人们高层次的需要;其七,思维自主,指的是坚持理性的标准独立思考。①

在下文中,我会借助这些批判性思维的概念,以课题为例,具体解释LAWR Ⅰ是如何在普通法学习的语境之下培养学生的律师技能。

(二)法律推理与遵循先例原则

上文提到,法律中的推理大都是基于规则的推理(Rule - based Reasoning),而LAWR Ⅰ的课题只涉及普通法判例,所以在这类课题中,相应的规则就来自判例。在普通法中,有一条非常重要的原则——遵循先例原则(*Stare Decisis*),即法官有义务尊重先前判决所建立的先例。这个原则的效果是,如果有一个新案件的关键事实跟判例的关键事实相似,那么法院就会以相似的态度对待新案件。换言之,新案件的事实与先例越相似,结果就越应该和先例一致。这个原则可以促使规则的形成。普通法发展至今,很多法律领域里的基本规则已经被法院总结出来并明确阐述在判决意见中。然而,有些案件的事实比较新颖,因此法

---

① 参见[美]琳达·埃尔德、[美]理查德·保罗:《批判性思维工具》,侯玉波等译,机械工业出版社2013年版,第25-26页。

院或是没有针对这类情况给出过规则,或是曾经笼统地给出过一些相关规则,但这些规则对于具体案件的适用性并不高。在这些时刻,律师需要经过一些更复杂的步骤,提炼出最适合解决问题的规则。

如何判断法院已给的规则能否直接解决问题呢?这要求我们通过推理来判断。法律推理从过程上划分,可以分为演绎推理(deductive reasoning)和归纳推理(inductive reasoning)。[①]

演绎推理是把特殊事实套用到一般原理中,从而获得特殊结论。[②] 比如:

前提 1 - 规则:	这条路上限速 50km/h。
前提 2 - 个案事实:	张老师开车通过这条路时不小心开到了 60km/h。
结论:	张老师超速了。

演绎推理的逻辑是滴水不漏的,因而此类问题,只要规则和事实无争议且明确,分析起来就较为容易,也比较能让人信服。如果判例里有这样的规则,并且当这些规则应用于具体事实时可以没有争议地得出结论,那么这样的规则便可以直接适用。

然而,并不是所有法律问题都能用演绎推理一步解决的。比如,如果一个警察因为有个司机在开车转弯时没有打方向灯而截停了这辆车,该警察是否有权限去搜查这辆车呢?美国宪法对于警察的这类行为有严苛的限制,美国联邦最高法院在解释宪法时给出了这样一条规则:"警察在有合理可靠的理由认为车辆内可能藏有违法物品的情况下,可以在没有搜查令的情况下对车辆进行全面搜查,包括搜查车辆内的所有容器。"但相比于"限速 50km","有合理可靠的理由"并不是一个容易应用的标准,这就需要律师参考各种判例,并归纳总结出一些规律,即进行归纳演绎。

归纳推理是从特殊观察中找出一般原理的过程。[③] 比如:

前提 1 - 观察到:	男孩 1 不爱玩芭比。
前提 2 - 观察到:	男孩 2 讨厌玩芭比。
前提 3 - 观察到:	男孩 3 痛恨玩芭比。
归纳规则	男孩普遍不愿意玩芭比。

可以看出,归纳推理的结论并不是 100% 逻辑健全的,而是可能有争议的。如果学生贸然地给出这样一条结论,或者没有发现这个结论是有争议的,那么这

① See Catherine J. Cameron & Lance N. Long, *The Science Behind the Art of Legal Writing*, Carolina Academic Press, 2015.

② See Catherine J. Cameron & Lance N. Long, *The Science Behind the Art of Legal Writing*, Carolina Academic Press, 2015.

③ See Catherine J. Cameron & Lance N. Long, *The Science Behind the Art of Legal Writing*, Carolina Academic Press, 2015.

个学生可能还需要加强在“思维谦逊”等特质上的训练。

因此，无论我们怎么完善表达，归纳推理依然是《三体》里提到的“火鸡科学”。在逻辑上，归纳出的规则终究不能100%为真。这也就是为什么我们的课题没有标准答案，以及为什么在有那么多判例的情况下，还有人选择打官司。

然而，普通法系并不因此就是没有标准的“蛮荒疯狂的西部”。在遵循先例的要求下，普通法具有了一定的稳定性和可推测性。在法律语境下，这几个前提里的观察就是判例，而律师依据判例所归纳出来的规则是否本身有争议、是否能解决案件争议，就可能取决于律师对判例的洞察深度、思维的缜密程度以及最终措辞的严谨程度了。比如再回到男孩和芭比的例子：

前提1－观察到：	男孩1不爱玩芭比。仔细观察后发现，他喜欢玩奥特曼。
前提2－观察到：	男孩2讨厌玩芭比。仔细观察后发现，他的父亲是一个很保守的军人。
前提3－观察到：	男孩3痛恨玩芭比。仔细观察后发现，他的母亲平时不怎么管他。
归纳规则	至少在某些特定文化和体制内成长起来的男孩，大概不愿意玩芭比。

根据你的观察，不爱玩芭比的男孩1喜欢玩奥特曼，不爱玩芭比的男孩2的父亲是一个很保守的军人，不爱玩芭比的男孩3的母亲平时不怎么管他，那我们是不是可以归纳出一个措辞相对安全的规则来降低其争议性呢？比如，“至少在某些特定文化和体制内成长起来的男孩，大概不愿意玩芭比”，这样表述规则，是不是就比“男孩普遍不愿意玩芭比”争议小了很多？

如果此时又出现了一个新的案件：男孩4跟其他3个男孩都是同一区域的居民，他既喜欢奥特曼，又有保守的军人做父亲，且母亲平时也不怎么管他。如果让你判断他是否喜欢玩芭比，套用新归纳出的规则，此时更容易产生一个不一定正确但具有些许说服力的结论：男孩4大概率不怎么玩芭比。

如果男孩4的相关信息再变化一下，比如他不喜欢奥特曼而是喜欢哈利·波特，他的父母都是大学教师。这样的男孩会不会喜欢玩芭比？此时，难度又增大了。要更好地下结论，我们又要回到判例中，进行更细致地观察和理解，甚至需要找更多的判例，归纳更适合解题的规则。

在遵循先例的原则之下，法院在决策中应当遵循过去类似案例的判决，而律师们通过比较同一辖区内相关判例和新案件的事实，可以合理预测这个辖区内法院的判决结果。值得注意的是，预测的结果仅仅是合理的，而非绝对精准的。

三、课题样本

LAWR的课题并不局限于某一个法律领域，而是会涉及美国州普通法关于物权法、侵权法、合同法、婚姻法、刑法,以及关于美国联邦移民法、证券法、选举法、知识产权法、电信法等不同领域。鉴于 STL 的学生们在第一模块正在熟悉普通法判例体系,LAWR Ⅰ的课题通常围绕某个州的普通法问题展开。老师们设计的课题材料大约为 20 到 30 页,主要包括两部分:(1)客户案件相关信息;(2)四个左右选定的普通法判例。以下提供一个课题的几个截图供大家参考(无须精读图中的内容)(见图 3-2—图 3-5)。

Attorney-Client Privilege Confidential Work Product

By engaging thoughtfully with these challenging topics, we hope to equip you with the skills, empathy, and resilience necessary to navigate the legal profession with compassion and professionalism.

MEMORANDUM

To: Summer Intern
From: Ainsley Hayes
Date: August 14, 2023
Re: Roy, Potential Claim for Negligent Infliction of Emotional Distress

---

Good morning!

I would like you to write a memo for me analyzing a matter the firm has recently been retained to investigate. Our potential client is Kendra Roy. Kendra and her family are residents of San Francisco, California. Her youngest son, Lucas, was born, last year, with a severe medical condition known as Rubinstein-Taybi Syndrome. On June 22, 2023, Kendra and her husband took their two other sons out and left Lucas home with a nurse they hired to look after him. Before leaving, Kendra turned on a nanny cam which she installed in Lucas's room. While away, she observed, through the nanny cam, that Lucas was displaying discomfort and distress while the nurse was not in the room. She finally got the attention of the nurse, who, according to Kendra, did not do enough to alleviate Lucas's distress. Lucas's condition worsened after the incident. Kendra would like to sue Pierce Healthcare Services, LLC for medical malpractice, negligent hiring, and **negligent infliction of emotional distress**.

I need you to analyze, assuming we can prove medical malpractice and Kendra's depression constitutes severe emotional distress, whether Kendra has a valid NIED claim as a "bystander" to what happened to Lucas. Regarding the facts of the case, I have attached the transcript of the interview I had with Kendra, and an opinion letter from a Dr. Bartlett, whom we sometimes get as an expert witness.

A paralegal has done some research and found the following relevant cases:

Ochoa v. Superior Court, 216 Cal. Rptr. 661 (1985)
Wilks v. Hom, 3 Cal. Rptr. 2d 803 (Ct. App. 1992)
Bird v. Saenz, 123 Cal. Rptr. 2d 465 (2002)
Ra v. Superior Court, 64 Cal. Rptr. 3d 539 (Ct. App. 2007)

You should not conduct further legal research, though do feel free to suggest what other facts we need to collect and from whom.

Your memo should not exceed 2,500 words. Since you are new, the next page contains more detailed formatting rules for legal memos in this office. Please comply. Email your memo to me by 10:00 p.m., October 29, 2023.

图 3-2 任务发布通知

Attorney-Client Privilege Confidential Work Product

HAYES: Can you describe what you saw on the nanny cam?

ROY: I first realized that Mildred was not in the room. I looked for Lucas's cradle in the footage. Lucas's hands were flapping, and his body was rocking.

HAYES: Sorry to interrupt. Can you be more specific? What does hand flapping or body rocking mean?

ROY: His fingers were opening and closing, and his wrists were flexing and extending. He was rolling from side to side repeatedly.

HAYES: And it was unusual?

ROY: Well, it never happened before. He is usually pretty still in the cradle, so I thought he might be in distress.

HAYES: Before we go on, how certain are you about what you saw? My impression of nanny cams is that they tend not to be very clear.

ROYS: That might still be the case just a few years ago, but technology has advanced tremendously. We have a special needs son, so we spared no expense on this device. The app on my phone adds green or red circles to mark out movements for me. It allows me to zoom in and out and turn the camera 180 degrees. It also has a really good detachable microphone that I put inside the cradle. Depending on network connectivity, there might be a slight delay that ranges from two to ten seconds, but the quality of video and audio is reliable. So, I was pretty sure about what I saw.

HAYES: Alright. That's good to know. What else did you see?

ROY: The next thing I did was putting on my headphone to listen to the audio. I could hear that he was breathing rapidly, with shallow breaths, and sometimes as if he was holding his breath. Then I saw his arms and legs trembling a little, and he started making the kind of noise that he would make when he usually cries for attention or feels uncomfortable.

HAYES: Did you show what you saw and heard to Roland?

ROY: Yes, I did. He said he looked strange, but "it's probably nothing." I wanted to believe him, but I was a bit worried. I just wanted to make sure he was OK. I tried to call for Mildred through the nanny cam, but she was still nowhere to be found, so I decided to call her. The line was busy, so I tried a few times. I also texted her to "check on Lucas, because he seemed in discomfort and breathing weird."

HAYES: No response?

ROY: No. The line was still busy. She was still not in the view of the camera.

HAYES: What happened next?

ROY: I switched back to the app, and I saw that Lucas's arms and legs were jerking more . . . violently. He was crying more loudly, but in a pattern that's inconsistent. At certain points I couldn't even hear anything, not even his breathing.

HAYES: How long did this last?

图3-3 客户问答文字记录节选

Attorney-Client Privilege Confidential Work Product

LETTER OF EXPERT OPINION OF DR. ABBY BARTLETT

August 12, 2023
Bartlett Pediatrics and Primary Care
123 Main Street, Los Angeles, CA 90001

Dear Ms. Hayes,

I received the documents you sent me and your list of questions. In this letter, I will provide relevant explanations.

Muscle spasms and breathing problems are commonly observed in individuals with Rubinstein-Taybi Syndrome (RTS). Muscle spasms and tremors associated with RTS may manifest in different ways on a nanny cam. Here are some possible observations:

1. Involuntary movements: The nanny cam may capture episodes of sudden, jerky movements or muscle contractions in Lucas's body. These movements may be visible in his limbs, face, or other body parts.

2. Tremors: The camera may capture fine, rhythmic shaking or trembling in Lucas's extremities, such as his hands, arms, or legs. These tremors may be more pronounced during certain activities or when he is in a particular position.

3. Repetitive motions: Lucas might display repetitive, stereotypical movements, such as repetitive hand flapping, finger tapping, or rocking back and forth. These motions may be visible on the nanny cam as sustained patterns of movement.

4. Restlessness: If Lucas experiences muscle spasms or tremors, he may appear restless or fidgety on the nanny cam. He may exhibit difficulty staying still or maintaining a comfortable position due to the involuntary movements.

Additionally, labored breathing can happen with RTS patients, due to structural abnormalities in the respiratory system. It is possible that Mrs. Roy was able to hear it if the microphone was close enough to the infant.

Based on the information you gave me, a caregiver could have intervened, possibly, by 1) providing a calm and soothing environment to help alleviate any distress or anxiety that could potentially contribute to muscle spasms, and 2) performing gentle range-of-motion exercises and position the child's body in ways that promote relaxation and relieve muscle tension and optimize breathing. Depending on the severity of the symptoms, the caregiver might have to notify the healthcare team and call for help, while continuing to monitor vital signs of the child.

The above is my medical opinion.

Yours sincerely,

Dr. Abby Bartlett

图 3-4 其他类事实相关证据(此处为专家意见信)

[*8]*** II. DISCUSSION

This case requires us to consider once again the circumstances under which bystanders to an event injuring a third party may sue the allegedly ***[*915]*** negligent actor for emotional distress. In *Amaya v. Home Ice, Fuel & Supply Co.* (1963) 59 Cal.2d 295 [29 Cal. Rptr. 33, 379 P.2d 513], we declined to recognize such claims, foreseeing if we did a "fantastic realm of infinite liability." (*Id.* at p. 315.) Five years later, in *Dillon v. Legg* (1968) 68 Cal.2d 728 [69 Cal. Rptr. 72, 441 P.2d 912] (*Dillon*), we reversed course. Equating the duty to avoid causing emotional harm to bystanders with the foreseeability they might suffer such harm, we articulated a set of nonexclusive guidelines for assessing foreseeability, and thus duty, on a case-by-case basis. [1] Over the ensuing two decades we, and the lower courts, attempted to apply those guidelines. Looking at that effort in retrospect, however, in *Thing v. La Chusa, supra*, 48 Cal.3d 644 (*Thing*), we discerned that *Dillon* had produced arbitrary and conflicting results and "ever widening circles of liability." (*Thing, supra*, at pp. 653, 662 ***[****9]***.) Recognizing this, we did not reverse course yet again, but we did make an important course correction.

In place of *Dillon's* nonexclusive guidelines, we set out three mandatory requirements that claims for NIED must satisfy to be accepted as valid. Specifically, we held "that a plaintiff may recover damages for emotional distress caused by observing the negligently inflicted injury of a third person if, *but only if*, said plaintiff: (1) is closely related to the injury victim; (2) is present at the scene of the injury-producing event at the time it occurs and is then aware that it is causing injury to the victim; and (3) as a result suffers serious emotional distress--a reaction beyond that which would be anticipated in a disinterested witness and which is not an abnormal response to the circumstances." (*Thing, supra*, at pp. 667-668, fns. omitted, italics added.) We emphasized the mandatory, exclusive nature of the new requirements by expressly rejecting the suggestion that liability for NIED should be determined under the more general approach set out in *Rowland v. Christian* (1968) 69 Cal.2d 108, 112-113 [70 Cal. Rptr. 97, 443 P.2d 561], for identifying ***[****10]*** duties of care. (See *Thing, supra*, at p. 668, fn. 11.)

Applying these requirements to the facts before us in *Thing, supra*, 48 Cal. 3d 644, we held ***[***469]*** that the plaintiff as a matter of law could not ***[****11]*** state a claim for NIED. The plaintiff mother had been nearby when the defendant's automobile struck and injured her minor child, but the plaintiff had not seen ***[*916]*** or heard the accident; instead, she became aware of it only when someone told her it had occurred and she rushed to the scene and saw her child lying injured and unconscious on the road. Under these facts, the plaintiff could not satisfy the requirement of having been present at the scene of the injury-producing event at the time it occurred and of having then been aware that it was causing injury to the victim. We reinforced our conclusion by ***[**328]*** disapproving the suggestion in prior cases that a negligent actor is liable to all those persons "who may have suffered emotional distress on viewing or learning about the injurious *consequences* of his conduct" rather than on viewing the injury-producing *event*, itself. (*Id.* at p. 668, italics added, disapproving *Nazaroff v. Superior Court* (1978) 80 Cal. App. 3d 553 [145 Cal. Rptr. 657], and *Archibald v. Braverman* (1969) 275 Cal. App. 2d 253 [79 Cal. Rptr. 723], to the extent inconsistent with *Thing*.) [2]

---

[1] The court in *Dillon, supra*, 68 Cal. 2d 728, 740-741, wrote: "In determining . . . whether defendant should reasonably foresee the injury to plaintiff, or, in other terminology, whether defendant owes plaintiff a duty of due care, the courts will take into account such factors as the following: (1) Whether plaintiff was located near the scene of the accident as contrasted with one who was a distance away from it. (2) Whether the shock resulted from a direct emotional impact upon plaintiff from the sensory and contemporaneous observance of the accident, as contrasted with learning of the accident from others after its occurrence. (3) Whether plaintiff and the victim were closely related, as contrasted with an absence of any relationship or the presence of only a distant relationship."

[2] In both *Nazaroff v. Superior Court, supra*, 80 Cal. App. 3d 553, and *Archibald v. Braverman, supra*, 275 Cal. App. 2d 253, courts had permitted NIED claims by plaintiffs who had seen the immediate aftereffects of injury-producing events, but not the events themselves. The plaintiff in

图 3－5　判例之一节选

在介绍本课题的具体内容前，我认为也有必要请大家阅读一下我们会在课题第 1 页附给同学们的“引起不适警告”，即由于课题涉及了亲人遭受伤害、死亡等细节，如果会让你感到不适，请做好心理准备和自我保护，再继续阅读。（见图 3－6）

Trigger/Content Warning: Sensitivity Regarding Content of Cases

At STL, we prioritize the well-being and mental health of our students. We want to provide a trigger/content warning regarding the facts of certain cases you will encounter during your studies.

Please be aware that some case discussions may involve sensitive topics related to:

child illness and disability,
child injury and distress, or,
in some cases, death.

We understand that these topics can evoke strong emotional responses and may be distressing for some individuals. It is important to take care of your well-being while engaging with these materials.

At the same time, we believe that education should reflect the realities of the legal profession, including the challenging situations lawyers may face. It is our intention to foster a comprehensive understanding of the legal landscape and the complexities that professionals navigate. We do not endorse an approach that completely shields students from certain realities they may encounter in their future careers.

We encourage you to approach these discussions with sensitivity, respect, and self-awareness. It is normal to experience a range of emotions when confronted with distressing scenarios. If you find yourself personally affected or triggered during these discussions, we urge you to prioritize your well-being and utilize the support resources available to you. You may consider the following options:

Self-Care:	Give yourself time to mentally prepare before reading, take breaks when needed, engage in activities that promote relaxation and self-care, and be mindful of your emotional well-being throughout your studies.
Seek Support:	Reach out to trusted friends, family members, or mental health professionals who can provide guidance, empathy, and understanding during difficult times.
Utilize Campus Resources:	Follow "**南燕心理**" public account on WeChat. Book appointments with a counselor on campus.

Remember, self-care and seeking support are important aspects of your educational journey. There is no shame in needing or seeking help. If you require assistance or have any concerns, please reach out to your instructor, class counselor, or make use of the campus resources provided. We are here to support you throughout your academic and personal development.

图3-6　引起不适警告

如果你准备好继续读了，这个课题大概是这样的：

事实概要：

客户和家人住在加州。某天，客户雇了一名护士照顾被留在家中的宝宝，并在临走之前，在护士知情的情况下，打开了婴儿房的高清实时有声监控。客户出门在外时，打开手机端监控查看宝宝情况，发现宝宝被独自留在婴儿房，且出现异常动作和哭声。护士失职，未对宝宝施行基本的专业救护，而客户在赶回家的路上只能无助地目睹宝宝持续的异常表现。事后，婴儿得到抢救得以保命，但客户在这段紧张恐惧的经历之后被诊断为重度抑郁症。

法律问题：

在加利福尼亚州的普通法判例下，满足特定要件的旁观者(bystander)可以作为原告以过失心理伤害(Negligent Infliction of Emotional Distress, NIED)为由提出索赔。NIED的构成要件为，原告必须(1)与受伤者有密切的关系；(2)处于受伤事件发生的现场并在当时意识到该事件正在给受害者造成伤害；以及(3)由此导致严重的情感困扰(“[*the*] *plaintiff*: (1) *is closely related to the injury victim*; (2) *is present at the scene of the injury - producing event at the time it occurs and is then aware that it is causing injury to the victim*; *and* (3) *as a result suffers serious emotional distress ...*”)[①]。本题在默认要件(1)和要件(3)已满足的情况下，要求学生分析并预测加州法院是否会判定客户满足要件(2)。

表3-2　课题中发布的四个旁观者诉NIED的判例

案件	案情简介
Ochoa案(原告赢)	原告去探望少管所里的儿子，在儿子病床前目睹他的痛苦，请求管理人员救治未得到有效反应，探访结束离开后儿子病逝
Wilks案(原告赢)	原告与女儿同在公寓中但不在同一房间，因物业过失，当女儿插插头的时候，电路发生了爆炸。原告被炸出公寓，虽未目睹，但瞬间就知道女儿的房间也遭受了爆炸。很快，原告确认女儿已遭遇不幸
Bird案(被告赢)	原告在手术室外等母亲做手术等了很久，被告知手术难度比预期高。之后，原告看到母亲被紧急推到重症病房抢救，并目睹周围医护人员忙碌，听到紧急广播后，原告猜测出事了但不确定，等到母亲去世后才被告知
Ra案(被告赢)	夫妻在商场逛街，互相背对相差几米之时，妻子听到身后巨响，心想怕不是什么东西砸了下来，转身查看丈夫所在之处，才发现他已经被砸

表3-3　LAWR Ⅰ大纲中课题相关的进程和截止日期安排

时间	课题进程
第3周末	课题发布
第5周末	学生提交法律分析报告的“论证分析”(Discussion)部分初稿
第6~7周	学生收到初稿书面反馈，并与老师进行一对一口头反馈和答疑
第9周末	学生提交法律分析报告全稿

① Thing v. La Chusa, 48 Cal. 3d 644, 647 (1989).

续表

时间	课题进程
第10~11周	学生收到全稿书面反馈,并与老师进行一对一口头反馈和答疑
第11周末	学生提交法律分析报告终稿

注:每个模块有10周教学时间,此表格显示为11周,是因为计入了十一长假,从而能更精确地为读者体现出时间进程。课程进度安排也会根据每年教务部门制定的教务日历和每年学生人数而调整。

四、LAWR Ⅰ的训练重点

我在第一节提到,完成课题需要两个步骤——学生要先精确理解判例法、对课题问题进行批判性思考,产生自己的结论之后,再把自己的结论和其背后的分析表达出来。于是LAWR Ⅰ的两大重点培养目标分别为:理解判例并从判例中提取和归纳法律规则的能力,和简洁、流畅、清晰与有效地表达论证的能力。

(一)培养重点一:理解判例、并从判例中提取和归纳法律规则的能力

1. 培养专业意识

设置上述的课题,我们期待学生实现的第一个突破,就是摆脱“写作业”的心态。从字面上看,“原告必须处于受伤事件发生的现场并在当时意识到该事件正在给受害者造成伤害”这一要件规定了原告必须“在场”(present at the scene)。然而当宝宝在家出现不适、护士失职之时,我们的客户并不在家。由于课题没有标准答案,我们允许学生最终的分析结论对客户有利或不利,因此,学生很有可能快速地下定结论:客户肯定不满足“在场”这一要件,这个官司肯定没得打。

这正是我们设计题目时的“陷阱”。一方面,如果学生仅仅将这道题目视为“作业”,而非从客户利益最大化的律师视角出发,便可能会仅仅基于字面含义草率论证并得出结论。然而,面对客户的宝宝受伤、心理受创及其家庭可能承担的医疗重负这些现实情况,律师应当竭尽全力思考能够帮助实现客户诉求的法律途径。例如,要件中的“present at the scene”是否能采用“线上”的形式(如本案中,客户通过监控看到宝宝疾病发作而未被照料)?我们能否在判例中找到相关依据?对方可能会怎样反驳?学生需要深入思考,琢磨出我方的最强论据。另一方面,律师也不能受到主观情感的摆布。如果发现即便依据最强论据,客户仍然无法胜诉,那么律师也不可以为了帮助她,而强行地作出违背逻辑和法律的分析。

设置这样陷阱的目的有二,一是让学生体会到律师需要尽职尽责的职业操守,二是塑造学生自信、自主、勇敢、坚毅、正直、谦逊与全面的思维习惯。一旦代

入律师这一职业角色,学生便更容易树立起专业意识,从而更加深入地思考法律问题。在老师的启发下,学生被激励去独立自主、负责任地思考,摒弃假设与偏见,更加全面地分析问题,久而久之,这种思考方式将成为他们的习惯,学生的自信心和决断力也随之显著提升。

2. 方法培养:反复逆向思维中的规则合成

有了动力和目标,学生又踏入了另一个苦海:即便内心燃起了胜诉的希望,但在没有法律依据的情况下,这希望终究还是会熄灭。那么,法律依据究竟该如何寻找呢?

此时,老师们并不会直接给学生答案,而是采用"苏格拉底式"的提问,挑战学生内心默认的前提和假设,激发学生自己去探寻下一个突破口。类似这样:①

学生: The test specifically requires the plaintiff to be "present at the scene," so how can we say that her presence at home is not required?

老师: It's up to you whether to conclude that this lawsuit can proceed. Is this the end of the road for the client?

学生:I feel bad for her ...

老师:I understand that. I do, too. Listen, if you conclude that she cannot claim for NIED, she can probably still get damages from other causes of action. Even if she cannot get damages at all, the law is the law. You cannot force a baseless conclusion just to please her, right?

学生: Right.

老师: The question now is: what is the law? Do you think the law is against her 100%?

学生: Hmmm ...Maybe ...*Wilks*?

老师:"Maybe *Wilks*?" What does that mean? Elaborate.

学生: In *Wilks*, the mother won the case, even though she was not in the same room as the daughters.

老师: So? Can our client be in a different room while watching the baby Cam footage and still be regarded "present?"

学生: Maybe? In *Wilks*, the mother was also in a different room.

老师: Why could the mother prevail in *Wilks*?

学生: The court said that one does not need to *see* the event as long as other senses can still allow her to contemporaneously perceive the injury – producing e-

---

① 这个对话只是一个例子,是我整合了跟多个学生的对话的结果。我这样整合的目的是使用较短的篇幅体现苏格拉底式问答的推进模式。真实的对话有时会漫长崎岖,语法、表意会有更多瑕疵,但都正常。

vent. The mother knew where her daughters were, heard their voices before the explosion, felt the explosion herself and was blown out of the door—all of that gave her clear contemporaneous perception.

老师：So in our case, if the client was in a different room but at home, watching and hearing everything that was happening with the baby, how would the *Wilks* court think about these facts? Let's assume it was impossible for her to rush to the baby's room and do anything.

学生：Arguably, our client's perception is even stronger than Wilks's since she could actually hear and see what was going on, without having to rely on other senses.

老师：Hmmm ...Stronger ...Is that true?

学生：It's ...not?

老师：I have some thoughts, but I don't want to feed you anything yet. Why don't you take a note and think it over?

学生：OK.

老师：Building on that, I have another question: If our client is not watching the nanny cam footage in a different room of the same house, but doing it at a remote venue, how would the perception be different?

学生：There is ...not much difference?

老师：You tell me.

……

我们希望通过这样的对话，推动学生们进行逆向思维，通过质疑自己默认的前提来突破思维上的枷锁，从而获得更清晰的理解。比如，从英文字面上看"present"可以被"physically"或者"virtually"这样的副词所修饰，而现有规则下该要件本身没有明确的限制。如果学生们带着这样的理解再去细读判例，就会意识到，这四个案子从未专门去分析过原告是否"在场"，或者从未解释过"在场"的定义究竟是怎样的。这样，学生就有了足够的空间去探索这四个判例。

上面的对话里还体现了一点：所有该做决定的地方，老师都没有直接给出答案，而是需要学生思考后再做决定。因此，学生归纳出的规则会各不相同。比如"physical presence is *not required* as long as the plaintiff could form a sensory and contemporaneous perception of the injury – producing event（只要原告能够通过感官产生对侵害事件的实时认知，亲临现场就不必要）"，或者"physical presence is *not required* if the environment that the plaintiff was in allows her to obtain a sensory and contemporaneous perception of the injury – producing event（如果原告所处的环境能允许她通过感官产生对侵害事件的实时认知，亲临现场就不必要）"，甚至相反的规则"physical presence is *necessary* because the type of bystander emotional distress that courts intended to prevent could only be caused by experiencing the shock of the sensory and contemporaneous perception at the scene(原告必须亲临现场,因为只有在身临其境、实时感知到侵害时,才足以触发法院设立此标准时旨在避免的那种旁观者会感受到的情感痛苦)”。这些规则中的语言,除了某些关键词,并不源于判例,学生必须自己组织出来。这就要求学生们去归纳四个判例中的规律,仔细分析它们所讨论的法益与要件的关系,最终从判例中提取、合成出“在场”这个要素的规则。这个规则应当是一个底线要求,应当与现有判例都符合,并具有指导性意义。学生要依据自己的理解,来判断究竟哪个规则在四个判例面前更站得住脚。至于该规则导向的结果是否有利于客户,出题者并没有偏好。

我们称这项工作为“规则合成”(rule synthesis)①,它不仅是学生在 LAWR Ⅰ课程中需要掌握的最重要的技能,也是他们面临的最大挑战。学生必须根据客户需求,对以下问题做出决定:“判例到底是什么意思?”“什么样的规则既能解决问题又不违背判例?”以及“我该如何措辞以更清楚地表达我的理解?”这是一个没有标准答案的、需要学生独立完成的过程。在这一过程中,老师会不停地反问甚至“挑毛病”。而“做决定”说起来容易,但对于不少学生来说,这是在之前的学习中从未经历过的事情。

对于学生合成的规则,我们一般有两条要求:“能用”和“好用”。“能用”的意思是,它不能与现存的法律相违背。在这个课题的语境下,即是合成的规则从部分到整体必须能够被判例直接或间接地支持,并且如果把每个判例里的事实套用到这个合成的规则上,得出的结论应该跟判例当初的结论一致。“好用”的意思是,该规则能够更好地服务于我们的分析,规则的语言应当直观、浅显,更具指导性,更方便将来适用于其他类似事实并无争议地得出类似结论。换言之,适用该规则时的“感觉”更近乎演绎推理。如果以这两个标准来看上段里的三个例子:

1. Physical presence is not required as long as the plaintiff could form a sensory and contemporaneous perception of the injury – producing event.

2. Physical presence is not required if the environment that the plaintiff was in allowed her to obtain a sensory and contemporaneous perception of the injury – producing event.

3. Physical presence is necessary because the type of bystander emotional distress that courts intended to prevent could only be caused by experiencing the shock

① 在这个课题中的要件(2)其实要求学生分两步分析两个不同的法律争议,所以涉及对两个不同问题分别合成规则。我在本文中只是用“在场”这第一个问题简要举例。

of the sensory and contemporaneous perception at the scene.

这三种总结出的规则都“能用”，都可以从判例里获得间接的支持。[①] 而 1 和 2 相比，可能 2 更“好用”，因为在 1 的基础上，2 更直观地给出了通过评价客观环境来鉴别原告是否能够建立认知的分析方法。有些学生在不断理清思路和推敲语言后，自发地把合成的规则从第 1 句进化成了类似第 2 句的样式，即在独立思考后做出了有理可循的决定。这种过程会让学生在智力和情绪上都受到激励，这样大大小小的决定做多了，学生的底气就会越来越足。

“规则合成”这项工作，需要学生深入地阅读和理解判例，总结、提取、转述判例里的核心内涵，对英语语言进行更有目的性和精准性的驾驭与推敲，并且结合课题案件的需要去归纳总结可用来帮助解决问题的规则。它极大地考验了学生在接收、处理及二次输出复杂英文信息方面的综合硬技能，同时，也是锻炼和提升这些技能的有效手段。不仅如此，“规则合成”对学生撰写分析的体验和论证效果本身也是非常重要的。这就要讲到 LAWR Ⅰ 的第二个核心培养重点了。

（二）培养重点二：简洁、流畅、清晰与有效地表达论证的能力

法律分析报告主要为上级律师服务，这位律师或许很快就要见客户并作出决策，而在此之前，他并没有时间深入了解案件涉及的法律问题，现在，他将依赖于你的这份报告来做准备。对于日常忙碌的上级律师而言，阅读时间紧、决策风险高。因此，他们在阅读分析报告时，往往会对观点持怀疑态度，同时对格式、措辞、语法等方面设定严格的标准。[②] 更进一步说，法律分析报告的受众在阅读时可能感到疲倦、急躁、有压力、有盲区、甚至产生抵触情绪，而衡量这份文书好坏的尺度之一，便是读者的阅读体验。我们写的东西读起来越简单、越顺畅、越清晰，读者阅读体验就越好。

我们可以把阅读法律分析报告比作开车，那些写得不顺畅、不清晰、过于复杂的地方，就像是我们遇到的减速带。每一处段落关系不明确或衔接不顺畅的地方，每一句太长或太复杂的句子，每一条缺乏权威引注的观点或信息，每一个未经解释的新概念，都是阅读过程中的“减速带”，会引起读者对论证的疑惑甚至厌烦。现实中的减速带是为了安全着想，去不得，但法律分析写作里的“减速带”却应该尽可能消除。这和对于规则“好用”的要求是一致的。

前文所提到的 CREAC 结构是一个非常实用且有效的公式，能够帮助清晰论证和提升读者阅读体验。以结论（Conclusion）开头，旨在让读者对分析的最

---

① 该点可能是需要读过判例甚至上过课才能体会到的，直接解释出来过于繁琐和枯燥了。理解这篇介绍是不需要理解这句话的，所以不必纠结该点。

② See Richard K. Neumann, Jr., Ellie Margolis & Kathryn M. Stanchi, Legal Reasoning and Legal Writing, 8th ed., Wolters Kluwer, 2017, p. 82.

终方向一目了然。分析中,先给出规则(Rule),一是因为这符合法律演绎推理中前提前置的惯常顺序,读者看起来更心安;二是因为规则含有的要件能决定下文框架,为读者提供明确的阅读方向。紧随规则之后的是对规则的解释(Explanation),规则往往来自对判例的归纳与合成,所以我们需要通过解释判例来证明规则的合理性和权威性。而在事实分析(Application)部分,我们要比较判例的事实和本案的事实,基于遵循先例的原则说明本案的结果应该与本案事实相似的判例结果一致。这种通过比较案件事实、得出本案与某判例相似或可区分的结论,从而得出本案结果的推理过程,是法律推理中的第三种类型,即"类比推理"(analogical reasoning)。类比推理不仅帮助我们在具体案件中应用合成的规则,书写它的过程也能帮助我们检查在规则合成阶段对判例理解的合理性和适用性。最后,再给读者一个结论(Conclusion),以明确直观地总结上文的分析,方便读者判断自己的阅读进度。

上述解释可以说明,法律分析的核心仍是规则。只有"规则合成"得当,撰写分析时方能有的放矢。"有用"和"好用"的规则可以确保我们解释判例时具有明确的目的性,并能有针对性地结合判例进行类比推理。若规则合成不明确,我们在解释判例(Explanation)时便会迷失方向,比较判例与本案事实时缺乏针对性,类比推理时也会感到茫然无措,套用"CREAC"撰写分析时如同无头苍蝇写八股文,痛苦不堪。而当学生发现在自己合成的规则下撰写"CREAC"非常痛苦时,这便是一个明显的信号——所合成的规则可能并不"有用"或"好用"。此时,老师们会反复鼓励学生——在法律论证写作的过程中发现所合成的规则存在问题非常正常。只要学生保持思维的正直和谦逊,自信自主、勇敢坚毅地折回去审视自己的规则为什么不好用,那么更加好用的规则可能就在不远处。这也说明,本文提及的两个关键步骤——(1)精确理解判例法、对课题进行批判性思考以形成自己的分析和结论,以及(2)将自己的结论和背后的分析清晰表达——并非总是单向进行,而是需要不断折回和推敲。规则合成时的归纳推理与分析应用时的演绎、类比推理是相互启发、相辅相成的。

所以,虽然有效执行"CREAC"公式去表达论证是完成一份合格的法律分析报告的必经之路,但写作的过程本身是一个需要反复推敲的过程。对于LAWR课程的授课老师来说,培养学生理解判例、并从判例中提取和归纳法律规则的相关能力才是重中之重。一旦规则合成得当,其余部分自然水到渠成。

五、写作技巧与法律分析的融合

然而,对学习者来说,所谓的"水到渠成"可能仍然是一段煎熬似的经历。即使对判例和规则理解得再透,对于案件事实如何评论盘算得再周密,如果语言组织缺乏章法,读者的阅读体验仍会大打折扣。STL 的绝大多数学生,都是在国内读的本科,在过去四年中,大部分同学跟英文的接触都比较有限,在语言组织方面有所欠缺也极其正常。学生的初稿和二稿中,可归咎于理解、归纳能力欠缺的常见错误一般有:合成的规则缺乏法律权威的支持(不能用)、合成的规则对解决争议问题缺乏指引性(不好用);而在语言、段落组织能力方面,我们还会经常看到以下问题:段落之间关系不清楚、段落中的信息跟段落功能不相符、存在过多无用信息、上文的合成规则 1 和下文的合成规则 2 之间的逻辑关系出现问题、合成好的规则(R)与之后的对判例解释(E)缺乏紧密联系、分析案件事实时(A)缺乏对判例事实的比较和使用、语言表达过于冗长繁复、存在语法错误以及由语法错误导致的逻辑错误等。

对于以上这些问题,老师们会酌情在书面和口头的反馈中为学生提供建议。但由于 LAWR I 的重点在于培养理解、归纳、决策意识和能力,我们会战略性地避免过多追求语言的完美无瑕。这是我们从实践中总结出来的经验——如果老师过多地在学生的语法和用词错误上面做引导,这不仅会对学生的自尊心和学习热情造成打击,还会占据非常多的时间和精力。学生的头脑中本来有关于判例和分析的想法可以跟老师交流,却因为停滞在语言问题的泥沼里而不能跟老师交流那些想法。那样就好比我们本来可以扶着学生搬起西瓜往前蹒跚,却非要逼迫学生蹲在原地捡芝麻。① 其结果,是老师错失给学生赋权的机会、甚至浇灭学生的兴趣、失去学生的信任;一旦师生之间出现隔阂、那么教学效果也会更受牵连。所以,虽然在英文环境下工作所需的硬技能非常重要,但我们的原则是在确保核心训练的基础上,潜移默化、循序渐进地培养学生的语言能力。

即使我们不把语言视为重中之重,我们英文的教学语言是不会变的,我们也仍然会给学生提供详尽的各方面反馈。再加上通过撰写两篇初稿以及参与平时课堂各式各样的小练习积累的经验,学生们在交上终稿时,语言技巧和表达论证的层次感已经有了很大进步。我相信,回头看看刚入学时的自己,他们都能感受到自己在一定程度上的脱胎换骨。

六、结语

综上所述,本文深入探讨了以下几个核心要点:第一,J. D. 项目的目标是培养高水平的律师;第二,LAWR 这样的法律分析写作课程旨在"培养学生法律分析与论证、法律检索、问题解决以及在法律语境中进行书面和口头沟通的能

---

① 如果你是我几年前的学生,现在读到了这里,那我应该借此机会向你道歉和表示感谢——当时的我就犯过这样的错误。

力”;第三,LAWR Ⅰ如何通过课题来锻炼学生的判例理解能力、规则归纳能力和清晰论证的执业能力;第四,LAWR Ⅰ如何进一步增强学生的批判性思维,包括提问、寻找答案和做出决定的意识、底气和技术。这四个要点层层递进,宛如剥洋葱般逐步深入,与解决法律问题的实际步骤不谋而合——从识别争议核心的法律问题开始,细致剖析相关法律规则的具体要求及考量因素,通过深入的分析直达问题本质,再以此为核心向外扩展构建解答,最终得出结论。回顾一下本文开头的几个例子:

1. 为客户准备关于公司并购交易的法律意见书;

2. 在法庭上为被诉合同违约的客户辩护;

3. 为初创公司客户解释专利申请流程和商标注册的细节,从而辅助客户作出决策;

4. 为向联合国难民署申请庇护的难民客户提供法律援助;

5. 在国际贸易纠纷类涉外案件中,与国内外各方及律师跨文化的协调、合作、沟通。

这其中每一项工作都需要批判性思维所支撑的推理能力、意识习惯与工作底气。而这些素质,我们会在 LAWR Ⅱ和 LAWR Ⅲ中继续打磨。

模拟法庭庭审训练深度指南

仇小雅*

自2008年创院以来，北京大学国际法学院（Peking University School of Transnational Law，STL）始终将国际模拟法庭赛事作为法学教育的重要部分，积极鼓励学生参与，助力培养具备国际视野、通晓国际规则、能够娴熟应对法律实务挑战的高素质法治人才。经过多年的实践探索，STL逐步形成了独具特色的模拟法庭培训体系。采用高度灵活、互动性强的教学方法，从赛队选拔、赛题公布、书状写作、庭审训练，再到赛后的全面复盘，每一个阶段都精心设计，确保学生获得全面而深入的训练，得到提升。

庭审陈述作为模拟法庭赛事中最具挑战性的环节之一，对选手的语言表达、法律分析及即时反应能力提出了极高要求。它强调在短时间内，通过精准的口头表达和严密的逻辑思维，传达出缜密的法律分析。学生需具备跨文化沟通能力、灵活应变能力以及严谨的逻辑推理能力，才能够在激烈的国际模拟法庭竞赛中脱颖而出。

本文尝试深入探索庭审训练的核心原理与技巧，希望能够帮助参赛者更好地掌握在庭审中有效传达信息的方法。通过分享一些真实案例与实用技巧，笔者衷心希望能为参赛者们提供些许启发，帮助他们在训练中找到更明确的方向，为将来的法律实践积累宝贵经验。

一、庭审训练原理

由于书状写作的负担较重，模拟法庭赛队一般会选择在书状写作的后期或结束后，再开始庭审训练。庭审训练与书状写作的侧重点有着本质的不同。书状写作侧重于通过规则的准确运用、事实的详尽梳理、引注的规范使用以及论点结构的严密编排来全面而深入地展现赛队的立场和观点。然而，在通常只有两到三个小时的庭审环节，评审者阅读、理解和评判的自由度将大大降低。因此，庭审训练的重点在于培养选手的口头表达能力、现场应变能力和庭审技巧。选

---

* 北京大学国际法学院模拟法庭赛事主任。

手需要学会如何在有限的时间内清晰、有力、有逻辑地表达自己的观点,同时有效地回应对手的质疑和法庭的提问。

书状与庭审的区别,直接映射了律师传达法律观点的不同场景。在实务中,律师可以通过书面材料和口头表达两种方式与客户、合作伙伴、对手、法官等相关人士进行交流。在书面材料方面,律师提交的诉状、备忘录、法律意见书等材料能够直接体现其专业能力,如进行深入法律分析的能力,精准把握案件细节的能力以及构建严密逻辑的能力等。在撰写书面材料时,律师需要运用清晰的结构、精确的法律术语和有说服力的论证,确保法律观点的明确传达和逻辑上的无懈可击。而口头表达则是律师专业技能的另一重要体现。在庭审、听证会、谈判和客户会议等互动场合,律师必须能够即兴思考和快速反应,以流畅、有说服力的语言迅速而准确地传达复杂的法律概念,并根据现场情况灵活调整策略。这种即时沟通能力是对律师语言表达、逻辑思维、专业知识及应用能力的考验,同时也是其应变能力和人际交往技巧的体现。

因此,庭审的准备也应有的放矢。选手在庭审过程中绝不能只是把书状的内容朗读或背诵一遍。这是因为人们通过视觉和听觉两种方式接收信息的速度和效率均不同。根据认知科学的主流理论,已有科学实验揭示了阅读和听取之间的若干关键差异。这些差异涉及信息处理的多个层面,包括但不限于认知负荷、工作记忆机制以及个体对信息接收和处理的偏好(见表3-4)。

表3-4　视觉与听觉处理信息的关键差异

理论	解释	效果
认知负荷理论(Cognitive Load Theory)[1]	大脑处理信息的能力是有限的。当信息呈现时,它会争夺大脑的认知资源。根据材料的复杂程度,个体将以不同的速度和准确度处理信息。	阅读通常允许自我调节节奏,有助于人们处理复杂信息;而听觉往往是线性的,需要实时快速处理。一些人可能认为听觉在吸收简单信息时更有效率,一些人可能更喜欢以阅读的方式应对信息密集时的认知负荷。
双重编码理论(Dual Coding Theory)[2]	人们通常以言语、视觉(非言语)两种方式处理信息。这意味着,较依赖视觉表征的人可能在阅读时能更有效地处理信息,而偏好听觉学习的人可能在接受口语信息时做得更好。	当人们阅读时,尤其是接触到视觉辅助工具(如图像、图表、图形)时,通常同时会激活言语和视觉两个通道。大脑通过这两种方式的结合对信息进行编码,能够加强记忆。例如,使用图表阐释概念的科学教科书能够激活视觉通道,使人们更容易理解和记忆复杂材料。 当听觉随着视觉支持(如幻灯片、视频或演讲者的手势)时,人们更能够从大脑对信息的双重处理中受益。增加非言语元素能够同时激活视觉和言语通道,例如,使用了幻灯片的TED演讲比音频讲座更有助于增强人们的理解和记忆。

续表

理论	解释	效果
多媒体学习理论(Multimedia Learning Theory)[3]	相比仅用文字呈现的信息,人们通常对以文字和图像组合形式呈现的信息的学习效率更高。该理论还研究了不同的模式(阅读与听觉)如何影响信息处理的效率。	对于简单的叙述性信息,以听觉的形式处理可能更为迅速;而在处理复杂的材料时,阅读往往更有效,因为它允许人们根据自己的节奏自行控制信息的接受速度。有些人在听复杂的内容时可能会感到困难,因为他们无法像阅读时那样回看。
学习风格理论(Learning Styles Theory)[4]	个体有偏好视觉、听觉或动觉学习的倾向。	视觉学习者在阅读时可能能够更好地理解和记住信息,而听觉学习者在处理口语材料时可能准确性更高。
速度 - 准确性权衡理论(Speed - Accuracy Trade - Off Theory)[5]	人们会在信息处理的速度与处理的准确性之间进行权衡。在快节奏的情况下(如听演讲时),人们处理信息的速度较快,但准确性较低。相反,阅读允许人们更慢地处理信息,但能够提高准确性。	采用何种信息处理方式可以根据任务的具体情况而定。对于需要高准确性的任务,阅读可能更有效;而对于那些速度更重要的任务,听觉可能更可取,尽管这可能以牺牲一些准确性为代价。

[1] John Sweller, *Cognitive Load Theory*, Psychology of Learning and Motivation, Vol. 55, p. 37 – 76 (2011); Roussel et al., *The Advantages of Listening to Academic Content in a Second Language May Be Outweighed by Disadvantages: A Cognitive Load Theory Approach*, British Journal of Educational Psychology, Vol. 92:2, p. 627 – 644 (2022); Leahy, Wayne & Sweller, *Cognitive Load Theory, Modality of Presentation and the Transient Information Effect*, Applied Cognitive Psychology, Vol. 25:6, p. 943 – 951 (2011).

[2] Richard E. Mayer & Valerie K. Sims, *For Whom is a Picture Worth a Thousand Words? Extensions of a Dual – Coding Theory of Multimedia Learning*, Journal of Educational Psychology, Vol. 86:3, p. 389 (1994); Sadoski, Mark & Paivio, *A Dual Coding Theoretical Model of Reading*, Theoretical Models and Processes of Reading, Vol. 5, p. 1329 – 1362 (2004); Cuevas, Joshua & Dawson, *A Test of Two Alternative Cognitive Processing Models: Learning Styles and Dual Coding*, Theory and Research in Education, Vol. 16:1, p. 40 – 64 (2018).

[3] Richard E. Mayer, *Multimedia Learning*, Psychology of Learning and Motivation. Vol. 41, p. 85 – 139 (2002); Richard E. Mayer, *Cognitive Theory of Multimedia Learning*, The Cambridge Handbook of Multimedia Learning, Vol. 41:1, p. 31 – 48 (2005).

[4] Pashler et al., *Learning Styles: Concepts and Evidence*, Psychological Science in the Public Interest, Vol. 9:3, p. 105 – 119 (2008); Magfirah & Titing, *Students' Reading and Listening Comprehension Based on Their Learning Styles*, International Journal of Education, Vol. 10:2, p. 107 – 113 (2018); Cassidy & Simon, *Learning styles: An Overview of Theories, Models, and Measures*, Educational Psychology, Vol. 24:4, p. 419 – 444 (2004).

[5] Jackson, Mark D. & James L. McClelland, *Processing Determinants of Reading Speed*, Journal of Experimental Psychology: General, Vol. 108:2, p. 151 (1979); Dambacher, Michael & Ronald Hübner, *Investigating the Speed – Accuracy Trade – off: Better Use Deadlines or Response Signals?*, Behavior Research Methods, Vol. 45, p. 702 – 717 (2013); Lohman, David F., *Estimating Individual Differences in Information Processing Using Speed – Accuracy Models*, *Abilities, Motivation and Methodology*, Routledge, 2014, p. 119 – 163.

基于上述的认知科学理论,选手在模拟法庭中呈现法律信息的方式应当根据人们在庭审这个特殊环境中的认知负荷、学习风格及信息处理能力等进行精准的调整。这种调整不仅限于表面的技巧模仿,更要求选手能够理解并内化庭审技巧背后的深层次理念。

现有的资源(如优秀辩手的经验分享、评委的专业视角、赛事组织者提供的培训视频等)已经为选手提供了丰富的庭审技巧和实战策略。本节的目标是深入探讨这些技巧背后的理论和理念。毕竟,在面临需要即时反应的情况时,如果只是模仿技巧而不理解其原理,选手将难以灵活应对。相反,如果选手能够深刻理解庭审技巧的理论基础,将其与自身实际情况相结合,并通过创新思维加以灵活运用,那么这不仅能够提升这些技巧的适用性和有效性,还有助于选手在模拟法庭中发展出独具个人特色的庭审风格。

二、庭审基础技巧

在国际性的模拟法庭赛事中,特别是在以英文为比赛语言的模拟法庭赛事中,大部分庭审法官或者仲裁员(下文统称"庭审评审")都不是英语母语使用者;参赛队伍来自不同国家和地区,许多选手也不是英语母语使用者。基于此,庭审基础技巧主要解决的问题是:在庭审双方都不是英语母语使用者的情况下,选手如何准确、清晰地向对方传达信息。

需要强调的是,国际模拟法庭赛事中不应存在所谓的"口音歧视"。[①] 参赛选手的英语口音是其独特文化身份和个人经历的综合体现,可能受到其地理来源、种族、母语、教育背景、社会阶级等因素的影响。强调所有选手必须符合某种"标准"口音,或者偏好主流的"美式"或"英式"发音,不仅会削弱语言多样性的内在价值,压制选手表达自身文化身份的权利,而且可能会在无意中强化某些特定群体的主导地位。这种对特定口音的偏好或歧视与国际模拟法庭赛事的核心理念背道而驰。国际模拟法庭赛事的初衷是通过提供一个公平、包容的平台,促进不同国家法学生之间的文化交流,培养他们对国际法精神的深刻理解和尊重。为此,赛事组织者、评委和参与者都应致力于创造一个更加开放、尊重多元文化

---

① 口音歧视指的是基于个人口音的不公平对待。口音是语音发音的变化,可能受到地理来源、种族或母语等因素的影响。当人们因为说话的方式而不是说话内容而受到评判、不同的对待或被拒绝机会时,就会发生口音歧视。它可以出现在各种场合,包括工作场所、学校、社交环境,甚至在法律体系中。See Bich – Dao Nguyen, *Accent Discrimination and the Test of Spoken English: A Call for an Objective Assessment of the Comprehensibility of Nonnative Speakers*, Calif. L. Rev. 81, p. 1325 (1993); Murray J. Munro, *A Primer On Accent Discrimination in the Canadian Context*, TESL Canada Journal, p. 38 – 51 (2003); Barrett et al., *English with an Accent: Language, Ideology, and Discrimination in the United States*, Routledge, 2022.

的环境,让每位选手都能自由地表达自己的观点,不必担心因口音的差异而受到不公平对待。

因此,参赛选手在提升庭审基础技巧时,不应将重点放在模仿某种特定口音上,而应关注如何提高英语的表达能力和沟通效率。历年来,许多在知名国际模拟法庭赛事中荣获冠军的赛队往往不是来自英语母语国家。这些赛队的成功也侧面证明,语言表达能力和法律专业知识的重要性远远超过单一的口音模仿。

提升英语表达能力和沟通效率的技巧主要包括如下几个方面:

1. 重视庭审礼仪(Etiquette)

庭审选手应了解每个庭审机构的礼仪规则。比如,在国际法院(International Court of Justice)审理的模拟法庭中,对法官的尊称是"Your Excellency";在世界贸易组织(World Trade Organization)下属机构审理的模拟法庭中,对专家组法官的尊称是"Panelist",对上诉机构法官的尊称是"Appellate Body Member"①;在国际刑事法庭(International Criminal Court)审理的模拟法庭中,对法官的尊称是"Your Honor";在各个仲裁机构审理的模拟仲裁庭中,对法官的尊称则是"Mister/Madam Arbitrator" 或"Mister/Madam President"。

选手应当意识到,自己在模拟法庭比赛中代表的角色不是个人,而是其客户或者一个法律实体。因此,在陈述观点时,选手不应使用"I""me"等单数第一人称代词,而应使用"we""our"等复数第一人称代词,或使用"applicant""respondent""claimant""prosecution office"等具体的身份代称来指代自己或团队;在一些事实的描述上,则可以使用"our client"或具体的公司名称、客户姓名等。

2. 正确的词语发音(Pronunciation)

在模拟庭审中,选手应减少吞音,区分平翘舌音,尤其要清晰、正确地表达赛题中的关键用词及法律术语。有一些国际法中关键性的法律术语会在庭审中被反复提及,比如拉丁文表述的"*jus cogens*"(国际强行法),"*erga omnes*"(对一切义务),"*opinio juris*"(法律确信)和"*lex specialis*"(特别法),还有日常用语里不常见的"expropriation""adjudication""renumeration""repatriation""extraterritoriality""humanitarian""subsidiary"等音节较多、较拗口的词语。这些词语的标准发音能提高选手的表达效率,使庭审评审更有效地获取信息。

3. 调整语速(Pacing)

合适的语速因人而异。一般而言,在庭审场合中建议的语速约为每分钟不

---

① WTO 的争端解决机制主要包括两个阶段:专家组阶段(Panel Stage)和上诉审查阶段(Appellate Review)。专家组由独立的专家个人构成,目的在于调查是否存在违反 WTO 规定的情形,出具调查报告。当事人若对专家调查小组的结果不满意,可以向 WTO 的上诉机构(Appellate Body)提出上诉,进入上诉审查阶段。

超过150个词,低于日常交流的平均语速①。这一标准与TED演讲者的平均语速相当②。在庭审中,选手应控制自己的语速不超过这一标准,以使庭审评审有足够的时间来消化和理解选手所传达的信息。选手还要注意在词与词、句与句之间,以及不同观点的转换处有意识地短暂停顿。在提到可能引起争议或庭审评审特别关注的论点后也应适当停顿,注意观察评审的反应。如果观察到不解或者困惑的信号,选手可以询问评审是否有问询的意图。

4. 有意识地变化语调(Intonation)

语调是指说话时音高和音色的变化,包括音高的升降、对某些词的强调以及整体的言语节奏。语调的变化有助于传达超出单纯词汇意义的内容、情感和意图。例如,在一句话末尾使用升调通常表示疑问,使用降调则通常表示陈述或结论。在同一句话中,强调不同的关键词能引导庭审评审关注不同的重点。比如,在"This Court does not have jurisdiction to hear the present case"这句话中,强调"does not"是在提醒评审本案的争议焦点在于管辖权的有无,强调"jurisdiction"是在提醒评审此部分论点主要围绕管辖权展开,而强调"the present case"则是在提醒评审,法庭在本案而非其他案件中不享有管辖权。

5. 消除口癖(Filler words)

口癖(filler words,直译为"填充词")是选手在庭审中常常无意识使用的一些词汇或短语,比如"um""uh""like""you know""so""well""basically""actually""kind of""I mean""you see""you know what I mean""sort of""right""like I said"等。除了填充词,重复使用一些习惯性用语(如"It is Applicant's position that…""we believe that…""Respondent submits that…""Claimant contends that…""as I said before""as I mentioned previously"等)或一些过于绝对的副词(如"clearly""obviously""certainly" 等)也会降低听感。口癖不仅不会为陈述增添任何实质内容,反而可能干扰庭审评审的专注度,影响其对密集法律信息的理解。频繁使用口癖还可能给评审留下不够专业或准备不足的印象,削弱选手的可信度和说服力。

与队友互相练习是一个减少口癖的实用方法。选手可以准备一个警醒铃或类似的手机程序,每当队友在陈述中出现口癖时就按下铃打断并要求其从头开始陈述,如此反复。这样的练习能有效地帮助队友意识到其口癖的存在及频率。

---

① 2020年最新数据显示,英式英语对话速度已经达到每分钟近200词。See Wang Li, *British English-Speaking Speed* 2020, Acad. J. Humanit. Soc. Sci 4, p. 93-100 (2021). See also Yuan et al. *Towards an Integrated Understanding of Speaking Rate in Conversation*, Ninth International Conference on Spoken Language Processing, 2006.

② Peter Wingrove, *How Suitable are TED Talks for Academic Listening?*, Journal of English for Academic Purposes, Vol:30, p. 79-95 (2017).

此外，选手可以有意识地将口癖替换成有意义的转接词或转接词组（如“next”“in conclusion”“therefore”“consequently”“turning to the point on ...”等）来展现陈述的逻辑层级。

6. 善用眼神、表情和适当的手势（Nonverbal Communication）

非语言交流的方式可以有效地辅助庭审选手的语言交流，强化语言中传达的信息，吸引庭审评审的注意力（见前文提及的认知科学理论之“双重编码理论”）。眼神交流能够使选手与庭审评审建立联系，传达选手对参与比赛的热情、对陈述内容的信心和对其所代表持方的坚定。选手还应注意与每位评审保持相对平均的眼神交流，而不是侧重任何一位评审。

在不同的国际性模拟法庭赛事中，表情管理的要求也有区别。比如，在国际刑事法庭审理的模拟法庭赛事中，庭审内容主要是严重的国际犯罪（如种族灭绝罪、战争罪、反人类罪和侵略罪等），选手的持方一般是检察官办公室、被告代理人、受害者代理人或者政府方律师，庭审氛围相对较为严肃。因此，选手应避免轻佻或不适当的面部表情，如挤眉弄眼等。但在仲裁庭审理的商事争议中，气氛相对轻松，仲裁员与选手主要是为了解决眼前的交易问题而进行商讨。由此，选手可以面带微笑以示友好。特别值得注意的是，无论赛制性质如何，选手在聆听对手陈述时，应始终保持礼貌和尊重，避免表现出任何可能被视为不敬或轻视的表情，如困惑、不解甚至鄙夷。无论在线上还是线下比赛，庭审评审都能同时观察到陈述选手和未陈述选手的表情和肢体语言。不礼貌的行为会严重影响庭审评审对赛队的印象，降低赛队的专业度，扰乱庭审氛围。

在庭审中，选手传递关键信息时还应伴以有效的手势，以便在特定的时间点抓住庭审评审的注意力，使他们能够跟随选手的思路。庭审中的一个惯例是用手势来强调陈述中的分论点，如通过比出数字一、二、三等来表示分论点的序号。[①] 但是，过多的手势会适得其反，可能会分散庭审评审的注意力，甚至被认为是冒犯。比如，频繁触碰头发或者服饰，不时用手遮掩面部，玩弄笔或者庭审材料，或直接指向对手甚至法庭等。这些小动作都会扰乱庭审评审听取信息的节奏，影响选手传达观点的效果。

7. 培养文化敏感度（Cultural Sensitivity）

在国际性模拟法庭赛事中，选手将置身于一个多元文化交汇的竞技场。面对来自不同地域、不同国家的对手和庭审评审，选手们需要展现出高度的文化敏感性和适应性。因此，选手应对不同文化背景保持尊重、加深理解，避免使用可

---

① 应注意的是，在中国和美国，伸出食指表示一，加上中指表示二，加上无名指表示三；而在欧洲国家（如德国、意大利、法国、英国、西班牙等），伸出大拇指表示一，加上食指表示二，加上中指表示三。赛队应考虑到，不同文化背景的人对手势的理解和接受度可能有所不同。因此，选手应确保在国际庭审环境中使用恰当且尊重的手势。

能引起误解或被视为冒犯的表达。比如,切忌在陈述过程中以简化或刻板的方式提及国籍、种族、宗教,或暗示某些行为或倾向是某个特定群体固有的。而在讨论性别、种族、宗教、生理或心理疾病、武装冲突等争议度较高的议题时,切忌使用过时的、冒犯性的或文化不敏感的术语。例如,在 2024 年国际刑事法庭模拟法庭的赛题中,被告人莱昂纳尔 · 斯特朗因患卒中而紧急住院,并在手术后出现了记忆障碍的症状。在探讨斯特朗先生的健康状况时,选手不应使用带有偏见或污名化的标签,如将其称为"失忆者"或"老年痴呆患者"。相反,应当采取一种客观的医学术语来描述他的病状,如"斯特朗先生被确诊为患有记忆障碍"。这种表述既尊重被告人的人格尊严,也符合法庭上对事实描述的严谨性要求。

8. 注重时间管理(Timing)

所有模拟法庭比赛的赛事规则都会对庭审时间作出明文规定。这种规定不仅保证了比赛流程的高效有序,也模拟了法庭、仲裁庭等司法机构对时间管理的重视。在法律实务中,设定时间限制可以防止庭审过程拖延,确保法庭高效地处理案件,对于法院——尤其是案件积压严重的法院——的日程安排和资源分配至关重要。此外,为庭审双方设定相同的时间限制,能够确保双方在陈述和辩护时拥有平等的机会,有助于维护程序的公正性。因此,选手在口头陈述的备赛过程中应始终注重对时间的把控,尊重评审和对手的时间。在庭审时间即将结束之际,如果选手未能结束其陈述,应策略性地向法庭提出延时的申请,例如:"I notice that my time has come to an end. May I could ask for one additional minute to finish my submission?"

三、庭审进阶技巧

庭审基础技巧的训练旨在为选手与庭审评审的英语交流打好基础,而进阶技巧的训练则更加深入,关注选手如何在庭审中有效地传达高密度、较复杂的法律内容。这就要求选手不仅要有扎实的语言功底,还要具备将复杂的法律概念和论证思路结构化、逻辑化的能力。

1. 把握陈述的第一分钟

在漫长的进化历程中,我们人类发展出了迅速评估他人是否构成潜在威胁的能力,这是一种根深蒂固的本能。[①] 尽管这种快速判断有时会导致偏见和刻板印象,但它的存在和影响是不容忽视的客观事实。基于此,选手应抓住在第一分钟内展现己方观点的机会,争取在第一印象上获得优势。

---

① Daniel Kahneman, *Thinking, Fast and Slow*, Penguin Books Ltd., 2011.

第一印象可以通过庭审表现来提升。在笔者旁听或者评审过的上百场模拟法庭赛事中，笔者注意到，几乎很少有选手在开启陈述前能从容地观察到所有庭审评审、庭审秘书及对方赛队的情况和需求，大多都会因为紧张而听不懂或漏听一些指引。大多数时候，选手会没有停顿地快速开启陈述。但是，在庭审的第一分钟，庭审评审通常是在整理手头材料和记录赛队信息，其听取信息的效率会因为阅读或记录的需求而降低。这就导致选手在本就不充裕的陈述时间里丧失了通过第一分钟阐述己方立意的宝贵时机，也丧失了建立良好的第一印象的机会。

在开启陈述之前，选手应调整呼吸，整理好所带的资料，确保在庭审过程中不会出现慌乱找材料的情况。接着，选手应耐心等待庭审评审做出指引，并通过点头、眼神或者语言确认评审是否有记录选手名字、赛队编号、庭审时长等信息的需求。直到庭审评审全部完成记录工作并把注意力转移到选手身上时，选手才应开启陈述。在陈述的第一分钟，选手应做到语速适中、声音洪亮，与庭审评审保持不间断的眼神交流，并且能达到完全脱稿的状态，充分展现选手的自信和热情。

第一印象也可以通过陈述内容来提升。在开始陈述之际，选手应向庭审评审及对手赛队打招呼，例如使用“Good morning”“Good afternoon”“Greetings”等礼貌的习惯用语。随后，选手应介绍自己的名字、所代表的持方、同场一起陈述的队友的名字，有时还可以额外介绍赛队陈述的时间分配和争议焦点分配。一个比较典型的开场陈述大致如下：

“Greetings, Mr. President, our Excellencies and my learned friends. My name is ABC, and with me is my co－agent DEF. Together we represent the Applicant, the country of XYZ in the present case. I will be addressing the first two issues in the present case, and my co－agent will continue with the third and fourth issues. We will each spend 22 minutes for our main submission and reserving 1 minute for rebuttal and surrebuttal.”

在介绍完主要的程序性事宜后，选手应接着用一到两句话总结的所属持方的案件理论（case theory）来抓住庭审评审的注意力。[①] 一个好的案件理论能从情理上说服庭审评审，表示己方的立场是正确、合理、公平、值得支持的。构建案件理论的关键在于提炼和精确表达，确保其既简洁又具有穿透力。选手可以指出并强调那些支持己方立场的优势事实和法律原则，融入对公平正义的普遍理

---

① Edward D. Ohlbaum, *Basic Instinct: Case Theory and Courtroom Performance*, Temple L. Rev. 66, p. 1 (1993); Siyuan Chen, *Advanced Fundamentals of Oral Appellate Advocacy in a Moot Court*, Sing. L. Rev. 30, p. 45 (2012); Thomas, Mark & Lucy Cradduck, *The Art of Mooting: Theories, Principles and Practice*, Edward Elgar Publishing, 2019.

解,来唤起庭审评审的共鸣。[1] 比如,在 2024 年 Vis Moot Vienna 的决赛中,代表买家的被申请人首先发言,该选手用几十秒的时间快速抓住了庭审评审的注意力:

"It is true that Claimant has not received the payment for Purchase Order 9601, and the opposing counsel will probably tell you that this is where the story should end. However, what they won't tell you is where the story began, because this was in their own house. After all it was their own employee who clicked on a fishing link and thereby open the doors to the hackers and even after discovering the infiltration, Claimant did not do what could have been done by any reasonable business party and that is to inform the business partners."

又如,2024 年杰赛普国际赛的决赛中,冠军赛队菲律宾大学代表被申请人的第一位选手的案件理论如下:

"The monarchy of Remisia is embedded in its social, political, and even spiritual order. While we do recognize our obligation under the Convention on Prevention and Reduction of Statelessness, this very Convention continues to allow Remisia to protect its vital interest."

Eric Ng 在 Legal English in Hong Kong 企划的系列指导视频中分享了一种制定案件理论的方式,如负面地描绘对手的案情,保持坚定的语调,避免使用带有不确定性的词汇(如"might"或"may")等。选手可以首先向庭审评审明确指出案情应如何发展,然后指出对手的行为如何导致案情偏离了预期方向。此外,可以通过一些带有情感色彩的词汇来负面描述对手的立场,如"conveniently"(便利地)、"selectively"(有选择性地)、"misleading"(误导性的)、"dubious"(可疑的)、"speculative"(推测的)、"overstatement"(夸大其词)、"questionable"(值得怀疑的)等。但需注意的是,过度使用情感化的语言可能会适得其反,给庭审评审留下缺乏实质内容、过分依赖修辞技巧的印象。总之,一个出色的案件理论虽难以挖掘,但一定能显著提升庭审的表现,给庭审评审留下深刻的印象。

案件理论需要长时间的打磨,选手甚至在庭审过程中都可以根据对方的论述和评审的提问继续改进自己的案件理论。在对案情的逐步深入检索、书状文书写作的推进中,选手应时刻保持对案件理论的思考。

---

① Lebovits et al., *Winning the Moot Court Oral Argument: A Guide for Intramural and Intermural Moot Court Competitors*, Cap. UL Rev. 41, p. 887 (2013).

2. 庭审用词须非常精准

在一个关于法律和语言学的讨论会[①]中，Dr. Rajesh Sharma[②] 巧妙地用一个诙谐的例子揭示了法律语言中词汇精准的重要性。他问参会者，在英语语境下“complete”和“finish”是否有区别。他解释道，律师们会根据《维也纳条约法公约》第31条，拿出字典来翻找词语的一般解释，然后判断出这两个词没有区别。而一个语言学家会说这两个词有区别，原因是：“If you are married to the right woman, your life is complete. If you are married to a wrong woman, your life is finished. And if the right woman finds you with the wrong woman, your life is completely finished.” 这个幽默例证不仅让听众会心一笑，也点明了在模拟法庭陈述中，词汇选择的精确性和对语境的敏感性是非常重要的。

在讨论法律问题时，遇到这种含义相似但内涵不同的词语，选手也应根据具体法域的定义和语境而措辞，如“illegal”和“invalid”，“violations”和“breaches”，“liability”和“responsibility”，“immunity”和“privilege”，“damages”和“remedies”等。选手还应注意，在模拟法庭的语境中，一些日常用语（如“unfair”“wrong”等）可能无法准确传达具体的法律概念。此外，对于事实的描述也应尽量贴近赛题的用词，避免过分夸大或者弱化一些事实，引起庭审评审的不信任。最后，如果选手在陈述从案件事实中推导出的额外信息，应说明此信息是“inferred”或者“indicated”，而不是“established”或者“shown”。

3. 造句应简单明了

在模拟庭审这一高度依赖口头表达的环境中，简洁明了的语句至关重要。具体来说，每句话的英文单词数应控制在20个以内，以确保信息的清晰传达和庭审评审的理解吸收。[③] 一句话应当只传达一个法律观点。过长的句子可能会导致庭审评审在听到句子后半部分时已经忘记了前半部分的内容，从而影响信息的完整性和说服力。

同时，句子结构应尽量简洁，主语、谓语和宾语之间的关系应直接明了，避免过多的插入语或复杂的从句。这样可以减少听众的认知负担，提高语言的透明度和影响力。比如，下面这个句子就是一个过长，句式较复杂，且包含多个法律

---

① 该会议于2016年在香港举办，会议名为“Learning Language of The Law: An Interdisciplinary Symposium For Legal And Language Practitioners”。

② Sharma博士现任教于澳大利亚皇家墨尔本理工大学，对中国、印度和其他亚洲国家的仲裁法、投资仲裁、自由贸易协定中的争端解决、WTO相关问题、投资法和调解有广泛的研究。Sharma博士曾担任香港城市大学模拟法庭主任和VIS Arbitration Moot教练，并带领该校赛队赢得2012年VIS East冠军和2013年VIS Vienna冠军。自2016年以来，Sharma博士一直担任澳大利亚的ICC – Asia – Pacific Mediation Competition指导委员会的成员。

③ Irving E. Fang, *The "Easy listening formula"*, Journal of Broadcasting & Electronic Media, Vol. 11:1, p. 63 – 68 (1966).

观点的例子：

“In light of the fact that the International Covenant on Civil and Political Rights guarantees freedom of expression as a fundamental human right, and taking into account that this right is subject to specific limitations under the Covenant, such as those necessary for respecting the rights or reputations of others, national security, public order, or public health, it is important to determine how these limitations can be applied in a way that does not undermine the essence of the right while still protecting the interests that the restrictions are intended to safeguard.”

单纯从阅读层面来讲，读者已经能感受到阅读和理解这句话的困难。庭审评审在听这句话时的困难则就更加显而易见了。将这句话按照简洁的原则修改后得出：

“The ICCPR guarantees freedom of expression as a fundamental right but allows restrictions for rights, reputations, security, and public order. These limitations must protect these interests without undermining the essence of free speech.”

在模拟法庭的备赛过程中，一个常见的误区是先撰写详尽的口头陈述文稿，然后投入大量时间进行修改和打磨，最后在庭审前几周内尝试背诵这些文稿。这种方法往往会导致文稿出现不顺口(unspeakable)的问题，因为选手忽视了口头陈述语法(speaking syntax)与书面语法(written syntax)之间的差异[①]：书面文本可以利用复杂的句式变化和标点符号来辅助读者理解信息的层次和结构；但是在口头陈述中，庭审评审无法像阅读文本那样反复回顾信息或暂停思考，也缺乏视觉上的标点符号来指导他们理解信息的中止、结束或结构变化。

因此，更为推崇的训练方法是，选手先进行口头演练，将其录制下来并通过反复练习塑造陈述内容，然后根据口头演练的录音来整理和撰写口头陈述的文稿。这种方法不仅能确保陈述自然流畅，适应口头表达的需求，而且还能帮助选手在实际庭审中更自如地应对，从而在模拟庭审中展现出更高的专业水平，具有更强的说服力。

4. 论点结构应有逻辑

基于口头陈述与书面表达在语法结构上的差异，选手在撰写书面材料时可以通过一系列视觉辅助工具(如段落缩进、章节编号、小标题、页码等)来增强结构清晰度，引导读者理解文本的组织架构。这些视觉元素为读者提供了直观的导航，帮助他们追踪文本的流程和逻辑。在口头陈述中，由于缺乏这些视觉线索，选手需要采用不同的策略来确保信息的有效传达。例如，选手可以通过运用“路线图”(roadmap)和“路标”(signpost)等类似于口头章节标识的技巧，帮助庭

---

① Maggie Tallerman, Understanding syntax, Routledge, 2019.

审评审跟随和理解论点的结构。

Roadmap 是在开始陈述论点前的一个大纲或预览，概述选手将要呈现的内容，像路线图一样展示选手的陈述将前往何处。比如：

"Applicant has two submissions today. First, Ritania violated international law by breaching its obligations under the ICCPR, specifically regarding freedom of expression. Second, Ritania's restrictions on Arcadia's citizens' speech were not justified under international law and unlawfully interfered with Arcadia's sovereignty. We respectfully request that the Court find in favor of Arcadia and order reparations. We will begin with the first submission: the ICCPR violation."

在展开各个论点时，选手也可以通过简洁清晰的 roadmap 来进一步铺垫庭审内容，例如：

"For the first submission, we mainly advance two arguments to establish Ritania's ICCPR violation. First, Ritania's restrictions on Arcadian citizens were not necessary to protect public order. Second, Ritania's restrictions were not proportionate for the alleged aim of protecting public order."

通过路线图提供的详尽论证框架能确保庭审评审在跟随复杂的法律逻辑时不会迷失方向。这种预先的指引不仅能增强他们对案件关键点的理解和记忆，而且能使他们更加专注和深入地参与到庭审过程中。同时，路线图还能明确指出选手将要讨论的主要问题和论点，使评审能够有针对性地提出切中要害的问题，从而促进庭审的互动性和深度。

Signpost 则是使用口头提示语来指示不同论点或论证之间的过渡，就像放置一个路标来告诉庭审评审"我们将从这一点转移到下一点"。常用的 signpost 词语及句式有："Next, we will address ..." "Turning to our second point" "Having addressed the ICCPR violation, we will now discuss..." "Returning to the discussion of..." "Building on our previous point that..." "We would highlight that..." "The most important/most determinative/most critical point is..." "To briefly summarize our arguments, ..."等。

除了通过"路线图"(roadmap)和"路标"(signpost)两种技巧来增强陈述的结构逻辑，选手还应在庭审内容上展现出高度的内部和外部连贯性。一方面，选手的陈述内容必须在内部逻辑上紧密相连，确保各个论点(包括与同赛队其他选手的论点)之间能够相互支持，形成一个统一而有力的整体。另一方面，选手也需要保证外部连贯性，即陈述内容应与案件事实、法律原则和法庭程序保持一致。

为了增强论证的全面性，应对庭审评审或对手可能的反驳，选手还应准备相应的备选论证(alternative arguments)。介绍备选论证的词语及句式有："Alternatively, …" "Should this Court/Tribunal finds otherwise, we argue that…" "If this Court/Tribunal disagrees with our primary argument, then in the alternative…" "Even if this Court does not accept our main argument, we contend in the alternative that…" "Another approach this Court/Tribunal may consider is…" "If this line of reasoning does not persuade the Court, we offer an alternative view that…"等。

5. 论述内容应丰满,采用多重论据

庭审陈述中对法律论点的论证方法与书状撰写时采用的"IRAC"结构(Issue – Rule – Application – Conclusion)逻辑相同,但顺序不同。选手应当优先明确地提出自己的法律立场,采用 Conclusion – Rule – Application – Conclusion 结构,确保庭审评审能够迅速把握核心论点。这种策略性的陈述顺序,即结论先行,不仅有助于抓住评审的注意力,而且为后续的论证设定了明确的导向。例如,在某论点的开头,选手不应只陈述"Turning to the second argument, Applicant will address whether Respondent violated the prohibition of use of force under Article 2(4) of the U. N. Charter.",而应直接明确地指出"Turning to the second argument, Respondent has violated the prohibition of use of force under Article 2(4) of the U. N. Charter by launching its cyber operations." 这样的表述更加直接、有力,能明确告知评审己方立场,并引导他们在这一结论的基础上评估选手接下来的详细论证。

鉴于庭审时间宝贵,选手在模拟法庭上的口头陈述应当聚焦于那些最能凸显其立场优势、论证最为周密的论点。若选手能在陈述初期突出这些关键论点,那么即使面对评审的即时提问或时间压力,也能保障其核心论点得到清晰的传达。此外,这种方法也能为后续的深入讨论和互动创造条件,使选手能够就案件的关键问题与庭审评审进行更充分、更精彩的交流。

一个关键的论点应该运用多重论据进行论证,包括赛题事实、法律条文、相关案例、国际法原则、国际法惯例、社会政策、指导性文件、学术研究、新闻报道、历史事件等,以打造多维度、立体化的论述内容。模拟法庭的庭审评审有着不同的法律背景,从事不同的法律职业,有些评审可能更倾向于严谨的法律条文分析,而有些评审可能更偏好社会政策及论点的现实影响。多重论据有助于使所有类型的评审都与选手产生共鸣。此外,多维度的论证还有助于选手在庭审中灵活调整策略:面对评审的质疑或挑战,选手可以迅速从一方面转向另一方面(如从相关案例转向国际法原则)进行论证,增强论点的连贯性和说服力。

一个常见的误区是,选手认为只要引用足够多的案件名就能使论证显得饱满且有说服力。但是,在国际法案件中,先前的判决仅仅是帮助法庭理解法律问题和法律解释的"有说服力的权威"(persuasive authority),而不是对后续案件"有强制约束力的权威"(binding authority)。仅仅列举案件名而不深入分析其内容和相关性,并不能有效地增强论证的深度和质量。选手应注意,真正的说服力来自对案件的深刻理解和恰当运用,一个经过精心挑选和深入分析的案例往往比多个浅尝辄止的案例更有说服力。

此外,在引用案件事实、法律案例或者具体的法条时,选手必须考虑到,庭审评审可能事先并不熟悉这些材料,也不像选手那样已经花费大量时间对其深入研究。因此,选手在引用上述材料时,应采取一种明确且易于跟进的策略:首先,选手应明确指出材料的页码,以便评审能够迅速找到其位置;其次,选手应提供材料的具体信息,如法律文件、案件的名称或法条编号,以增强引用的准确性;然后,选手应指出页面上的段落或行数,以便评审能够精确定位;最后,选手应暂停并等待评审的确认,确保评审已经找到并理解了其引用的内容后再继续陈述。一个有效的引用材料的范例如下:

"If this Court may turn to page 35 of the Statement of Agreed Facts, which shows the excerpt of the Friendly Relations Treaty signed by both parties, at paragraph 67, line 3, and the sentence that starts with the term 'due process'."

选手在引用时应保持耐心,确保评审有足够的时间翻阅材料。这种细致的引用方法不仅展现了选手的专业素养,也体现了对庭审评审的尊重,有助于建立良好的法庭氛围,保证辩论的流畅性和有效性。同时,这种方式也能使选手更有效地引导评审关注关键点,增强论证的说服力。

基于庭审的时间限制,选手对每个论点应至少准备时长为 5 分钟、3 分钟和 1 分钟三个版本的陈述内容。此外,庭审是一个动态对话的过程,选手应避免重复之前已经向法庭表达过的论据。这不仅能节省时间,也能避免给庭审评审留下准备不充分的印象。最后,选手的目标是成为一个有效的沟通者,而不仅仅是一个背诵者。因此,选手还应根据评审的反应和问题实时调整自己的陈述,以实现更有效的沟通。

6. 充分准备评审提问环节

回应庭审评审的提问是整个模拟法庭比赛的核心环节,也是检验选手法律实务技能的重要标准。这一环节不仅是对选手法律知识掌握程度的直接考验,更是对其逻辑思维、现场应变和口头表达能力的全面挑战。选手在回答评审问题时的表现往往能决定庭审的走向和最终结果。因此,选手必须以清晰、有逻辑和有说服力的方式回应每一个问题。优秀的选手会将这一过程视为展现自己法律分析深度和广度的机会,并利用此机会来强化自己的论点、化解对手的攻势。

根据内容的不同,可以将评审的问题大致分为如下几类。

(1)第一类:背景问题(Background Questions)

背景问题通常集中在案件的基础要素上,包括关键事实、相关法律条文以及案件所处的宏观法律环境。[①] 这类问题在国际模拟法庭的初赛或预选赛阶段尤为常见，是评审深入了解案件背景、明确争议焦点的重要手段。虽然这类问题范围较广，准备时间也较长，但准备它们不仅有助于选手对案件的整体理解，也能有效地提升选手的整体表现和比赛成绩。相反，如果选手未能答出一个有关案件基础要素的问题，那么这不仅可能使选手自乱阵脚，也会严重损害其在庭审评审眼中的信誉。

一些常见的关于案件基础事实的问询包括：

· Can you summarize the key facts of the case?

· What are the primary actions taken by the opposing party that led to this dispute?

· What is the procedural history of this case?

· Could you clarify the timeline of events in this case?

· What are the specific harms alleged by the Applicant?

· What is the damage or remedy sought by your client in this case?

· When did the bilateral treaty between the states enter into force?

· Where is the Claimant's company incorporated?

· What is the product sold in this case? What is the difference between this product and other similar products available in the market?

· What is the type of weapon used by the perpetrator in the present case?

一些常见的关于相关法律条文的问询包括：

· Which specific treaty or statute governs this case?

· What legal standard should the Court apply when interpreting the treaty?

· What is the rule of interpretation for this Court or Tribunal?

· Are the relevant state party signatories to the treaty/convention that you are citing?

一些常见的关于程序性的问询包括：

· Does this Court have jurisdiction to hear this case?

· Is this case admissible under international law?

· What is the legal basis for this Court's jurisdiction in this matter?

· Do the parties have an arbitration agreement for this tribunal to hear the case?

· Have all procedural requirements been met for this case to proceed?

对背景问题的回答并无特殊技巧。选手应尽量全面地预测庭审评审可能提出的关于案件的事实、基本法律框架、程序等方面的问题，并提前准备精准且简

---

① David C. Frederick, *The Art of Oral Advocacy* (*2nd ed.*), Thomson/West, 2005, p. 38.

短的回答。评审提出此类问题的目的并不在于测试选手对法律理解的深度或选手论点的边界,而是为了了解案情的基础信息,为后续理解更深入的法律论证做铺垫。因此,这类问题的回答不宜过于复杂或冗长,而应更有效地服务庭审评审的需求。

(2) 第二类:规则问题(Rule Questions)

规则问题是庭审评审对选手陈述的规则进行的深入质询。这类问题形式多样,其核心目的在于评估选手如何构建其法律论证的基础。评审意图通过这些问题考察选手对法律规则的理解和应用,以及选手如何用这些规则支撑其整体论点。此类问题通常是关于选手所陈述的法律规则的适用范围、法律渊源以及政策考量。

一些常见的关于规则的问询包括:

· Does the rule you propose apply universally or only in specific circumstances?

· Under what circumstances, if any, should exceptions to this rule be made?

· What was the intention behind the rule you are relying on when it was originally developed? What does the legislative history indicate about the drafters' intentions?

· Can you explain how the interpretive rules contained in the VCLT/the CISG/the Rome Statute applies to support your proposed rule?

· How does your proposed rule align with the existing jurisprudence of the international courts or other relevant tribunals?

· If the rule is open to multiple interpretations, why should the Court adopt your interpretation?

· Is there a recognized customary international law norm governing the specific issue before the Court? Can you explain the elements of customary international law and how they apply to this case?

· How would you reconcile conflicting state practices when determining the existence of a customary international law principle?

· Could the rule you propose lead to unintended consequences, such as an increase in international disputes or non-compliance?

· If the Court were to adopt this rule, what impact would it have on the behavior of states or other international actors?

· How would the adoption of this rule affect the balance between competing principles, such as national security and human rights?

· How does your rule balance the rights and responsibilities of both parties?

在针对规则的问询和讨论中，选手可通过相似案例的类比来进一步强化己方的规则适用。为了确保选手所引判例的准确性和说服力，庭审评审可能会深入探究以下细节：(1)判例的时间背景，以评估其在当前法律环境的相关性和适用性；(2)做出判例的具体机构，以判断其权威性和影响力；(3)判例的具体事实，以便于当前案件事实相对比；(4)判例的后续影响，以考量其在学术界、其他司法机构以及国际法律实践中的反响和影响。在准备此类问题时，选手应培养详细记录案例总结(Case Summary)的好习惯，确保在庭审时能够提供准确、全面的信息，从而增强论证的可信度。

案例总结的范例如表3-5所示。

表3-5　案例总结的范例

Case Name	S. S. Lotus (France v. Turkey)
Year	1927
Court/Tribunal	Permanent Court of International Justice (which became ICJ in 1946)
Facts	A collision on the high seas occurred between a French steamship, *Lotus*, and a Turkish ship, *Bozkurt*, in 1926. The Turkish ship sank, and eight Turkish nationals were killed. After the *Lotus* docked in Turkey, Turkish authorities arrested Lieutenant Demons, the French officer on watch during the incident, and charged him with manslaughter. France objected to the actions, arguing that Turkey lacked jurisdiction to prosecute Lieutenant Demons since the incident had occurred on the high seas and involved a French national.
Issue	Whether Turkey violated international law by exercising criminal jurisdiction over a French national for an incident that occurred on the high seas, outside Turkish territorial waters.
Relevant Treaties and Provisions	Article 15 of the Convention of Lausanne of July 24th, 1923: "Subject to the provisions of Article 16, all questions of jurisdiction shall, as between Turkey and the other contracting Powers, **be decided in accordance with the principles of international law.**"
Holding	Turkey **had not** violated international law by asserting jurisdiction over Lieutenant Demons. States have jurisdiction over foreign nationals in situations where their actions result in harm to a vessel or citizens of the prosecuting state, even when the incident occurs outside of the prosecuting state's territory. There was no rule of international law that prohibited Turkey from exercising its jurisdiction in this case.

续表

Case Name	S. S. Lotus (France v. Turkey)
Year	1927
Takeaway	In the absence of a prohibitive rule, states are free to exercise their jurisdiction over incidents involving their nationals or interests, even if those incidents occur outside of their territory. States are allowed to act unless expressly prohibited by international law. The case is often cited for the broader principle of state sovereignty andthe idea that international law is based on the consent of states.
Notes	6 dissenting opinions The principles established in Lotus were largely limited by international treaties, including the Geneva Convention on the High Seas (1958) and the United Nations Convention on the Law of the Sea (UNCLOS, 1982) Key quote:"Whatever is not prohibited is permitted." The *Lotus* decision has been criticized for being overly permissive, creating potential conflicts between states by allowing extraterritorial claims that could interfere with the sovereignty of other states.

(3)第三类:规则应用问题(Application Questions)

当选手将规则应用于本案事实时,庭审评审会根据个人的执业经验、社会经验、学术背景等来评估选手是否恰当地将规则与事实相结合。一些比较典型的询问方式是变化案件的事实,考察选手在面对新的或未预见的情况时,其论证是否具有足够的灵活性和适应性,以及能否保持逻辑上的一致性和内部的连贯性。

一些常见的关于规则应用的问询包括:

· Why is the fact that [X event occurred] relevant to your argument?

· Which facts do you consider to be the most important in determining the application of the rule, and why?

· Does the fact that [X party acted in a certain way] strengthen or weaken your position?

· Can you explain how [a particular fact] influences the legal analysis of this case?

· If the Respondent had acted differently in [specific situation], would your argument still hold?

· Had the facts been slightly altered, such as if [a certain fact was different], how would that change your analysis?

进一步来说,庭审评审还可能根据选手的思路提出假设性问题(hypothetical questions),以测试选手论点的边界("four corners of the argument")。具体而言,评审可能通过提出一些极端情况或边缘案例,来测试选手论点在非典型情境下的适用性。这样的提问方式能进一步推动选手深入探讨其论点的深层含义和影响力,促使选手思考在不同情况下如何调整及优化其论证策略。在面对假设性问题时,选手不应直接拒绝或回避问题,如回答"That's not this case",因为这就忽略了假设性问题的本质。选手应直接回答"Yes/No, because...",并尝试将规则应用于问题中假设的事实,展示自己对法律规则的深刻理解和灵活运用。在直接回答假设性问题后,选手可将假设的事实与本案事实进行相似性类比(analogy)或者区分性类比(distinction),回归到对本案案情的推理和总结。

以上对三类问题的总结旨在帮助选手有方向性地进行口头陈述的备赛。不论庭审评审提出何种类型的问题,都是其对选手的陈述感兴趣、想进一步了解选手论点的体现,并不是为了为难选手或使其难堪。因此,选手应认真聆听评审的提问,确保完全理解问题的核心和评审意图,这样才能作出有效的回答。在没有完全理解问题的情况下,选手应避免臆测评审的意图并匆忙回答,否则可能导致回答偏离问题的核心。如果对问题的理解不清晰,选手应礼貌地请求评审澄清,例如:"Could you please rephrase your question?" 这显示了选手的专业态度和对沟通准确性的重视。

此外,选手应认识到,不同评审可能有不同的提问风格和习惯,比如不同的措辞长度和问题的复杂程度等。选手不可打断评审,即使选手认为这可以"帮助"评审完成提问。金斯伯格大法官曾回忆道:"[m]ore than occasionally, I have repeated a lawyer's name three times before he gives way to my inquiry."①由此可见,打断评审的提问不仅被视为对法庭的不尊重,也可能影响选手的专业形象。

面对庭审评审的任何问题,选手都应作出直接回答,不可顾左右而言他。选手也不应将问题留到后续陈述中回答,否则可能会给评审留下准备不足或回避问题的印象。当选手不知道问题的答案时,应坦诚地承认而不是进行无根据的猜测或推测。在遇到对己方观点不利的问询时,选手应直接承认案件中的不利事实,再迅速将焦点转移到己方立场的优势上。最后,选手应注意将每个回答的时长控制在30秒至1分钟。

为了充分准备评审提问环节,赛队在备赛时应定期进行模拟庭审,通过角色扮演和模拟提问等方式,让选手在友好的环境中不断磨炼自己的回答技巧。在

① Ruth Bader Ginsburg, *Remarks on Appellate Advocacy*, 50 S. C. L. REV. 567, p. 569 (1999).

备赛的后期，赛队可邀请校友、教授、非赛队同学或其他法律专业人士担任模拟评审，以增加提问的多样性和不可预测性。通过接触不同背景和风格的评审，选手可以学会适应各种方式的提问，包括直接、间接、挑战性强或风格独特的问题。在这些练习中，模拟评审应提供实时反馈，帮助选手认识自己的强项和需要改进的地方。选手亦应根据评审的反馈和建议调整自己的回答策略和庭审表现，以更好地应对实际比赛中可能出现的情况。

7. 在反驳（rebuttal）和再反驳（surrebuttal）部分留下最终印象

在选手陈述的最后阶段，反驳和再反驳是选手给庭审评审留下印象的最后机会，也是在备赛时最难预测的一个环节。这是因为，反驳和再反驳必须有针对性地根据对方赛队在庭审过程中提出的论点进行回应，而不是单纯地重复己方观点或者增加新的论点。因此，反驳和再反驳的内容无法像己方的论证一样可以提前撰写和打磨。

在进行反驳时，一个常见的误区是在一到两分钟的预留时间里试图反驳对手提出的每一个论点。在短时间内反驳过多论点会导致信息过载，使庭审评审难以跟上选手的思路，从而降低反驳的有效性。而且，在庭审的后期阶段，评审的精力可能已经有所消耗，故选手应通过更有针对性的反驳来维持评审的注意力和兴趣。所以，在一到两分钟的预留时间里，选手应只回应一到两个争议焦点。选手应选择性地反驳对手最有力或者最不利对方的论点，如强调对手的事实误解、法律错误、逻辑不一致或在回答庭审评审问题时的不足。为了进行有效的反驳，选手应在庭审过程中密切关注评审的评论或问题，识别评审可能仍然存在的顾虑，并展示为什么己方的立场能比对方更有效地回应和解决评审的顾虑。

在进行再反驳时，选手应直接回应对手在反驳时提出的内容，同时加强对己方关键主题和最强论点的论述，以中和对方选手在反驳时对己方观点造成的伤害。较典型的再反驳结构是：（1）精简提炼并复述对方反驳中的论点，如："Your Excellency, our opposing counsel argued that the treaty is inapplicable because the host state is not a signatory."（2）对对方反驳中的论点进行反驳，如："However, under international law, customary principles apply regardless of treaty ratification, particularly in cases involving fundamental human rights, as established in *Case X*."（3）再次强调己方的观点，如："Therefore, our client remains protected under customary international law, and the treaty's principles apply."（4）最后，选手可以用一句较短的、结合常理并能够引起评审共鸣的话作为结束陈词，如："Otherwise, our client would be left without any legal recourse for violations of her human rights, despite the clear application of customary international law. For these reasons, we respectfully urge the court to rule in our favor."

四、结语

本篇文章围绕模拟法庭庭审训练的核心内容进行了详细阐述。首先,文章区分并比较了书状写作与庭审训练的不同侧重点。其次,文章结合认知科学理论,如认知负荷理论、双重编码理论等,分析了视觉与听觉在信息处理中的差异,帮助选手理解如何有效传递复杂的法律信息。最后,文章深入探讨了包括重视庭审礼仪、正确发音、调整语速等在内的庭审基础技巧,以及把握陈述的第一分钟、庭审精准用词、充分准备评审提问环节等庭审进阶技巧。

笔者希望通过此次分享模拟法庭庭审训练的契机,与广大学生、教师、赛事组织者,以及所有关心模拟法庭赛事的实务工作者进一步探讨模拟法庭培养的各个环节,并期待通过此文抛砖引玉,激发更多的思考和讨论,共同推动模拟法庭教育的发展,使其更加公平、有效,并能够满足所有参赛选手的需求。

庭审陈述小练习

(一)去除口癖练习

与队友互相练习是一个减少口癖的实用方法。赛队成员可以准备一个警醒铃或类似的手机程序,每当队友在陈述中出现口癖时就按下铃打断并要求其从头开始陈述,如此反复。这种反复练习有助于警醒选手,使其意识到自己的口癖,并显著降低口癖出现的概率。单人训练时,可以对自己的陈述进行录音、回听,在发现自己的口癖后重新开始陈述,这样也有助于纠正口癖。

(二)基本法律知识练习

在赛题发布之前,赛队成员须自主学习和理解赛题所涉及的国际法细分领域的主要法源。比如,国际公法比赛中常涉及《维也纳条约法公约》(VCLT)与《国家对国际不法行为的责任条款草案》(ARSIWA),国际人权法比赛常涉及《国际公民及政治权利公约》(ICCPR),国际刑法及国际人权法比赛常涉及《罗马规约》(Rome Statute),国际商事仲裁比赛常涉及《国际货物销售合同公约》(CISG)、《联合国国际贸易法委员会示范法》(UNCITRAL Model Law)、《纽约公约》(New York Convention)以及特定仲裁机构的仲裁规则,国际投资仲裁比赛常涉及《华盛顿公约》(ICSID Convention)等。

为了更有效地复习和掌握法源中的各个条款,赛队成员可以制作一套包含法源中每一条款要点的手卡,以便队员们随时随地进行复习。熟悉手卡内容后,队员们可以相互进行问答练习和不定期的抽查背诵活动,以加深对每个条款的记忆和理解。此外,为了拓宽知识面、进一步加深理解,队员们可以在手卡中加入更多相关信息,如条约的生效时间、缔约国数量、条约的附录内容以及相关的修订历史。这样的延伸学习不仅能够增强队员们对法源条款的掌握,还能够提升对相关法律背景和历史脉络的理解。

(三)赛题事实记忆练习

在国际模拟法庭竞赛中,全面掌握赛题事实是参赛者的必备技能。模拟法庭赛题的篇幅各异,短则十几页,长则七八十页。参赛者在初次接触赛题时,往往会首先识别案件中的核心事件。随着研究的深入,他们将关注并分析案件中的更多细节,这些细节对构建论点和法庭陈述至关重要。在庭审过程中,选手需引导裁判注意到案件中的关键细节以支持其论证,还要捕捉到对相对方有利的事实并给出防御性的解释。因此,选手必须对案件事实有全面而精准的理解。

为了加强对赛题事实的掌握,赛队教练和成员应在备赛过程的各个阶段定期进行练习和评估。例如,可以采取模拟知识问答(trivia)的形式,由教练或其他考官提出关于赛题事实的问题,参赛者个人或组队进行抢答,比拼最终得分。出题人提出的问题应涵盖案件的具体细节,如涉案主体的基本信息、特定事件的时间节点、涉案人员的姓名及职务等。此外,出题人还可以询问特定信息在赛题文档中的具体位置,如页面或段落编号,以检验赛队成员对赛题材料的熟悉程度。

(四)法律猜谜游戏(Legal Charades)

在备赛初期,如理解赛题、法律研究、构建论点框架等阶段,团队成员可以采用游戏式的方法来增强对备赛材料的掌握,同时增加学习的乐趣。例如,队员可以借鉴"你画我猜""谁是卧底"等流行的游戏模式,将其应用于法律概念的学习之中。

一种可行的方式是,团队成员采取角色扮演或描述的方式来表达与赛题相关的法律知识点,而队友则需要据此猜测相应的法律术语或原则。例如,赛题涉及国家官员的国际法义务豁免权,队员可以尝试在不直接使用"国家官员""豁免权"等关键词的情况下,通过描述相关情境或案例来让队友猜测这一概念。这类互动练习不仅有助于加深参赛者对法律概念的理解和记忆,而且能够激发他们的创造性思维,提升团队协作能力。此外,这种不用法律术语解释概念的练习,还能帮助选手更清晰、更通俗地向那些对赛题或对特定法律问题不熟悉的裁判进行陈述。

(五)案例积累练习

此外,队员们还可以设计案例匹配游戏以提升练习的互动性和趣味性。具体方法是，将关键案件的事实、法律问题和裁决分别记录在不同的卡片上，通过洗牌或随机分发的方式打乱顺序，让参与者将这些分散的信息点准确地联系起来，即将案件事实与相应的裁决、案件名称、审理机构等相匹配。匹配成功后，队员们应进一步探讨如何将这些案例应用到当前模拟法庭的法律争点中，从而加深对案例的理解和实际应用能力。

（六）障碍赛练习

庭审环境对参赛选手发挥的影响是难以预估的。因此，赛队成员可以通过模拟不理想的环境，以提早适应各种可能的干扰。在每一位队员陈述时，其他队员可以通过各种方式来分散其注意力，如制造噪声、断网（如果是线上比赛）、设备故障、突发状况等。训练时，赛队成员需要在面对各种障碍时保持镇静并持续专注于论点的陈述，在保持风度的同时体现专业度。

（七）论证调整练习

赛队也应提前适应不同类型的庭审风格和裁判偏好。赛队应至少安排三次面对不同风格的评审的练习，包括活跃的评审（经常打断赛队成员并质疑每一个论点）、被动的评审（几乎不发问或者问一些与当前陈述内容不太相关的问题）和高度关注庭辩内容的评审（跟随着赛队成员的思路，适时提出一些关于当前论点的较有挑战性的内容）。这样的练习有助于选手根据不同的风格和发问方式调整语速、语调以及论证的内容和深度。

（八）论点接龙练习

在模拟法庭竞赛中，尽管每位团队成员可能负责不同的争议焦点和庭审环节，但团队协作和庭审陈述的协同同样至关重要。为此，团队成员可以通过论点接龙练习来提升默契程度。具体方法是，一名成员从与赛题相关的基础观点出发，提出初步陈述，另一名成员在此基础上进一步发展该论点，或者增加一个逻辑上与其相互衔接的论点。持续这样的接龙过程，直到团队共同构建出一个详尽的论证体系。

通过这种互动性练习，赛队成员不仅能够锻炼倾听的能力，确保能准确把握队友的论点和意图，还能学会如何迅速有效地在队友陈述的基础上进行逻辑上的扩展和深化。此外，这种练习还有助于队员们建立相互信任和支持的关系，从而增强团队整体的凝聚力和执行力。

（九）论证重组练习

赛队成员还可以通过处理不熟悉的论点或论据来提高自己对论点和论据的

适应性。队员们可将不同立场、不同论点或不同论据写在索引卡片(index cards)上,然后将卡片混合打乱,随机选择一张。即使抽取到的论点顺序不是选手通常陈述的顺序,或者是跟其持方相反的立场,队员仍需严格根据卡片上的信息对案件进行阐述。

更进阶的练习是让赛队成员互换持方进行陈述。这样的训练有助于队员内化对手的观点,从而更了解己方观点的优势和弱点。

(十)公开赛事视频学习

公开的赛事视频是备赛过程中重要的学习资料。赛队内部可以通过集体学习赛事视频,了解特定赛事的模式、风格、庭审文化等。在学习过程中,赛队可以针对每一个选手的陈述进行剖析。队员们可以各自总结某位庭审选手的三个优点和三个不足,并与队友进行分享。通过这种方式,队员们可以了解观众的不同视角,感受不同的庭审风格。此外,赛队还可以总结庭审中评审提出的问题并根据问题的内容进行分类归纳,在之后的庭审练习将其作为制作问题清单的基础。

在听评审问题时,队员还可以即兴复述自己对评审提出的问题的理解。这种练习可以有效地检验队员对于问题的理解能力。如果对庭审问题有不同的理解,队员们可以及时讨论,更正误解。

(十一)练习赛录制及复盘

在庭审练习中,赛队成员要正视自己的表现,从收到的评价中吸取经验和教训。在庭审过程中,上场队员与场下队员观察的视角不同,对选手表现的评判也会不同。因此,在征得对方许可的情况下,赛队成员可以将自己练习赛的表现录制下来并在结束后及时回看,以旁观者的视角审视,发掘自己在庭审陈述的不足之处。

(十二)问题回答集训

赛队的练习多采取完整庭审的方式,但也可以适当增加回答问题的专项练习,以着重训练选手回答问题这一技能,尤其是脱离陈述框架、直接回应庭审评审所关心的内容的能力。例如,赛队可在陈述选手陈述开场词时即打断,并对不同部分的庭审内容进行随机提问。陈述选手需首先回答评审的问题,然后根据回答的内容调整陈述的结构,再继续陈述。在陈述半分钟到一分钟后,赛队其他队员可再次进行打断并随机提问,如此反复。

(十三)反驳和再反驳练习

反驳和再反驳通常是庭审中较难预判也较难准备的环节。对此,赛队选手也可以有针对性地进行加强练习。具体而言,赛队成员可轮流进行两分钟以内的论述,而相反持方的赛队成员需在论证结束之后迅速提出异议并对论点进行一分钟以内的有效反驳。

此类练习还可以进行变种,如当一名队员提出其论点后,另一名队员随即以"Yes, but..."作为开头,提出质疑和反驳。这类变种练习旨在训练选手在部分让步的同时巧妙维护自己的核心论点。

域外课堂

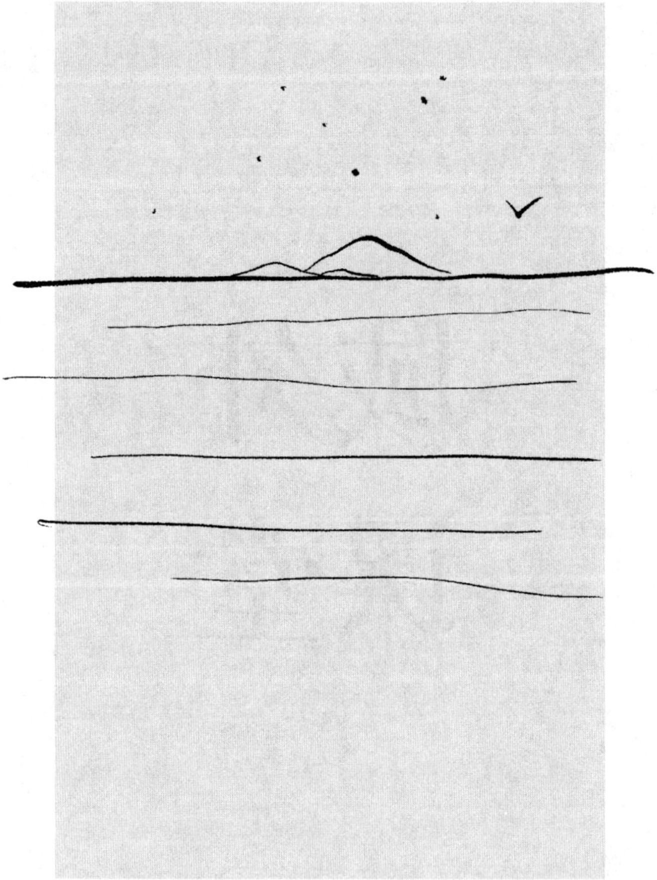

德国法学院的法律史教育

——历史与当下的观察*

吴训祥**

本次的讨论共分为五个部分，一是法律史研究在德国的兴起，二是法律史成为德国法学院中的独立学科，三是在质疑与坚持之间的法律史教育，四是当代德国法学院中的法律史教育状况，五是德国法学院的法律史教育模式对我国可能存在的借鉴意义。

首先是法律史研究是如何在17世纪至18世纪的德国兴起的。其最为重要的一个背景是对罗马法的继受，在11世纪下半叶，罗马法的文本《学说汇纂》（佛罗伦萨抄本）在意大利佛罗伦萨地区被重新发现。随着学者们对这一文本的不断研究，逐渐出现了注释法学派（12世纪至13世纪中叶）与评注法学派（13世纪中叶至15世纪末），这一时期对罗马法的继受属于理论上的继受。到了16世纪至17世纪的人文主义时期，人文主义者开始将文本中的法条与当时的司法实践进行了初步的结合，但这种研究并不以实践为导向，直到潘德克顿的现代运用阶段（17世纪至18世纪末），针对罗马法的实践继受才正式开始。到18世纪初，神圣罗马帝国境内的罗马法继受工作基本完成。

随着继受工作的完成，人们开始反思继受罗马法的这一事实，这一阶段类似于我们当下回头反思清末民初时期我国对西方法律的引介工作。“德国法律史学的奠基人”康灵（Hermann Conring, 1606 - 1681）最早指出了法律的历史性，在1643年出版的《论德意志法的起源》一书中，康灵对传统理论“洛泰尔传奇”提出质疑：罗马法究竟是不是由皇帝洛泰尔三世于1137年通过法令在神圣罗马帝国境内推行的？通过研究，康灵得出的结论是，作为相对于德意志人而言的外来法，罗马法是通过长期的、不可逆的理论与实践继受而扎根于神圣罗马帝国的，整个继受过程本身是一个事实，而研究者的任务就是将继受过程是如何一步步

---

* 本文根据北京大学法学院教学沙龙2023年第4期“德国法学院的法律史教育：历史与当下的观察”讲座整理。

** 北京大学法学院助理教授、博士生导师。

进行的事实梳理清楚即可。于是,可以说法律史的研究从这一刻起就开始了。

"法律具有历史性"这一命题是具有革命性的,将其进一步推论,可以得出以下几个结论:一是法律史研究开始具有意义,即需要重新审视对罗马法的整个继受过程;二是被司法实践/习惯所接纳的日耳曼法(本民族法)也应被严肃对待。在历史法学派兴起之后,他们推动了更进一步的思考,即既有法律规范的效力来源究竟是什么?这一问题在实践中的体现是,究竟是立法的效力优先,还是习惯法的效力优先?如果罗马法不是以皇帝立法的形式进行推广的话,那么继受而来的罗马法性质等于习惯法,如果承认罗马法的适用效力的话,就同时承认了习惯法的效力。

然而,在17世纪时,法律史仍然不是一个独立的学科,而是政治史当中的一个组成部分。在教学活动当中,由于这一时期各个大学还不具有统一的课程大纲或课程指南,因此在实际教学当中,是否开设法律史的课程多取决于老师个人的兴趣。

到19世纪初,法律史才真正成为一个独立的学科。其时代背景,一是从浪漫主义到历史主义的思想观念转变以及以兰克为代表的现代历史学科的建立,二是为反对拿破仑而爆发的所谓德意志解放战争及其在当地激发出的巨大民族主义浪潮。关键节点是1814年至1815年围绕《论制定一部德意志统一民法典之必要性》以及通过民法典实现德意志民族统一而展开的论战。

在1814年至1815年的论战之后,萨维尼与艾希霍恩创办了《历史法学杂志》,标志着历史法学派的诞生,其与今天报告主题相关的基本立场大约有三点,一是强调法律并非立法者理性的创造物,而是民族精神的有机产物;二是民族精神应当在民族的历史和习惯中寻找,这一点直接影响了德国法律史的研究范式,其强调应立足于当代的法律文本,进行回溯式研究,而非进行盲目的历史研究。在经历了充分的法律史研究后,本民族的习惯法就会经由法学家法转化为科学的法,最后通过国家立法活动转化为一种封闭式的法律渊源。第三点则是萨维尼提出的四种针对制定法的解释方法,分别是文义解释、目的解释、体系解释与历史解释。需要指出的是,在历史法学派那里,所谓的历史解释还不是我们当下这种高度实证主义化的、探求立法者主观目的的解释路径,而更多的是一种历史研究的思路。然而,在历史法学派基本观点之下,隐藏着一个隐患,即对于罗马法在神圣罗马帝国的继受事实而言,历史法学派要研究的究竟是谁的历史?这一隐患导致历史法学派内部分裂为罗马派与日耳曼派。

罗马派的基本观点是,承认并尊重罗马法继受的事实,应当重点研究继受过程并继续推进继受,目的是打造出一套纯粹的、没有矛盾的、成体系的、德国化的一套罗马法。罗马派是19世纪德国民法学研究的主流,他们依托《学说汇纂》的研究,又被称潘德克顿学派,最终成为《德国民法典》的学术基础。日耳曼派则强调本土日耳曼法的独特性,排斥罗马法,他们以民族主义为旗帜,“整理国故”,积极寻找日耳曼法与罗马法的区别(如团体主义与个人主义的区别),但由于缺乏足够的文字资料,因此成果有限。到20世纪初,日耳曼派逐渐趋向极端化,拥抱纳粹,以至于到战后日耳曼派得到了完整的清算,目前的德国大学当中基本没有教授研究日耳曼法。

两派人的分歧体现在课程设置上,就是“罗马法律史”与“德国法律史”的分野。从柏林大学1811年、1812年以及1815年夏季学期的课程设置演变上即可发现这一点。这一双足鼎立的情况基本延续到了当下。

可以看到,从18世纪末开始,法律史逐渐从一般的政治史研究当中分离出来,成为一门在法学院之下的独立学科。自此,有关法律史的研究出现了两种不同的倾向(见表4-1),一是内部法律史研究,类似于当下的“法制史”与“教义学史”,二是外部法律史研究,指研究一切与法律文本相关的社会、政治、经济问题。这一区别最早出现于历史法学派的先驱胡果于1799年出版的第二版《罗马法历史教科书》,他认为严格意义上的法律史就是内部法律史,要从当下的制定法出发,回溯研究某一特定制度的源流,同时研究罗马法上的相关制度为何与当今不同,这一特定制度在当时的罗马法体系中的意义究竟体现在哪里,以及这一制度究竟能否为当下的法律所借鉴,倘若不能借鉴的话,我们当下的法律制度与罗马法的体系性差别在什么地方。应注意的是,到19世纪初期,发展成熟的实证部门法学仅有民法(罗马法/潘德克顿法),因此19世纪初期的内部法律史在事实上仅包括民法教义学史。

表4-1　两种研究倾向的分立(胡果:《罗马法历史教科书》,哥廷根1799年第二版)

	内部法律史	外部法律史
研究对象	具体制度和教义学	国家与政治演变
素材来源	从实定法回溯	与法律相关的一切社会政治经济要素
方法	对每个具体制度按时序进行研究	研究具体法律文本的产生与影响
终极追求	法律制度史	法律渊源史

除了民法的部门法史之外,其他部门法史的起步前提是相应部门法的实证法出现。在德国,部门法史的起步源自1871年德意志第二帝国的建立与法治国的建设,这其中包括两个方面,一是部门法的相继实证化,例如1871年的刑法典,1877年的刑民事诉讼法、破产法,1896年的民法典等,二是部门法学的高速发展,其主要借鉴的也是罗马法教义学。在此基础之上,各个部门法的法律史研究工作得以开展,例如,第一部刑法史是路德维希·冯·巴尔1882年出版的两卷本《德意志刑法与刑法理论史》,第一部行政法史是C.博哈克1884年至1885

年出版的三卷本《普鲁士行政法史》。

与部门法史兴起相关的事件，是司法考试的相关改革，将法律史纳入了司法考试的考查范围之中。其中，1875 年普鲁士司法部发布的《司法考试细则》第 4 条规定，第一次司法考试的对象包括公私法各科与法律史，以及国家学基础；考试的方向必须是探索候选人的积极知识，及其对法律关系的性质和历史发展的洞察力。自此，法律史成为司法考试中的固定内容，纳粹时期亦如是。

“二战”后，法律史学与法教义学的统一关系彻底丧失，原因大致可以被归结为以下三点：一是法典化过后，实证法成为具有封闭性的法律渊源，在这种情况下，法律史并不能为法律推理或法教义学提供任何有效力的主张；二是各部门的实证法教义学发展出精细化、高度自洽的体系，无须法律史提供解决问题的方法；三是大量学者主张法律史学和法教义学存在截然不同的研究目的，法律史学的研究目的是求真，而法教义学的研究目的是解决实际问题。需要指出的是，这里所说的法律史指的是外部法律史，而内部法律史的视角基本被忽视了，原因在于内部法律史被实证化，纳入了历史解释之中了，这主要体现为两点，首先，历史解释的目的变成了查明立法者的主观意图，而通过立法资料的汇编，就可以查明一个法条的规范目的；其次，在立法者主观意图不可查明的情况下，历史解释应当提供客观目的解释的素材，以帮助教义学者在解释时不至于脱离光谱。可以看出，当内部法律史被实证化之后，其所依据的材料被大大限缩，要么是已经整理出来的立法资料，要么是立法者在立法前所接触到的相关资料，这与法律史研究对材料的广泛选取具有本质性的差异。而且，当下的历史解释已经会以评注的形式出现了，例如正在进行的《德国民法典历史批判评注》的编纂。

就德国大学的法律史教育而言，自 20 世纪初，德国法学院在传统的“核心课程”（民法、刑法、公法）外，另设有四门要求所有法学院开设的“基础课程”，其中包括法律史、法哲学、法理论（法理学）与法社会学，具体的课程名称依各大学具体情况存在微调。以图宾根大学为例（见图 4－1），法学专业模块下设的“欧洲法秩序的基础”课程部分是与法史相关的，其中包括罗马私法、近代法律史与法律当代史以及宗教宪法与教会法。

法学专业模块（图宾根）

一．企业与经济法：1. 企业组织与融资；2. 企业的劳动与社保；3. 竞争法与营业法律保护

二．民事诉讼法与支付不能法

三．欧洲法秩序的基础：1. 罗马私法；2. 近代法律史与法律当代史；3. 宗教宪法与教会法

四．国际间事务的法律：1. 国际公法；2. 国际私法与程序法、比较法

五．公共经济、基础建设与环境

六．税法

七．刑事司法：1. 犯罪科学；2. 经济刑法与国际刑事法

图 4－1

近年来,德国大学法学院中的法律史研究者数量呈下降趋势(见表4-2)。在20世纪中叶之前,由于部门法的实证化时间较短,因此一个学者可以兼治法律史和某个部门法,而从20世纪下半叶开始,由于部门法的教义学高度发展,导致学者没有精力继续兼顾法律史,这一情况在宏观上体现为法律史教席数量急剧下降;民法专业以外的法律史研究者几乎降为零。

表4-2 德国法学院的教席与法律史教席

大学	法学院教席(含助理教授)	法律史教席(含罗马法)
弗莱堡大学	24	2
哥廷根大学	27	2
图宾根大学	22	3
曼海姆大学	22	1
慕尼黑大学	33	3
雷根斯堡大学	21	1
海德堡大学	24	2
波恩大学	32	2
科隆大学	35	2

自20世纪70年代开始,在朝英美法律教育看齐的司法考试改革呼声的推动作用下,部分法律史学者逐渐放弃传统教义学史的研究路径,转向新的主题例如公法史、司法实践史,更加注重把法律作为政治社会经济的宏观图景中的一部分来研究,这在某种程度上意味着法律史的研究正在回归18世纪的研究范式,即去教义学化的研究。在1990年的德国法学家大会上,各位法学家就是否改革学制、取消基础课程、引入学士-硕士制度开展大讨论,在梅迪库斯和科英两位的坚持下,大会决议采取保守思路,沿用传统的法学院培养方案。

当前,德国法学院的法律史课程门类大致分为五种(见图4-2):一是罗马法律史,二是德国法律史,这两门课程为本科生的必修课,需要二选其一,需要在大一的第一学期修完,三是教会法律史,四是近代私法史、当代法律史等,这两类是选修课,部分学校有开设,五是法律史文献分析,是研讨课,部分学校将其作为攻读法律史专业博士学位的前置条件。

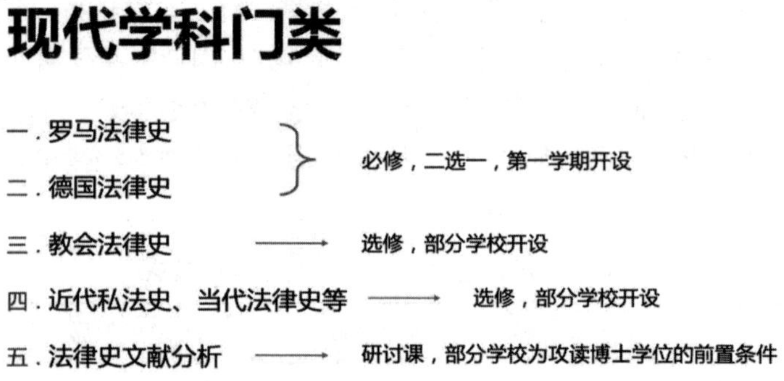

图 4 –2

出于历史原因以及罗马法的巨大影响，罗马法律史的研究相当细化，其中不仅包括以国家和政治制度的演变为主要内容的罗马公法史、政制史，还包括以私法具体制度的构成、演变为主要内容的罗马私法史。由于罗马私法内容庞杂，一般不设置统一的课程，以图宾根大学为例，其按照当代法教义学的方式，将罗马私法细分为“罗马债法”“罗马物法”“罗马家庭法”“罗马继承法”等专门课程。目前，全德国共有 43 个综合类大学，其中 25 所大学的法学院设置了罗马法的教席（与之相对比，奥地利的五所综合类大学法学院均设置了罗马法教席，瑞士德语区的五所综合类大学法学院中，四所设置了罗马法教席），其中绝大多数教授专门从事罗马私法研究与教学，由此可见罗马法对德语区法律史研究的笼罩性影响。

此外，在对罗马私法进行如此精细化的研究与教学之外，自 2008 年开始，欧洲的几所大学还创设了国际罗马法模拟法庭（International Roman Law Moot Court，IRLMC），该模拟法庭每年举办一次，比赛地点在各参与高校间轮换，参加的高校包括牛津、剑桥、那不勒斯、维也纳、特里尔、图宾根、列日、雅典。比赛的官方语言为英语，形式与内容是以优士丁尼时期的实体法和程序法为法律背景，针对虚拟案情进行口头辩诉活动。

德国法律史的主要内容是从日耳曼部落时期至当代，还可分为从法兰克王国到神圣罗马帝国再到德意志民族国家的德国公法/宪法史（主线清晰，核心是民族国家、民主法治国复杂曲折的建构过程），以及主要关注“日耳曼法”的德国私法史。

教会法律史与罗马法类似，以中世纪的古典教会法为重点，且与现行的“教会法大全”（corpus iuris canonici）相结合。

其他内容的课程主要取决于不同学校老师的兴趣，例如讲授罗马法至《德国民法典》之前在欧洲复兴史（12 ~ 19 世纪）的近代私法史，以 20 世纪的德国法律史为主，重点为国家社会主义时期和东德的法律史，也关注欧共体—欧盟层面的法律发展的当代法律史,还包括马克斯·普朗克法律史与法理论研究所推动的全球法律史,主张关注亚非拉法律史与欧洲法律传统的联动。

法律史文献分析课程所用的文献分析方法可追溯至13世纪注释法学派对罗马法文献的学习法,其基本任务包括两项:一是解释文本,既包括文本字面意思的查明和重要语词的训诂等语言学议题,也包括作者考证、文本的流传及其所包含的事实或事件的重构等历史学议题;二是解释该文本所讨论的法律问题,以及(利用现代法学中的术语和概念)提取文本中所包含的规范或规范性问题。所分析的经典法律文本主要包括古典时期(如优士丁尼《国法大全》,以《学说汇纂》为主)、中世纪时期(如格拉提安《教令集》;《萨克森明镜》《金玺诏书》)、近代以来(如《法国民法典》)的各种法律文本。

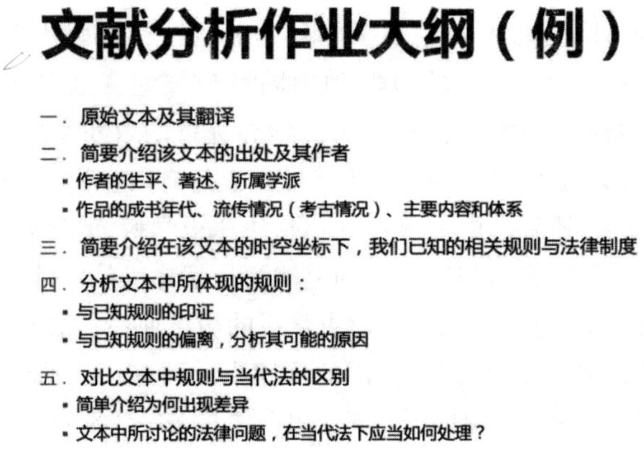

图4-3

提问与讨论

在吴训祥老师的精彩讲座后,与会各位老师围绕法律史学科与部门法的关系问题、德国法律史学科目前式微的原因等问题展开了热烈的讨论与交流。

有老师提问,在战后德国,法律史研究与法教义学研究之间的鸿沟越来越大,法教义学的学者越来越少地参考法律史学者的研究成果,更遑论当代中国这样一个法律资源基本来自西方的情况。那么,结合吴老师自己的研究经历,可否谈谈在我国当下的法教义学研究中,法律史的资源与方法能够发挥何种功效?以历史的视角来从内部研究法典法的意义究竟有多大?吴训祥老师回应道,在德国,与实证法相关的材料已经丰富到了一定程度,以至于无须参考历史材料,唯一可能需要的历史材料就是制定法的立法资料,而其他一般的法律史材料在法教义学者眼中已经没什么价值了。至于我国,当前仍处于理论继受与实践继受的情况之下,因而对中国法律史的研究提出了更高的要求,即如何梳理好清末以来的法律继受过程,在承认继受事实的基础上,效法罗马派,进一步推进这一进程。有的老师则回应道,史学研究与法学研究还是存在不同之处的,法律史学更像是史学的一个分支,而非法学的一个分支。还有的老师回应道,外国法制史的研究也可以进一步区域化、国别化、专题化,进而从各个不同的法系当中汲取有价值的部分,同时丰富我们对法律本身的认识,以供我国参考。

有老师提问,目前德国法律史研究中受英美研究方法的影响是否明显?吴训祥老师回应道,在二十年前,相关的影响几乎不存在,但在目前,诸如全球史观以及以社会经济史为主要视角的研究范式开始逐渐在德国法律史学界崭露头角。

还有老师提问,关于德国法律史学与法教义学"分道扬镳"这一现象的原因,他听到过两种不同的解释方式,一种解释是德国法律界职业化发展的结果,一个高度专业化的、以释法为目的的职业团体肯定不会重视法律史;另一种解释则将原因归结为纳粹的影响,在战后德国法学界进行的自我反思认为先前的法学界与政治界走得太近了,为了彻底去纳粹化,于是将很多潜在的、可能与政治关系较为密切的研究剔除了出去,其中就包括法律史学科,请问吴老师如何理解这两种解释。吴训祥老师回应道,他认为上述两种解释仍是在描述现象,法律史与法教义学分野的原因,归根结底,法律史学科的历史使命在法典颁布之后就结束了,这一点在德国尤其凸显,因为德国的法律史学科在历史法学派的影响下,与立法过程绑定过深,而在《德国民法典》颁布之后,绝大部分的法律史学家摇身一变,成为法教义学者。

在前沿交叉地带探索

——耶鲁能源法旁听小记*

金自宁**

正式分享前，我想感谢学院组织此次教学沙龙活动，也感谢给予我这个机会来和各位同事分享本学期在耶鲁法学院的见闻。今天是我从美国回来的第十天，所以关于访学的记忆是鲜活的，取得的经验是“热乎”的。正好今天特别冷，感谢各位同事冒着严寒拨冗前来捧场，让我感到回归的温暖。

事实上，自我从教以来便养成了旁听不同老师、不同课程的习惯。此次前往耶鲁的身份虽然是访问学者，但我也全程旁听了埃利奥特教授（E. Donald Elliott）主讲的能源法课程，获益匪浅。下面我将结合自己多年的旁听体会以及从埃利奥特教授那里汲取的经验进行分享。

一、旁听课程的好处

首先，一般人可能有所疑惑的是，为什么老师也要旁听课程？我认为这是有许多好处的。最初我去旁听课程的原因在于，我先后任教于北京大学不同学院、不断开授新课，给不同专业、不同学历层次的学生讲课，有一两百人的必修大课也有小规模的研讨课，因此需要不断地调整自己的教学内容和方法。通过旁听课程借鉴更多成熟的教学经验，帮助我快速地提升了教学质量。

具体来说，旁听课程的好处有两个方面。

一方面，听课可以更加高效地获取特定种类的信息和知识。现代分工社会里，所谓专家就是在越来越小的范围知道得越来越多。在老师们研究领域之内，往往是通过阅读文献获取知识和信息效率更高。但是对于超出自己的研究主题，包括一些感兴趣却并不熟悉的主题而言，听课的效率往往比自己查资料更

---

* 本文根据北京大学法学院教学沙龙 2023 年第 15 期“在前沿交叉地带探索——耶鲁能源法旁听小记”讲座整理。

** 北京大学法学院研究员、博士生导师。

高。例如,在去耶鲁访学之前,我对美国现行能源法虽有所了解,但并没有专门研究过美国能源法律制度发展史。有次旁听课程时,埃利奥特教授大概用20分钟的时间就介绍清楚了美国能源立法史。假如我自己从海量原始信息中梳理出这一历史脉络,估计要花上数周时间。对于大学教师而言,教学任务所涉及内容比个人研究所聚焦的范围要广是常态,不可避免会涉及一些不甚熟悉但在教学中又无法回避的知识。例如,因果关系的认定是个法理学上的经典难题,民法刑法对此的研究积累比行政法要深厚得多,当教学中出现的诉讼案例涉及此难题时,我就通过旁听民法、刑法的课程来补充相关知识。这比自己一头扎进不熟悉领域的海量文献里去摸索更为高效。

另一方面,学习教学方法更要身临课堂。我经常询问学生对哪些老师的课堂更感兴趣,或者觉得很有收获。如果一个课堂连续得到了多名学生的推荐,我就会找机会去听一听。我去现场听完的感受往往也很好,觉得非常有收获。所以我强烈推荐各位老师去旁听学生们喜欢的课堂。这对于精进教学方法十分有益。

二、旁听耶鲁能源法课程的收获

至于我为什么会选择在耶鲁旁听能源法课程。事实上,耶鲁法学院的课程体系非常丰富,我在开学前就详细了解了其中的环境法课程体系。在正式开学后,我就在试听周全部旁听了本学期开授的三门环境法课程,分别是:埃利奥特教授主讲的能源法,罗伯·克莱(Rob Klee)教授主讲的气候变化法以及杰拉尔德·托雷斯(Gerald Torres)教授主讲的环境正义。在综合考虑了我此次访问研究计划的主题——排放交易,与授课老师的研究兴趣的重合度,课堂氛围等因素后,最终才选择全程旁听了埃利奥特教授主讲的能源法课程。另外一个重要的动机是,我自己在北大讲授能源法课程的切身体会是,能源法教学太难了,比行政法还难。因此,我非常希望能在耶鲁"取经"。事实也表明,埃利奥特教授的这门课程有很强的吸引力,教学经验十分值得学习。我将其中的经验归纳为三个方面。

第一,卓有成效的课堂讨论。本门课程的课堂气氛特别好,师生双方都十分享受在讨论中互相激发灵感的过程。而之所以可以将研讨课开得如此富有成效,我想与耶鲁方方面面的有利条件密切相关。

1. 耶鲁有著名的小班教学传统。一门课程的学生不超过20人。法学院的师生比很高,课程以小班教学为主,甚至教室也是专为研讨式的小班教学而设置的。但是在这样的小班课程中,还做到了选课学生构成的多样性。以埃利奥特教授的能源法课程为例,15人的课堂中仅5人来自法学院,5人来自环境学院,甚至还有来自公共卫生学院等纯粹理工科专业的学生。让人惊喜的是,无论来自哪个学院,选课学生都能熟练地运用批判性思维,有效地参与讨论。我推测这可能是耶鲁大学强调的批判性思维通识课发挥了作用。

2. 课前阅读材料的选择。从我自己的教学经验来看,学生在课前完成基础材料的阅读是保障课堂讨论效果的前提。但选择何种阅读材料对于主讲教授来说也是挑战,既不能太长、太难,又要能激发学生的思考。主讲能源法课程的埃利奥特教授总能找到篇幅不长,母语者半小时左右可以完成阅读,但又能让学生充分了解并刺激思考的文献。有意思的是,这样的文献往往是反对主流观点的。

3. 课中老师对讨论的引导。埃利奥特教授在前三讲仍以自己讲授为主,让学生对能源法的内容有整体性的了解。但他在课程介绍时就强调了学生有疑问可以随时打断。之后的课程便采取了"老师引导性讲授 + 20 分钟分组讨论 + 学生报告讨论结果 + 教师评点"的模式。总体而言,埃利奥特教授会做到张弛有度,即提供很多方向可供讨论,但也不至于使讨论太过散漫。学生报告讨论结果时经常出现一些老师称"自己之前没有这么想过"的新奇观点、老师有时也会说"我不知道正确答案是什么,但这是个值得进一步研究的题目"。这也佐证了讨论是有效的。

第二,案例的使用。前沿法学课程的教学中,使用案例是重要的。这点我深有同感,我从 2009 年开始教环境法就形成了无案例不教学的风格。同样,也是无案例不写文章。关于案例教学,我之前比较过英美法系国家典型的"案例法(case law) + 苏格拉底式教学"的案例教学法与源自德国的鉴定式案例分析方法。我发现前者其实就是在案例法国家学习自己实在法的一种方法,成文法国家无法照搬;而后者则旨在使学生掌握解决常规案件的"套路"。但是,我自己在教学中使用的案例往往是疑难案件,因此既不同于英美国家案例法方法也不同于鉴定式案例法。本次能源法课程中,埃利奥特教授使用案例的方法也是相当新奇的。例如,在一节讲授美国《石油泄漏法》的课程中,埃利奥特教授课前要求学生阅读法案条文以及直接影响该法制定的"Exxon 漏油案"。但在课堂上,埃利奥特教授在介绍了该案和《石油泄漏法》主要内容后就转向了一个新的案例——"BP 墨西哥湾漏油案",这也是此次课堂讨论部分真正需要学生研讨的案例。要求学生结合该案例分析《石油泄漏法》的缺陷并提出改进的意见。最终每个小组提出了思路不一但各有道理的方案。

第三,灵活的学分制。埃利奥特教授允许学生可以选择不同的结课方式并因此获得不同学分:一种是参加期末考试,考试成绩为通过即可获得 2 学分;另一种是就课程相关主题撰写论文,并且要求类似于毕业论文,从选题到终稿,授课老师全程都要参与,最终成绩为通过即可获得 3 学分。令人吃惊的是,所有的选课学生都选择了论文结课的方式。由于无论选取哪一种方式结课,老师评定成绩时既不打具体分数,也不分ABCD等级,只记通过和不通过,所以这些学生的选择本身就说明学生自己也更看重智识能力的提高而不是偏重于特定知识的获取。

三、以能源法为代表的前沿法学课程教学的若干心得

最后,我想以能源法的教学为代表谈谈前沿法学课程教学的若干心得。我认为,以能源法为代表的新兴法学科往往会面临三方面的挑战:第一,由于知识体系不确定且没有公认权威的教材,教学内容的选定是很大的问题;第二,涉及科技与法律的交叉,讲授内容中科技知识与法律知识如何分配的问题;第三,法学教育更普遍的问题,即如何在有限的时间内权衡知识讲授与技能训练。我正是带着这三个问题全程旁听了耶鲁的能源法课程,通过深入参与课堂以及与主讲老师埃利奥特教授交流,形成了三点心得。

第一,关于教学内容的选定。我直接向埃利奥特教授请教了这个问题,埃利奥特教授表示前沿学科的教学方案并不存在唯一正确答案,自己也经历过探索调整的过程:最初讲授这门课程时,埃利奥特教授会将教学内容的绝大部分设置为新能源相关法律,因为他认为新能源代表能源未来的发展方向。但后来他意识到这种处理并不妥当,新旧能源存在相互竞争的关系,不联系着化石能源的优缺点就很难深刻理解新能源的优势和局限所在。对此我深有同感。讲授前沿法学科的老师固然在选定教学内容上有更大的自由度,但这同样提出了更高的要求,老师们在选定教学内容时必须有能力在混沌中创造出秩序来。

第二,关于科技知识与法律知识的分配。对于科技与法律交叉的学科而言,我认为必须要讲解基础的科技知识,不能仅凭借法律常识、法律原则包打天下。如果在对科技完全无知的情况下谈论相关法律,讲的要么离题万里,要么全是正确的废话。当然,这并不是要把法律人变成科学家,而是帮助学生跨过研究交叉学科的科技门槛。

第三,关于知识传授与技能培养的并重。我非常赞同何美欢老师的观点,她认为中国法学教育的严重缺陷是技能培育的全方位缺失。这种技能不是指法律实务技能,实务技能的训练应在法律实务工作中完成。而法学院应当培养学生掌握的是智能技能,包括布卢姆对学习的认知过程之分类中的"理解、适用、分析、综合、评价"。耶鲁的能源法课堂就是典型的侧重技能培养的课堂,这也与耶鲁培养领导者的精英教育风格一致。我认为,现代法学院毕竟是一个专业(professional)学院,知识传授同样重要。而课程时间是有限的,所以如何权衡二者才成为关键。对此,在新兴法学科中侧重培养学生的智能技能是值得尝试的。因为对于新兴法学科而言,不像民法、刑法那样有巨大的知识体系或说知识包

袱,可以在教学中花更多时间去培养学生的技能。

提问与讨论

车浩:金老师分享中提到的课前布置一个案例研习,课中使用另一个案例进行比对的方法,我觉得非常新颖,也可以看出授课老师的用心。那么我的问题是,这种方法和课前把两个案例都布置下去哪种更好?就师的角度而言,在课前没有布置另一个案例时,如何保证学生可以充分参与到讨论?

金自宁:这两个方法各有优劣。将两个案例都布置下去可以使同学们课前准备更充分,埃利奥特教授的方法则对学生而言更具挑战性。但与此同时,这样也更能起到技能训练的作用。至于学生充分参与的有效课堂讨论则需要老师和学生两方面的配合。教师的引导重要,应当纳入通识教育的学生思辨能力训练也很重要。

沈岿:这种临时给出题目展开辩论(debate)的方法十分有借鉴意义,可以培养学生的批判性思考能力。埃利奥特教授课上不同专业院系的学生都能熟练地参与到课堂讨论中,这应该和他们的初高中教育阶段就已经受到这种训练有关。事实上,埃利奥特教授在案例教学时采用的思路在研究论文写作中也可以采用。

彭冰:关于案例教学,我自己上课的感受也是课前阅读材料不宜布置过多过难。但是,好的案例和好的文献都是可遇不可求的,这对老师们去发现和准备材料提出了很高的要求。

沈岿:关于好的案例或文献的发掘,我认为如果没有现成的案例或者文献,老师们可以在经典材料基础上做一些加工编辑。这样既保证了材料的质量,也不至于使学生阅读任务过于繁重。

赵宏:听完金老师的分享后我有两点启发:第一点,新兴法学科的知识内容有很强的不确定性,所以对于学生而言,学习结论没有学习掌握解决问题的技能方法重要。这个问题,即使是非前沿学科,可能也存在。第二点,金老师今天主要分享的是普通法法系下的教学模式。全球化下,两大法系不可避免地会激烈碰撞,在这种背景下怎么搞好我们自己的教学模式很重要。虽然普通法的教学模式有许多精彩之处,但也有缺点。而基于我们的成文法传统,我们也要意识到这种高度体系化的模式本身的价值。另外,我们的学生中也有很出彩的,可以深度地参与讨论,做好课堂上模拟法庭(moot court)和课堂展示。

金自宁:关于知识讲授与技能培养的权衡问题,我有一点澄清。这种技能应是更适合在法学院而非律所、法院培养的技能,即获取和运用法律专业知识的能力。

沈岿:这种技能只能通过学生练习才能掌握,而这要花费大量时间;好在,只要在几门课中培养了学生的技能,学生在所有的其他学科中也都能够自发地加以运用。

彭冰:法学院的课程体系是很丰富的,学生们不止学一门课;一种在学院内合理分配资源的方法是,像民法、刑法这样的“老”学科就负责知识性传授,新兴学科就侧重技能培训。

金锦萍:北大法学院的课程体系设置本身是很多元的,既有侧重讲解知识的大课,有专门的案例课,也有像金自宁老师今天分享的这种专题研讨课。问题是我们有些老师可能没有意识到不同课的类别特征,所以把专题研讨课还是上成了讲授知识的课。未来我们可以统筹学院里的专题研讨课,挑选几门课试点,把好的经验推广下去。

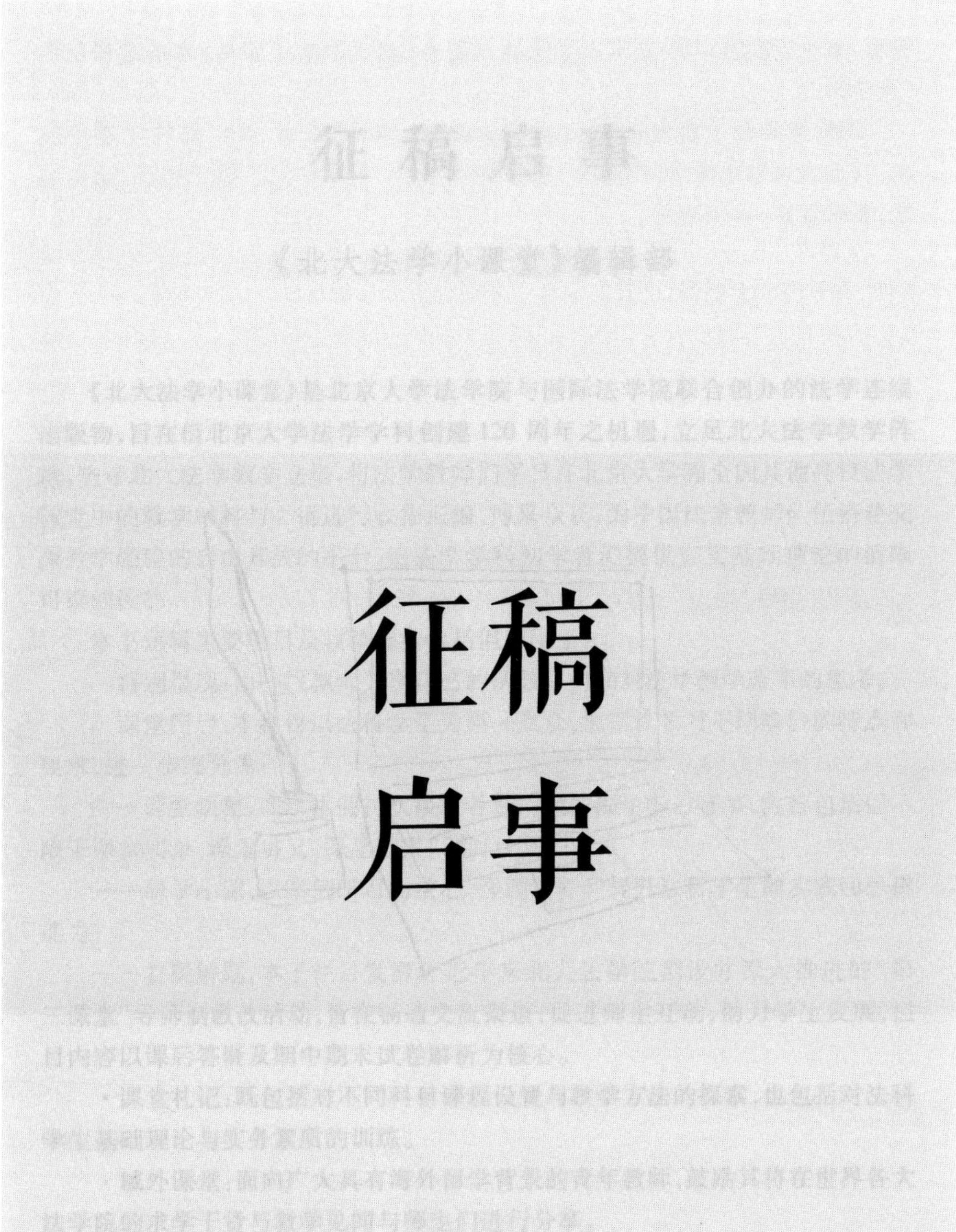

征稿
启事